U0488345

从铁器时代到布匿战争

罗马的崛起

［英］凯瑟琳·洛马斯 著

王晨 译

中国友谊出版公司

目　录

前言与致谢　　　　　　　　　　　　　　　　　　　　i

缩　写　　　　　　　　　　　　　　　　　　　　　xi

第一部分　早期意大利与罗马的奠基

第 1 章　介绍早期罗马　　　　　　　　　　　　　　3

第 2 章　布设场景
　　　　　铁器时代的意大利　　　　　　　　　　11

第 3 章　特洛伊人、拉丁人、萨宾人与流氓
　　　　　罗慕路斯、埃涅阿斯与罗马的"建城"　　40

第 4 章　国际贵族的崛起
　　　　　意大利与东方化革命　　　　　　　　　63

第 5 章　东方化中的罗马与早期国王　　　　　　　97

第二部分　战争、政治与社会

第 6 章　城市革命
　　　　　公元前 6 世纪意大利的城市与国家　　　115

第 7 章　暴君与恶妇
　　　　罗马、塔克文王朝与王政的覆灭　　　　149

第 8 章　"公元前 5 世纪危机"与变化中的意大利面貌　　182

第 9 章　艰难的转变
　　　　早期罗马共和国　　　　202

第 10 章　进击的罗马
　　　　拉丁姆及其以外地区的战争，公元前 500—前 350 年　　236

第三部分　罗马对意大利的征服

第 11 章　通往权力之路
　　　　意大利与罗马，公元前 390—前 342 年　　　　259

第 12 章　"萨莫奈人和罗马人谁将统治意大利"
　　　　萨莫奈战争与征服意大利　　　　285

第 13 章　合作还是征服？
　　　　联盟、公民权和征服　　　　315

第四部分　从城邦到意大利的统治者

第 14 章　征服的影响
　　　　罗马，公元前 340—前 264 年　　　　347

第 15 章　后　记
　　　　罗马、意大利与公元前 264 年帝国的开端　　　　383

附　录　罗马的年份与纪年	390
材料说明	396
注　释	415
扩展阅读	436
遗址、博物馆和在线资源指南	452
参考书目	461
出版后记	477

前言与致谢

罗马最常见的形象与它的帝国权力——一座由闪亮的大理石建筑构成的庞大城市统治着一个世界性的帝国——有关。这个形象与最初只是台伯河畔一个小村庄的罗马相去甚远，但到了本书后半部分，它已经是意大利最重要的国家，主宰着整个半岛，即将成为世界强国。从小村子到世界强国的崛起过程是本书的主题。

罗马为何会变得如此有统治力，这是一个耐人寻味的问题。在其发展的早期阶段，罗马是当地的重要定居点，但无法与更强大的邻邦相提并论。公元前9—前6世纪，它只是意大利中部的一系列新兴国家之一，在许多方面与台伯河以北的各个伊特鲁里亚城市相比都相形见绌，后者在文化和政治领域取得了更早更大的发展。它也不如意大利南部的坎帕尼亚和希腊人共同体。公元前7世纪的一位政治专家很可能不会挑选罗马作为意大利主宰者的候选国，更无法想象它在公元前2世纪将要建立的帝国。通过把罗马的历史放在这些意大利文化背景中考察，本书旨在根据意大利其他地方的类似趋势来解释罗马的发展，并考察让罗马得以确立这种统治地位的特别之处。

对于罗马及其邻邦最早的历史，人们最先想到的问题可能是，我们是如何知道这些的？我们对该时期的了解来自错综复杂的考古学信息，再加上古代作家带来的一组同样复杂的神话和叙事，以及来自铭文和钱币的更多信息。对它们进行筛选，构造出关于早期罗马的有条理的画面，这是一项复杂的工作，而且我们想要提出的许多问题没有明确的答案——只有一大堆有趣的可能性。如果早期罗马的某些方面模糊得令人沮丧，很大程度上是因为我们的证据造成了这些困难，这些证据经常出现大量矛盾，并且需要我们体会它的言外之意。本书中，对具体问题的解读将会得到讨论，但"材料说明"对不熟悉该历史时期的读者可能会有用，那里有对证据所引出的问题的更综合的讨论。

出于多种原因，对早期罗马历史的新盘点恰逢其时。英语世界有一些出色的学术研究，特别是蒂姆·康奈尔（Tim Cornell）的《罗马的开端》(*The Beginnings of Rome*［London, 1995］)、加里·福塞斯（Gary Forsythe）的《早期罗马的批判史》(*A Critical History of Early Rome*［Berkeley, 2005］)，以及弗朗切斯卡·弗尔米南特（Francesca Fulminante）的考古学研究《罗马和老拉丁姆的城市化》(*The Urbanisation of Rome and Latium Vetus*［Cambridge, 2014］)，但很少有适合更广大读者阅读的介绍性读物。除了弗尔米南特的著作，大部分最新的考古学研究都主要用意大利语出版，特别是安德里亚·卡兰迪尼（Andrea Carandini）有争议的重要作品。许多之前的作品也主要关注罗马本身。相比之下，本书的目标是在更大的意大利背景下考察罗马的崛起，并以非专业人士能够理解的方式探索罗马和意大利其他地区的相似和不同。

我要感谢约翰·戴维（John Davey）和普洛菲尔（Profile）的编辑团队邀请我参与这套书的写作，感谢他们在写作过程中提供的宝贵点评和支持。我还要感谢杜伦、爱丁堡和伦敦大学学院等地同事们的点评和鼓励。我要特别感谢蒂姆·康奈尔、盖伊·布拉德利（Guy Bradley）、杰弗里·贝克（Jeffrey Becker）、希拉里·贝克（Hilary Becker）、杰米·休厄尔（Jamie Sewell）和我的伴侣马丁·哈特菲尔德（Martin Hatfield），感谢他们乐意倾听关于早期罗马的讨论，这远远超出了他们的义务。我还要感谢露丝·怀特豪斯（Ruth Whitehouse）和马丁·哈特菲尔德允许我使用他们的照片，感谢那不勒斯考古遗产主管处、斗兽场特别主管处、罗马国家博物馆和考古园区、拉丁姆和南伊特鲁里亚考古主管处、罗马德国考古研究所、纽卡斯尔大北方博物馆（the Great North Museum）和大英博物馆的工作人员帮助获取图片。我要特别感谢大北方博物馆的文物保管员安德鲁·帕金（Andrew Parkin）允许重印来自舍夫顿希腊和伊特鲁里亚文物藏品集（the Shefton Collection of Greek and Etruscan Antiquities）的图片，因为工作关系我和这个藏品集打过很长时间的交道。

地图 1　古代意大利：主要的遗址和定居点

地图2　伊特鲁里亚：主要的古代遗址

地图 3 拉丁姆：主要的古代遗址

地图 4 坎帕尼亚和萨莫奈：主要的古代遗址和民族群体

地图 5　古代意大利：民族群体，约公元前 400 年

地图 6　南意大利：主要的古代遗址

- 为希腊人的定居点
- 为意大利各民族的定居点

缩　写

App., *Hann.*：Appian, *Hannibalic War* 阿皮安,《汉尼拔战争》
App., *Samn.*：Appian, *Samnite Wars* 阿皮安,《萨莫奈战争》
Arist., *Pol.*：Aristotle, *Politics* 亚里士多德,《政治学》
Athen., *Deip.*：Athenaeus, *Deipnosophistae* 阿忒纳俄斯,《智者之宴》
Aul. Gell., *NA*：Aulus Gellius, *Noctes Atticae* 奥卢斯·格里乌斯,《阿提卡之夜》
Cic., *Am.*：Cicero, *De Amicitia* 西塞罗,《论友谊》
Cic., *Att.*：Cicero, *Letters to Atticus* 西塞罗,《与阿提库斯书》
Cic., *Balb.*：Cicero, *Pro Balbo* 西塞罗,《为巴尔布斯辩护》
Cic., *Div.*：Cicero, *De Divinatione* 西塞罗,《论预言》
Cic., *Dom.*：Cicero, *De Domo Suo* 西塞罗,《论他的房子》
Cic., *Leg.*：Cicero, *De Legibus* 西塞罗,《论法律》
Cic., *Leg. Agr.*：*De Lege Agraria* 西塞罗,《论土地法》
Cic., *Nat. Deor.*：Cicero, *De Natura Deorum* 西塞罗,《论神性》
Cic., *Offic.*：Cicero, *De Officiis* 西塞罗,《论义务》
Cic., *Or.*：Cicero, *De Oratore* 西塞罗,《论演说家》
Cic., *Phil.*：Cicero, *Philippics* 西塞罗,《反腓力辞》
Cic., *Rep.*：Cicero, *De Republica* 西塞罗,《论共和国》
Cic., *Sen.*：Cicero, *De Senectute* 西塞罗,《论老年》
Cic., *Tusc.*：Cicero, *Tusculan Disputations* 西塞罗,《图斯库路姆论辩集》
CIL：*Corpus inscriptionum Latinarum*《拉丁碑铭集》
Dio：Cassius Dio, *Roman History* 卡西乌斯·狄奥,《罗马史》
Diod.：Diodorus Siculus, *Histories* 西西里的狄奥多罗斯,《历史》
Dion. Hal.：Dionysious of Halicarnassus, *Roman Antiquities* 哈利卡纳苏斯的狄俄尼修斯,《罗马古事记》

Festus：Festus, *De verborum significatu* 费斯图斯,《论词意》
FRHist：T. J. Cornell (ed.), *The Fragments of the Roman Historians* (Oxford, 2013) 康奈尔（编）,《罗马史学家残篇》
Front., *Aq.*：Frontinus, *De aquaeductu* 弗隆提努斯,《论引水渠》
Hdt.：Herodotos, *Histories* 希罗多德,《历史》
IG：*Inscriptiones Graecae*《希腊碑铭集》
Livy：Livy, *History* 李维,《罗马史》
Ovid, *Fast.*：Ovid, *Fasti* 奥维德,《岁时记》
Paus.：Pausanias, *Description of Greece* 保萨尼亚斯,《希腊游记》
Pliny, *NH*：Pliny, *Historia Naturalis* (= *Natural History*) 普林尼,《自然史》
Plut., *Cam.*：Plutarch, *Life of Camillus* 普鲁塔克,《卡米卢斯传》
Plut., *Cor.*：Plutarch, *Life of Coriolanus* 普鲁塔克,《科里奥拉努斯传》
Plut., *Numa*：Plutarch, *Life of Numa* 普鲁塔克,《努马传》
Plut., *Pyrr.*：Plutarch, *Life of Pyrrhus* 普鲁塔克,《皮洛士传》
Plut., *Rom.*：Plutarch, *Life of Romulus* 普鲁塔克,《罗慕路斯传》
Pol.：Polybios, *Histories* 波利比乌斯,《历史》
Propertius：Propertius, *Elegies* 普洛佩提乌斯,《哀歌集》
SEG：*Supplementum Epigraphicum Graecum*《希腊碑铭集增补》
SIG：W. Dittenberger, *Sylloge inscriptionum graecarum* (Leipzig, 1883) 狄腾贝格,《希腊碑铭集成》
Strabo, *Geog.*：Strabo, *Geography* 斯特拉波,《地理学》
Tac., *Ann.*：Tacitus, *Annals* 塔西佗,《编年史》
Tac., *Hist.*：Tacitus, *Histories* 塔西佗,《历史》
Thuc.：Thucydides, *History* 修昔底德,《伯罗奔尼撒战争史》
Val. *Max.*：*Memorable Deeds and Sayings* 瓦莱利乌斯·马克西姆斯,《嘉行名言录》
Varro, *LL*：Varro, *De Lingua Latina* 瓦罗,《论拉丁语》
Varro, *RR*：Varro, *Res rusticae* 瓦罗,《论农业》
Vell. *Pat.*：Velleius Paterculus, *History* 维勒尤斯·帕特库鲁斯,《历史》
Virg., *Aen.*：Virgil, *Aeneid* 维吉尔,《埃涅阿斯纪》
Zon.：Zonaras, *Historical Epitome* 佐纳拉斯,《历史摘要》

第一部分

早期意大利与罗马的奠基

第 1 章

介绍早期罗马

公元前 9 世纪，罗马只是在拉丁姆发展起来的若干定居点中的一个。[1] 它可能比许多邻居大，但即使在该地区内部，它也并不特别突出，遑论在该地区之外了。这一时期意大利中部最强大和最有活力的共同体位于台伯河以北的伊特鲁里亚。不过，到了公元前 3 世纪，罗马已经发展成为一个强大的城邦，确立了对意大利其他地区的控制，并准备好了去征服一个横跨地中海的帝国。本书将探索罗马从起源到公元前 3 世纪中叶的发展，它对意大利的控制的性质，以及它能够达到这种控制程度的原因。虽然在时间上非常遥远，但意大利和罗马最早期的历史回应了一些特别现代的问题。这些社会面临的问题包括多种族共同体中存在的压力和矛盾，如何处理广泛的社会、政治和法律上的不平等，以及普通公民社会和国际精英圈层之间的交流。公元前 3 世纪时，罗马也在努力应对国家迅速扩张带来的道德和现实问题。

罗马不是孤立发展起来的，想要理解它离不开更广泛的意大利背景。本书的目的之一是介绍更宽广的意大利历史、它的诸民族和文化，以及探索它们与罗马的关系。当然，我们有关罗马的证据要比有关意大利其他共同体的复杂得多，因为我们拥有关于罗马早期发展的大量古代记录和许多考古学证据，尽管需要对两者进行解读。本书的组织原则是各章交替地讨论意大利和罗马，前者介绍更普遍的主题，后者专门研究罗马，并最终探究罗马与其邻邦之间的关系。

这个早期阶段的材料问题重重。我们拥有来自意大利大部分地区的丰富考古资料，但罗马本身的考古记录支离破碎，难以评判，因为自古以来那里就不断有人生活。文本材料造成了同样的难题。公元前5、前4世纪的希腊文本中提到了一些同时代意大利和罗马历史的情况，但最早的罗马历史学家——他们的作品只有残篇存世——在公元前3世纪末和前2世纪写作。[2] 一些共和时代中晚期和帝国时代的作者有作品流传下来，比如波利比乌斯（前2世纪）、西塞罗和瓦罗（均为前1世纪），他们的作品中包含了对早期罗马的评论，但对那个时期最早的叙述来自李维和哈利卡纳苏斯的狄俄尼修斯，他们在公元前1世纪末写作。缺乏同时代的文本证据，不可避免地意味着现存史料的作者对公元前12—前4世纪这段时期的了解在很大程度上是有限的，而最坏的情况是他们缺乏真实的信息。罗马人保存有官方的国家记录和档案，但我们不清楚系统性的记录是何时开始的，在共和时代开始之前，私人或公共记录和档案很可能是有限或根本不存在的，而且它们很容易遭到毁坏。我在"材料说明"中介绍了有关早期罗马的古代记载，并讨论了它们带来的一些问题。

古代意大利是一个非常多样化的地区，拥有一系列截然不同的气候、自然资源和地形：从最北面的阿尔卑斯山地区到拉丁姆和坎帕尼亚的平原，再到卡拉布里亚（Calabria）的干旱山地。沿海地区和一些河谷中（特别是波河河谷）有土地肥沃的平原，其间夹杂着更加多山的地带。作为意大利的脊梁，亚平宁山脉是一条高耸的、不适宜居住的山脊，它贯穿了整个半岛，将意大利分为截然不同的两半。亚得里亚海和伊奥尼亚海海岸之间的这一天然交通障碍造成了这些地区不同的文化和经济发展轨迹。意大利在其他方面占据了得天独厚的地位。它处在历史悠久的贸易路线的交会点：海路方面从希腊和东地中海到西班牙、法国和北非，陆路方面穿过阿尔卑斯山进入欧洲腹地。它漫长的海岸线上分布着大量天然港口，对于从希腊西部和达尔马提亚海岸出发的人员和货物，以及穿梭在西地中海的岛屿间的人来说，意大利都提供了一个既不遥远而又方便的交会点。意大利及其居民与一个范围广泛的联系网络相连，它从中东和埃及延伸到中欧，这一事实不仅体现在来自希腊和东方的进口物品上，还体现在与希腊和东方的接触对意大利文化产生的许多影响上。一个生动的例证是，罗马愿意借鉴和改造来自意大利和地中海各地的文化风格和习俗，同时又从未忘记自己基本的罗马身份。

沿海平原人口稠密，其特点是：城邦很早就发展成主要的社会和政治组织形式，且城市定居点的密度很高（地图1）。公元前9—前7世纪，原始城市定居点便已经建立。不过，与每座城市的天然领土边界都相当清晰的希腊不同的是，亚平宁山脉是这里唯一的主要地形屏障。一些地势较低的地区被丘陵地形分隔开来，但还有大片地区没有明显的天然边界，导致很有可能发生领土争端和国家之间的摩擦。大多数低地区域都拥有大量肥沃的土地和矿产资源，因此随着不断发展的城市为自己争夺更多的土地和财富，战争在这里或多或少成了家常便饭也就不足为奇了。

城市化进程是理解意大利发展的一个关键概念，但它很难定义，而且学界有形形色色的观点。甚至在古代世界，这方面就有过相当大的变化：在古典希腊时期，城市的特点是由城中居民的特点和它物质形式的性质定义的，后来的希腊作家以拥有某些实体特征定义城市，而罗马人则以法律术语定义城市，即由罗马授予特许权利的共同体。[3] 现代人对此同样众说纷纭，最新和最全面的尝试是哥本哈根城邦项目（Copenhagen Polis project），它将古代城市定义为人口不少于 1000 人，所控面积不小于 30 平方千米的定居点，拥有共同的名称，共同的法律、社会和政治结构。所有这些观点都认为，古代城市是城邦，包括一个中心定居点和由它控制的周边领土，后者为其提供经济支持。想要被认定为城市，定居点必须足够大，具有一定程度的经济多样性和专业化程度，使其超越生计经济（subsistence economy，或译自给经济，即仅能维持基本生存条件的经济状态）的水平，还要有政治组织和社会等级，以及超越家庭成员或亲属群体成员身份的公民身份或国家成员的概念。城市布局的正规化或纪念性建筑等特征不是城市的基本属性，但往往构成城市发展的一部分，而且是有用的判断标准，因为它们表明存在经济盈余和政治权威，以及利用它们开展大型项目的集体意愿。在意大利的许多地区，定居点的发展要早于城市化，它们显然比村庄更大也更富裕，但还没有完全形成一个核心，尚未达到城市所要求的复杂性水平。这些定居点由互相有联系、共享公共空间（经常是宗教用途）的住所群组成，他们被称为原始城市定居点，被认为是城市发展的前身。

　　由于崎岖的地形，意大利亚平宁地区与意大利低地的发展模式截然不同。高海拔谷地没有足够的资源来支持人口的大量集中。山区民族生活的共同体要比低地民族的小，前者依靠小规模农业和牧业的混合经济为生。该地区偏僻孤立,发展出了一种独特的社会和文化身份,在压力面前展现出非比寻常的韧性。虽然亚平宁地区拥有大量小型定居点,但在被罗马征服之前,它们在很大程度上仍然是非城市化的。其本土政治和社会组织建立在由小共同体松散组成的联盟组织的基础上,非常适应该地区的性质。该地区的发展速度与意大利低地区域不同,但这些差异是源于对当地环境的适应,而不是落后或野蛮造成的。它们能够有效地抵抗罗马扩张本身就证明了这一点。亚平宁地区的共同体发展出了一种在许多方面与城邦相似的国家形式,但没有大型人口中心。

相比地理上的多样性,古意大利的民族和文化多样性同样引人注目。那里生活着许多不同的群体,拥有各自的语言、宗教崇拜和物质文化,他们大多是原住民,只有定居在意大利南部和坎帕尼亚的希腊人(地图 5 和 6)例外。古代作家认为,意大利中部两个最重要的群体是我们所称的拉丁人(Latini)和伊特鲁里亚人〔拉丁语中称为 Etrusci,希腊人称其为图瑞尼人(Tyrrhenoi),在他们自己的语言中可能叫拉森纳人(Rasenna)〕。在拉丁姆中部以及台伯河和阿尔诺河之间的地区,很早就可以找到与这些群体相关的文化。伊特鲁里亚人的起源问题一直困扰着我们,这源于他们独特的语言,它与其他任何意大利的语言几乎都没有相似之处,很可能不是印欧语。按照希罗多德的说法,他们是来自小亚细亚的殖民者,尽管这与其他古代史料相矛盾(希罗多德,1.93—1.96;哈利卡纳苏斯的狄俄尼修斯,1.30;斯特拉波,《地理学》,5.2.2—5.2.4)。[4] 现在,他们通常被认为是原住民族,尽管对古老的 DNA 样本的研究揭示了一些耐人寻味的发现。这些发现显示,古伊特鲁里亚与小亚细亚中部的人口有相似点,而伊特鲁里亚人的 DNA 与中世纪和现代托斯卡纳人的不同。不过，不能认为这印证了希罗多德关于伊特鲁里亚人是来自小亚细亚的殖民者的观点，对伊特鲁里亚人的 DNA 研究——至少可以这么说——仍有争议；其他研究表明，不同时期人口的 DNA 之间的不连续性在欧洲很常见，这应该归因于人口的长期流动，而不是希罗多德设想的那种短期内的殖民。

在意大利南部和山地，民族和文化特征更为复杂。对于意大利南部的希腊人定居点的位置，以及关于萨伦蒂纳（Salentine）半岛居民的文化和族群状况，史料中的说法大体上是一致的。除此之外，我们无法绘制出准确的公元前 4 世纪之前意大利的民族地图。古代史料大多写于这些文化早已不复存在的时候，对于谁生活在哪里，甚至半岛的哪些部分可以被界定为意大利，它们意见不一。[5] 让情况变得更加复杂的是，公元前 5 世纪的一段大规模迁徙期，让一些群体从历史和考古记录中消失，而另一些新的群体则出现了。尽管从考古记录和铭文中可以清楚地看到，在意大利有许多不同的语言和文化共存，但要确定其民族的概念则困难得多。古代作家们经常将意大利描绘成一个部落社会的区域，并为它们打上民族标签，但我们完全不清楚，意大利人是否认为自己属于某些定义明确的民族群体。考古证据表明，城邦是该区域社会和政治组织的主要形式。许多人可能把自己视作他们的家族、村庄或邦国的一部分，而不是属于范围更大的民族，集体性的身份认同似乎很不稳定。公元前 5 世纪的迁徙催生了新的群体，另一些群体则扩张到新的地区。沃尔斯基人（Volsci）、赫尔尼基人（Hernici）和埃奎人（Aequi）都是给罗马带来过麻烦的邻居，他们在这个时期出现，但在公元前 4 世纪被罗马征服后，他们又同样突然地消失了。来自阿尔卑斯山以北的凯尔特人在意大利北部定居，伊特鲁里亚人转移到波河河谷，来自亚平宁山区中部的民族则集体迁徙到坎帕尼亚和意大利南部。[6] 到了公元前5世纪末，意大利的文化地图已经发生了很大的变化，而公元前4世纪期间，更清晰的民族身份开始出现，但即使在当时，大多数人仍然可能认为自己首先属于某一个特定的政治国家或共同体，而不是民族群体——比如，塔尔奎尼人（Tarquinian）或沃拉特雷人（Volaterran），而不是伊特鲁里亚人。

在罗马崛起的时期内，它仅有一座城邦规模的行政机关能够使用。尽管公元前4—前2世纪内，罗马行政机关在复杂性上有所发展，但行政资源仍然有限。罗马的权力并非通过直接统治来维持，而是依靠一系列保持着距离的关系组成的网络，其间点缀着一些控制更为严密的地区。许多意大利共同体保留了一定程度的自治，尽管罗马能够得到它们的部分资源，特别是兵源。虽然到了公元前270年，罗马已经是意大利人无可争议的领导者，并非常坚决地回击了对这一地位的任何挑战，但罗马治下的意大利并不是一个直接统治的帝国。地区和民族认同仍然重要，但也是不稳定的。希腊、伊特鲁里亚和罗马文化都对意大利的其他民族产生了影响，就像罗马文化本身受到伊特鲁里亚和希腊文化的影响一样。直到公元前2世纪末和前1世纪，这个半岛才开始了文化上的罗马化；在此之前，意大利其他地区保留了自己当地的语言和文化，而有时被称为罗马化的文化融合现象还不显著。考虑到我们大部分材料的日期较晚，以及我们依赖从罗马观点撰写的材料，我们很容易忘记，直到公元前3世纪初，罗马才在整个意大利确立了主宰地位，而这种主宰地位的确立绝非一种预料之中的结局。即使在布匿战争期间,也可以明显地感觉到,罗马的意志只是决定其他意大利人行动的众多因素之一,直到汉尼拔战败后罗马重新确立了权威,罗马才完全确立了对意大利的统治。在这本书所涵盖的时期里,我们可以看到罗马崭露头角的过程,从众多意大利邦国中的区区一员发展到独占鳌头的地位,但更广泛的意大利背景对于理解这一过程是必不可少的。

第 2 章

布设场景

铁器时代的意大利

史前的意大利是个与后来历史上的半岛截然不同的地方。公元前1200年左右,这是一个由小定居点组成的地区,有着以小规模农业为基础的生计经济。青铜时代(Bronze Age)晚期和铁器时代(Iron Age)之间(约公元前1000—前800年)发展出了更大和更复杂的定居点,经常被称作原始城市定居点,同时出现的还有更大的经济多样性、更广泛的社会分工和独特的地区文化。在这一时期,罗马城址上还建立了已知最早的定居点。

一个重要的制约因素是,我们没有关于该时期的同时代文字史料,必须完全依赖考古学证据。意大利没有荷马或赫西俄德,他们的诗歌生动地描绘了铁器时代的希腊,而最早的铭文——数量很少,且大多非常短——直到公元前8世纪中叶才出现。[1] 不过,青铜时代晚期和铁器时代早期的考古证据揭示了有关意大利文化和社会的很多情况,尽管有一些局限。其中之一是,我们的大部分证据都来自墓地。因为丧葬是一种仪式行为,墓葬证据告诉我们很多关于社会关系和组织、经济发展以及共同体文化偏好的信息,但关于日常生活的信息相对很少。一些墓地发掘报告——特别是奥斯特里亚德洛萨（Osteria dell'Osa）和夸特洛封塔尼里（Quattro Fontanili）的，前者位于罗马以东 18 千米，后者是维伊（Veii）的早期墓地之一——的发表大大增进了我们对铁器时代社会的了解，以及它如何与拉丁姆和伊特鲁里亚后来的发展相关。关于定居点的证据没有那么多，但近年来的田野工作为人们在哪里生活和如何生活，以及他们是如何被埋葬和纪念的提供了新的线索。

然而，我们能做的是有限的。比如，我们不知道青铜时代的意大利人如何界定自己的身份，或者他们是否感受到自己是明确的民族群体。铁器时代早期，制成品的样式和风格，以及丧葬习惯等文化习俗出现了差异，暗示了地区文化的出现。属于伊特鲁里亚的维拉诺瓦文化（Villanovan culture）的手工艺品在风格上不同于罗马周围地区的拉提奥文化（Latial culture），在其他地区也可以看到这种区域性差异，但我们不知道这些群体称自己为什么，或者他们是否有共同的民族身份。在本书中，像"维拉诺瓦"和"拉提奥"这样的术语指的是文化，而不是民族。与这些地区后来的民族不同——他们自认为是拉丁人、伊特鲁里亚人、翁布里人或坎帕尼人（Campanian）——我们不知道拉提奥文化或维拉诺瓦文化的持有者是否认为自己拥有共同的身份，或者他们只是碰巧，出于完全不同的原因而采用了相同的陶器形状、金属器具和物质文化的其他方面。意大利的民族发展将在本书后文中讨论，但在这个早期阶段，民族身份还没有以从考古证据中可见的形式出现。

青铜时代晚期的意大利

在青铜时代末期（Final Bronze Age，公元前 12—前 10 世纪），整个意大利的经济和社会组织都发生了变化。定居点变得更大，尽管在类型和规模上有明显的地区差异，制成品的数量和种类也增加了，显示它们是专业技工的作品，而不是在家中生产的。许多青铜器显然是由熟练的工匠制作的，具有很高的工艺水平。金属制品方面的增长需要更多矿产资源的使用权，来提供原材料，而进口陶器和金属器物（大多来自希腊）的出现表明存在着一个接入了更广大地中海世界的联系网络。这是一个社会变革的时代，贸易和制造业不断扩大，出现了新的加工技术和更加密集的耕作方式，推动了更大和更复杂的定居点的发展。在青铜时代末期的开端，大多数意大利的定居点都是村庄，常常规模不大，但到了铁器时代，我们可以看到原始城市定居点最早的发展。这些定居点的特征是规模更大、布局更复杂，经济复杂性和社会层级制的程度也都更高。它们的规模可能有所不同，常常因地而异，而且并不总是具有单一核心的定居点，但都表现出具有比青铜时代的村庄遗址更大程度的政治和社会复杂性的迹象。

在伊特鲁里亚，我们可以更详细地描绘定居点的发展。青铜时代早期的那些定居点位于用来迁徙畜群的小径沿线，它们存在时间很短，暗示人口在一定程度上过着游牧生活，跟随牲畜往来于冬天和夏天的牧场。在青铜时代末期，人们不再选择靠近畜群迁徙路线的地方，而是在便于防御和靠近水源——这些因素对维持稳定的长期定居点来说至关重要——之处建立了定居的农业共同体。位于维泰尔博（Viterbo）附近的圣乔维纳莱（San

Giovenale）和米尼奥内河畔卢尼（Luni sul Mignone）这两处经过密集发掘的遗址（地图2）展示了这些变化。两者都位于山丘台地之上，几个方向都有陡峭的山崖保护；卢尼还进一步修筑了人工的阶坡和工事来自我防卫。青铜时代末期的定居点通常规模有限，由木结构小屋的群落组成，这些小屋有时被分成几个房间，入口上方有门廊。在包括卢尼在内的一些遗址发现了更大和更坚固的建筑，尺寸为15—17米乘以8—9米，采用石头地基。这些建筑的用途尚不清楚，但它们的规模和用石材——一种比木头或泥砖更昂贵和更费劳力的建筑材料——建造的底座表明了其重要性，可能是作为共同体领袖的房子，或者是用于宗教仪式的建筑。

在意大利的其他地方，青铜时代定居点的模式各不相同。在卡拉布里亚，公元前12—前10世纪期间，肥沃的平原上不设防的、开放性的村庄（被密集耕种的土地环绕）让位于500—1000人的更大的村庄。这些村庄位于拥有更好天然防御属性的高原上，其中的一些还制造了大量的武器和盔甲，比如托雷德尔莫迪洛（Torre del Mordillo）。在意大利北部，青铜时代末期出现了一些非常大的村子，比如位于波河平原的弗拉特西纳（Frattesina）占地约200公顷[①]。总体而言，在青铜时代末期，整个意大利都出现了向更大村庄发展的趋势，并将定居点转移到更容易防御的位置，有时还会用人造工事加固。武器的增加和许多地区对防御的重视暗示了一个比以往更具侵略性的社会。

与此同时，墓葬方式的变化也最明显地反映了社会和经济不平等程度的加剧，以及社会和政治精英的出现。最流行的葬礼仪式是火化，然后将骨灰和陪葬品埋葬，物品的种类和数量都相对

[①] 1公顷等于1万平方米，或0.01平方千米。——编者注

较少。陪葬品通常包括陶器和青铜扣针（fibulae），这是一种形似安全别针的胸针。[2] 不过，到了青铜时代末期，许多墓地中出现了少数陪葬物品更丰富和数量更多的墓，经常包括武器或盔甲、编织和纺线工具，还有珠宝，表明出现了一个社会、经济和政治上更加分层化的社会，女性也更多地出现在了墓葬记录中。

伊特鲁里亚与维拉诺瓦文化

铁器时代的伊特鲁里亚文化被称为维拉诺瓦文化，得名于它被认定的遗址，即位于博洛尼亚附近的维拉诺瓦的一个铁器时代墓地。该墓地可以追溯到公元前9世纪初，那是伊特鲁里亚的居住模式发生重要变化的时期。定居点——在青铜时代晚期就已经在发展——变得大得多，并开始聚集成群组，通常位于高原的边缘或是沿着高地的山脊。许多伊特鲁里亚城市遗址上定居点的最早阶段可以追溯到维拉诺瓦时期早期，尽管它们在形态上与后来的城市截然不同。

在伊特鲁里亚南部，许多较小的村庄在公元前9、前8世纪衰落或被遗弃，定居点集中到数量较少的大型遗址，它们控制着周围更大面积的领土。在公元前10世纪，该地区大约有50个遗址，大部分面积在1—15公顷之间，相距几千米。公元前9世纪早期，它们缩减为10个更大的人口区，其间夹杂着可能依赖它们的小定居点或个体农场。我们不清楚这是如何和为何发生的，尤其是因为这一时期的遗址年代很难确定（许多遗址只能确定为公元前10世纪末和前8世纪初之间）。这些共同体很可能合并了，因为相邻的定居点会争夺领土和资源，实力较强的一步步吞并了实力较弱的，直到只剩下较大的中心。在某些情况下，这可能是通过和平手段实现的，但在另一些情况下可能是更加暴力的过程，涉及一些定居点被另一些强行接管。在该地区的北部，这种变化不那么明显。在公元前9世纪，定居点集中在后来的维图洛尼亚（Vetulonia）和波普洛尼亚（Populonia）这两个城市的所在地周围，以及厄尔巴岛对面的海岸边，但留存下来的小定居点要比更南面的地区多。

这些定居点比过去青铜时代的村子更大，人口估计多达1000人。它们聚集在一起，相距仅1—2千米。比如，已知在卡伊雷（Caere）有8个定居点，在维伊有5个大村庄，每个都有自己的墓地，散布在被后来的城址占据的地区周边（图1）。在塔尔奎尼

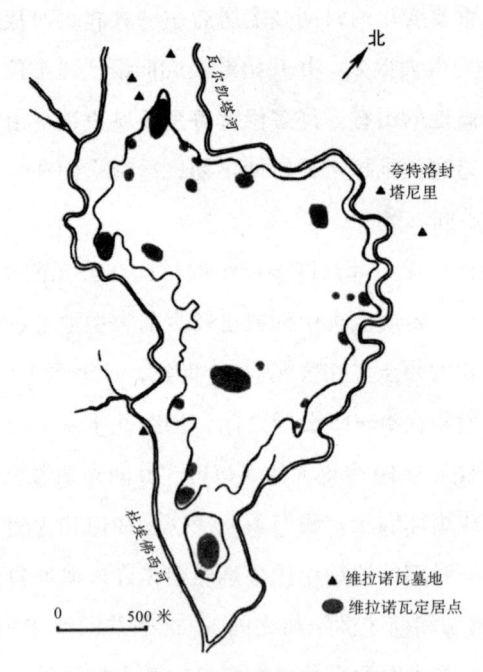

图 1　维伊：维拉诺瓦定居点地区

和沃尔西尼（Volsinii），至少有2个离得很近的定居点。塔尔奎尼的卡尔瓦里奥（Calvario）地区至少有25座房屋，用木头或泥砖建造，地基是石头的，屋顶铺着茅草。大多数房屋很小，尽管一些较大的建筑可能为公共用途而建，也许是崇拜场所，或者是富人的私人房屋。无论具体用途是什么，它们都表明，这里发展出了更复杂的社会等级制度。

与对居民点的发掘相比，人们对维拉诺瓦墓地的发掘范围更广。作为维伊的墓地之一，在夸特洛封塔尼里的墓地已经发掘了大约650个墓，其年代为公元前9世纪到前7世纪之间。其中最早的位于一座小山顶上，后来的那些向下延伸到山坡的较低处，并聚集成群，被认为是家族墓地。主流的葬礼仪式是火化，这本身就表明死者是有一定地位的人。收集燃料和搭建柴垛需要投入人力和物力，火化能确保葬礼显得相当壮观。

骨灰被放在一个被称为双锥形骨灰坛（形状类似于两个圆锥体）的陶土容器里（彩图1），[3] 上面盖着一个浅碗，可能是用来奠酒的，可以翻过来当作盖子。骨灰坛被埋葬在地下的一个坑里，有时里面铺着石板，还有一些不起眼的陪葬品，包括扣针（彩图2）、装饰有螺旋线的金属别针、纱锭；或者包括扣针、小刀和刀片。陪葬品的不同被认为反映了死者的性别，女性用纺纱工具陪葬，男性用小刀，但很少有留存下来的骨骼证据证实这一点。基于陪葬品而对性别做出的简单化假设正日益受到挑战。[4] 在墓中发现的一些物品的分布可能表明，骨灰坛被视作死者的代表或象征，上面盖着珠宝，周围摆放着个人财产。它甚至可能"披"着布料，用扣针固定，尽管由于纺织品没能留存下来，这只是基于扣针的分布所做的推测。

少数墓葬的陪葬品明显更丰富，包括青铜武器、盔甲和进口的希腊陶器，从公元前8世纪中叶开始，它们的数量变得更多。比如，在夸特洛封塔尼里的一处墓葬里，骨灰被安放在青铜器皿中，而不是通常的陶罐，还有大约50件陪葬品，包括陶器、珠宝、青铜盾牌、有高耸尖顶的威严头盔、武器和马笼头（图2）。武器和马具本身就表明墓主地位很高，因为在早期意大利，只有社会精英才拥有马。[5] 这些墓葬模式暗示，精英阶层可能正在出

图2　维拉诺瓦陪葬品，来自夸特洛封塔尼里的一处墓葬

现，由家族甚至氏族／大家庭的首领组成，以拥有武器和控制更多财富和资源等地位象征为标志。我们显然离后来生活在这里的伊特鲁里亚人的城市社会还很远，但变化的规模表明，政治和社会正在迅速发展。

一些公元前 8 世纪的维拉诺瓦共同体足够大，可以达到莫根斯·汉森（Morgens Hansen）所定义的城市定居点的标准，尽管它们的形式与核心化的希腊或罗马城市截然不同。它们由定居点群落组成，所在的地点后来发展成维伊、伍尔奇（Vulci）和塔尔奎尼等城市。由于距离太近，它们不可能是完全独立的共同体。[6] 二十世纪六七十年代，罗马英国学院进行的考古调查最初显示，维伊城址上有 5 个独立的定居区域，在公元前 7 世纪时合并为单一核心的定居点。但新的研究发现，在铁器时代这 5 个主要核心定居点分别占据了该地，并于公元前 8 世纪中叶在这里修建了防御工事，这表明到公元前 8 世纪下半叶，维伊已经发展成为一个更大和更复杂的单一定居点。在这个时期，村庄的群落合并成更大的统一共同体，可以在伍尔奇和塔尔奎尼找到类似的迹象，前者与维伊差不多同时建起了防御工事，后者发展出了显然是由不同的定居点群落共用的崇拜场所。

一项由乌拉·拉贾拉（Ulla Rajala）和西蒙·斯托达特（Simon Stoddart）进行的关于内皮［Nepi, 古代的内佩特（Nepet）］的研究可能会进一步揭示这些发展。在这里，维拉诺瓦共同体出现在高原上，共同体内的每个子群体都控制着包含一个村子、一些零散的房屋和一片墓地的领土区域。[7] 一个有吸引力的（尽管绝不是唯一的）假设是，每个居住集群都属于特定的家族或氏族，它们将高原划分为一片片单独的领土，使得它们中的每个都能够在更大的共同体内保有自己的区域。共享崇拜场所和建造防御工事等大型计划的特点表明，他们正在发展出共同的身份认同，以及足够承担这些工作的强大社会和政治组织。维拉诺瓦定居点没有表现出城市化所要求的经济发展水平、社会复杂性或政治集中程度。它们可以最接近地被理解为原始城市共同体（氏族或家族单元等子群体在其中拥有自己的区域），比青铜时代的村庄复杂得多，但尚未发展为城邦。

一小部分埋藏有更丰富陪葬品的墓葬表明，到了公元前8世纪中叶，精英阶层正在出现。这体现在层次越来越高的炫耀性消费上，繁荣的经济让这种消费变得可能。伊特鲁里亚是一个以农业为主的区域，定居模式的变化导致更加集中精细的耕作。动物骨骸和植物遗骸证明，当地种植谷物和葡萄，饲养包括绵羊、猪和山羊在内的一系列牲畜。还有手工业生产和原材料开发的相关证据。采矿对于伊特鲁里亚北部（位于维图洛尼亚和波普洛尼亚周边）的经济至关重要，在厄尔巴岛和撒丁岛都发现过伊特鲁里亚铁矿石。流通的金属制品的数量和种类都增加了，包括武器、剃刀、珠宝和扣针，延续了专业工匠生产高质量金属制品的既有传统。在远至撒丁岛和博洛尼亚周围的地区都发现过伊特鲁里亚的金属制品，表明它们有相当大的流通范围。其他种类的制造活动的专业化程度较低。大多数陶器仍然是杂质陶（impasto），一种粗糙的手工陶器，很可能是在家中生产而不是由专业陶匠制作的，供当地使用而不是用于贸易。与许多古代社会一样，纺织品也是在家庭中生产的。织坠和纱锭等设备在家中和女性墓葬中广泛存在，表明纺纱和编织不仅对家庭经济非常重要，还是妇女在家中地位和角色的重要元素。此类物品中既有简单的赤陶织坠和纱锭，又有采用昂贵而独特的材料（如象牙）并经过精心雕饰的纺纱杆。富裕和享有特权的妇女和地位较低的妇女显然都会从事纺织劳动。[8]

维拉诺瓦文化时期的伊特鲁里亚与更广大的地中海世界关系密切，经常发生联系。从公元前8世纪开始，在伊特鲁里亚南部的富人墓葬中发现了进口的希腊商品，这既要归功于与地中海东部的直接联系，也要归功于与意大利新建立的希腊人定居点的贸易。这些希腊进口商品中有许多是陶制器皿，其类型与会饮相关，如杯子、上酒的酒罐以及用来混合酒和水的调酒缸。这并不一定意味着这里接受了希腊人的社交习俗，比如会饮，但确实表明伊特鲁里亚精英阶层正在培养对新型消费品的喜好。[9]当地也会生产仿制品。与手工制作的杂质陶相比，这些拉坯制作的陶器需要更多的工艺技巧，为专业化的工匠、新的加工技巧与技术的传播、当地和希腊工匠之间的接触提供了进一步的证据。该地区北部与希腊人接触较少，而主要与厄尔巴岛和撒丁岛关系密切，并通过它们与腓尼基人建立了紧密的联系。到了公元前8世纪，腓尼基商人已经与西地中海的许多地区建立了稳定的贸易网络，从希腊和中东运来货物，换回金属矿石，而腓尼基共同体也在西地中海的岛屿上站稳了脚跟。在伊特鲁里亚北部墓葬中发现的腓尼基陶器和金属制品不仅证明了新商品的流通，还表明矿物出口对伊特鲁里亚北部经济的重要性，因为撒丁岛上的腓尼基共同体在环地中海的金属贸易中发挥了重要作用（见下文）。

总而言之，维拉诺瓦文化时期的伊特鲁里亚展现了活跃的经济增长、一次共同体的重构和资源开发。复杂的大型原始城市定居点已经发展起来；家族和亲属群体是社会组织的中心，更复杂和层次更分明的社会等级制度正在出现。维拉诺瓦文化在其他方面也是充满活力的。它的变体迅速传播到意大利的其他地区，特别是博洛尼亚周边地区，以及坎帕尼亚的部分地区，进一步证明了伊特鲁里亚与意大利其他地区之间有着广泛的联系网络。铁器时代的伊特鲁里亚人口有一个欣欣向荣、远远超出该地区的联系网络，并大量输出他们的商品和文化影响。

铁器时代的拉丁姆

拉丁姆的发展轨迹与伊特鲁里亚相似（尽管比较慢），在罗马历史上发挥了至关重要的作用。在许多版本的罗马建城神话中，罗慕路斯是阿尔巴隆加（Alba Longa）公主的儿子。罗马人相信，阿尔巴隆加是一个位于阿尔巴丘陵（Alban Hills）的拉丁人定居点，并在拉丁姆中部建立了其他几个邦国。虽然没有考古学证据表明当时的阿尔巴丘陵地区存在一个强大的国家，但这些神话和民族联系对罗马人的身份非常重要，罗马人会在自己参加的拉丁宗教节日中纪念它们。[10] 了解拉丁姆更广泛的发展为罗马的早期历史提供了必不可少的背景。

确定年代是我们了解意大利史前史的基础，但对拉提奥文化（铁器时代拉丁姆的文化）的定年提出了特别的难题。虽然可以认定大部分器物的相对顺序，但确定该地区的绝对年代困难重重，对拉提奥文化不同阶段的年代认定（因此也是对罗马最早定居点的定年）存在周期性修正的可能性。从表1中可以看到变动的程度，该表比较了传统定年与马尔科·贝特利（Marco Bettelli）根据树轮年代学提出的修正版本。[11]

表1 拉提奥文化的定年［根据史密斯（Smith），2005］

传统定年	文化阶段	修正后的定年
前 1100—前 1000 年	青铜时代末期 II	前 1150—前 1085 年
前 1000—前 900 年	青铜时代末期 III	前 1085—前 1020 年
前 900—前 830 年	拉提奥时期 IIA	前 1020—前 950 年
前 830—前 770 年	拉提奥时期 IIB	前 950—前 880 年
前 770—前 750 年	拉提奥时期 IIIA	前 880—前 810 年
前 750—前 725 年	拉提奥时期 IIIB	前 810—前 750 年

本书中将采用传统定年，但早期罗马和拉丁姆的定年很不确定，可能因为新的证据而改变。

拉丁姆的发展轨迹与伊特鲁里亚相似，但在铁器时代早期，定居点形式的改变没有那么剧烈。青铜时代的特点是定居点数量的稳步增加，面积大多为 1—5 公顷，人口只有数百。从大约公元前 10 世纪开始，定居点的数量和规模开始增加，表明人口在增长。

与伊特鲁里亚一样，墓葬证据比定居点证据更能揭示铁器时代早期的这些发展。最早的拉丁墓地就在罗马（我们将在下一章讨论）和阿尔巴丘陵的不同地点（地图 3）。拉提奥葬礼习俗与维拉诺瓦时代的伊特鲁里亚类似，尽管我们可以从两者的差别区分拉提奥和维拉诺瓦文化。火葬者的墓里有盛放骨灰的骨灰坛，骨灰和陪葬品被一起装在一个大罐子里，然后埋葬。其中一些骨灰坛是双锥形的容器，就像在伊特鲁里亚发现的那样，但另一些形状像小屋，类似于在罗马、费德奈（Fidenae）和萨特里库姆（Satricum）发现的建筑遗迹。与骨灰坛一起埋葬的物品也有不同，在拉丁姆通常包括陶器和青铜器，以及小刀和剃刀等物品的微型复制品（彩图 3）。其他埋葬方式是土葬，完整的尸体与类似种类的陪葬品被一起埋在沟状坟坑中。

我们最有力的证据来自奥斯特里亚德洛萨墓地,它位于罗马以东 18 千米的卡斯蒂廖内湖(Lake Castiglione)岸边,是意大利发掘得最系统的早期遗址之一。这是一个后来成为加比(Gabii)古城的定居点的墓地,人们在此发现了 600 多个公元前 10—前 8 世纪的墓。虽然人们对墓地所属的定居点知之甚少,[12] 但它让我们能够描绘出铁器时代拉丁姆正在发生的社会和文化变革。墓地中兼有火葬和土葬墓,显示了葬礼仪式随着时间而出现的变化,以及新的社会差异的发展。在奥斯特里亚德洛萨的后期,火葬墓的数量比土葬墓少得多,似乎仅限于重要人物。它们位于土葬墓群的中心,经常还有与之相关的食物残留物。除了火葬本身需要更大的开支以及葬礼场面更壮观,这种分布也让它们显得与众不同。这些墓群似乎是不同亲族群体的墓,位于中心的火葬墓是族长或族群祖先的。食物的痕迹表明存在献祭食品和举行仪式性宴会的习惯,无论是作为葬礼仪式,还是作为在这些墓周围举行的祭祖庆祝活动的一部分。与在伊特鲁里亚一样,其中的某几类墓里有不同的物品——有的人同小刀和剃刀埋在一起,有的同纱锭这样的纺织工具和个人装饰品埋在一起——挖掘者将其解读为区分了男性和女性的墓。所有的墓中都有陶器,特别是饮酒器,还有扣针。有的墓中有带纹饰的陶器,有的只有不带纹饰的,这可能是区分共同体内部的社会群体的另一种方式,如果墓地是几个定居点共享的,这甚至可能被用来区分来自不同共同体的人。

一项特别重要和有趣的发现——意大利已知的最早的文字证据——来自公元前 8 世纪的一个女性火葬墓。一条简短的铭文刻在当地制造的一个圆形单柄陶器的侧面,上部有一个孔(图 3 和

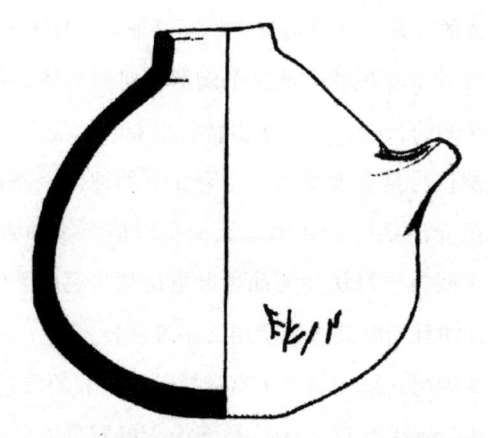

图3　来自拉丁姆奥斯特里亚德洛萨的陶器，带铭文

彩图4）。铭文的字体被认为是非常早期的希腊字母或一种腓尼基书体的变体，可以追溯到约公元前775年。[13] 这一单字铭文读作eulin或euoin，它的意思充满争议。对它的不同解释包括人名（eulinos的缩略形式）、神的名字（euios在希腊世界中被广泛用作狄俄尼索斯神的另一个名字）、仪式中对狄俄尼索斯的祈求（euoi）或是这件器物的所有者的绰号。由于大多数早期意大利的铭文都是人名——要么是器物的所有者的，要么是赠予者的——这似乎是最有可能的解释，尽管鉴于其不同寻常的形状，不能排除它是仪式物品。假设铭文是用希腊语写的，即eulin（os）的缩略形式，那么它会是一个表示"善于纺织"或"优秀织工"的希腊语单词，这个说法是合理的，因为在奥斯特里亚德洛萨的许多女性的墓中都发现了纱锭。但无论是哪种解读法，它都提出了一些关于它是如何出现在那里的有趣问题。陶器本身是当地制造的，刻下铭文的无疑是造访那里的某个说希腊语的人，或是学过书写希腊语的人。这是拉丁姆与希腊世界之间有联系的一个引人注目的例证，两者的联系可能是通过在伊斯基亚岛（Ischia）上建立的一个希腊定居点来实现的，而这个陶器也对读写能力的发展产生了令人浮想联翩的影响。它早于伊特鲁里亚开始使用文字的时代，该地区曾经被认为是意大利第一个有文字的地区，而且年代与希腊本土最早的希腊语铭文相似。无论我们接受哪种语言学解释，它的出现都表明拉丁姆从公元前8世纪初就与更广大的地中海世界有了接触，而且当时就开始使用文字等新技术。

公元前8世纪，陪葬品更丰富的拉丁姆墓葬的数量有所增加。在德基玛堡（Castel di Decima，位于今天的罗马南郊）发现的一个公元前800—前775年的女性墓中有青铜扣针和戒指、琥珀和玻璃浆珠（paste beads），以及陶杯、碗和炊具，更多的男性墓中则发现了武器或盔甲。这些墓葬表明社会和经济精英出现了，而战士身份在其中占据了重要的位置。社会变得越来越不平等，少数家族控制着更大比例的财富和权力。

关于拉提奥定居点的证据要比墓地的少得多，但它们发展成复杂的大型原始城市定居点的轨迹与维拉诺瓦时代的伊特鲁里亚相似。在罗马、费德奈和萨特里库姆都发现了可以追溯到公元前9世纪和前8世纪的木结构小屋的痕迹。这些小屋类似于在塔尔奎尼发现的维拉诺瓦文化的小屋，人们在后者中找到了烹饪和储藏器具，以及纺织设备，表明这里有家庭居住。在萨特里库姆卫城发现的47座铁器时代的小屋让我们有可能了解这些居住地是如何被使用的。小屋分成两个群落，位于池塘的两边。最早的（公元前8世纪的）小屋面积很小（不到10平方米），但到了前8世纪末，它们被大约30平方米的更大的小屋所取代。在这两个阶段，小屋中都发现了储藏器和纺织设备，表明这里是生活区，但它们中夹杂着一些只有火坑的较小建筑，可能仅用于烹饪。科兰托尼（Colantoni）最近的一项研究将拉丁人和伊特鲁里亚人的小屋与民族志的资料进行了比较，[14] 对这些小屋（特别是早期、较小的小屋）是否都容纳了一个核心家庭提出质疑。科兰托尼认为，这两组小屋可能容纳了两个大家庭，他们将一些小屋用作烹饪等特殊目的，另一些则用作个人和夫妇的储藏室和卧室，日常生活的大部分公共活动都在小屋外的空地进行。

定居点数量和规模的不断扩大表明土地耕作变得更加高效，当地生产的拉坯陶器展示了更专业的手工生产。不过，该地区的发展落后于邻近的坎帕尼亚和伊特鲁里亚。拉丁姆既不像坎帕尼亚那么肥沃，也没有伊特鲁里亚那么丰富的矿产资源，而且更加远离公元前8世纪的主要贸易路线。我们可以看到它在社会习俗和组织上有许多相似之处，但发展速度较慢。

意大利的希腊人和腓尼基人

公元前9世纪和前8世纪是整个地中海地区商业活动和人员流动非常频繁的时代，在此期间，东西地中海之间的经济接触和文化影响日益加强。这并非一个新现象：在普利亚（Puglia）和坎帕尼亚的沿海遗址以及意大利西部沿海的一些岛屿上发现了迈锡尼时代的希腊陶器，其中一些可以追溯到公元前16世纪，这表明意大利和爱琴海世界之间的贸易有着悠久的历史。[15] 不过，到了公元前8世纪，希腊人和腓尼基人与西地中海之间的关系达到了与此前不同的水平。由更多希腊人和腓尼基人的出现而产生的效果以及他们带来的商业机会对意大利产生了深远的影响，整个半岛都感受到了这一点。

腓尼基人是说闪米特语的民族，起源于地中海东岸的提尔（Tyre）和西顿（Sidon）附近的地区，在铁器时代的地中海商业里发挥了重要作用。从很早开始，贸易就在他们的经济活动中占据核心地位。根据《旧约》的说法，早在公元前10世纪，提尔的船只就进行了长达三年的贸易探险，载着大批象牙、贵金属和异国动物归来（《历代志下》，9: 21和《列王记》，10: 22），西班牙和北非发现的公元前10世纪的腓尼基货物证实了这一点。从公元前9世纪开始，腓尼基人的贸易和定居点数量开始增加，扩展到整个地中海西部，到达西班牙南部、撒丁岛和西西里西部的莫提亚（Motya），就像在撒丁岛诺拉（Nora）发现的一块腓尼基铭文残片所证实的。诺拉石刻纪念了撒丁岛人和腓尼基人之间的一场战役，以及后来双方在公元前831—前785年统治提尔的腓尼基国王普马伊（Pummay）在位期间达成的和解。这些活动的同一波浪潮内还包括腓尼基城邦迦太基的建立，后者是古代地中海的主要大国之一，也是罗马的死敌。尽管腓尼基人对西地中海感兴趣，但他们在意大利本土并未建立定居点。修昔底德表示，"他们（腓尼基人）占领了（西西里）沿岸的海角和小岛，将那里作为与希刻尔人（Sikels）进行贸易的市场"，暗示他们故意不在大陆定居。[16]

希腊人在意大利最早的永久定居点是皮忒库塞（Pithecusae，地图1），于公元前8世纪中叶在今天伊斯基亚岛上的拉科阿梅诺（Lacco Ameno）建立。李维和斯特拉波相信（斯特拉波，《地理学》，5.4.8；李维，8.22），它是由来自优卑亚（Euboea）的希腊人建立的，他们是发生在公元前710和前650年之间的某个时候的勒兰托斯战争（Lelantine war）的难民，交战双方为优卑亚的两大定居点厄瑞特里亚（Eretria）和卡尔喀斯（Chalcis）。虽然考古证据表明，伊斯基亚岛上最早的定居点的年代更早，可能在公元前750年左右，但装饰有希腊几何风格的优卑亚陶器证明，至少有部分人口来自优卑亚。斯特拉波描述说，定居者寻找的是能够建立一个自给自足的殖民地的地点，但这似乎有年代错乱之嫌，受到后来的希腊人关于城市和建城的思想影响。对有兴趣建立殖民地的定居者来说，伊斯基亚是一个奇怪的选择。岛上多石，矗立着死火山埃波梅奥山（Monte Epomeo），耕地有限，更适合种植葡萄，而不是其他基本的粮食作物。古代的植物遗骸表明，人们的饮食以小麦、大麦、葡萄和橄榄等常规的古代地中海作物为基础，暗示该共同体在农业上是自给自足的，但不是一个有前途的农业区，特别是与附近的坎帕尼亚本土相比。任何主要对农耕土地感兴趣的希腊人都不太可能在伊斯基亚定居，而是会直接前往大陆。

最早的希腊定居者选择该岛的一个更有可能的原因是，伊斯基亚位于连接东地中海与撒丁岛和意大利的贸易路线上，这是一条交易金属和金属矿石的重要和成熟的路线。希腊的矿藏并不丰富，而拥有金属矿藏的西地中海与爱琴海地区有着繁荣的贸易。它与撒丁岛、塞浦路斯和厄尔巴岛之间的联系特别密切，我们可以通过在此地发现的形状独特的"牛皮"金属锭来追溯这种联系。这些矿石来自伊特鲁里亚北部，即所谓的"产金属的山丘"（colline metallifere），它们被运往厄尔巴岛，在那里被冶炼成金属锭，然后出口到撒丁岛，最后抵达塞浦路斯。在古老的皮忒库塞定居点边缘发现的一个由四座建筑组成的建筑群证实了伊斯基亚在这一贸易中的角色。人们在其中三座建筑中找到了大量的铁、铜和铅的残骸和碎片，以及被焚烧过的区域，可能曾经是熔炼金属时火焰的位置，暗示此处是冶炼场，而在遗址的其他地方也发现了坩埚的碎片。皮忒库塞显然拥有繁荣的冶金业，主要是一个贸易共同体，依靠港口和地处重要贸易路线上的位置为生。

皮忒库塞的墓地让我们深入了解了那个社会的组织方式，以及它的经济活动。陪葬品数量不多，但很多都是高质量的物品，它们不同的来源表明，这里是地中海各地的奢侈品的转口地。来自希腊世界许多地区——包括科林斯、罗得岛和优卑亚——的优质陶器都能在这里找到很好的例证，其中大部分采用几何风格的装饰。人们发现的物品中有一件陶器，上面装饰着海难的生动场景，在画面中，风格化的人正被大鱼吞噬（图4）。酒杯和酒壶是很受欢迎的祭品，表明葬礼仪式包括向神灵或死者奠酒。细颈油瓶（aryballoi）——小巧、装饰精致的香水或香油瓶，是科林斯的特色出口产品——在许多坟墓中都能找到。其他祭品包括埃及圣甲虫、腓尼基的印石和各种形状的扣针、青铜或银质的首饰和个人饰品。特别令人印象深刻的是一个酒杯（彩图5），它被称为

图4 皮忒库塞：公元前8世纪的一件当地制造的陶器上的海难场景

"涅斯托尔杯",上面有已知最早的希腊铭文之一。酒杯是罗得岛制造的,年代为公元前 8 世纪下半叶,上面装饰着钻石形和 V 字形图案。它的一位主人在上面刻了一首简短的希腊语诗或祝酒歌:

我乃涅斯托尔之杯,适合饮用的酒器。
谁把这杯喝干,就会立刻被
美冠的阿芙洛狄忒的欲望所俘虏。

(《希腊碑铭集成》,14.604)[17]

这里提到涅斯托尔,表明在公元前 8 世纪时,意大利的人已经对荷马传说与希腊神话有所了解,而且正如彼得·怀斯曼(Peter Wiseman)所说,它们的影响可能远远超出了希腊定居点的区域。许多意大利的定居点被认为由荷马神话中的人物创立;埃涅阿斯(Aeneas)是最著名的,我们将在下一章讨论他奠基拉丁姆的传说,而狄俄墨德斯(Diomedes)和安忒诺耳(Antenor)被认为是亚得里亚海沿岸定居点的奠基者,奥德修斯也与意大利的许多地区有关。

皮忒库塞的墓葬被分成各个可能是家族墓地的群组。不同年龄段的人有不同的葬仪:儿童是土葬,大多有陪葬品;而成年人大多和陪葬品一同火化,有时没有陪葬品。墓地还提供了关于岛上的民族互动的有趣信息。一个约公元前 750—前 725 年的儿童墓中有一块双耳细颈瓶的碎片,上面有阿拉姆语的铭文,这是一种古代中东的语言。[18] 这个发现连同大量埃及和腓尼基的物品表明,皮忒库塞不仅是一个希腊人的定居点,而且混居着希腊人和腓尼基人。墓葬证据显示,当地的意大利人继续与新来者毗邻而居。大多数女性墓中都有直胸针,这是希腊人固定衣服的一种典型方式,在希腊世界的许多女性墓中都能找到,但也有一些女性墓中发现了意大利的扣针,尽管它们在其他方面看起来是希腊人家庭墓葬的一部分。这一材料的解读很复杂,[19] 但它暗示皮忒库塞是一个繁荣的贸易共同体,希腊人和意大利人在那里共同生活和通婚,而且吸引了来自周边和更广大地中海世界的居民。它在这方面并不特别,因为公元前 8 世纪的许多共同体都有混合人口,特别是在港口。叙利亚的阿尔米纳(Al Mina)在公元前 9 世纪和前 8 世纪是一个重要的贸易中心,那里有来自地中海和近东许多地区的居民,包括希腊、腓尼基和埃及的。当地人和各种类型的外来者混居——像在皮忒库塞那样——是这一时期的典型特征。

意大利南部的希腊定居点

到了公元前 8 世纪末,意大利的希腊定居点的性质发生了变化,移民到那里的希腊人的数量开始增加(地图 6)。历史和考古学资料大体上都认同,西地中海第一个大规模的希腊定居点可以追溯到这一时期,尽管没有同时代人的记载。希罗多德(1.163—1.165)提供了关于殖民的零星信息,修昔底德(6.1—6.6)罗列了殖民地的创建年代和创立者的名字,但这些作者在公元前 5 世纪写作,而其他叙述甚至更晚,如狄奥多罗斯和斯特拉波(《地理学》第 5、第 6 卷)的著作。所有人都认同,大约公元前 725—前 700 年,希腊人在库迈(Cumae)、雷吉翁(Rhegion)、叙巴里斯(Sybaris)、克罗顿(Croton)、塔拉斯(Taras)和梅塔庞图姆(Metapontum)定居,公元前 7 世纪还在卡拉布里亚和巴西利卡塔（Basilicata）建立了更多的定居点。定居者据说来自希腊的许多不同地区，尽管最大的群体被相当模糊地描述为"亚该亚人"（Achaean）。[20] 这些定居者中的大多数被认为来自希腊古典时代一些非常边缘的地区。在古典希腊的重要城市中，除了科林斯，很少有哪个是大规模的殖民者。

古代史料将希腊人定居点的建立描述为组织有序的殖民过程，由发展完善的城邦展开。一旦某座城市决定建立殖民地，他们就会派特使前往德尔斐，向阿波罗求取神谕，请教最佳的定居地点。然后，殖民者会聚集在一起，任命一名殖民首领（oikistes），出发前去寻找神谕所指示的地方。一旦找到后，殖民首领就会划定新城市的边界，确立主要的崇拜，并组织分割新城市及其领土内的土地，以确保殖民者都能得到公平的份额。

表2 古代史料记载的意大利希腊殖民地

殖民地	建立者	年份
皮武库塞	优卑亚人	约前770年
库迈	优卑亚人和皮武库塞人	约前725年
雷吉翁	卡尔喀斯和赞克莱（Zankle）	约前720年
叙巴里斯	亚该亚人	约前720年
克罗顿	亚该亚人	约前710年
塔拉斯［拉丁化为塔兰托（Tarentum）］	斯巴达	约前700年
梅塔庞图姆	亚该亚人	约前700年
那不勒斯	库迈、叙拉古和雅典	约前700—前600年
卡乌洛尼亚（Caulonia）	克罗顿	约前700—前675年
拉俄斯（Laos）	叙巴里斯	约前700—前600年
忒墨萨（Temesa）	克罗顿	约前700—前600年
忒里纳（Terina）	克罗顿	约前700—前600年

（续表）

殖民地	建立者	年份
波塞冬尼亚［Poseidonia，拉丁化为帕埃斯图姆（Paestum）］	叙巴里斯	约前700—前675年
西洛克里（Locri Epizephirii）	洛克里	约前675年
西里斯（Siris）	科洛丰（Colophon）	约前650年
希波尼翁（Hipponion）	西洛克里	约前625—前600年
尼科忒拉（Nicotera）	西洛克里	约前600年
墨德马（Medma）	西洛克里	约前600年
埃利亚［Elea，拉丁化为维利亚（Velia）］	弗凯亚（Phocaea）	约前535年
普克索斯（Pyxus）	雷吉翁	约前471年
图利（Thurii）	雅典/泛希腊殖民地	前444年或前443年
赫拉克利亚（Heraklea）	塔拉斯	前433年

上述设想——不无道理地——遭到了批评，特别是来自历史学家罗宾·奥斯本（Robin Osborne）的批评，许多学者现在拒绝接受这样的观点，即希腊人在希腊之外的早期定居是一系列由国家组织的殖民活动。公元前8世纪时，希腊的城邦还没有发展完善，因此，如果说创建希腊人定居点的目的是为了复制一种仍在发展过程中的组织形式，这似乎不太可能。奥斯本等人提出，意大利的希腊城市是随着时间的推移逐渐发展起来的，就像意大利的城市一样，而对如何建立殖民地的描述是后来的合理化解释，反映了公元前5世纪和前4世纪的实际做法。不过，这种观点并未被全部人接受，以色列历史学家伊拉德·马尔金（Irad Malkin）提出了一种强有力的反对意见，即创建一个新共同体的行为本身会促使新形式组织的发展。根据目前的证据，公元前8世纪的殖民不应被视作修昔底德所描述的那样有序，它并非由国家发起，

而是个人或小群体逐渐迁徙和定居的过程，但就像马尔金所提出的，创建新定居点的行为可能强迫移民创造性地思考他们构建共同体的方式。

希腊人的这种大规模移民到西地中海的行为的动机同样模糊。一种影响力巨大的观点是，公元前8世纪希腊人口的增长造成了人口和经济危机，早期的希腊定居者的动机是渴望得到家乡无法提供的大量耕地。由于希腊和意大利在很大程度上都是农业社会，拥有土地能带来财富和社会地位，对更多土地的渴望无疑是一个合理的因素，但这并不能完全解释希腊人的迁徙。

一种反对理由是，虽然定居点和墓地规模的不断扩大表明希腊人口确实在增长，但增速并不会导致严重的土地短缺。另一种理由是，意大利的希腊人定居点的选址并不总是由于土地的因素。皮忒库塞最早的定居者沿着贸易路线，选择了靠近这些路线的位置。后来的定居者集中在田地丰富的地区，但情况并不必然如此。按照希腊本土的标准，梅塔庞图姆、叙巴里斯和克罗顿等意大利"足弓"上的定居点控制了面积非常大的土地。不过，另一些殖民地有不同的优先考虑。雷吉翁和塔拉斯的领土相对较小，但都拥有极好的天然港口和贸易路线上的战略位置。忒里纳、墨德马和普克索斯等公元前7世纪较小的殖民地是在卡拉布里亚一段相当不起眼的海岸上发展起来的，只有一小片沿海的耕地来维持它们的生存。土地显然是一个重要的考虑因素，但海上贸易、矿产资源开发和其他战略考虑同样是重要的因素。

如果抛弃这个想法——公元前8、前7世纪的希腊人定居点是国家计划导致的结果——那么我们需要研究个人或群体以这种方式迁徙的其他动机。希腊面临的问题可能不是土地的绝对短缺，而是人们无法公平地获得土地。那些只拥有少量土地，几乎没有希望获得更多的人，可能会觉得为了寻找更大的机会而移民的想法非常有吸引力。政治冲突经常导致失败的一派流亡，其他社会边缘群体也可能觉得新的开始具有诱惑力。建立了塔拉斯的斯巴达人法兰托斯（Phalanthus）和他的追随者据说都是斯巴达母亲和非斯巴达父亲的私生子，因此无法获得斯巴达公民的全部特权（斯特拉波，《地理学》，6.3.1—6.3.3），而公元前7世纪的希腊诗人赫西俄德（《工作与时日》，630—640）表示，他本人的父亲因贫困所迫而离开了在小亚细亚库墨（Kyme）的家。希腊人在意大利和西西里的定居点不能仅仅被归因于希腊的土地短缺。它是由一系列因素推动的，包括社会和政治压力、贸易机会、经济野心，以及逃离战争或者干旱、歉收等自然灾害的需要。

我们不应低估地中海人口流动的巨大规模——作为一种更普遍的现象。有一种倾向认为，早期共同体是静态的农业定居点，但考古学发现和古代作家的证言都表明情况恰恰相反，古风时期的地中海沿岸有大量的人口流动。当时有繁荣的国际贸易网络，熟练的工匠似乎去过很多地方。希腊人在意大利的定居点只是这一更广泛现象的一个方面。但不可否认的是，西部的大部分希腊殖民地都是非常成功的。一些较小的殖民地处境艰难，但意大利的塔拉斯和叙巴里斯，以及西西里的格拉（Gela）和叙拉古都成了希腊世界最富有的城邦。

有关希腊人在意大利定居的考古学证据为我们提供了一些关于其年代和性质的信息。公元前8世纪的最后25年里，库迈、雷吉翁、塔拉斯、克罗顿和叙巴里斯等地出现了大批希腊器物，尽管在这些地方也有少量更早的希腊物件。一些后来被希腊人标榜为自己殖民地的定居点一开始似乎是多民族的。在梅塔庞图姆，潘塔内洛（Pantanello）墓地提供了关于该殖民地早年的极具吸引力的信息。最早的墓葬与定居点最初的阶段是同时期的，是希腊和意大利式的混合。大多数是希腊式的土葬，尸体仰卧着；陪葬品是希腊式的，但也有一些是意大利式的。当然，意大利风格的器物并不一定意味着其主人是意大利人，也可能是希腊人通过贸易方式获得的。不过，其中一些墓里的尸体是蜷曲侧躺的，这是意大利而非希腊人的一种惯例，表明死者确实是意大利人。我们也不能假设这些墓葬是当地居民被希腊定居者奴役或从属于其的证据。被埋葬和拥有陪葬品的事实本身就表明，这些人有一定的地位，而希腊人墓和非希腊人墓之间没有在空间上做隔离这点表明，梅塔庞图姆早期的人口在社会和民族上是混杂的。来自定居点的证据支持这一观点，那里同时生产希腊和本土的陶器。稍远些，在梅塔庞图姆周边的领土上，人们在因科洛纳塔（Incoronata）这个重要的遗址中也发现了同样的模式。这里，希腊和意大利式的房屋共同存在，还有希腊和意大利式的陶器和其他物品，表明这是一个混合的共同体。梅塔庞图姆并非特例。皮式库塞是一个混合共同体，西里斯（及后来的赫拉克利亚）也是如此。

公元前7世纪期间，这种多样性消失了，到了公元前600年左右，希腊人定居点有了更统一的希腊身份。不清楚这是因为当地的意大利人被赶走了，还是因为他们接受了希腊人的习俗，在考古学上变得与希腊人没有区别。在一些地区，靠近希腊人定居点的意大利定居点被抛弃，暗示希腊人已经开始更加咄咄逼人地向内陆扩张，独占了以前共享的领土，但并非所有地方都是如此。希腊人的记述对存在这个更具侵略性的扩张阶段提供了一定的支持，它们将殖民描述为一个暴力过程。狄奥多罗斯声称，希腊人是带着神明的旨意来迫害意大利人的，他引用了据他所说是与塔拉斯的奠基有关的德尔斐神谕："我把萨图里翁（Satyrion）和塔拉斯交给你们，让你们生活在一个富裕的国家，成为亚普吉亚人（Iapygian）的灾祸。"（狄奥多罗斯，8.21.3）这是否为公元前8世纪神谕的原话极其让人怀疑。上述说法和类似的冲突叙事受到了公元前5、前4世纪态度的影响，当时希腊人和他们的邻邦之间战火不断，而值得注意的是，一些关于殖民过程的叙事要和平得多。根据修昔底德的说法，西西里的许布拉山的麦加拉（Megara Hyblaea）的建立是因为当地的统治者许布伦（Hyblon）邀请希腊人前去定居，并慷慨地将土地分给他们。这一叙事符合考古学证据，这些证据显示了多样的故事，表明在不同的共同体，殖民对当地人口的影响是有变化的。

公元前8世纪，希腊人似乎是通过零星的移民和定居，而不是有组织的殖民到达意大利的，而他们对当地人口的影响也差别很大。在一些地区，希腊人和意大利人和平共处，而在另一些地区，土著意大利人的定居点在希腊人到来后不久消失，揭示了一个更加痛苦的过程。希腊人对意大利的影响不仅限于他们的近邻。意大利各地发现的希腊进口商品不断增加的数量表明，他们迅速与意大利南部和中部的其他居民建立了商业联系。除了意大利的墓葬和定居点中的希腊陶器，阿提卡双耳细颈瓶的发现还表明存在葡萄酒或橄榄油贸易。新兴的意大利精英对这些奢侈品的胃口体现在意大利工匠毫不犹豫地接受了新的装饰技术和风格，以希腊人的方式生产当地产品，并采用希腊风格来迎合当地人的口味，而且还购买了进口商品。不过，这并不意味着更先进的希腊人让原始的意大利人希腊化，或者"文明化"。人们很容易根据公元前5、前4世纪的古典文化来想象希腊人，认为他们比意大利的邻邦更加先进，但事实上，两者或多或少处于相同的发展阶段——一种原始城市社会，正在发展出社会和政治组织的更复杂形式。

总而言之，在铁器时代的意大利，人们可以清楚地看到后来发展的基础。墓葬证据表明了亲属关系和家族群体在铁器时代社会中的重要性，拥有更丰富陪葬品的墓葬数量的增加表明了社会精英的出现。此外，我们还可以看到日益专业化的手工业生产、矿产资源的开发以及与来自地中海各地的商人间的接触。不过，来自维伊、塔尔奎尼和内皮等地的证据表明，当最早的希腊人定居点建立时，复杂的原始城市定居点已经发展起来了。我们无法像许多早期的考古学家那样，还认为意大利城市的形式是基于希腊城邦的形式之上的。显然，意大利中部的城市植根于意大利铁器时代的文化和社会，而不是希腊的城市形式。坎帕尼亚和意大利南部出现希腊定居者给意大利人带来了新的文化和经济影响，这无疑改变了精英阶层的口味，但并没有明显影响意大利社会的发展。公元前8世纪的意大利距离其后来达到的高度还有很长的路要走，但它已经是一个正在快速发展的地区。我们必须在这样的背景下思考罗马最早的发展。

第 3 章

特洛伊人、拉丁人、萨宾人与流氓

罗慕路斯、埃涅阿斯与罗马的"建城"

> 让我们把神话定义为对一个共同体非常重要的故事,它被一遍遍地讲述,因为它对一代代人都有重大意义。这个故事可能(对我们而言)是历史的、伪史的或完全虚构的,但如果重要到需要重述,它就可以算作神话。
>
> ——T. P. 怀斯曼,《罗马神话》[*The Myths of Rome* (2004)],10—11 页

按照罗马人的说法,罗马城是一个叫罗慕路斯的拉丁人在公元前 750 年前后某一年的 4 月 21 日建立的,他成了那里的第一个国王。[1] 他监督了一座繁荣城市的建立,在统治了 38 年后,于公元前 715 年消失了,被变成一个神。故事的"前传"讲述了罗慕路斯出身自特洛伊英雄埃涅阿斯的故事,后者在阿尔巴隆加建立了王朝,那里被视作罗马的母城。这个版本的故事从公元前 1 世纪开始就被广泛接受,但只是众多版本中的一个,就像本章稍后将要讨论的,罗马的建城传说是一系列在年代上非常复杂的不同传统的集合,而非单一的神话。不过,涉及罗慕路斯和雷穆

斯（埃涅阿斯的后裔）的建城故事构成了罗马文化和身份的重要元素。

罗马史最具争议性的一点是，这些关于罗马最早的定居点的故事能否被解读，并与物证保持一致——如果能的话，又是如何做到的。另一个问题是建城神话是何时和如何发展起来的。这些传统并非凭空出现，它们的古老程度和发展轨迹是有争议的。考古学家安德里亚·卡兰迪尼认为，许多故事都有古老的起源，她正确地指出，它们是罗马文化中一个无处不在的部分。不过，罗马有许多不同的建城神话，表明了一系列复杂的神话和传说随着时间的发展过程，而不是一个反映了某种历史现实的古老传统。康奈尔等一些历史学家认为，此类传统早在公元前 6 世纪就发展出来了，而怀斯曼等人则认为它们是从公元前 4 世纪起发展起来的复杂神话体系，将其与当时罗马文化发生的变化联系在了一起。

卡兰迪尼不无争议地提出，罗马的宗教崇拜和建城传说保留了对真实历史事件和人物的传统记忆，我们应该比从前更认真地看待罗马人关于单一建城者的传统。[2] 他认定帕拉丁山上的早期遗迹——比如罗慕路斯的小屋——是构成罗慕路斯神话的一部分的地点和建筑，在此基础上，他对早期罗马的历史进行了激进的重构。从这一点出发，他热情地提出，新的证据支持了古老的传统，即罗马的建城是公元前 8 世纪中叶的某个时候由某个特定个人完成的单一行为。不过，人们对该新发现中的一些部分的认定看法不一，该理论整体上仍然存在很大的争议。

大多数历史学家和考古学家反对这种片面强调考古证据的做法。无论我们认定罗马的建城神话是在公元前 4 世纪还是更早发展起来的，似乎都不可能认定它们记录了公元前 8 世纪的事件或人物。如果我们像怀斯曼一样将神话定义为对共同体非常重要的故事，那么埃涅阿斯或罗慕路斯建城传说的重要性甚至不在于它们是否是历史事实。它们构成了罗马人对自身的身份认识，以及他们如何认可自己的文化和政治生活的核心方面。与建城神话有关的罗马地点受到尊崇；与建城者崇拜相关的仪式和节日是罗马宗教日历中的重要元素，后来的各个政权唤起建城者来增加自己的合法性。想要了解罗马最早的发展，我们需要关注考古资料，但也不能忽视罗马神话传统。作为神话，它们告诉了我们很多关于罗马人如何看待自己的历史和身份的信息，以及他们的这些看法是如何随着时间而变化的，但它们不能被用来重构罗马最初几个世纪的详细历史。在这一点上，我们必须依靠考古学。

早期罗马考古

虽然古代传统将罗马的建城描绘成一位具名创始人的具体行为，但考古记录表明，那是一个长期发展的过程。后来的城址早在青铜时代中期便已经有人生活，这么早就有人在那里定居并不意外，因为那里有许多天然优势。起伏的地形使得罗马后来的布局非常独特，但其七丘（实际上由更多的高台山脊组成）为定居点提供了良好的防御（图5）。不利之处是，这些山丘之间散布着沼泽，虽然可能为该地区的村庄提供了额外的保护，但也限制了它们的扩张和相互间的交流。[3] 阿文丁山脚下有一处台伯河的渡口，因此建在那里的任何定居点都可以控制伊特鲁里亚和拉丁姆之间的主要交通路线，而其位于通航河道边的位置使得从海上和从内陆地区进行水运成为可能。当地的凝灰岩是种很好的建筑石

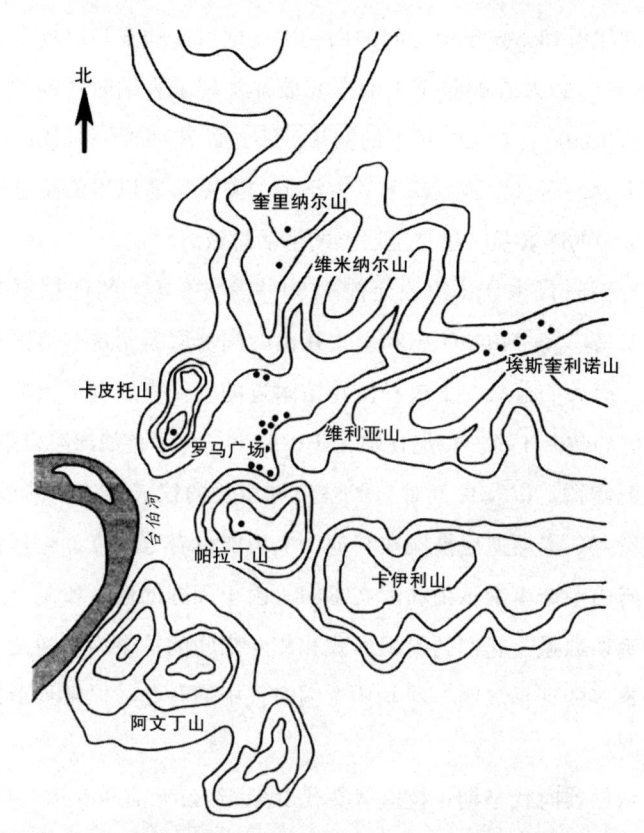

第 3 章 特洛伊人、拉丁人、萨宾人与流氓　43

图 5　罗马：公元前 9 世纪到前 8 世纪初的墓葬区

材，那里还有其他有用的原材料，比如靠近帕拉丁山和卡皮托山的黏土层，以及在下游不远处的盐田。总而言之，罗马城址有很多优势。

根据目前的证据，罗马城址上至少有三个青铜时代的定居点。人们在卡皮托山和后来的牛市（Forum Boarium）附近的圣奥莫博诺（S. Omobono）教堂都发现了青铜时代中期（约公元前 1700—前 1350 年）的陶器，前者是后来的罗马城最重要的区域之一。而在卡皮托山和帕拉丁山之间的山谷中,即后来的罗马广场所在地(彩图6),以及在帕拉丁山的东北坡都发现了青铜时代晚期(约公元前1350—前1120年)的陶片。不过,这些青铜时代的发现数量很少,而且大多数缺乏考古学上的联系,所以不清楚它们是来自墓中的陪葬品,还是定居点的生活垃圾。

青铜时代末期(约公元前1200—前975年)的证据更为丰富。罗马广场、帕拉丁山和卡皮托山的陶器层表明这些地区有人生活,而人们近来在卡皮托博物馆附近的发掘中发现了人造台地和可能的防御工事。根据在阿文丁山脚下(位于台伯河渡口附近)发现的陶器,以及古人对与罗马建城相关的仪式和节日的描述,安德里亚·卡兰迪尼推测在其他山上可能也有定居点,包括雅尼库鲁姆山、奎里纳尔山和阿文丁山。由于证据的性质所限,定居点的确切数量、它们的组织形式和相互之间的关系尚不清楚,但越来越多的证据表明,罗马从青铜时代中期开始就以某种形式被人占据。

从铁器时代早期(拉提奥文化IIA,约公元前900年)开始,我们有了更可靠的证据。当时,后来的罗马城区域内的几个地点已经有人定居。罗马广场的一个区域——靠近后来的安东尼·庇护和福斯蒂娜神庙——在公元前10世纪被用作墓地,可能是帕拉丁和/或卡皮托山上定居点的墓葬区,而在帝国广场群区域还发现了更多的墓葬。它们大部分是火葬墓,形制在拉丁姆的其他地点也经常见到。装有死者骨灰的骨灰坛和陪葬品一起被放在一个大的陶器罐里,然后埋在地上挖出的墓坑中,上面盖着一块顶石。最常见的陪葬品是陶器,既有微型的,也有正常尺寸的,有的墓中还有金属制品,如小刀和扣针。有一个墓中甚至发现了一块金子，而在另一个墓中，墓主的骨灰被放在一个小屋形状的精美骨灰坛里。此外还有少量的土葬墓，尸体是被埋葬而非火化的。

在埃斯奎利诺山、奎里纳尔山和维米纳尔山上的另一些墓地建于公元前9世纪，但基于发掘时的条件，我们对这些墓地的了解有限。它们是在19世纪罗马重建期间被发现的，理解它们时出现的许多问题源于缺乏科学的发掘过程。发现的物品没有被准确地记录下来，而且我们今天看到的可能只是实际陪葬品的一小部分。根据找到的东西来看，这些墓是土葬墓，墓中有陶器（包括一些从希腊进口的）、扣针和其他青铜器。不准确的记录意味着大多数发现无法与任何具体的墓联系在一起，但它们暗示了一种与奥斯特里亚德洛萨、德基玛堡和拉丁姆其他主要定居点非常类似的葬礼文化。近来对靠近卡皮托博物馆的罗马花园（Giardino Romano）的发掘展露了卡皮托山上的坟墓，对它们的调查更加系统。在这些墓地中，陪葬品的丰富程度大多没有明显的差异，但在罗马广场的一些墓中发现了更精致的物品，暗示墓主拥有更高或更特殊的地位。根据目前的证据，罗马广场的墓地可能在公元前9世纪末的某个时候就停止使用了，取而代之的是埃斯奎利诺山的墓地。使用土葬这一不同的丧葬方式表示，埃斯奎利诺山的墓地比罗马广场上的火葬墓年代更晚。两者可能有一段重叠的时期，在此期间，罗马广场和埃斯奎利诺山分别是不同共同体的墓地，但在罗马发现的从火葬到土葬的变化与拉丁姆其他地方的情况类似。

作为帕拉丁山的两个山脊之一，人们在科尔马鲁斯山（Cermalus）上发现的一组公元前9、前8世纪的房屋遗迹显示，那个时期的建筑是带有茅草屋顶的椭圆形小木屋。其中保存最完好的是一座大约4.9米×5.6米的方形建筑,它有木头框架、茅草屋顶和一个浅门廊(彩图7,重建图见图6)。[4] 在同一地区发现了一座形制类似但更大的椭圆形小屋,约为8米×12米。它可能早于那些较小的小屋,在公元前775—前750年左右的某个时候被它们取代,但这组建筑的年代很不确定。[5] 根据对帕拉丁山和卡皮托山的最新发掘,弗朗切斯卡·弗尔米南特估计,到公元前9世纪末,卡皮托山/奎里纳尔山的定居点占据了约54公顷的土地,而帕拉丁山上的定居点占地约37公顷。

到了8世纪初,罗马的发展步伐开始加快,帕拉丁山、卡皮托山和其间的大部分地区都有人居住,尽管定居点的密度有所不同。在帕拉丁山、卡皮托山、奎里纳尔山/维米纳尔山和卡伊利山/奥皮安山/维利亚山地区至少发现了四个定居点核心,它们之间的定居点证据则较为稀疏。据估计,在公元前8世纪,罗马的

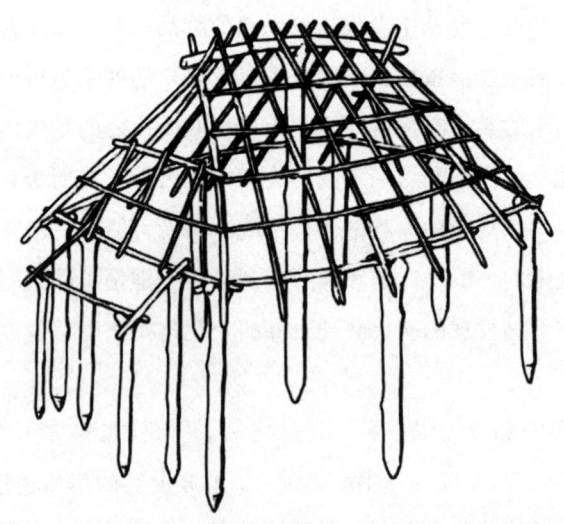

图6 一座铁器时代小屋的重建图,公元前9世纪到前8世纪

面积在 100—203 公顷之间，这个范围的上限与附近的维拉诺瓦遗址（如维伊）的发展水平一致。

罗马广场不再被用作成人的墓地，尽管后来的安东尼·庇护和福斯蒂娜神庙附近的一个区域被留给婴儿和少年墓（图 7）。相反，来自关键公共建筑遗址的最早发现表明，广场被从墓地改造为公共空间。广场的一部分被铺上了石头——证明它具有作为公共区域的特殊地位。在集会广场（Comitium，罗马大会召开的地

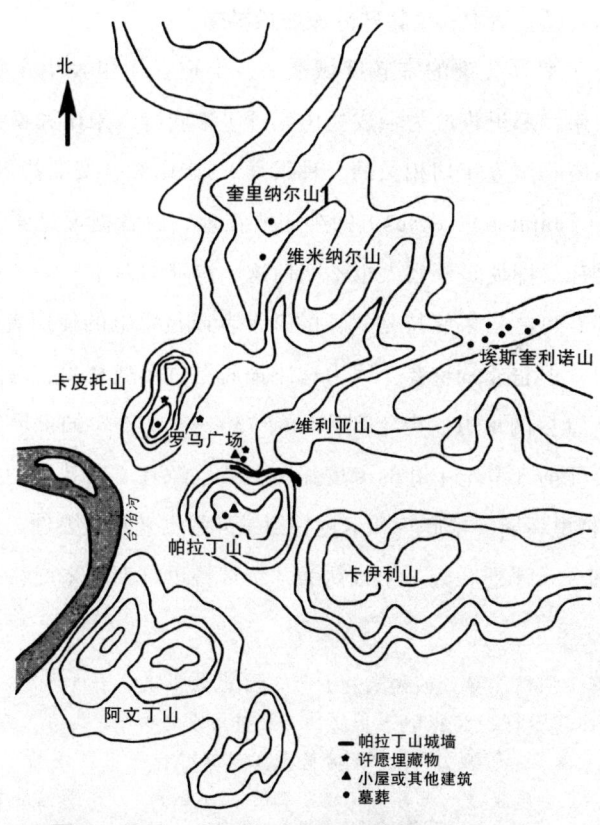

图 7　罗马：公元前 8 世纪末的重要发展区域

方）和位于它旁边的伏尔甘神庙（Volcanal）一带，最早的发现是公元前 8 世纪的许愿祭品，表明那里存在过宗教崇拜。在维斯塔贞女住所的遗址上发现了一些物品和小屋的遗迹，而在与公屋［Domus Publica，大祭司（pontifex maximus）的官方居所］相邻的遗址上发现的一座 4—5 米乘以 8 米的大房屋处也发现了相同的物品和遗迹，它们曾经被认为是公元前 7 世纪的，现在则被认定为来自公元前 750—前 700 年。到了公元前 700 年左右，来自罗马广场上几个后来与公共生活相关区域的发现，是该广场将成为罗马公民生活中一个特殊区域的最早标志。

作为罗马关键的宗教区域之一，卡皮托山也发生了重要变化。后来，那里将成为卡皮托山崇拜（朱庇特、朱诺和密涅瓦崇拜，与罗马国家密切相关的一种崇拜）、朱诺和"费瑞特里乌斯"朱庇特（Jupiter Feretrius）的神庙所在地，后者据说是罗马最古老的神庙。即使是罗马人也不明白这一崇拜的名字——"费瑞特里乌斯"可能指朱庇特是武器的携带者或是雷电的使用者[①]——的意思，但它非常重要，因为这座神庙是供奉战利品、缔结条约和庄严宣誓的地方。定年到公元前 750—前 725 年的许愿祭品表明，公元前 8 世纪中叶的卡皮托山上就已经有了宗教活动。由于"费瑞特里乌斯"朱庇特和卡皮托山崇拜的古老和重要性，这些地点特别令人浮想联翩。李维认为"费瑞特里乌斯"朱庇特神庙是

[①] 对朱庇特这个尊号的由来有不同的说法，《牛津拉丁语词典》认为它源于 ferio（击打、砍杀），可能因为朱庇特用雷电攻击，也有人认为它源于 fero（携带、带来），因为罗马将领在凯旋时会把丰硕战利品（spolia opima）带给朱庇特，或者将其放在肩舆（feretrum）上（普洛佩提乌斯，4.10.46—4.10.47）。——译者注

罗慕路斯本人建立的,这一点无法得到证实,但早期许愿埋藏物的存在表明,卡皮托山从很早开始就是一个具有宗教意义的地方。不过,公元前8世纪的宗教活动并不局限于卡皮托山。在牛市的圣奥莫博诺教堂发现的许愿埋藏物中有几件进口的希腊陶器,包括来自优卑亚、科林斯和皮忒库塞的,这表明罗马与拉丁姆以外地区的接触范围正在扩大,特别是它与皮忒库塞的希腊人定居点有联系,后者是希腊商品的重要转口港。

公元前8世纪中后期,帕拉丁山有了新的发展。人们在山的北麓发掘出了一段公元前8世纪的城墙,一直延伸到广场。墙基由石头和泥土组成,上面是一堵大约1米宽的窄墙,由木头和夯土砌成,旁边还有一条沟渠。人们还在墙上找到了一个大门——卡兰迪尼认为这就是穆戈尼亚门(Porta Mugonia),李维提到的罗马古城门之一——以及一条早期街道的路径。根据来自地基的发现,城墙初建于公元前730—前720年,在公元前7、前6世纪经过两次扩展和重建。在更靠东北方向的地方,发掘者找到了一条早期的街道和十字路口,两个公元前8世纪和前7世纪的许愿物埋藏点标出了它的位置,以及一个用凝灰岩标出的开放区域。发掘者认为,这里可能是曾经的老议事厅(Curiae Veteres),即罗马人民最早召开大会的地方。

帕拉丁城墙位置独特,长度很短,还有界石和可能的许愿埋藏物存在,这些都让人对它的用途产生了疑问。在某种程度上,答案似乎是显而易见的——保卫帕拉丁山的定居点。然而,如果这是它的主要功能,那么这堵墙的结构和位置就都有点儿奇怪。如果在帕拉丁山的顶部建造更坚固的墙,而不是在山脚下,那将是更有效的防御工事。它似乎更有可能存在双重用途,既是一项基本的防御工事，也是标记定居点正式边界的一种方式。划定这种仪式性的边界是后来的建城活动的重要组成部分，与罗马建城有关的神话描述了罗慕路斯为他的城市划定边界。与这面墙相关的一些发现一直充满争议。卡兰迪尼认为，在大门附近发现的人类骸骨属于埋在城门下的人祭，是一种仪式行为，证明这面墙和大门确实是罗马的仪式边界。在早期意大利就有在新定居点的城墙或城门下埋葬人祭的习俗，这可以解释帕拉丁山脚下的人类骸骨，但在这一地区还发现了其他几处墓葬的遗迹。帕拉丁山的人类骸骨可能是标志着城门位置的人祭，但也可能是被新建筑破坏的普通墓葬。尽管如此，墙的位置表明，它不仅是防御工事，而且还标志着帕拉丁山定居点的边界。罗马人自己把帕拉丁山与罗马的古代边界（Roma Quadrata，字面意思是"方形罗马"）联系在一起，认为这是由罗慕路斯划定的。

正如上一章所讨论的，拉提奥文化的年代要比铁器时代的意大利其他大部分地区的更加模糊不清。这不可避免地意味着有不确定的地方，未来的发现可能会对年代做出修正。尽管如此，公元前 8 世纪的罗马的发展状况正变得更加清晰。虽然铁器时代的罗马定居点位于一片丘陵，而不是单一的高原，但其发展模式与同时代的伊特鲁里亚和拉丁姆非常相似，若干毗邻的定居点逐渐合并成单一的共同体。在帕拉丁山和卡皮托山，可能还包括其他山丘，有几个很大的定居点；奎里纳尔山上的小屋遗迹支持了这种观点，即它们不是唯一有人定居的山丘。建造帕拉丁城墙、设置界石和十字路口的证据都表明，它已经有了明确的边界和某种形式的街道布局，这是更复杂的社会和政治组织水平的证据。罗马广场的墓地在公元前 8 世纪被遗弃，人们转而启用新的墓地，将广场用作公共空间,这表明这些区域被发展为所有共同体居民共享的公民和仪式空间,显示出集中化程度的日益提高。像维伊和其他维拉诺瓦文化中心一样,罗马是一个原始城市定居点,可能是围绕着保留各自领土的家族或氏族组织起来的,但在公元前8世纪后期,它们融合成了单一的定居点。

在公元前8世纪末去罗马的游客可能会发现一系列由木头和黏土筑成的小屋组成的定居点,它们占据了几座小山。这些定居点拥有明确的边界和护墙、墓地以及留给公共和仪式活动的区域。定居点可能由几个相互依赖的村子组成,某个氏族或家族可能主导着那里,但它们各自的墓地仍然分开,暗示各个定居点在更大的共同体中保持着自己的独立身份。关于公元前8世纪后期罗马广场的发展的越来越多的证据表明,这些定居点正顺利地朝着成为单一共同体的方向发展。与维伊和内皮(古代的内佩特)一样,公元前8世纪的罗马是一个"原始城市",这个定居点比村庄更复杂,但还没有完全变为城市。

罗慕路斯、雷穆斯、埃万德和埃涅阿斯

如果说早期罗马的考古学是复杂的,那么那些神话和传统——它们保存了罗马人对自己和其他民族起源的理解——同样如此。神话分为两个不同的部分,每一部分都有悠久而复杂的历史:罗慕路斯和雷穆斯建立罗马城,以及其"前传"——这聚焦于他们的祖先,特洛伊英雄埃涅阿斯。

罗慕路斯的故事也许是最著名的建城神话。他是拉丁城邦阿尔巴隆加国王努米托尔(Numitor)的外孙。故事有几个

版本,按照最著名的那个说法,努米托尔被他的弟弟阿穆利乌斯(Amulius)推翻,后者强迫他的女儿瑞亚·西尔维娅(Rhea Silvia)成为维斯塔贞女,以阻止她结婚并生下一个与其竞争的王位继承者。尽管如此,她还是怀孕了——在某些版本中,孩子的父亲是战神马尔斯——生下了双胞胎儿子罗慕路斯和雷穆斯。阿穆利乌斯下令将他们抛弃,任由他们在帕拉丁山坡上自生自灭,但一只母狼给他们喂了奶,牧民福斯图鲁斯(Faustulus)救下了他们。福斯图鲁斯和他的妻子阿卡·拉伦蒂亚(Acca Larentia)抚养他们长大,两人一直过着牧人的生活,直到成年后,他们才知道了自己的真正身世。他们把篡位者阿穆利乌斯从阿尔巴隆加驱逐,恢复了努米托尔的王位。然后,他们离开,在罗马城址上建立了自己的城市。[6] 雷穆斯从故事中消失了,在一些版本里他被自己的兄弟在一场争吵中杀害,尽管有几种不同的说法。罗慕路斯随后划定了这座新城市的边界,为了增加人口,他宣布这里将是一个避难所——流离失所或流亡的人、逃避审判的罪犯或逃亡的奴隶都可以来此寻求庇护并安顿下来。虽然这扩大了定居点的规模,但也导致其人口绝大多数为男性。因此,为了平衡这一点,罗慕路斯邀请邻近定居点的人允许他们的女人与罗马人通婚。当这些提议被拒绝后,他以康苏斯①节这个宗教节日——罗马以外地区的人会来参加——为借口劫走了邻邦萨宾的女人。不用说,萨宾的男人们不会对此感到高兴,他们派出了一支军队,以抢回他们的女人。根据李维的说法,女人们自己阻止了这次反击,

---

① 康苏斯(Consus)是意大利的一位古老神明,司土地和农业。每年8月21日和12月15日是康苏斯节(Consualia)。——译者注

她们对家乡萨宾和新家庭罗马之间的战争感到苦恼,坚持要求双方讲和。从此,罗慕路斯与萨宾国王提图斯·塔提乌斯(Titus Tatius)共同统治。

罗慕路斯被认为统治了38年,长得令人难以置信,罗马国家的许多关键特征都被归于他的名下。他的建城活动包括划定一个正方形的城界(pomerium),并用犁沟来标记它,这对罗马人来说一直具有巨大的象征意义。[7]根据奥维德《岁时记》(1.25-1.30)的说法,是他制定了罗马历法,并设立了一些最重要的节日。人们认为他把罗马人划分为3个部落,又将其细分为30个族群,称为库里亚(curiae)。他还制定了法律,用一个顾问委员会进行统治,这是后来的元老院的前身。最后,他消失了,据说被带走成了神。他升天后,人们建立了各种崇拜和节日来纪念他。

罗慕路斯神话的许多方面——如被神强奸的凡人妇女、由动物抚养的弃婴,以及由贫穷家庭养大的被弃王子——与整个地中海和近东的其他许多社会中发现的神话类似,但很难确定罗慕路斯和雷穆斯的这一传说何时在意大利出现。母狼传说似乎存在于一些早期的意大利社会中,伊特鲁里亚艺术作品中也发现了对母狼的描绘,尽管著名的卡皮托母狼铜像(它经常被用作母狼传说早在公元前6世纪就存在的证据)现在成了一些争议的焦点。传统上认为它是伊特鲁里亚人制造的,但艺术史学家安娜·玛丽亚·卡鲁巴(Anna Maria Carruba)在一次对其彻底的重新评估中指出,它实际上来自中世纪,从而削弱了它与这个问题的关联。即使接受它出自伊特鲁里亚人之手的原有说法,双胞胎像也是后来加上去的,并不是罗慕路斯传说早期发展的确凿证据。来自波尔塞纳(Bolsena)的一面伊特鲁里亚铜镜上刻着一只母狼连同一个牧羊人和几个神明的场景,它被解读为描绘了罗慕路斯神话中的一个场景,主角是福斯图鲁斯、狼和双胞胎。然而,这里描绘的场景和传说之间有几个关键的差异,而且镜子是公元前4世纪的,我们没有可靠的证据将传说与公元前6世纪联系起来。不过,到了公元前3世纪,狼和双胞胎已经被确立为罗马的象征。公元前296年,奥古尔尼乌斯(Ogulnius)兄弟在鲁米娜无花果树(ficus ruminalis)旁竖立了一座他们的雕像,这棵无花果树与那个传说有关(李维,10.32.12),它们还是被广泛接受的图像,足够著名,因此出现在前269年发行的最早一批的罗马钱币(彩图21)上,但对于这个传说的早期发展,现在依然没有那么清楚的证据。

古代的传统还包括罗慕路斯神话的"前传",通过追溯作为他祖先的特洛伊王子埃涅阿斯的故事来进一步提高他的声望。至少从公元前5世纪开始,关于罗马建城的故事(被与特洛伊战争的英雄联系在一起)就在更广大的地中海世界为人所知,涅斯托尔杯表明,荷马神话至少在公元前8世纪就流传到了意大利。希腊历史学家赫拉尼克斯(Hellanicus,作品只有残篇传世)知道一个关于埃涅阿斯、奥德修斯和一个名叫罗梅(Rhome)的特洛伊女人的建城故事,表明当时的希腊文学中已经出现了关于罗马的传说。希腊作家们知道至少60个不同版本的罗马建城故事,将其归功于各种漂泊在外的希腊人群体,但在罗马,人们最喜欢的故事版本从埃涅阿斯开始讲起。

在罗马传统中,埃涅阿斯在罗马建城中的角色至少可以追溯到在公元前3世纪写作的恩尼乌斯(Ennius)和奈维乌斯(Naevius)的时代。李维(1.1)简要地讲述了在特洛伊城被希腊人洗劫后，特洛伊人安喀塞斯（Anchises）和女神维纳斯的半神儿子埃涅阿斯如何从那里逃脱，并在他的儿子阿斯卡尼乌斯［Ascanius，有时也被称为尤鲁斯（Iulus）］和一群同伴的陪同下驶往西地中海。来到意大利后，他与当地的统治者拉丁努斯结盟，并娶了拉丁努斯的女儿拉维尼娅（Lavinia）。他成了意大利原住民和特洛伊人［现在一起被称为拉丁人（Latini）］的领袖，并建立了一座新的城市拉维尼乌姆（Lavinium）。随之而来的是与意大利中部其他君主的一系列战争，特别是与鲁图利（Rutuli）国王图尔努斯（Turnus）和卡伊雷的统治者梅森提乌斯（Mezentius）。在此期间，拉丁人控制了阿尔巴山及其周围地区。埃涅阿斯死后（在这场战争期间或战后不久），阿斯卡尼乌斯成了拉丁人的国王，并在阿尔巴山建立了阿尔巴隆加作为他们的主要城市。几代人之后——阿尔巴隆加在此期间成为拉丁姆的一大强邦——努米托尔和阿穆利乌斯之间爆发了内战，这对兄弟为了争夺阿尔巴隆加的控制权变成了对手。努米托尔被流放，但他的外孙罗慕路斯和雷穆斯建立了罗马。

与有关罗慕路斯的建城神话一样，埃涅阿斯神话在希腊和罗马文化中都有着悠久的历史。希腊文学中提到过埃涅阿斯的意大利之行，伊特鲁里亚艺术中有对它的描绘。最确凿的证据也许是公元前6世纪在拉维尼乌姆建立的埃涅阿斯英雄圣所。希腊历史学家热衷于证明意大利人（特别是罗马人）普遍是希腊人的后代，从而将他们纳入希腊世界。哈利卡纳苏斯的狄俄尼修斯给许多意大利民族和地点安排了虚构的希腊起源，包括将罗马的最早的定居点归功于希腊的半神赫拉克勒斯和来自阿卡迪亚的希腊人埃万德及其追随者。不过，最著名的版本可能是维吉尔的，他的史诗

《埃涅阿斯纪》讲述了埃涅阿斯在特洛伊沦陷后的意大利之行,他与拉丁公主拉维尼娅的联姻,以及他与埃万德的同盟。这首诗预言了阿尔巴隆加和拉维尼乌姆的建立,将埃涅阿斯描绘成罗马伟业的最终奠基人,尽管他甚至没有建立这座城市本身,并将他描绘成从神明那里接受了建立罗马的命运:

> (维纳斯)也不是为此两次击败希腊人的刀枪,
> 而是让他在诸强林立、战火纷飞的
> 意大利统治,让透克洛斯的高贵血统
> 延续,让整个世界服从法律。
> 倘若如此功业的荣耀都不能燃起他的斗志,
> 也不能激发他为自己争取美名的努力,
> 父亲还不愿把罗马城交给阿斯卡尼乌斯吗?
>
> (《埃涅阿斯纪》,4.229—4.235)[8]

关于罗马起源的上述传统显然都来自神话而非历史的领域,但它们是重要的——并不是作为罗马建城的历史证据,而是因为它们告诉了我们罗马人自己对他们过去的信仰。罗慕路斯神话的某些方面显然很奇怪。尽管古代地中海的大多数国家都有类似的英雄创建者神话,但它们几乎都把城市的建立归功于某个身份显赫的人:比如埃涅阿斯或奥德修斯这样的荷马英雄,或者赫拉克勒斯这样的半神。相比之下,罗马的建城神话是在道德上存疑的故事。罗慕路斯是一个出身可疑的人,在默默无闻中长大,他建立新城市的过程中包括了兄弟相残、招募外来者和罪犯,以及大规模的绑架和强奸的行为。建城英雄是外来者的说法在古代神话中并不少见，其他文化中也有类似的神话，故事中的英雄是私生子或者带有某种污点，但罗慕路斯神话将这些特征变得极端——尤其体现在他创建的定居点具有民族混杂的性质。

雷穆斯的命运尤其困扰着罗马人，显示了各种传统的复杂性和多层次性。存在多个不同的故事版本——关于他在这座城市建立中的参与和他的死亡——但他是兄弟相残的受害者的说法，在共和国晚期的暴力岁月中具有特别重要的意义。像西塞罗和圣奥古斯丁这样截然不同的人都讨论了罗慕路斯的动机以及他的行为是否正义。西塞罗认为，罗慕路斯的行为完全是出于政治上的权宜之计，而奥古斯丁（《上帝之城》，3.6）承认，罗马人很难接受故事的这个方面，他表示"许多人厚颜无耻地否认它，许多人羞愧地质疑它，许多人觉得承认它太过痛苦"。不过，在另外一些版本中，雷穆斯不是兄弟相残而死，而是死于自己的支持者和罗慕路斯支持者之间的一场冲突。在这种重述中，他的死象征着自我牺牲和保护罗马的需要，而不是兄弟间的暴力。在公元前3世纪早期之前，关于雷穆斯的证据很少，但在后来的建城神话的版本中，他在阿文丁山上建立了一个定居点，而那里在公元前5—前3世纪的权力斗争中成了平民抗议活动的一个中心。怀斯曼认为，他的重要性有所提高是因为他在那个时期成了平民反抗贵族权力的象征。[9]

雷穆斯可能是对早期罗马重要特征的戏剧化和合理化。这个神话的许多方面都围绕着二元性的理念展开。罗马有两位缔造者（罗慕路斯和雷穆斯）和两位国王（罗慕路斯和萨宾人提图斯·塔提乌斯）；它包括两个主要的民族，建立在多个地点，定居点位于几座小山上。由双胞胎建城和雷穆斯作为神话一部分的存在是这一故事的重要组成部分,对城市内部的二元性和权力划分做了合理化。不过,雷穆斯仍然是一个比罗慕路斯更加边缘化的形象,他的存在引发了一些令人不安的问题。

对一个以帝国权力为荣的城市来说,尽管罗慕路斯神话的某些方面可能显得异常负面,但在罗马人看来,故事中包含的某些方面对他们的集体身份而言是至关重要的。愿意通过把外来者变成罗马公民的方式来接纳他们是罗马文化的一个重要特征,也是确立罗马强大地位的核心。在古风时期的意大利,个人和群体的流动程度都很高,人们似乎很容易跨越国家和民族的边界,生活在一个并不生下来就属于那里的共同体。不过,罗马把这一点提升到了更高的水平,相当慷慨地向非罗马人提供罗马公民权(见第13章)。正如艾玛·登奇(Emma Dench)所指出的,罗慕路斯在他的新城市中收容避难者并接纳萨宾人,这强有力地证明了罗马身份的一个核心方面,即对新的文化和民族群体保持开放。萨宾人是新的罗马城邦的平等伙伴,罗慕路斯和提图斯·塔提乌斯的双王共治体现了这一点,后来的罗马人以两者的合并为例,来证明给予外来者罗马公民权的合理性。在吸收被征服的民族时,这种对公民权的开放态度是罗马的重要优势之一,但后世的作家并不普遍认可这一点。西塞罗在写给阿提库斯的一封信中(《与阿提库斯书》,2.1.8.3)刻薄地称罗马人为"罗慕路斯的渣滓"(faex Romuli)。不过,通过赋予罗慕路斯高度的民族和文化灵活性,这个神话强调了罗马文化这些方面的重要性,并通过这种联系认可了它们。罗慕路斯的故事还包含了许多暴力和对抗的元素。在某些版本中,罗慕路斯和雷穆斯的父亲是凡人;在另一些版本中,瑞亚·西尔维娅被马尔斯强暴,而罗慕路斯后来劫掠过萨宾妇女，并对拉丁人和萨宾人发动过战争。以马尔斯作为罗马创始人之父的象征意义在罗马后来的帝国征服中有着清晰的共鸣。因为与一位受人尊敬的创始人联系在了一起，侵略和领土扩张得到了含蓄的认可，而把马尔斯放在建城神话的中心带来了另一层含义，即罗马的统治是命中注定的。

对后来的罗马人来说，这些不仅仅是出于古物研究的兴趣。建城神话仍然能引起他们的共鸣，但并非一成不变；它们随着罗马文化或政治环境的变化而变化。就连公元前753年这个建城时间也是直到公元前1世纪晚些时候才被广泛接受；之前的历史学家将建城时间追溯到公元前8世纪的其他年份（公元前748/747或前729/728年），如法比乌斯·皮克托尔（Fabius Pictor）和金基乌斯·阿利门图斯（Cincius Alimentus）。恩尼乌斯和奈维乌斯等人则倾向于更早的时间，而用来填补埃涅阿斯和罗慕路斯之间空白的阿尔巴国王们被认为是一种调和建城时间和特洛伊战争年代的方法。

公元前1世纪时，人们尤其强调埃涅阿斯的角色。当时的罗马是主宰地中海世界的强国，与东地中海的希腊城市和王国都有接触，由一位特洛伊英雄作为创建者，是希腊人将会认可和理解的神话历史。在罗马第一任皇帝奥古斯都的时代，埃涅阿斯带上了新的政治色彩。奥古斯都把自己标榜为罗马的重新缔造者，在长期的内战后使这个国家复原；他甚至考虑过给自己加上罗慕路斯的名号。他本人（他是尤里乌斯·恺撒的甥外孙和养子）与这个传说有联系，因为他所在的尤里乌斯家族（Julii）自称埃涅阿斯的后裔。因此，埃涅阿斯成了新政权的有力象征，奥古斯都时代的艺术和文学中经常提到埃涅阿斯的传说。维吉尔笔下的埃涅阿斯和他缔造罗马伟业的命运显然预示着奥古斯都的出现，以及奥古斯都在长期内战后让罗马复原的使命。罗马的建城传说不断演变，并且它对罗马人本身不断变化的自我身份一直非常重要，罗马人可以通过重新解读它来适应新的情况，或者通过援引它来认可罗马生活的许多方面。对于罗马人认为自己是谁，以及他们对自己的文化和历史的看法，它们可以告诉我们很多。但它们无法提供这座城市最早期历史的真实历史证据。

历史与考古学

上述关于罗马建城的古老传统也带来了自己的问题，特别是因为它们会改变和演化，经常自相矛盾，有时甚至遭到一些罗马人的质疑。[10] 就像前面已经指出的，我认为，就这一罗马历史的最早时期而言，应该考查的是，关于罗马人自己对他们的历史、身份和在世界上的位置的看法，这些传统诉说了什么，而不是将其视为有关最早定居点的信息数据库。建城神话对罗马后来的文化和罗马人的自身认识的重要性，从罗马与这些故事的方方面面仍然密切相关的许多地点中可以证明，其中很多地点是重要的仪式和崇拜中心，直到公元4世纪基督教化时期开始很久之后，仍有人在举行这些仪式和崇拜。罗慕路斯和建城神话以非常真实和直接的意义融入城市的地貌中，罗马人始终崇敬与他们相关的地点。虽然这些仪式中的很多看起来非常古老，但它们的形式、被赋予的意义，以及与它们相关联的地点并非一成不变，而是随着时间而改变的，这既展现了这些神话的力量，又表明了它们如何被操纵，以便满足不断变化的需求。

一些仪式和节日说明了这一点。每年4月21日的帕勒斯节（Parilia）是一个致敬古老的牧神帕勒斯（Pales）的节日，但在罗马，它还被用来纪念罗慕路斯创建了这座城市。还有一些节日——特别是七丘节（Septimontium）——是向罗马七丘及其居民的一系列献祭，很可能可以追溯到前城市时代，当时的罗马由几个定居点组成。阿尔戈斯节（Argei）同样属于此类，在这个节日里，由祭司和行政长官组成的游行队伍会从城里的关键地点收集稻草人，并按照程序把它们扔进台伯河。[11] 不过，这两个事件似乎都与古代神圣边界的净化有关。许多这样的节日在整个古代都在延续；公元121年，当哈德良将帕勒斯节改名为罗马节（Romaia）时，它仍然十分热闹。直到古代晚期，与罗慕路斯和罗马建城有关的节日和仪式一直在罗马城的仪式生活中扮演着重要的角色。

罗慕路斯在后来罗马的城市景观中是一个影响巨大的存在，与他相关的遗址被与城市的福祉密切联系起来，帕拉丁山上长期存在的罗慕路斯小屋就证明了这一点，[12] 那是这位神话中建城者的英雄圣所。据哈利卡纳苏斯的狄俄尼修斯和普鲁塔克描述，这是一座有茅草屋顶的夹条墙小屋，它被保存在帕拉丁山上，被认为是罗慕路斯的住所。这些描述与在拉提奥文化墓葬中发现的小屋形骨灰坛的外观，以及在费德奈和罗马发现的公元前9世纪和前8世纪的小屋非常相似。如果年久失修了，人们会按照原来的形制和材料来替换它，任何损坏都被认为是不祥之兆。它被列在公元4世纪罗马建筑的目录中，表明它的存在延续到了古代晚期。

根据目前的证据，罗马城址在公元前1200年左右就有人居住，在铁器时代早期，附近地区还发展出了其他的小定居点。到了公元前 8 世纪中叶，罗马和其他重要的拉丁遗址已经有了完备的定居点，尽管阿尔巴丘陵中较小的共同体没能发展起来，遭到遗弃或被远远甩开。帕拉丁山城墙意味着对定居点的重组，更加强调边界和领土划分。这本身暗示了，在罗马，社会和政治权力开始集中在一个足够强大的人（或者更有可能是一群人或家族）手中，从而能够推动这种重组。

整个意大利中部和北部的原始城市定居点的组织形式是一片片的房屋群落，它们都有自己的墓地，这种发展模式与罗马和该地区其他地方的遗址相类似，比如奥斯特里亚德洛萨。泰雷纳托（Terrenato）提出了一种很吸引人的观点，即帕拉丁山和卡皮托山上的定居点是不同氏族的领土。许多人认为，被归功于罗慕路斯的以家庭/氏族关系为基础将罗马组织成各个库里亚的做法是罗马社会一个非常古老的特征。如果特雷纳托是对的，那么库里亚有可能——尽管按照目前的证据无法证明——保存了关于罗马早期起源的记忆，即当时的罗马是属于不同氏族的一系列定居点，它们相互合作，最终合并为一个共同体。不过，我们不可能因为公元前 8 世纪一个重要的原始城市定居点的证据就接受罗马是由罗慕路斯在公元前 753 年左右建立的传统，或者那些归功于他的事迹。对于罗马人对他们自己过去的看法和他们对此的合理化，罗马的神话传统提供了引人入胜的信息，但不能将其解读成这座城市的建城历史。

第 4 章

国际贵族的崛起

意大利与东方化革命

1836年，教士亚历山德罗·雷戈利尼（Alessandro Regolini）和当地地主温琴佐·加拉西（Vincenzo Galassi）在拉丁姆北部的切尔韦泰里（Cerveteri）——位于距伊特鲁里亚城市卡伊雷的遗址不远处——有了令人惊叹的发现。在一个土丘下，他们发现了一座公元前7世纪的伊特鲁里亚人墓——按照发现者的名字，现在被称为雷戈利尼-加拉西墓——里面有300多件华美的陪葬品。这座墓由四个在岩石中挖出的墓室组成，有一条墓道连接。墓中包括两个埋葬点，主埋葬点属于一位地位非常高的伊特鲁里亚女性，[1] 辅埋葬点中的陪葬品包括带镶嵌装饰的家具、一辆仪式用的马车、许多做工精致的金属和陶质器皿，以及大量的黄金首饰，所有这些首饰都装饰精美。

这座墓葬显示了东方化时期（约公元前700—前575年）的一些关键特征。这是一个社会和经济快速变革的时代，在此期间，意大利、埃及、近东和更广大的地中海地区之间有了更多的联系。它的特点是：财富、社会地位和政治权力的等级变得非常鲜明。公元前8世纪的主要趋势是以家族和具有武士身份的精英为中心的原始城市定居点的发展,而极其富有和强大的国际贵族的出现则主导了公元前 7 世纪。除了日益加强对自己共同体的支配,这一群体的家族还跨越国家和民族的边界去与自己身份相当的其他家族建立了社交网络,形成一个国际超级精英群体。意大利的物质文化因他们的财富和对奢侈品的需求而改变,其中一些奢侈品在当地制造,另一些是进口的。随着财富的激增以及社会和政治权力的重组,定居点发生的变化进一步推动了城市化。

这些变化在伊特鲁里亚最为明显,但包括罗马在内,所有的共同体都出现了类似的日渐繁荣的趋势,同时资源、社会地位和政治权力也集中到少数占主导地位的精英手中。在整个意大利中部都发现了像雷戈利尼-加拉西墓这样的华贵墓葬,它们在结构和内容上有惊人的相似之处。一种泛意大利的贵族文化正在兴起,其特点是能够得到及炫耀性地消费奢侈品货物。到目前为止,我们拥有的最丰富和最全面的证据来自伊特鲁里亚,但我们在那里看到的趋势也出现在意大利的大部分地区,特别是在拉丁姆和坎帕尼亚。

华贵的墓葬和炫耀性消费

这种社会和政治权力的集中最明显地体现在习俗的变化上。在公元前 8 世纪,墓地的空间布局强调家族群体。公元前 8 世纪末,一些个人拥有了更华美的墓,这说明社会和政治精英正在开始出现,武士身份是这些精英的自我形象的核心。但到了公元前 7 世纪,精英的墓葬不再是为了维护共同体内部的社会身份。相反,它们是炫耀性消费的展示,是为了在国际层面上与他们的身份相当者展开地位的竞争。武士身份虽然仍然重要,但与显示家族权力和身份的重要性相比，前者就显得次要了。

从约公元前700年开始，伊特鲁里亚及邻近地区的精英们开始建造有多个埋葬点的洞室墓。这些墓通常由地下墓室（如果岩层不适合挖掘地下墓室，则会用石块垒起墓室）和其上方覆盖着的土丘（tumulus，彩图8和9）组成。有些墓的结构相对简单，只有一个前室或入口通道，以及一个墓室；但拥有两个或多个墓室的套间并不少见（图8）。许多墓的内部模仿房屋，拥有刻成类似房梁样子的天花板、雕刻的石头家具，甚至在床榻上还有石头雕刻成的枕头和床单，以及墙上的生活用品（彩图9）。在土葬为主的地区，墓室里会摆上一张张墓榻，上面放着死者的尸体。而在火化仍然是常态的地方，比如伊特鲁里亚北部、皮克努姆（Picenum）和威尼托（Veneto），骨灰会被装在青铜或陶质容

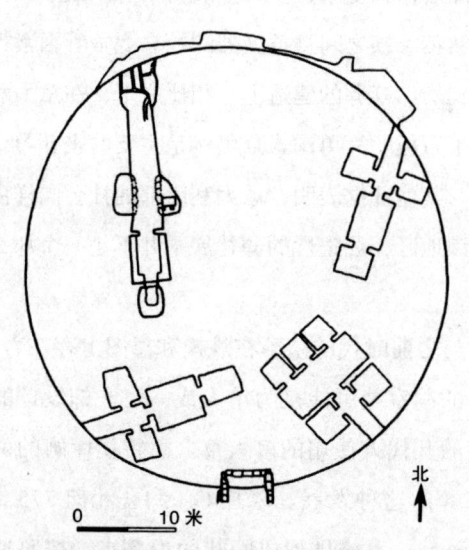

图8　切尔韦泰里班迪塔奇亚（Banditaccia）墓地 II 号墓，约公元前700年。墓丘和墓室的平面图

器中，这些容器有时被塑造成死者的头部和上半身的样子（彩图25），然后放在仪式用的椅子或沙发上。墓葬和墓中的物品是名门望族的大项支出，它们的巨大规模确保了最大的可见度。

此类墓葬在整个公元前7世纪和前6世纪一直被使用，伊特鲁里亚主要城市外的墓地里有许多土丘墓，但不仅限于伊特鲁里亚。人们在拉丁姆［比如在普莱内斯特（Praeneste）和德基玛堡］、坎帕尼亚［如在库迈、庞特卡尼亚诺（Pontecagnano）］，以及萨莫奈的部分地区和威尼托［如在埃斯特（Este）］也发现了类似的墓。萨拉·威廉森（Sarah Willemsen）对克鲁斯图梅里乌姆（Crustumerium）的40座墓进行的研究表明，在约公元前650至前550年，老拉丁姆（Latium Vetus）的丧葬习俗也发生了类似的变化。在此期间，陪葬品数量有所减少，也不再那么铺张，但墓的结构变得更加宏伟和复杂，多穴墓成为常态。威廉森推测，这些变化可能是由精英家族之间日益激烈的社会竞争等因素推动的，促使他们把钱用到宏伟墓葬的建造上。相比之下，在意大利南部，有时铺设和加盖了石板的简单沟式墓仍然是主要的丧葬习俗，陪葬品也不那么显眼。其他证据表明，意大利南部的社会同样由富裕的贵族主导，但在该地区，炫耀性的葬礼展示并不是一个那么重要的地位符号。

土丘墓与之前时代的墓葬在规模和意图上存在着巨大的差异。虽然一些小的洞室墓可能是为单人或一对夫妇设计的，但大多都是供大家族的几代人使用的多人墓。萨特里库姆的两座土丘墓展现了氏族墓葬的这种发展。墓丘C（约公元前775或前750—前600年）下面是一大群排列成圈状的埋葬点，按照地位分开，最富有的人埋在中间，最贫穷的在外围。墓丘F也可以追溯到公元前7世纪，在类型上更接近伊特鲁里亚的土丘墓，埋葬点的数量较少，虽然包括了一个华贵的埋葬点，死者被放在一个石头墓室里。这两座墓似乎都是有权势的氏族的墓地。最重要的不再是纪念重要的个人，而是为整个贵族家族建立纪念碑。公元前8世纪的武士观念并没有消失，并继续反映在一些墓中，但现在的重点落在了展示家族地位的纪念碑上。

这种类型的贵族墓成了旨在颂扬家族的历史、身份和重要性，以及纪念其始祖的崇拜的焦点。在意大利北部，雕刻的墓碑被放在墓外展示。在维图洛尼亚，公元前7世纪晚期的武士墓旁有一块石碑，上面刻着一位手持双头斧的武士，很可能是为了纪念王朝的创建者（图9）。石碑上刻着他的名字阿维雷·费鲁斯克（Avele Feluske），还有他父母以及纪念碑的奉献者——佩鲁西亚［Perusia，今佩鲁贾（Perugia）］的希隆米纳（Hirumina）的名字。在其他地方，我们发现过建在墓外的祭坛，比如奇马之墓（Tomb of the Cima，位于卡伊雷），但最引人注目的墓葬崇拜的证据来自附近的"五椅之墓"（Tomb of the Five Chairs）。五把宝

图9 维图洛尼亚的阿维雷·费鲁斯克墓碑，公元前7世纪晚期

座状的石椅被排列在墓中的一个侧室内,两边是桌子、一个祭坛、篮子和较低的座椅,所有这些都是用石头雕刻而成的,模仿为宗教仪式准备的房间。在墓中发现的支离破碎的彩绘陶俑很可能最初是放在座椅上的,代表着死去的这家人。所有的陶俑都穿着齐脚踝的紧身长衣,上面装饰着棋盘图案,披风别在一侧肩膀上,裹住身体,而女人们戴着环状的大耳环,头发向后梳成长长的辫子。陶俑一只手伸出,仿佛拿着祭品或准备奠酒一样。

许多墓是在19世纪和20世纪初由热情的业余爱好者发掘的,他们没有像现代规范做法所要求的那样,对发现的物品及相关信息做准确的记录。另一些墓吸引了(并将继续吸引)专业盗墓贼的注意,他们会在国际艺术品市场上出售墓中的物品。尽管如此,从这些墓中发现的陪葬品还是令人印象深刻。许多男性墓中都有马笼头,以及华丽的武器和盔甲,它们更有可能是用于仪式,而非用在战斗中。大多数墓中都有陶质或青铜的宴会用具。其中通常包括布凯罗(bucchero)器皿,这是一种伊特鲁里亚特有的带高光泽黑色釉面的陶器,上面经常刻有图案(彩图10),以及混在一起的希腊陶器和带有希腊风格装饰的当地器皿(彩图11)。其他充满异国情调的发现包括雕刻过的鸵鸟蛋、象牙装饰品、彩陶珠和护身符。有的扣针、耳环和项链等首饰是用黄金制作的,表面覆盖着颗粒状的装饰。坟墓是死者的房子,除了个人装饰品,还配有装饰华丽的家具。通常情况下,只有象牙或铜的镶嵌物留存了下来,但一些仪式用的高背椅子被完全包裹在铜片中,所以也或多或少完好地保存了下来。最令人印象深刻的墓中发现了马车或战车,和家具一样,它们也被装饰得很华丽(彩图26)。

位于拉丁姆普莱内斯特的贝尔纳蒂尼(Bernardini)和巴尔贝

里尼（Barberini）墓给人一种奢华过度的华贵墓葬的感觉。陪葬品包括青铜的鼎和大锅（彩图12）、希腊和叙利亚装饰风格的银壶和银碗、带有精美装饰的大尺寸黄金扣针和别针、镶嵌了银和琥珀的武器、大量雕刻过的象牙（可能是镶嵌在已经不复存在的木头家具上的装饰品），以及一把用青铜片包裹的高背椅。陪葬品中还有数量众多的餐具，以及带装饰的长杆，这可能是至少一辆战车的残骸。

这些墓和其中的物品显示出一股通过炫耀性消费来展现家族地位的潮流。除了给哀悼者留下深刻的印象，以及为死者提供舒适的死后生活，它们还展示了这些家族的财富，尽管它们首先强调的是奢侈品作为地位象征的符号价值，而非其内在的经济价值。许多物品是从希腊、近东和埃及进口的，抑或显示了东方风格和工艺的影响，以及拥有这些东西的精英不只是有钱的——他们还控制着国际贸易网络的入口，可以从地中海各地和更远的地方雇佣熟练的工匠。陪葬品也揭示了社会价值观的变化。铁器时代的墓葬是武士精英的墓葬，而东方化的武器和盔甲是为了展示而非使用，战车和马车不是军事装备，而是游行车辆，旨在进行仪式性的展示。科琳娜·里瓦（Corinna Riva）在对这些墓葬的研究中表示，东方化的君主们营造了一种"文明武士"的形象；他们作为武士的形象——以装饰性的仪式盔甲为代表——与作为款待其他君主和追随者的慷慨君主的形象共存。

定居点、圣所和宫殿

一边是墓葬及其丰富的陪葬品提供的证据，一边是来自定居点的平淡得多的证据——多年来，两者之间的差异一直是意大利东方化过程中的一个令人费解的方面。由此产生了一些耐人寻味的问题，即这些富有的精英们是在哪里和如何生活的？1970 年，随着人们在锡耶纳以南 20 千米的穆尔洛（Murlo）附近的波焦奇维塔特（Poggio Civitate）发现了一个纪念性建筑群，这些问题得到了部分的解答。这一地区有铁器时代定居点的痕迹，但在公元前 7 世纪初，从公元前 675—前 650 年（图 10）开始，那里建起了一个大得多的建筑群。主建筑是在石头地基上用泥砖砌成的，地面为夯土。屋中有许多彩绘陶像和檐角的碎片，它们是屋檐和屋脊上的装饰品，想来会让建筑看起来非常华丽。当地居民的生活方式是奢侈的。发现的物品中包括餐具碎片（来自进口的希腊陶器和当地生产的陶瓷）、个人装饰品，以及骨骼和象牙制品，很可能是镶嵌在家具上的。

遗址上还有另外两座建筑。在南面，另一座大建筑被分成三部分，包括一个宽敞的中央大厅，以及两侧的两个较小的房间。

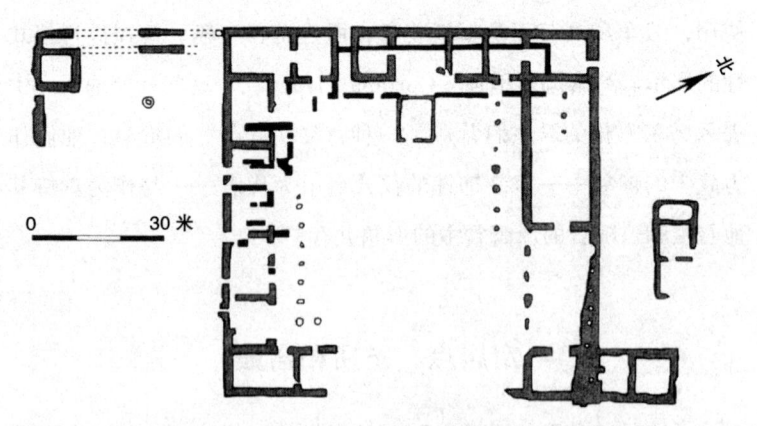

图 10　公元前 7 世纪的穆尔洛建筑的平面图

那里发现了精美的陶器，其中一些上面刻有人名和"我是……的礼物"(mini muluvanice)这样的程式化文字。在东南面，一座更大的建筑中发现了生产废料、食物残渣和工具，很可能是一个生产各种供当地消费的食品和制造品的作坊。[2] 这三座建筑都在公元前7世纪末被焚毁。作坊里的一摞瓦片上布满了脚印，仿佛工人们在逃出火场时从上面踩过。附近的其他定居点没有受损，这表明穆尔洛的毁灭是一次意外，而不是敌人来袭的结果，尽管这两种情况都有可能。最近的发掘找到了该遗址上的第四座建筑，可能是它们中最早的。这是一座很长的长方形建筑，有两个房间，一端有入口。它用石头砌成墙壁，屋顶铺着瓦片，人们还发现了精美的陶器和纱锭，表明那可能是一座壮观的精英宅邸。

尽管遭遇了如此大的破坏，但这并不是穆尔洛的末日。公元前6世纪，之前的三座建筑被一个约60米见方的巨大建筑所取代，由围绕中央庭院的四个侧翼，以及有工事保护的一个南侧庭院组成。和之前的建筑一样，它也装饰着陶像和浮雕。不过，它的使用时间相对较短，似乎在公元前550年左右就被遗弃和拆除了。

穆尔洛经常被描述为一座宫殿，但它的功能存在疑问，被不同的人认定为宗教圣所、用于召开政治会议的公共建筑或贵族住宅。分成三部分的那座建筑在形制上类似伊特鲁里亚的神庙，后者中央的内殿也分为三部分，而一些陶器上所刻的程式性献礼文字暗示它们是许愿物。不过，主建筑中发现的物品包括许多高质量的个人和家庭用品，暗示这里是某个地位很高的人的住所。陶像证明了这一点。这些屋顶上的塑像描绘了戴着宽檐高帽的男子，在意大利中部和北部的艺术作品中，这种头饰是地位的象征。来自该建筑后期阶段的陶土板上有浅浮雕装饰，描绘了贵族闲暇时光的场景,如宴会、赛马和游行(图 11)。答案可能是,宗教、政治和家庭用途在这个时代并不是相互排斥的。在贵族占据支配地位的世界里,像穆尔洛建筑群这样的建筑必须能够开展政治活动、接待官方来访者和举行宗教仪式,还要能够提供住所。穆尔洛是这类宅邸中发掘得最充分的,但不是唯一的例子。在伊特鲁里亚的维泰尔博附近的阿夸洛萨(Acquarossa)、拉丁姆的费卡纳(Ficana)、加比和罗马都发现了类似的带庭院的房子。公元前 7 世纪的精英们投资兴建了华丽的大型建筑,将私人住宅与公共和仪式空间结合起来,它们位于乡下,而不是新兴城市。

从公元前 650 年左右开始,意大利各地较为简陋的房子也发

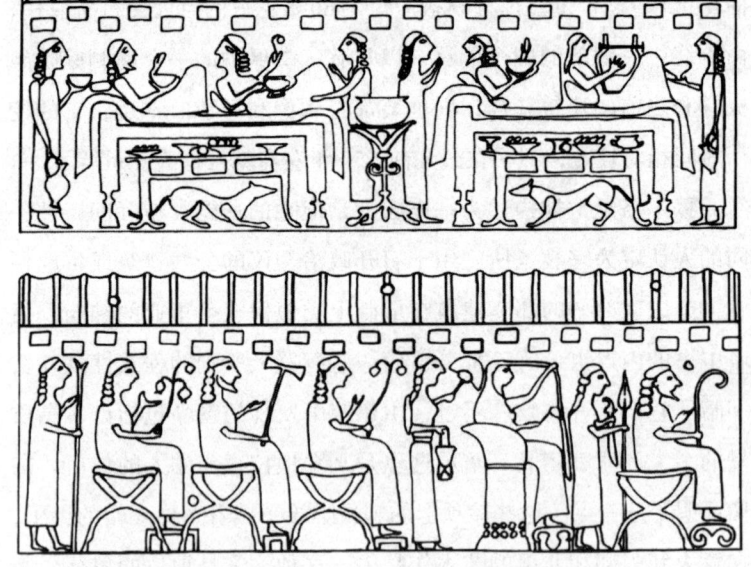

图 11 穆尔洛陶土饰带上的场景,描绘了宴会和仪式场景。公元前 7 世纪

生了变化。它们大多是长方形的建筑，屋顶铺着茅草或瓦片，用凿制的石块或泥砖在石头地基上砌成。在拉丁姆的费卡纳和伊特鲁里亚的圣乔维纳莱发掘出的房子有一个内室、一个庭院和一个柱廊。圣乔维纳莱是位于卡伊雷附近的一个小定居点，在那里可以看到，一些房子从公元前7世纪初简陋的茅草顶小木屋发展成了公元前600年更坚固的带瓦顶和庭院的石屋。在拉丁姆，萨特里库姆展现了新型的家庭建筑可能如何被用作社交空间。卫城上的两组小屋分别被一座有石头地基和瓦顶的房子所取代，房屋由一排排通向中央庭院的小房间组成。科兰托尼对后者的研究表明，它们的使用方式与被它们取代的小屋类似，房间里住着夫妇、个人或小家庭，庭院用于整个大家庭或氏族的共同活动，比如做饭。一些考古学家——特别是卡尔米内·安波罗（Carmine Ampolo）和加布里埃勒·齐法尼（Gabriele Cifani）——认为带庭院的房屋（特别是那些更大的，如穆尔洛和阿夸洛萨的房屋）是受希腊和叙利亚建筑的影响而发展起来的，由东地中海的工匠引入。不过，正如科兰托尼指出，萨特里库姆的发展显示出比前文所暗示的更高程度的连续性。生活在那里的大家庭创造了更加宏大的房屋形制，但保留了空间的传统用途，表明连续性与创新一样重要，意大利和东地中海一样是带庭院的房子的发源地。此外，整个伊特鲁里亚和拉丁姆的房屋之间的相似之处表明，精英文化有许多共同的方面，特别是在意大利中部的贵族中，还表明罗马并非例外，而是意大利中部文化环境的一部分。

总体上说，公元前7世纪，定居点的规模和复杂性都有了增加，拥有了许多城市才会具有的特征。公元前8世纪的原始城市中心发展成拥有数千居民的更大的核心居住区，其中许多具有了城市的特征，如防御工事，以及对空间更加结构化的使用，如街道规划和公共建筑。比如，在萨特里库姆，公元前 7 世纪末，卫城上的一个小型崇拜场所被一座更大和更重要的神庙取代，街道布局也清晰可见。在发掘工作最为深入的塔尔奎尼——这个更大的伊特鲁里亚中心——也发现了类似的模式。房屋变得更大，街道更加组织有序，还发现了一座带庭院的建筑，里面有许愿物，可能是神庙。意大利南部的部分地区也出现了类似的过程。到了公元前 7 世纪末，希腊人定居点出现了组织有序的城市布局，有了固定的街道布局，划定了供宗教或平民使用的区域。这在梅塔庞图姆尤为明显，人们在那里已经做了全面的勘察。虽然这些遗址的重要性还没有发展到后来的程度，但它们的规模和复杂性正在迅速增大。正如第 1 章中所讨论的，这种核心化的模式，以及定居点与地域组织的规模增长和更多复杂性的迹象都是城市化的信号，表明出现了更大的社会和经济的复杂性，以及更强的政治权威。

公元前 7 世纪，意大利的关键宗教中心第一次变得清晰可见。我们对一些地区的崇拜和仪式的了解要比对其他地区的了解多得多，但可以看出一些总体趋势。宗教活动的最早痕迹是许愿物埋藏品，包括小人偶（经常伸出手作献祭状）、酒器和祭饼的黏土模型。这些发现最早可以追溯到公元前 8 世纪末，有时还伴有动物的骨骼残骸。许愿物（votum，誓言或承诺）的概念——敬神者奉上或承诺奉上祭品，以换取神明的保佑——是罗马和意大利宗教的核心，就像这些物品所显示的，献祭动物、奉上食物和饮料、捐赠小物件来确保获得神明的帮助或保佑是非常古老的做法。由于大多数圣所都是长期使用的，我们可以追溯宗教的发展和宗教习俗的变化。在萨特里库姆，许愿物埋藏显示，从公元前800年开始，有一眼泉水就成了崇拜活动的焦点。在公元前800—前400年间，该遗址上出现了规模越来越大的建筑群，包括一座献给曙光之母（Mater Matuta）的石头神庙。许愿物包括陶器、纺织工具、武器和小人偶，其中许多（特别是从公元前6世纪末开始）描绘了哺乳的母亲。神庙的地位、许愿物埋藏的规模和漫长历史（包括数千件许愿物），以及神庙的大小和位置暗示，对曙光之母的崇拜是萨特里库姆的主要崇拜。这种崇拜的性质并不清楚，但许愿物暗示曙光之母是司治疗和生育的女神，尽管武器的存在暗示她不仅保护分娩的妇女，也保护武士。[3]

意大利的每个地区或民族都有其独特的神明，经常非常本土化。许多都与共同体生活中的重要元素有关，如生育、战争、治疗、保护庄稼和动物、防御边界。罗马人有一个复杂的节日历，用于向牧神帕勒斯、枯锈神（Robigus，避免庄稼染病）和城界神（Terminus，保护边界）致敬，他们认为这些节日非常古老，尽管对于它们的起源和意义，就连瓦罗和奥维德等罗马作家也有争议。其他意大利文化也有扮演类似角色的神明：曙光之母（萨特里库姆的主要崇拜）似乎会保护武士和妇女；梅菲提斯（Mefitis，在坎帕尼亚和卢卡尼亚被崇拜）是一个与生育有关的本地神；雷提娅〔Reitia，在威尼托的埃斯特附近的巴拉特亚（Baratella）被崇拜〕司治疗和文字。虽然许愿物埋藏可以揭示圣所的所在，有时还能揭示被崇拜的神明的身份，但我们对宗教的组织形式或者举行什么样的仪式知之甚少。

人们几乎找不到后来与希腊和罗马宗教联系在一起的纪念碑式建筑的痕迹。大多数宗教场所都是圈出的露天区域，以自然景观为中心,如山顶、湖泊和泉水,或者林地。有的是圣林,比如拉丁姆的内米(Nemi)和菲洛尼亚圣林(Lucus Feroniae);有的是圣泉,比如费伦蒂娜泉(Aqua Ferentina,在拉丁姆)和洛萨诺迪瓦里奥(Rossano di Vaglio,在卢卡尼亚)的梅菲提斯圣所。阿尔巴山和索克特山(Mount Soracte)的重要圣所位于山顶,而普利亚的许多仪式遗址位于洞中。崇拜不需要建筑,圣所的重要特征是有一个将神圣空间与世俗空间分隔开来的明确边界,以及一个祭司可以在上面进行牲祭、奠酒和其他献祭的祭坛。在意大利的一些地区,鸟卜是宗教活动的一个重要方面,因此,对某些崇拜来说,圈出一块拥有良好视野的区域非常重要,因为占卜者需要能够观察鸟类的飞行来判断神明的意志。宗教仪式也可以在别的地方举行,比如穆尔洛的"宫殿",它结合了宗教和家庭两者的用途。一些圣所的小屋似乎是从公元前9世纪开始建造的,然后分几个阶段在同一地点发展成专门的神庙,在几个拉丁遗址(如拉维尼乌姆和加比)都可以看到这种模式。不过,这些宏伟的神庙是公元前6世纪的现象,对于更早的圣所来说,它的任何建筑都是极为简陋的。

意大利的崇拜场所不完全是宗教的,而是有一系列的用途。许多最早和最重要的圣所不在城市,而是位于它们所在地区有重要意义的地点。有时,这是由崇拜和自然现象之间的关系决定的,但许多圣所被安排在政治或自然边界上,标志着从一个国家进入另一个,或者从城市进入农村。河口和海岬也是神庙和崇拜场所经常出现的地方:比如克罗顿的拉基尼乌姆角(Cape Lacinium)上的拉基尼乌姆赫拉圣所(Hera Lacinia),或者帕埃斯图姆的塞勒河口(Foce del Sele)附近的赫拉神庙。尽管地处乡村,但这些都是重要的宗教和政治活动中心。它们不仅是宗教仪式和节日的举办地，也是经济活动、法律听证、政治会议和谈判的会议点。比如，在公元前338年被罗马解散之前，拉丁国家联盟一直把费伦蒂娜泉作为定期集会的地点。许多此类圣所的乡村性质让它们更好地扮演了大范围地区内的人们的集会地点的角色。另外一些圣所和宗教仪式可能被用来划定边界和排斥其他民族。在我们看来，它们显示了社会组织和国家发展水平的不断增长。来自不同国家的人都可以进入这些公共场所，这里充当了商品、思想和信息的重要接触点和传播点。反过来，它们也可能表明，随着共同体发展出更强的集体认同感，边界变得更加固定。

到了公元前600年左右，居民点比公元前8世纪时更大和更复杂，并发展出更多的城市特点。它们由生活得较为气派的贵族主宰，这些人拥有豪华的房子，把死者埋葬在引人注目的家族坟墓中。圣祠和圣所变得更加显眼和突出，进一步表明定居点之间的领土边界正在规范化。

精英的崛起

那么，这些过着如此奢华生活的贵族是谁呢？在这一时期，他们与其他社会成员的关系是什么？少数贵族家族对其他社会成员的主宰程度似乎是巨大的。奢华的墓葬和大房子展示了家族的财富和地位，坟墓是崇拜活动和颂扬家族身份——可能还包括族群（真实或虚构的）缔造者或祖先——的仪式的焦点。伴随这些发展的是，氏族或大家庭作为意大利社会关键元素的重要性与日俱增。在这里，也许最好将氏族[4]定义为那些标榜拥有（真实或虚构的）共同的祖先、共享同一个姓、开展同样的家族崇拜的家庭，他们经常向神话或半神话的家族缔造者致敬，以此强化他们的身份认同。作为地位和权力的来源，氏族的重要性的增强体现在个人名字的改变上。在伊特鲁里亚，我们可以最明确地看到这一点，[5] 公元前 7 世纪期间出现了从使用单名——如拉尔特（Larth）、阿维雷（Avele）或维尔图尔（Velthur）——到使用复名的变化。复名由（被给予的）个人名和继承的氏族名组成：比如从卡伊雷的铭文中看到的拉里斯·维尔提埃（Laris Velthie）和劳基埃斯·梅曾提埃斯（Laucies Mezenties），或是来自维伊的维尔图尔·塔鲁姆内斯（Velthur Talumnes）和帕斯那·努奇纳伊埃（Pasna Nuzinaie）。在公元前 7 世纪和前 6 世纪，复合的人名成了整个意大利的常态。这一变化的重要性在于，它表明了特定家庭的成员身份现在是社会身份的一个重要组成部分，人们所属的家族和氏族变得意义重大。

尽管氏族在意大利的东方化中如此重要，但我们对它们是如何组织起来的知之甚少。一个氏族由几个有亲戚关系的家族组成，它们的首领掌握着相当大的权力，决定着社会联盟和政治行为，确保氏族的地位得以维持。人们经常假设，有一位这样的家族首领被接受为整个氏族的首领，但我们几乎没有证据表明情况是否如此（如果是的话，我们也不知道他是如何被选出的，或者他掌握了什么权力）。图像学和考古学证实了一小批领导者拥有社会支配地位，但无法确定他们之间，或者他们与下属之间的关系。情况可能是变化的，在某些时候或在一些氏族中会出现整体氏族的首领，而在另一些情况下，成员家族的首领会采取集体行动。这一群体的成员不限于直系亲属，还包括家族的旁支和较贫苦的亲属及其家人。它还包括氏族或其成员的门客，但对于他们是作为整个氏族的门客，承认族长是他们的恩主（patronus），还是作为组成氏族的各个家族的门客，只效忠于这些家族的首领，我们知之甚少。

恩主与门客之间的关系是无处不在且强有力的。关于它有很多不确定的地方，特别是在意大利历史的早期，因为它基本上是建立在社会义务而非法律义务的纽带之上的，但恩主似乎对他的门客拥有类似父权的权威，让他可以对他们生活的许多方面行使广泛的权力。人们期待他提供保护和帮助，作为回报，他们需要对他表现出一系列形式的服从和支持，可能包括政治支持、代表他参与经济交易，甚至为他战斗。大房子和别墅——比如穆尔洛的"宫殿"或罗马附近一座古风时期的别墅（"礼堂"别墅）——最好被理解为此类群体的领导者所有。土地可能由氏族集体所有，这确保了大多数氏族成员需要依靠氏族首领获得公平的分配，尽管在意大利，这方面的证据至少可以说是非常之少。

由联系紧密的一小群贵族实行统治的现象不仅限于罗马或意大利，他们因为自称是神话中创始人的后裔，从而获得了社会和政治合法性。这一时期的许多希腊城市被世袭贵族所主宰，他们控制着政治权力、社会影响力和取得经济资源的门路。科林斯由巴基斯家族（Bacchiad）统治，这是一个贵族大家族，在公元前7世纪中叶的一次民众起义中被赶下台，这种社会体制在西地中海的希腊殖民地得到了复制。在洛克里，所谓的百大家族（声称是第一批定居者后裔的一群贵族）控制着土地所有权和政治权力，叙拉古由一个名为"土地分享者"（Gamoroi）的类似集团统治。公元前7世纪的希腊和意大利贵族共有的一个关键特征是，他们大多是世袭的。成员有很多限制，可能仅限于那些出生在特定家庭的人，外人想要成为这样一个精英阶层的成员是非常困难的。因此，他们对自己的共同体拥有很高程度的支配权。

这种排他性在属于和不属于贵族阶层的人之间造成了一条几乎无法逾越的鸿沟，但在那些属于贵族阶层的家族之间存在一个相互关联的紧密网络，既在共同体内部，也跨越了政治和民族的边界。这在一定程度上是以通婚为基础的。封闭的精英阶层的本质是其成员只在本阶层之间通婚，而且由于每个地区的精英家族的数量从定义上来说都很少，所以经常可以看到来自不同地区的贵族家族之间有婚姻和血缘关系。结果就是，具有很高地位的家族之间形成了一个家族关系的网络，不仅将不同的家族，而且将不同的共同体和地区联系在一起。

贵族之间友谊的纽带是精英社会生活的另一个重要特征。这些友谊的纽带主要不是基于个人的感情，而是正式化的关系，后者带有具体的支持和宾友（hospes）的义务，而社会和宗教认可是支持它的基础。伤害与自己有朋友或宾友之谊，或者没有履行对他们的义务的人，都会带来耻辱，可能还会引发神明的不快。这种类型的友谊（或称为宾友）可以是世代相传的，在好几代人的时间里将来自不同地区的家族联系起来。通过这种方式，他们维持了地区和共同体之间的联系网络。在穆尔洛的主建筑废墟里，发掘者们发现了一些象牙板，它们一面用浅浮雕刻有狮子的形象，另一面刻着一个人名。这些是宾主信物（tesserae hospitales）——象征着两个人或两个家族之间正式的宾友关系，需要时可以出示，作为关系的证明，充当名片或介绍信。它们的出现表明：无论是谁生活在那里，他们都已经与其他地方地位相当的人建立了关系网络。这些关系提高了社会地位——一个人的宾友越多，他在人们眼里就越重要——但也有实际应用价值。广结宾友能够让旅行更方便（顾名思义，他们有义务提供款待），还能构成外交或政治人脉的网络。

这种网络导致了一个由富人家族组成的国际精英阶层，他们共享着奢华的物质文化和生活方式，但对地位相当者以外的其他任何人基本上是封闭的。这种相互关联在某种程度上解释了为什么意大利所有地区的华贵墓葬的内容都如此相似。通常情况下，陪葬品的类型和制作风格都被认为会有地区差异。在东方化的华贵墓葬中出现的同质性的水平表明，奢侈品有共同的来源，而且拥有和在该群体内部流传它们的人之间有着紧密的互动。一些精美的陪葬品曾作为礼物流传，因为在这种身份的人的任何正式接触中，竞相表示慷慨和交换奢侈的礼物都是基本的元素。在许多社交场合上都有贵重物品易手，它们象征着友谊和亲善，展现了送礼者的财富和慷慨。还有的则可能是作为嫁妆的一部分，从一个家庭转移到另一个。

意大利各地精英家族相互联系造成的另一个结果是共同的贵族文化的发展。在意大利的许多地区，崇高地位的象征是相同的，尽管它们在种族和文化上截然不同。类似的等级标志［大帽子、权杖（lituus）、仪式用椅］在意大利中部和北部随处可见，而流行用酒器陪葬和艺术作品中对宴会的描绘表明，在大多数意大利文化中，仪式化的宴会对贵族来说很重要。拥有马匹、战车和马车是许多地区的艺术作品——在描绘贵族的方式上——的一种共同特征，从华贵墓葬中发现的战车、马具甚至马骨都佐证了马或战车作为强有力的地位象征的观点。

我们可以从当时的艺术作品和陪葬品中领略到古风时期的贵族文化和生活方式。伊特鲁里亚的浮雕提供了很多启发,意大利北部生产的一系列青铜器同样如此,上面装饰着贵族生活的精致场景。[6] 东方化艺术非常程式化,由刻有风格化的人物的饰带组成,我们不能认为它们是对现实的自然主义描绘。不过,这些物品让我们对这一时期的富裕精英是如何生活的,以及什么样的活动对他们来说是重要的有所了解。在威尼托的埃斯特的一个墓中发现的本维努蒂罐(Benvenuti situla,图 12)是最复杂的例子之一。它可以追溯到公元前 600 年左右,上面的一个条带描绘了凯旋的军队押着战俘,另一个描绘了一场贵族宴会,可能是为了庆祝胜利。不同等级的人通过着装区分:宴会上的侍者没戴帽子,而用餐者则戴着贝雷帽式的头饰,最显眼的人坐在高背的仪式座椅上,戴着夸张的宽檐帽,作为权力和地位的象征。在意大利北部和中部的艺术和雕塑中,这种类型的椅子和大帽子是地位的象征,标志着大权在握的人物。穆尔洛浮雕以类似的风格描绘了贵族的生活场景,包括宴会、赛马、一对夫妇乘坐马车参加游行,以及一位贵族似乎在发表讲话的场景。它们展示了一系列对公元

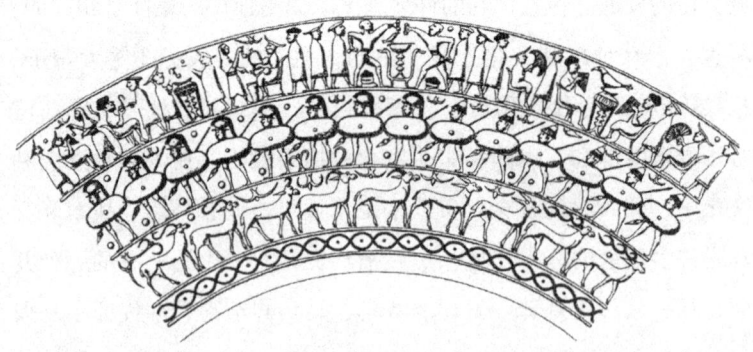

图 12　本维努蒂罐(局部图案),埃斯特,约公元前 600 年

前7世纪的意大利贵族来说非常重要的活动：战场上的勇武和社交仪式文化，如游行、体育比赛、赛马和宴会，这些让他们能够展示自己的财富和权力。

女性通常被认为在古风时代的意大利这样的传统社会中没有什么权力，但在权力和地位取决于一个人是否属于"正确"家族的背景下，这些家族的女性实际上有可观的地位和重要性。婚姻是维系家族之间的联系和同盟的主要方式，因此女性在王朝政治中扮演着重要的角色。矛盾的是，与更民主的社会（如古典时代的希腊）相比，这些高度不平等的社会反而赋予了精英家族的女性更大的影响力和更高的地位。作为名门望族的成员，这些女性拥有潜在的影响力，尽管只是作为某个家族的成员，而不是因为靠自己行使权力。罗马人的一种做法最清楚地展现了这一点，即不给女性起个人的名字，而只给她们起女性版本的氏族或家族姓氏名，强调她们的地位完全来自作为这个群体的成员的身份。[7]

尽管如此，意大利许多地区的女性享有比地中海其他一些地区的女性高得多的知名度和社会地位。有相当数量的华贵墓葬属于女性，要么是她们自己的，要么是夫妇合葬；其中包括一些随葬品最丰富的墓。当然，为女性亲属举行奢华的葬礼和建造大型墓葬是一种展示家庭地位的方式，但重要的是，对来自最高社会阶层的女性的纪念几乎与对其男性同胞的一样常见、一样奢侈。意大利的艺术作品让我们对一位公元前7世纪贵妇的生活有所了解。这个来自博洛尼亚的青铜铃鼓上有水罐艺术风格的浮雕，描绘了一群女人的织布场景（图13）。她们都穿着当时意大利北部女性的特色服装——齐脚踝的紧身长衣，头部和上身盖着宽大的披肩——但其中有两个人地位更高，她们坐在高背仪式椅上，显

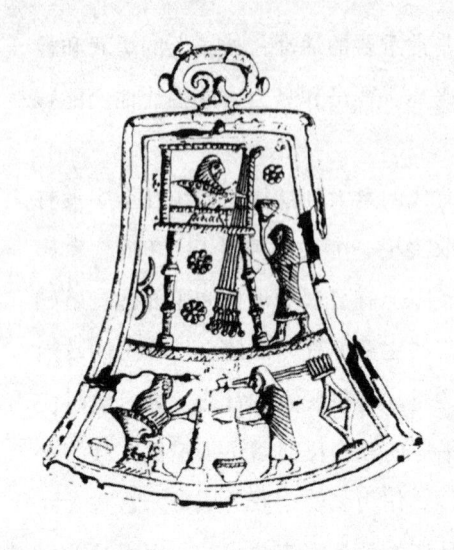

图 13 青铜铃鼓，描绘了女人们在织布。博洛尼亚，公元前 7 世纪晚期

然在监督仆人。这似乎是一个家庭场景，但其他细节表明，与希腊世界的规范相比，这些女性的生活不那么与世隔绝。穆尔洛浮雕和许多墓葬绘画描绘了女性——显然是地位很高的——参与公共活动、在宴会上斜倚着，或者与男性一起乘坐马车。后来的希腊作家并不认同伊特鲁里亚女性和她们在公共场合露面的自由，认为这是放荡和堕落的标志，但东方化的艺术和丧葬习俗暗示，那个时期的贵族女性非但不是放荡的女性，反而在社会中扮演了重要角色。

对于公元前 7 世纪时意大利政治权力的性质和统治形式，我们就不那么清楚了。贵族通常被认为拥有王权，并像国王一样统治，但我们不知道是作为君主的个人进行终身统治，还是由多个家族共享权力。认为它们是王朝的想法源于精英阶层和普通民众之间的财富和地位的巨大差距。在华贵的墓葬和意大利艺术作品对地位很高的个人的描绘中，有时可以看到被视为王权象征的物品,包括上面提到的马车和战车、高背椅和大帽子,以及一种具有独特的弯曲顶部的棒子或权杖。所有这些无疑都是地位很高的象征,但它们都不能证明所有者就是国王。权杖是祭司使用的仪式性棒子,因此可能是宗教权威而非政治权力的象征。根据目前的证据,我们不知道公元前7世纪的共同体只有唯一的统治者,还是由一群人分享权力。我们可以肯定的是,意大利贵族是一个紧密联系和大权独揽的群体,主宰着意大利社会。

我们不清楚这些家族与他们阶层群体外的人们是什么关系,后者占据了人口中的绝大多数。希腊作家将普通伊特鲁里亚人的地位与希腊色萨利的农奴(penestai)的地位相提并论,这些人没有完全的公民权,作为依赖地主的强制劳动者耕作自己的土地。[8] 在东方化时期,希腊本土和西地中海的一些希腊人城市也是由类似的封闭精英阶层管理的,其余人口一直处于依附者和农奴的状态。公元前7世纪的诗人赫西俄德严厉抨击了大权独揽的贵族像国王一样进行统治,他生动地描述了一场财产纠纷中的腐败。在这场纠纷中,他声称掌权的"国王们"——他们显然在这件事上有绝对的发言权——收受了贿赂:"我们分割了财产,你拿走了更大的那份,并把受贿的国王们夸上了天,他们喜欢如此审理这种案子。"(赫西俄德,《工作与时日》,38—39,220—221)

一如既往的问题是,我们缺乏关于公元前7世纪的意大利的资料,以希腊的情况进行推断可能是危险的。由于包括土地在内的大多数资源都掌握和控制在封闭的精英手中,其余的人口——或者他们中靠务农为生的——实际上很可能是依附这些精英的佃农。然而,这一时期繁荣的贸易和手工业生产表明,也有相当数量的人作为商人和工匠赚取生活所需,既不依附土地,也不依附地主。这些群体的流动性很高，可以通过商品的流动、艺术风格和生产技术，以及偶尔的铭文来追溯他们的行踪。这类人不太可能受到农奴制或依附关系的束缚，但仍然依赖富有的主顾来购买他们的商品和服务。或许可以将公元前7世纪的意大利社会设想为一座陡峭的金字塔，在这个社会中——从完全的农奴制到不那么正式的依附和庇护关系——底层90%的人通过一个义务网络和10%富裕的人捆绑在一起，而那10%的人则形成了具有共同喜好和生活方式的国际精英。

这一差异巨大的社会和政治等级体系反映在了该时期的军事组织中。从墓葬中发现的装备表明，大多数武士在战斗时戴着青铜头盔，装备着圆形或椭圆形的盾牌、刀剑和投枪。马匹和马具仅限于地位高贵者的墓，在马背上作战是富人的专属。这与古代作家告诉我们的，以及那个时期的艺术作品中对士兵和军队的描绘是一致的。古人所描绘的战争是全副武装的步兵之间的交战，尽管这些描绘都不是与战争同时发生的。我们对这一时期的战争最接近的证据来自希腊世界。公元前7世纪希腊诗人阿尔喀洛科斯［Archilochos，残篇5（West）］曾是一名步兵，他描述自己在战败逃跑时扔掉了漂亮的盾牌，他所说的与来自意大利的证据是一致的。对军队的视觉描绘很有启发性。在卡伊雷附近的特拉里亚特拉（Tragliatella）发现过一个伊特鲁里亚-科林斯风格的陶缸，上面刻着对士兵群体最早的描绘之一（图14）。[9] 他们列队行军，统一手持一杆投枪和绘有野猪纹章的圆盾。领队的人两手空空，排在最后的人拿着一根弯的权杖，它是宗教或政治职位的标志。一些来自意大利北部的青铜罐子也展示了军事场景。本维努蒂罐的一条画面描绘了配备着头盔、盾牌和投枪的成群结队的士兵。

图14 一个伊特鲁里亚-科林斯风格的调酒缸上面雕刻的装饰图案描绘了武士们的行军（Spivey 和 Stoddart，1990 年）。卡伊雷，公元前 7 世纪晚期。铭文为 Mi Mamarce（我属于马尔玛克），也可能是 Mi Amnuarce

这些零星的证据让我们对士兵可能是如何战斗的有了一定的印象，但几乎没有告诉我们军队是如何组织的。公元前 5 世纪时，意大利军队是民兵组成的，所有能够负担得起盔甲和武器的男性公民都必须服役，但在公元前 7 世纪，他们实际上更可能是私人军队，由有权势者的武装扈从，或者是在恩主的指示下参战的佃农和其他门客组成。特拉里亚特拉调酒缸上的武士盾牌上的图案暗示他们属于同一支部队，而本维努蒂罐使用不同的盔甲和武器来区分不同的武士群体，可能是为了表示他们是不同人的追随者。

文字：一种新技术

公元前 7 世纪是文字传入意大利的时期，彻底改变了记录保存、官僚体系和文学创作的可能性。最早的书写记录是公元前 8 世纪的几条铭文，包括奥斯特里亚德洛萨的那条铭文，但少之又少。到了公元前 7 世纪，铭文的数量变得更多，文字的传播也更加广泛，尽管伊特鲁里亚人和希腊人仍然是最多产的书写者。伊特鲁里亚铭文的数量从公元前 8 世纪的大约 20 条增加到前 7 世纪的 300 多条，我们在希腊人定居点的地区也看到了类似的增长。伊特鲁里亚字母表（图 15）基于希腊和腓尼基字母，是在公元前 8 世纪初发展起来的，现在变得更加固定。大量铭文集中在卡伊雷和维伊地区，语文学家阿尔多·普洛斯多奇米（Aldo Prosdocimi）由此推测，那里可能曾经有一个或多个圣所的祭司

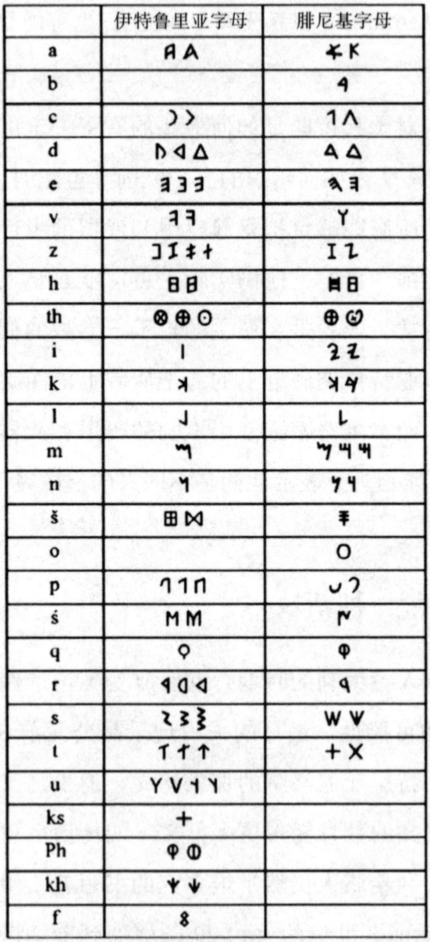

	伊特鲁里亚字母	腓尼基字母
a	ΑΑ	ⱏΚ
b		ⸯ
c	))	ⸯΛ
d	▷◁△	△△
e	ƎƎƎ	ƎƎ
v	ℲF	Y
z	I Ⅰ ⵣ	I Z
h	⊟Β	⊞Β
th	⊗⊕⊙	⊕⊙
i	l	ZZ
k	K	ΚY
l	⌐	L
m	ⵍ	ⵐ ⵎ ⵎ
n	Y	Y Y
š	⊞ ⋈	⧪
o		O
p	⌐⌐Π	⌒⌒
ś	ΜΜ	ⵏ
q	φ	φ
r	⊲⊳⊳	ⸯ
s	⋜ ⋜ ⋜	W V
t	Τ Τ Τ	+ ×
u	Υ V Ⴑ Y	
ks	+	
Ph	Φ Φ	
kh	Ψ Ψ	
f	8	

图 15 早期伊特鲁里亚字母，约公元前 750—前 500 年，以及作为其模板的腓尼基字母

教授阅读和写作。

许多铭文只是物主的名字，有时还有刻铭文的物品名称：比如，卡伊雷的一个盘子上刻着"我是努齐纳的盘子"（mi spanti nuzinaia）。还有的是馈赠铭文，比如同样来自卡伊雷的那个公元前7世纪的缸，它被献给了"美丽的提特拉（Titela）"，或者阿兰特（Aranth）献给拉姆塔·维斯蒂里奇纳拉（Ramutha Vestiricinala）的酒缸。[10] 大多数刻有铭文的物品是在墓中发现的，可能是献给死者的祭品，或者是陪葬的珍贵财产。另一些来自圣所，是许愿物，上面刻着被进献的神明的名字。这些铭文的简短和程式化性质并不意味着文字的价值不高。许多都是精心书写的，一些较长的文字被巧妙地融入了刻有它们的物品的装饰，变成了精美的图案。大部分文字出现在具有一定价值的物品上，如布凯罗陶器、彩陶或金属物品。这本身就暗示，文字受到尊重，它们被与高级物品联系在一起，由熟练的工匠制作。

铭文的内容也将写作带入精英的生活环境中。交换礼物是东方化社会的一个重要方面，作为婚礼和葬礼等仪式的一部分进行，或为了纪念宾友之谊以及其他形式的社会和政治同盟的达成。通过将赠送者或接收者的名字添加到物品上可以让礼物个性化，给双方带来更多的荣誉，并充当交易记录。对于这一点，在皮忒库塞发现的涅斯托尔杯上的铭文提供了另一个角度。宴会和酒会是贵族生活中一个常见的部分。古代人的描述和艺术作品的描绘中有大量这方面的证据，涅斯托尔杯上的小诗提到《伊利亚特》中的人物，显示了它的主人的学识和教养，就很可能是为这样的场合而制作的。

铭文是早期文字的唯一直接证据。木头写字板或纸莎草这类易腐的介质无法留存下来,但有其他证据表明文字在贵族社会中的重要性。书写工具作为陪葬品被埋葬,还作为许愿物被献给圣所,这表明它们是宝贵的财产。最早的例子是一块象牙写字板,上面有装饰过金叶的痕迹,一侧刻着字母表,还有一个用来容纳书写用的蜡层的凹槽。象牙板制作于公元前 675—前 650 年左右,来自马西利亚纳达尔贝尼亚(Marsiliana d'Albegna)的一座陪葬品丰富的墓葬,墓主可能是一个女人。[11] 在一些小陶器上也发现刻有字母表,这些陶器有的质量很高,可能曾被用作墨水瓶(彩图 24)。显然,书写工具可能是威望的象征。

文字如此重要的原因在于,它对古代国家和社会的组织产生了许多影响。在这个早期阶段,识字的人很少。公元前 7 世纪的贵族本人可能不识字,也许会把读写工作委托给专业的抄工或祭司,但财产上的铭文表明,他们希望将自己与一项受人敬仰的新技术联系在一起。虽然公元前 7 世纪的大多数铭文都是所有权或记录性程序(如许愿祭品)的标志,但马西利亚纳达尔贝尼亚的写字板表明,文字还可能被用于更广泛的目的。识字让记录和描述成为可能,推动了宗教和国家官僚系统的发展。

东方化的经济

新兴贵族的富裕程度取决于随地区而改变的因素,尽管可以看到一些共同的主题。在整个意大利,农业用地得到了更多的开发。在伊特鲁里亚,土地被更系统地耕种。有迹象表明,人口在增长,发展出许多小的乡村定居点,但对于谁在耕种土地,或者谁拥有这些农场和村庄,或者它们与更大的定居点的关系,我们知之甚少。农作物多样性的增加和农村定居点的新格局暗示土地被进行了新的划分，表明出现了有权决定这一切的政治和社会权威的新方式。考虑到公元前 7 世纪时社会等级的泾渭分明，似乎有理由认为贵族控制了大部分土地，他们通过佃农（一种受约束的农奴）或奴隶将这些土地分为大型庄园进行耕作。耕地的增加和更加密集的耕作方式提高了产量，尽管大部分耕作者仍然只能达到生计水平（勉强生存），但大地主能够创造出大量的剩余产品。在意大利中部，谷物、豆类、葡萄和橄榄都有种植，从公元前 7 世纪中叶开始，橄榄和葡萄被特别密集地耕作。宴会对于炫耀性消费的贵族文化十分重要，需要高质量食物和葡萄酒的稳定供应，任何剩余产品都会变成有价值的出口商品。在地中海西部发现的大多数公元前 7 世纪和前 6 世纪的沉船中都有运送酒、油和橄榄的伊特鲁里亚双耳瓶，它们将被运往西西里、西班牙、法国南部和更远的地方，其中一些双耳瓶上刻着有用的文字，标明它们装了什么 [主要是 "葡萄酒"（vinum）和 "油"（eleiva）]。伊特鲁里亚葡萄酒在整个西地中海广受欢迎，确保了那些控制生产和运输它们的人非常有利可图。

在意大利南部希腊人定居点的地区，公元前 7 世纪是一个巩固的时期。希腊人对位于自己定居点腹地的土地有了越来越系统的控制，而定居点本身也发生了变化。在梅塔庞图姆，公元前 600 年左右出现了规则的网格状的土地划分和边界，表明土地正在被系统地勘定和分配给定居者。随着希腊人扩大了对周围土地的控制，对它们进行分配并开发其资源，意大利人的村庄从该地区消失了。与此同时，城市的布局变得更加正式。这两个变化都显示了更强大的城市组织的发展。

随之而来的是对矿产资源开发的加剧,特别是在伊特鲁里亚。比萨附近富含金属的山丘继续被开采,而在撒丁岛发现的伊特鲁里亚牛皮锭(ox-hide ingots)表明,连接意大利与撒丁岛和地中海东部的贸易路线仍然很繁荣。食品和制造品的贸易也欣欣向荣。人们在意大利发现了大量的希腊和东方进口商品,特别是在意大利中部,伊特鲁里亚的商品和农产品也被出口到整个地中海和欧洲中部。通过在意大利发现的希腊和腓尼基双耳瓶可以追溯葡萄酒和橄榄油的贸易。在市场上的奢侈品方面,人们发现了许多装香水或香油的小圆瓶(细颈油瓶,彩图13)。它们在希腊被大量生产,特别是在科林斯,而那里也恰好生产香水。这些不仅是陶器贸易的标志,也是利润丰厚得多的昂贵香水贸易的标志。穿越阿尔卑斯山进入欧洲中部的贸易路线为意大利提供了原材料来源,包括琥珀这样的奢侈品,还为意大利的商品打开了欧洲市场。伊特鲁里亚青铜器被广泛交易,出现在整个希腊世界,还进入了欧洲中部。得益于水下考古学的进步,探索沉船遗址提供了当时国际商贸的有趣的简况。公元前600年前后,一艘腓尼基商船在吉廖岛(Giglio)附近的伊特鲁里亚沿岸沉没,船上载有丰富多样的出口商品。它的主要货物是一批金属锭,但也载有伊特鲁里亚和腓尼基的双耳瓶(可能装着橄榄油和/或葡萄酒)、香水瓶以及希腊和伊特鲁里亚的陶器。这种金属锭、葡萄酒和橄榄等农产品、高端制造品的混合也是其他沉船上典型的货物,让我们得以了解公元前7世纪末地中海贸易的规模和多样性。

从艺术风格的变化中可以看到手工业生产和技术的进步,以及工匠的国际影响力。东方化时期得名于一种在公元前7世纪的希腊世界被采用但源于埃及和近东文化的特殊艺术风格(彩图

10—12）。它的特点是描绘动物的饰带，经常包括狮鹫兽和狮身人面兽这样的神话中的兽类，或者是狮子和猎豹这种异国猛兽。背景上则布满了玫瑰花环和花的图案。人物摆出僵硬的姿势和手势，留着像假发一样的风格化发型，在风格上类似于埃及艺术。此类风格和习俗起源于东方，但很快被意大利的工匠所接受，融入当地生产。这种风格的无处不在生动地展现了东方化时期地中海世界的相互关联性，以及那个时代工匠的流动性和技艺。

移民和殖民

公元前7世纪的特点是精英阶层和社会其他阶层之间缺乏社会流动性，而在新的贸易机会和手工业生产的推动下，地理上的流动性程度则很高。尤其是工匠，正如新的艺术风格、手艺和文字等技术传播的方便程度所证明的，他们的流动性很强。

科林斯人德马拉托斯（Demaratos）的职业生涯生动地展现了这种联系性。根据传统的说法，他是科林斯的贵族，公元前657年，统治当地的巴基斯家族被僭主库普塞洛斯（Kypselos）赶下台后，属于那个家族的他被迫流亡（波利比乌斯，6.11a.7；哈利卡纳苏斯的狄俄尼修斯，3.46.3—3.46.5；普林尼，《自然史》，35.43.152）。他没有搬到另一个希腊城市，而是与一群随从和工匠一起移民到了意大利，在塔尔奎尼定居下来。在那里，他与一个伊特鲁里亚贵族家族联姻，继续着成功的商人生涯。据说，他的财富来自与伊特鲁里亚人的贸易（让他得以在塔尔奎尼定居下来的社会关系同样得益于此），他的同伴们则被认为向伊特鲁里亚人介绍了希腊风格的陶器和绘画，以及书写的技艺。他的儿子卢库莫（Lucumo）后来移民到罗马［改名为卢基乌斯·塔克文·普里斯库斯（Lucius Tarquinius Priscus，老塔克文）］，成为罗马的第五位国王。德马拉托斯可能是也可能不是一位历史人物，[12] 但这个故事把考古记录中出现的几个趋势人格化了：希腊和意大利工匠之间的密切联系、文字的使用，以及大量希腊商品的进口。它让我们看到，当时那个等级分明的社会如何在某些社会背景下提供了更多的流动机会。拥有像德马拉托斯这样地位的人可以通过利用社交网络和宾友之谊跨越地区和民族的边界，最终与地位相当的家族建立联系，让他能够在另一个共同体安顿下来。如果一个有地位的人决定移民，他不会在没有人陪同的情况下这样做，而是会带着同伴和依附者同行。暗示混合了不同民族血统的人名可能也为移民模式提供了线索。一件塔尔奎尼的陪葬品上的铭文显示，它被献给一位名叫鲁提里乌斯·希普克拉提斯（Rutilius Hipukrates）的男子（或由其奉献），此人名字的第一部分是拉丁人名，第二部分是伊特鲁里亚化的希腊人名，他去世时显然生活在伊特鲁里亚，或者去过那里。

在更广泛的层面上，这种流动性的影响也体现在更大规模的民族和文化运动中。早在公元前9世纪和前8世纪，伊特鲁里亚和坎帕尼亚之间就建立了联系，但在公元前7世纪和前6世纪，伊特鲁里亚文化在坎帕尼亚中部和沿海地区变得更加突出。对许愿物和陪葬品的研究表明，该地区与许多周边地区保持着密切的接触，找到了表现出拉丁和亚平宁文化影响的器物，但在卡普阿（该地区的主要定居点）和其他的重要中心，如诺拉、努科里亚（Nuceria）、弗拉特迪萨勒诺（Fratte di Salerno）和庞特卡尼亚诺，伊特鲁里亚的进口商品和对当地文化的影响变得日益突出。这是否意味着它们是伊特鲁里亚人的殖民地，就像一些罗马人（特别是历史学家老加图）所认为的那样，那就是另一回事了。目前的证据——特别是那些证明有人使用伊特鲁里亚语和有人使用伊特鲁里亚名字的铭文[13]——表明那里有伊特鲁里亚人存在，无论是作为定居者还是作为商人这样的常客，但这并不支持以下观点，即伊特鲁里亚人将该地区变成了殖民地，或者在政治上主宰了那里。伊特鲁里亚文化被当地的坎帕尼亚人广泛接受，公元前7世纪时，它可能是通过伊特鲁里亚人和坎帕尼亚贵族之间的接触传播的。在罗马也有类似的模式：伊特鲁里亚文化在公元前650—前500年间产生了重要的影响，伊特鲁里亚人和罗马贵族之间关系密切，但那里不是伊特鲁里亚人的殖民地。意大利北部的情况更为复杂，尤其是博洛尼亚的周边地区。博洛尼亚的墓碑和墓葬表明，当地广泛地接受了伊特鲁里亚文化，并存在着伊特鲁里亚定居者，但即使在这里，生活在"伊特鲁里亚殖民地"的似乎是当地居民和伊特鲁里亚移民的混合体。

在南部，希腊人发起了更多的定居浪潮。第二波殖民浪潮发生在公元前650—前600年左右，新的定居点在卡拉布里亚和卢卡尼亚沿岸建立。其他变化暗示了更强的排外性，以及对当地人更大的敌意。在梅塔庞图姆，之前混葬希腊人和意大利人的墓地现在完全成了希腊人的。与此同时，领土也出现了一些重要的变化。因科洛纳塔的命运可以说明这一点。尽管该遗址的建筑和发现暗示，在公元前7世纪的大部分时间里，这是一个由希腊人和意大利人组成的繁荣的混合共同体，但到了前7世纪末，它被抛弃了，不久之后成了一个希腊人的村子和宗教圣所。意大利人消失了。在洛克里和叙巴里斯的后方地区也能看到类似的趋势，那里的意大利人定居点突然从希腊定居点周围的领土上消失。在某些例子中，意大利人被赶出了希腊人的领土，而在另一些例子中，他们可能被彻底吸收，以至于在考古学上无法再与希腊人区分开来，但总体趋势是更强的文化和民族排外性。

总而言之，公元前 7 世纪是整个意大利的社会和经济快速变化的时期。它的特点包括许多地区的城市化程度不断提高，以及日益富裕的精英阶层的崛起，他们通过炫耀性消费来展示自己的权力和地位。在那个世纪之初，从日益华丽的墓葬中可以看到这一点，但到了公元前 7 世纪末，人们的优先考虑有了改变，开始以不同的方式展开自我宣传和地位竞争。大房子的修建、引人注目的新宗教建筑和早期的公共建筑类型表明，意大利的精英阶层开始对共同体投资，将其作为一种自我推广的形式。

第 5 章

东方化中的罗马与早期国王

根据罗马的传说，这座城市有过 7 位国王——罗慕路斯、努马·庞皮利乌斯（Numa Pompilius）、图鲁斯·霍斯提里乌斯（Tullus Hostilius）、安库斯·马尔基乌斯（Ancus Marcius）、老塔克文、塞尔维乌斯·图利乌斯（Servius Tullius）和"高傲者"塔克文（Tarquinius Superbus）——他们的统治从建城延续到公元前 6 世纪末，那时"高傲者"塔克文被一群贵族推翻，他们废除了王政，建立了共和政府。国王是被任命而不是世袭的，每个国王的统治结束后都至少有一年的空白期，在此期间选出新的国王。不用说，这里面有很多问题，尤其是正如第 3 章所指出的，这些传说有许多版本和复杂的时间发展顺序。早期国王在历史上的存在是非常可疑的，关于他们几乎或完全没有可靠的历史证据。

这些传说把罗马国家的许多基本元素归功于罗慕路斯。[1] 据说，罗慕路斯建立了一个由重要人物组成的议事会，为国王出谋划策，他还设立了罗马人民的大会，将他们分成 3 个部落和 30 个单元（库里亚），对关键问题进行投票表决。他还被认为创建了一支公民军队，其组织形式基于部落和库里亚。据信，努马·庞皮利乌斯、图鲁斯·霍斯提里乌斯和安库斯·马尔基乌斯是他的继承者，他们继续完善和充实了这些制度，同时对抗其近邻，扩张了罗马的势力。努马·庞皮利乌斯据说是萨宾人，他让罗马国家有了更加稳固的法律和宗教立足点。他被认为奠定了罗马历的基础，创立了大部分关键的祭司职位，并建立了雅努斯（Janus）神庙——当罗马处于和平时，神庙的门是关闭的，而在战争期间，门会被打开。他还设立了一些罗马最古老的宗教节日，并将它们归因于女神埃格里亚（Egeria），声称她在所有的事情上都给了他建议，以确保他的创新充满了神圣的权威。

相比之下，图鲁斯·霍斯提里乌斯被认为是拉丁人，他被描绘成一个令人敬畏的武士，以建立罗马人对周围地区的统治为目标。据说他曾与阿尔巴隆加和萨宾人作战，确立了罗马在拉丁姆中部的卓越地位。这些事件构成了贺拉提乌斯家族（Horatii）三兄弟和库里亚提乌斯家族（Curiatii）三兄弟传奇功绩的背景，这对三胞胎在第一次对阿尔巴隆加的战争中向对方发出了单独决斗的挑战，结果是罗马的贺拉提乌斯兄弟战胜了阿尔巴的库里亚提乌斯兄弟。阿尔巴隆加灭亡后，那里的一些主要家族被并入罗马贵族，古老的拉丁宗教节日拉丁节［Feriae Latinae，有时也被称为拉丁朱庇特（Latiar）］被罗马所继承。这个节日是为了向拉丁朱庇特（Jupiter Latiaris）——他有时被认作拉丁人的缔造者、与拉丁人同名的拉丁努斯（Latinus）——致敬，在阿尔巴丘陵中最高的阿尔巴山［卡沃山（Monte Cavo）］上举行。这是罗马人和拉丁人共有的仪式，象征着他们之间的亲缘关系。即使不看后来作家们提供的叙事细节，人们发展出了在开阔乡间的某个场所举行的公共仪式——庆祝更强烈的共同体归属感——这与来自意大利中部其他地方的圣所的考古证据完全一致。讽刺的是，据说图鲁斯·霍斯提里乌斯疏于宗教职责（特别是与他前任的虔诚相比），死于雷击造成的房屋起火——在罗马人看来，这无疑显示了朱庇特的不悦。他的继任者是努马的孙子安库斯·马尔基乌斯，传说此人结合了前任们的优点。据说他发起了对拉丁人的成功军事行动，扩大了罗马控制的土地，确立了战争和外交的法律与宗教框架，还加强了罗马本身的法律和秩序。他和图鲁斯都扩张了罗马的边界，将卡伊利山和阿文丁山纳入其中，并加强了罗马的防御，还在靠近台伯河入海口的奥斯提亚（Ostia）建立了殖民地。

这些早期的国王不能被视为历史人物。本质上说，从公元前8世纪中叶一直统治到公元前508年左右的罗马七王传统的许多方面是不可信的，尤其是因为这样一个事实，即他们的平均统治时间是不切实际的34年或35年。[2] 尽管卡兰迪尼认为，罗马的建城故事中包含历史事实的元素，但最好把努马·庞皮利乌斯、图鲁斯·霍斯提里乌斯和安库斯·马尔基乌斯理解为传说中的典型，而不是真人。祭司、立法者和武士国王是古代的奠基故事中经常出现的人物，努马、图鲁斯和安库斯令人生疑地恰好落入了这种模式。

留存下来的叙事很好地被理解为后世对罗马早期发展的合理化。李维把罗马描绘成拥有多个缔造者，他们负责确立国家的各个关键方面：边界和领土、祭司和宗教节日、法律和军事信誉。法律和政治复杂度逐渐增加的叙事轨迹，以及一个更加复杂的共同体的发展过程在大体上都是可信的，但细节和人物必须被视为虚构的。这些内容和其他罗马传统，让我们了解了后世作家心目中早期罗马的很多重要方面，但他们的想象受到了后世对城市和国家的假设的影响，这些假设不能被用到公元前7世纪。后三位国王可能是另一回事（见第 7 章）。在公元前 7 世纪或前 6 世纪初的某个时候，罗马已经发展成为一个有组织的政治共同体，这不仅有罗马传统的证明，而且得到了伊特鲁里亚艺术和考古证据的佐证，这些证据揭示了塔克文和塞尔维乌斯·图利乌斯相关时期的情况。关于王权的最早的考古证据——在罗马广场上发现的一块公元前 6 世纪的陶片，上面刻有"国王"（rex）一词——属于这个时期。不过，更早的国王们的形象要模糊得多，他们在历史中是否存在过显然是可疑的，我们甚至不能确定罗马在公元前 7 世纪末之前是否为君主制。

权力和地位，在东方化中的罗马

在公元前 7 世纪和前 6 世纪初，罗马的考古证据不如伊特鲁里亚和拉丁姆其他一些地区的丰富，但它们表明了类似的发展轨迹，特点是不断增加的财富、严格的社会和政治等级、由强大的氏族（罗马的词语是 gentes）统治。人们在周围地区发现了华贵的墓葬，特别是在德基玛堡，但来自罗马的墓葬证据无法与在其他地方的精英墓葬中发现的财富相提并论。作为主要的埋葬地点，埃斯奎利诺山上的墓地继续扩大，但与一些邻近地区发现的墓地相比，公元前 7 世纪墓葬中的陪葬品相对较少，而且它们大多是简单的土葬。伊特鲁里亚人和其他民族使用的那种用土丘覆盖的洞室墓要么没有被罗马人采用，要么没有留存下来（考虑到罗马证据糟糕的保存状况，这也许并不令人惊讶）。不过，在其他方面可以看到贵族的炫耀性消费的迹象。城市规模和复杂程度不断增加，这本身就表明，共同体的财富和力量正在增长，那里有发展足够完善的政治组织来调动共同体的资源,并对定居点的核心地区进行重大的改变和重组。

尽管处于东方化过程中的罗马对社会组织的记录不如其他地方,但那里很可能也发展出了像我们在伊特鲁里亚和希腊看到的那种少数且占据主宰地位的小群精英,现有的证据说明,氏族是社会中的一个重要元素(关于氏族,见上文第 4 章)。人们在公元前 7 世纪的罗马没有发现像穆尔洛那样的宫殿般的大型建筑,那里可能是氏族首领的住所以及他们追随者的集会场所,但在罗马北郊发现的一座年代稍晚(前 6 世纪)的类似建筑可能有相似的用途。[3] 相反,个人名字的改变可以证明家族认同变得日益重要,至少对精英阶层来说是这样。公元前 7 世纪末,罗马男性贵族的名字有两个部分:个人名(praenomen,如盖乌斯、卢基乌斯)和族名[nomen gentilicium,如克劳狄乌斯、尤尼乌斯、塔克文(塔尔奎尼乌斯)]。[4] 与意大利中部的其他地区一样,家庭认同已经变得与社会等级和权力紧密交织在一起。

尽管古代传统将公元前 7 世纪的罗马描述为君主制,但我们完全不清楚权力以及社会和政治组织的性质。我们的材料描绘了一个由罗慕路斯建立的制度,按照这个制度,国王在元老院(或主要部族首领的议事会)的支持下统治着被分成 3 个部落[拉姆耐斯部(Ramnes)、提提埃斯部(Tities)和卢克莱斯部(Luceres)]的人,[5] 每个部落又被分为 10 个族群,称为库里亚,总共有 30 个库里亚。部落和库里亚构成了军事和政治组织的基础。每个部落要向共同的罗马军队贡献 100 名骑兵和 1000 名步兵。库里亚大会(comitia curiata)是由库里亚组织的罗马人民的大会,这些库里亚集中起来以批准法律。

上面的描述里有许多是过时的，是以后来共和国时期由元老院和人民大会组成的统治体制为框架的，但库里亚本身似乎有古老的起源。它们被与特定的地理区域联系在一起，[6] 尽管成员资格可能不仅取决于地理位置，而同时基于特定家族的亲属与成员身份。相反，公元前7世纪的君主统治肯定是值得商榷的。我们的史料（李维，1.17—18.31）承认，单人统治不时会被重要氏族首领的集体统治打断，他们会任命自己中的一员为"过渡期摄政王"（interrex），负责选出下一位国王，而铭文中关于罗马国王存在的最早证据来自公元前6世纪。正如上一章所指出的，在东方化时期，祭司、氏族首领和国王之间的区别并不明确。

库里亚扮演着国家基本要素的角色，而政治权力可能是由少数精英而非单一君主所行使的，这一切符合有关罗马的发展和意大利其他地区的社会发展的考古学证据。正如尼古拉·泰雷纳托（Nicola Terrenato）所指出的，公元前9世纪至前7世纪初，罗马的发展与伊特鲁里亚的维拉诺瓦定居点相类似，后者由在定居点内占据特定地区的氏族组成，他们的首领组成了统治精英。如果罗马遵循类似于维伊或塔尔奎尼的发展模式，那么在这个时期，统治它的可能是由共享权力的氏族首领组成的精英，而非独揽大权的国王，库里亚可能是早期原始城市阶段的遗迹，当时的每个氏族都与所占据的城市区域联系在一起。

早期的罗马宗教

和所有古代社会一样，宗教是早期罗马的一个重要方面。罗马人崇拜大量的小神明，这些神负责具体的活动（如司耕作和播种的神）或特定的地点（如每家每户的守护神拉尔）。他们还有与城邦共同体生活重要方面相关的仪式节历，如对军队、边界、生育和农业生产的保护。枯锈神节（Robigalia，4月25日，防止庄稼染病）和帕勒斯节（4月21日，为牲畜祛除疾病，后来被认为是罗马的建城纪念日）等节日与农牧业生活联系在一起，尽管它们在后来的罗马历史中继续举行。另一些节日则通过施加神圣制裁的方式，与划定边界或颂扬城邦凝聚力的需求联系起来。城界节（Terminalia，2月23日）致力于保护罗马的边界，阿尔戈斯节（Argei，5月15日）涉及不同地点的祭祀，显然与古代城中的分区和它们确立各自身份的需要有关。[7] 罗马人相信，这些节日有着古老的起源，认为是努马创造的日历对一年进行了划分，并确立了这一宗教仪式和惯例的循环。

所有这些节日的证据都来自晚得多的时期，所以不可能确定它们是在什么时候和为什么而设立的。它们具有古老的起源似乎是可信的，尽管将一些发展归功于罗慕路斯或努马就落入了传说而非历史的范畴。农业节日、保护边界的仪式，以及与早期定居点的区域相关的阿尔戈斯节和七丘节等很可能有古老的起源，我们有理由认为罗马很早就发展出了一套既定的节日历法。一些铭文中保留了共和时代的历法，列出了关键的节日和献祭，以及它们举行的日期。所有这些铭文都比公元前7世纪晚得多，无法证明与罗马早期历史的联系，但有充分的理由认为，许多宗教典礼和仪式相当古老。[8] 不过，由于罗马人喜欢将许多崇拜和仪式追溯到这座城市最早的时期，我们很难有把握地重建罗马宗教活动最早的发展。

罗马人还崇拜一系列神明，包括朱庇特、朱诺、密涅瓦、马尔斯、维斯塔、狄安娜、刻勒斯（Ceres）、伏尔甘和雅努斯，他们掌管着日常生活的许多方面,早在公元前 7 世纪就已经有了崇拜这些神明的证据。伏尔甘神庙和维斯塔圣所始建于东方化时期的罗马广场,而在卡皮托山上有一座可能是献给朱庇特的建筑。虽然这些神与希腊奥林匹斯诸神非常相似,但关于它们的罗马神话学的发展似乎是较晚的现象,可能是从公元前 4 世纪起与希腊世界有更多接触的结果。

宗教并不局限于特定场合。它无处不在,是罗马人对世界的思考方式的核心,被认为会影响生活的方方面面。保持与神明的和睦(pax deorum,即神明的青睐),从而护持国家和人民的安康和福祉,都是至关重要的。宗教是高度仪式化的,需要通过一丝不苟地在适当的时间举行正确的仪式来确保神明的青睐。人们通过各种占卜手段来确定神明的意志,每一个重要的行动或场合(公共的或私人的)都伴随着适当的献祭。

到了共和国之初,人们已经建立了祭司团体来主持公共献祭和仪式。其中最重要的是祭司团(pontifices),由大祭司领导。不过,对于公元前 7 世纪的罗马,几乎没有关于祭司职务,或者关于如何进行和主持宗教仪式的证据。一种可能是,国王或氏族首领既是宗教领袖又是政治领袖。后来的罗马人认为,在早期国王治下,由专业占卜师进行的占卜活动已经确立了:

> 根据传说,这座城市的父亲罗慕路斯不仅顺从神兆建立了它,而且他自己也是一个最出色的占卜师。之后,其他罗马国王使用占卜师;后来,当国王被驱逐后,对于国内外的公共事务,没有一件不是首先寻求神兆的。
>
> (西塞罗,《论预言》,1.3)

不过，没有同时代的证据支持这一点。到了公元前 6 世纪末，宗教权威似乎掌握在国王手中，当王政终结后，人们不得不创立了一个名为"圣礼王"（rex sacrorum）的祭司职位，以接管国王的宗教职责，但我们很不了解东方化时期罗马宗教生活的组织方式。

罗马的城市发展

公元前 7 世纪的罗马见证了许多关键的政治和宗教地点的发展。这是一个城市化时期，在此期间，各座山丘上的定居点更清晰地合并为单一的共同体，具有了许多城邦的属性（图 16）。弗尔米南特估计，在公元前 7 世纪期间，这座城市的面积可能达到了 320 公顷左右。[9] 奎里纳尔山上的墓地进一步远离罗马的中心，

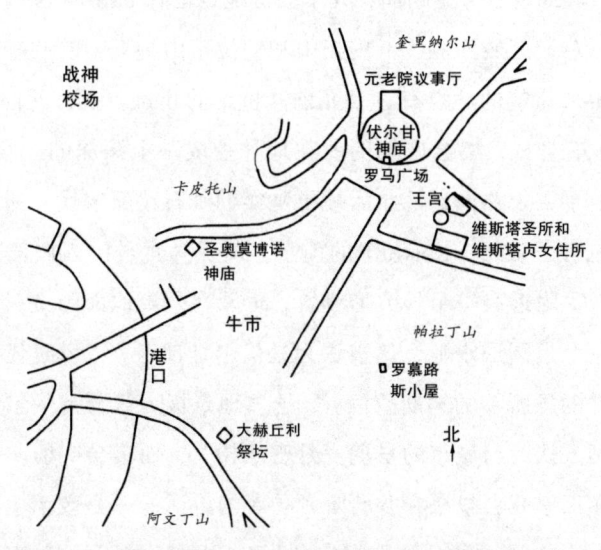

图 16　罗马中心的平面图，显示了公元前 7 世纪发展起来的区域

表明定居点区域正在扩大，将墓葬区域推向外围，而卡伊利山附近的墓葬显示那里有人居住。随着人口的增长，后来的罗马广场的区域发生了重大变化，帕拉丁墙被重建，一些私人大宅开始兴建，而两个重要宗教场所——卡皮托山的朱庇特神庙和圣奥莫博诺教堂附近的古风时期圣所——附近的活动激增。

后来罗马广场区域的变化特别重要，因为那里是后来城市的政治和司法中心，也是主要的神庙和公共建筑的所在地。它占据了卡皮托山和帕拉丁山脚下的低洼地区，位于公元前9世纪和前8世纪的定居点之间。到了公元前7世纪末，它已经发展成为城邦共同体的中心区域，被划为供公众使用的开放空间。为了克服排水不良的问题，广场部分区域的地面高度被明显提高，而在公元前7世纪中叶，圣道（Sacra Via）——后来是游行队伍穿过广场的主要路线——沿线的小屋被拆除。到了那个世纪末，广场区域已经铺设了夯土路面，几个关键地点也有了新的发展。

对该区域西侧（卡皮托山和帕拉丁山脚下）的调查发现，许多后来建筑的地点有过公元前7世纪的建筑。在公元前650—前630年左右，集会广场的所在地被挖成一个深深的三角形凹地，铺上了夯土路面，几年后被更坚实的砾石路面取代。那里甚至可能包含了讲坛（Rostra）的前身，即罗马官员向人民发表讲话的平台。附近有一个长方形小坑，以及在露出地面的凝灰岩上凿出的一个近圆形水池，这被认为是伏尔甘神庙（古风时代被献给伏尔甘的圣所）的早期阶段。[10] 这些地点极为重要：伏尔甘神庙被罗马人认为与城市的早期岁月密切相关，而集会广场——罗马人民在那里开会投票，并聆听领导者的讲话——是政治生活的中心（图16）。正式的公共空间本身并不是城市化的证明，但对该区域的清理和正式化处理表明，罗马正在发展出一种集体身份，需要公共生活的空间。从古代材料中可以看到这一地区对罗马人身份认同的重要性。这些材料将集会广场和伏尔甘神庙的建立归功于罗慕路斯本人，将位于附近的第一座元老院议事厅（curia）归功于图鲁斯·霍斯提里乌斯。直到公元前1世纪，元老院议事厅一直被称为霍斯提里乌斯议事厅（Curia Hostilia）。在罗马人的心中，这一区域与城邦共同体的公共生活之间有着不可否认的密切联系，而考古证据也支持这样一种可能，即那里从罗马历史早期开始就是一个重要的公共空间区域。

在广场的西端，人们在发掘维斯塔贞女住所和维斯塔圣所附近区域的时候找到了一组公元前7世纪的重要建筑群。这些结构的发掘者认定它们是王宫（Regia）、维斯塔贞女住所和公屋（大祭司的官方居所）的早期阶段，但这些判断仍然只是猜测。不过，规模大小和复杂性显示了它们的重要意义。书面和考古学证据都表明了王宫的重要性（图17）。最初被认为王宫的建筑是一个楔形结构。它有着复杂的建筑史，在公元前7世纪和前6世纪至少被改建和扩建了三次，然后在公元前500年左右进行了更彻底的重建。从公元前625年左右开始，在公元前7世纪的阶段，该建筑包括一个封闭的庭院，后面有两个房间，入口处前面有柱廊，房屋用砖石建造，屋顶铺着瓦片。它显然是一座颇为重要的建筑，公元前7世纪末的王宫装饰着伊特鲁里亚风格的彩绘檐角。不过，现在看来它不太可能是一所宅子，而可能是国王举行某些仪式的地方。

人们在调查后来成为维斯塔贞女住所和公屋的区域时——它位于王宫附近——发现了几座公元前7世纪的大型建筑。[11] 大约

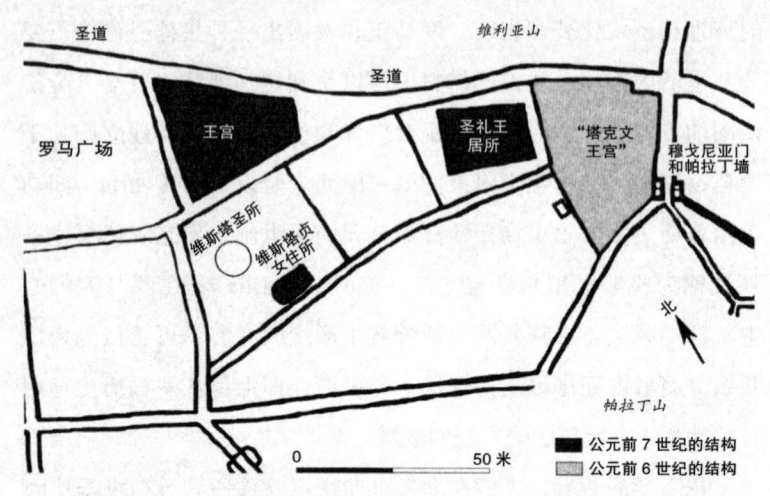

图 17　罗马：王宫和相关建筑的平面图，约公元前 600—前 500 年

在公元前 650—前 640 年，公屋所在地的一座公元前 8 世纪的建筑被重建，使用了石头地基，铺着屋瓦。公元前 600 年左右，它经历了更彻底的改造，前面的空地变成了一个封闭的庭院（后来改建成带屋顶的中庭），周围环绕着房间。毗邻的维斯塔贞女住所的所在地也遵循了类似的模式，在公元前 7 世纪中后期，土墙砌成的小屋被采用石头地基和铺着屋瓦的更大和更复杂的建筑取代。

人们对这些建筑物的用途有很多疑惑。根据罗马的传说，努马·庞皮利乌斯修建了王宫，作为国王的官方住所。[12] 后来，它成了大祭司和祭司团的办公地和档案馆，以及战神和"播种者"丰饶女神（Ops Consiva）这两个神明的重要崇拜场所。直到不久之前，维斯塔神庙东边的楔形建筑一直被认为就是王宫，但卡兰迪尼对此提出了质疑，他认为位于维斯塔圣所内的建筑/宴会厅建筑群才是最早的国王居所，表示它们后来被移交给了"圣礼王"，并用毗邻维斯塔圣所而非位于其内部的一座新建筑作为国王的官方居所。[13] 鉴于不能认为早期的国王是历史人物，而对于公元前 600 年左右的罗马政治组织形式又有许多不确定的地方，我们不能接受这种认定，但王宫和维斯塔贞女住所/公屋所在地的建筑群显然具有举行典礼和仪式的功能。公屋所在地的公元前 8 世纪的建筑中有壁凳、炊具和餐具，表明那里当初是一个宴会厅，而在里面发现的婴儿墓葬表明了一种奠基仪式，证明这座建筑具有特殊的地位。仪式用途和贵族住宅的结合与穆尔洛、阿夸洛萨和费卡纳的证据一致，在这些地方，公元前 7 世纪的大型建筑既是贵族住宅，也是举行氏族崇拜的地方，还是氏族成员的集会场所。

公元前 7 世纪，罗马还出现了一些其他的重要发展。墓地现在被限制在埃斯奎利诺山和奎里纳尔山等外围的小山上，而帕拉丁山和卡皮托山周围更中心的区域现在被留给了公共建筑或私人住宅。在帕拉丁山上，公元前 8 世纪的城墙在公元前 625 年左右被拆除，取而代之的是一堵新的、更复杂的墙，有着不同种类的构造。新墙由两层平行的石头砌面组成，中间填充了泥土和碎石的混合物，使之更加坚固。罗马的一些关键宗教地点也在继续发展。人们在卡皮托山上后来的朱庇特神庙所在地发现了许多公元前 7 世纪的遗迹，表明当时已经存在对卡皮托山朱庇特的崇拜，而在牛市附近的圣奥莫博诺圣所出土了公元前 7 世纪的陶器和许愿物，以及早期建筑的痕迹。

对于当时的罗马领土的边界，我们只能猜测。古代作家将一些古风时期的崇拜与距城市约 5 罗马里（约 7 千米）半径范围的地点联系在一起。一些宗教节日与重新划定罗马的边界有关，特别是枯锈神节、城界节和绕田节（Ambarvalia，斯特拉波，《地理学》，5.3.2）。在这些节日，祭司会列队沿着古代罗马领土的边界行走，据此估计，其面积约为150—200平方千米。[14]

众所周知，人口估算非常困难，而对早期罗马而言，根据研究者使用的标准和解读它们的方式的不同，结果会差异很大。一些人认为公元前7世纪末的人口只有4500人左右，但另一些人认为数字要高得多。这些数字是由人口模型提出的，根据居住密度和每户的人口数量，以及对领土规模和土地生产力的估计，模型会得出定居点区域可能容纳和土地产出能够养活的人口数。问题在于，定居点、领土和人口的规模都必须从不完整的数据中推算出来，并需要加权考虑人口密度、耕作水平和土地产量的变化，以及其他许多因素。[15] 根据对公元前6世纪末罗马人口和领土的估计推算，150—200平方千米的领土也许可以养活多达约8000人，但这最多是粗略的估计。归根结底，我们不能确定公元前7世纪的罗马有多大。但显然，它现在比区区一个村子要大得多，也复杂得多，控制着规模可观的领土。公元前7世纪末的罗马是一个庞大的定居点，已经控制了周围的大片地区，比它的大多数拉丁邻邦都大。

对罗马而言，尽管公元前7世纪的证据可能不像公元前6世纪的那么多，但有迹象表明，当时的罗马正在稳步发展成为一个具有强烈集体认同感的核心化城市定居点。在公元前7世纪最后四分之一的时间里似乎有了一波大发展，因为上述的许多变化都可以追溯到公元前625—前600年左右。[16] 罗马贵族优先关注的事项似乎也发生了变化，到了那个世纪的末期，他们不再那样强调奢华的墓葬和对个人的纪念。相反，他们似乎在把精力投入到发展罗马的公共区域中，以及投资私人的住宅上。总体而言，公元前 7 世纪的罗马遵循着与拉丁姆和伊特鲁里亚的新兴城市大致相同的轨迹，尽管它在发展上似乎落后于规模更大的伊特鲁里亚中心城市。发现的陶器和金属制品表明，罗马与意大利其他地区的东方化文化存在联系，定居点结构的发展与该地区其他地方的非常相似。在埃斯奎利诺墓地发现的一个公元前 7 世纪的希腊花瓶上有用希腊的语言和字母所刻的铭文，表明有希腊人在罗马生活，进一步凸显了罗马与意大利和地中海其他地区的联系。与古人关于罗马从很早开始就有领土野心的叙述放在一起来看，公元前 7 世纪的罗马似乎是一个充满活力的社会，定居点的基础设施开始发展，反映了社会和政治复杂程度的日益增加。到了公元前 7 世纪末，它已经从一系列相互关联的定居点发展成为具有一定重要性的城市中心。

第二部分

战争、政治与社会

罗马和意大利,公元前 600—前 400 年

第6章

城市革命

公元前6世纪意大利的城市与国家

如果说公元前7世纪是被有权势的贵族统治的时代,那么公元前6世纪则是城邦在意大利的许多地方成为最重要的社会和政治组织形式的时期。虽然这一时期仍然由充满活力和竞争力的精英所主导,但他们的关注点从自己的氏族或家族转移到了更大的共同体,这种变化塑造了社会互动、文化变迁以及城市的政治和军事组织。罗马的发展将在下一章讨论,但意大利其他地方的城市发展与它有许多相似之处。

独立城邦的崛起提出了关于国家之间的关系和接触的重要问题。在公元前6世纪,国家身份似乎比更广泛的民族身份更加有力,人们首先认为自己是罗马人、塔尔奎尼人、卡伊雷人和库迈人等,而不是人数更多的伊特鲁里亚人、拉丁人或坎帕尼人共同体的成员。有一些证据表明,邻邦会组成松散的联盟或联邦,它们庆祝共同的宗教节日,为断断续续的军事合作,以及培养血缘和同族意识提供了可能。不过,基于语言、文化和共同血缘关系的地区认同感相对较弱,几乎没有迹象表明城邦会联合成更大的政治单位。

从公元前 7 世纪开始，意大利大部分地区的定居点在规模和复杂性上已经有了增长，但从公元前 575 年左右起，发展速度出现了明显的变化。关键定居点的规模增长更快，成为控制着大片领土的中心地点。对城市中心规模的比较进一步表明，意大利各地的城市都在增长，而罗马现在与伊特鲁里亚和拉丁姆一些较大的城市（表 3）相当。在此过程中，许多城市获得了有组织的布局、宏大的建筑，以及专门用于宗教仪式和政治生活的区域等特征。宏大的建筑和空间的组织并非界定城市化的特征，但它们是政治和行政复杂性的有用表征，也标志着出现了更加多样化的经济体，可以带来为大型项目提供资金的盈余。能够产生这类基础设施的共同体要比部落或家族的集合复杂得多。

很难估计古风时代的意大利人口规模，甚至是单个城市的，但按照现代的标准，古代的城市都很小。人口超过 3 万人的城市很少，许多比这还小得多，尽管罗马在其中处于高位。[1] 安波罗

表 3 对拉丁姆、伊特鲁里亚和大希腊重要城市城区面积的估计（公顷），约公元前 500 年（康奈尔，1995）

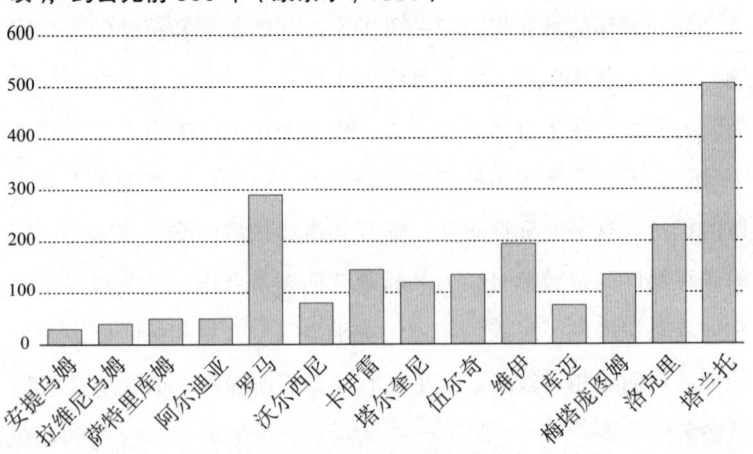

和康奈尔的估计表明，希腊人和伊特鲁里亚人的城市占据了大片土地（在某些情况下可能多达 500 平方千米），但大多数拉丁共同体的规模较小（通常在 25—100 平方千米，表 4），尽管有的要大得多，比如提布尔（Tibur）、普莱内斯特和罗马。安波罗估计，到公元前 6 世纪末，罗马控制的区域约为 822 平方千米，可以养活约 3.5 万人。

有效利用土地的能力对较大共同体的发展至关重要，但城市和土地之间关系复杂，各地区的情况各不相同。比如，南意大利的梅塔庞图姆的土地被分成规则的地块，排列成规则的网格，表明已经被系统性地分给了它的公民。许多公民住在城里，但在该地区发现的众多农舍和几个大村庄表明，相当大一部分人生活在乡村。其他城市以别的方式组织它们的土地，在一些地区几乎看不到农舍或村庄的踪迹，尽管有迹象表明土地被密集耕种过。在

表 4　对拉丁城市的领土面积的估计（平方千米），约公元前 550—前 500 年（康奈尔，1995）

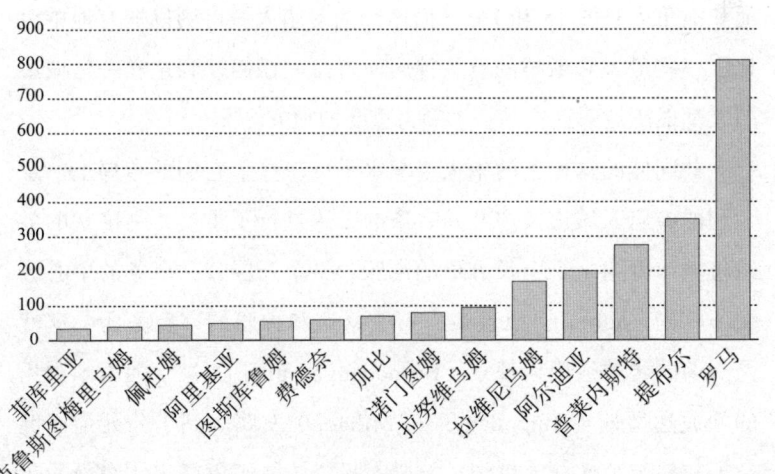

那里，土地的所有者主要居住在城市，"通勤"去他们的农场。

该时期的一个值得注意的变化是，城市的物理面貌变得更加壮观。城市规模的扩大带来了富余的财富和人力，使得大型建设计划成为可能，而正在发生的社会和文化变化也反映在了城市景观的变化中。公元前 7 世纪的贵族们投资建造宏伟的坟墓，以展示他们的家族地位和权力，而公元前 6 世纪的精英们则将财富投入到他们的共同体。这一时期的城市仍然与罗马帝国甚至古典雅典的辉煌相去甚远，但相比公元前 7 世纪的前身，它们是更令人印象深刻和复杂得多的定居点。在意大利的伊特鲁里亚、拉丁姆、坎帕尼亚和希腊人定居地区，石头城墙首次出现，取代了泥土或泥砖墙。这种城墙有明显的好处，它们提供了更好的防御，标明了城乡的边界，也是对集体身份和自信的声明。在城墙内，房屋变得更大和更坚固，采用石头地基，用砖木建造。公共建筑开始出现，崇拜中心变得纪念碑化。在伊特鲁里亚和拉丁姆各地都出现了用石头和/或砖块建造的神庙，装饰着精致和色彩鲜艳的陶俑和檐角（彩图 15 和 16），而南部的希腊人城市则以拥有地中海地区一些最大和最早的石头神庙而自豪。任何来到这样一座城市的人都很清楚，这里是一个颇为重要的地方。

共同体的这种新的中央组织水平反映在了它们的布局上。意大利的希腊人城市按照井井有条的方式进行了重组，网格状的街道将城市分为一个个长方形的街区、一个开展公共事务的中心区域（广场，agora），以及带有石头祭坛和神庙的宗教圣所，这就是所谓的希波达墨斯规划（Hippodamian plan），被认为由米利托的希波达墨斯（Hippodamos of Miletos）发明。到了公元前 6 世纪末和整个公元前 5 世纪，希腊人投资建造了象征集体身份的建筑，如梅塔庞图姆的会场（Ekklesiasterion），这座圆形建筑有阶梯座椅，用于举行公民大会。公元前 6 世纪在波河河谷建立的新的伊特鲁里亚城市——特别是马尔扎博托（Marzabotto）——与它们相仿，采用了常规的城市规划，尽管并不是简单的、对希腊人做法的接受（图 18）。[2] 相反，在意大利中部，许多城市是在铁器时代以来一直有人生活的地点上发展起来的，布局远不如希腊城市那么井井有条。罗马在这方面是个典型。由于地形不规则，城市散布在一系列山丘上，再加上许多个世纪以来该共同体的自然发展，为其强加正式的结构是不可能的，许多伊特鲁里亚城市也有同样的问题，包括维伊和塔尔奎尼。有点儿讽刺的是，伊特鲁里亚人和后来的罗马人以他们勘测和规划共同体方面的专业知

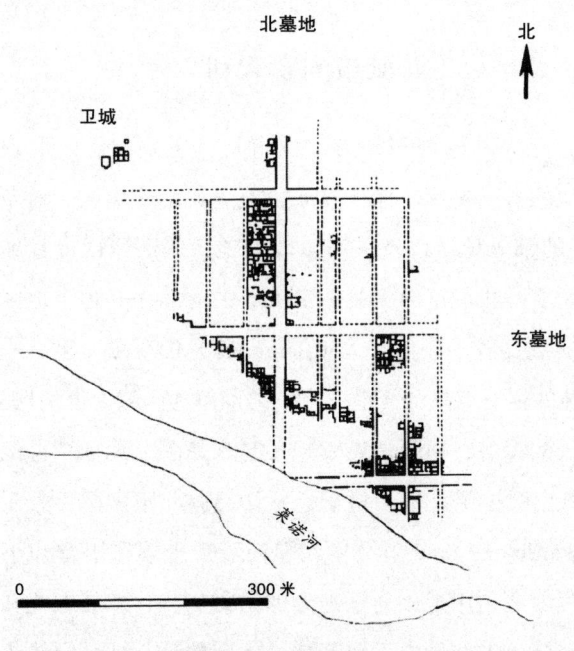

图 18 马尔扎博托的平面图，公元前 6 世纪

识而闻名。伊特鲁里亚人的学问中有很大一部分是关于如何根据适当的仪式来勘测和规划一个共同体，在征服意大利期间，罗马人便以此为基础建立殖民地。

与城市化齐头并进的，是对基础设施其他方面的投资。伊特鲁里亚人尤其热衷于修路和造桥。在这片被陡峭的峡谷和河道割裂的崎岖高原上，桥尤为必要。在维伊，小隧道（cuniculi）网络覆盖了大部分领土。这些隧道大多是排水道，使得从前排水不良的地区能够被耕种，但也有一些是作为引水渠，将饮用水输送到城市中。尽管没有像后来的罗马公路网那样令人印象深刻的道路，但在意大利的许多地区，有迹象表明，共同体会投资交通、排水、供水和其他重大项目。

非城市的意大利

虽然在意大利的许多地方，城市是最主要的组织形式，但这并非各地的普遍情况。像卡拉布里亚、亚平宁山区、翁布里亚（Umbria）的部分地区以及波河以北的地区等高原地带直到很久之后仍然大多是非城市的。亚平宁山的中南部——这个地区后来与罗马人的重要对手萨莫奈人（Samnites）联系在一起——发展落后，当地的定居点在公元前5世纪之前鲜为人知。该地区多山，却有着肥沃的深谷。田野调查发现了越来越多公元前7世纪到前6世纪的中小型村子，每个村子包括20到40座房屋，大多为抹灰篱笆（wattle-and-daub）结构。它们经常坐落在山脊和小山顶上，最大程度地利用了该地区地形的防御优势，依靠农业和畜牧业的混合经济。古今历史学家都把意大利的这一地区同放牧联系在一起，当地人需要将牲畜从亚得里亚海边的冬季牧场长途迁徙到亚平宁高原的夏季牧场，但那里也有发达的农业经济。[3] 在迄今唯一被大量发掘的阿尔科拉（Arcora），居民们种植谷物、蔬菜、葡萄和橄榄，还养牛和羊。

后来成为亚平宁山中南部一个特征的宏大宗教圣所当时尚未建立，但从许愿物埋藏可以找到神圣场所的位置，它们经常位于山区。许愿物大多是小雕像，经常是赫丘利神的，他在该地区被广泛崇拜，但没有被与任何房屋或建筑联系起来。公元前6世纪时在其他地方找到的与崇拜和崇拜场所联系在一起的宏大建筑在这里直到很久以后才出现。

我们对亚平宁山早期历史的了解大多来自墓地，其中的一些特别大。作为其中最大的之一，阿尔菲德纳（Alfedena）的墓地有约1.2万座墓，其中只有大约2000座已被发掘。这些墓是简单的土葬墓，尸体被包在裹尸布里，用扣针别住，有时放在木棺中。陪葬品有各式各样的个人物品，有时还有装着食物残渣的碗——为前往死后世界之旅准备的仪式性餐食或食物的一部分。在墓的附近发现的大陶瓶可能被埋在墓的上方，作为墓的标记或者为死者奠酒的器具。从公元前6世纪中叶起，意大利亚平宁山部分地区的墓葬或墓葬群开始被大土丘覆盖，这是一种更加引人注目和显眼的纪念方式。

墓地的布局和祭品描绘了一幅常见的画面：公元前6世纪晚期，社会形成一个个家族群体，但社会等级化程度越来越高。墓葬以群组分布，很可能是家族墓地。陪葬品包括当地和进口的陶器、青铜碗和剃刀，女性墓中有首饰，男性墓中有青铜武器和盔甲。埋葬珍贵青铜器的做法是标示社会和经济地位的一种方式。

和意大利的其他许多地区一样，公元前 6 世纪见证了社会和政治精英的崛起，但在亚平宁山区，他们仍然是武士贵族，武器对他们来说是重要的地位象征。不过，对于那个时代当地的政治组织，或者对于当地人是否发展出了清晰的民族身份，我们几乎一无所知。

圣所、祭司和仪式

公元前 7 世纪时，宗教圣所很少拥有建筑。重要的元素是将神圣与世俗空间分开的界线，以及举行奠酒、献祭和焚烧祭品等主要仪式的祭坛。公元前 6 世纪，各个共同体投入了大笔金钱，将神圣围地变成宏伟的建筑群，包括令人印象深刻的神庙。

在大希腊地区，多利斯风格的大型石头神庙在公元前 6 世纪和前 5 世纪开始激增。它们被建在低矮的平台上，有柱廊环绕整座建筑，许多还在柱子上方的结构中嵌入了刻有图案的石板。保存最完好的例子是帕埃斯图姆的三座神庙，其中一座位于城市的边缘，被献给了雅典娜，另外两座位于南缘，被献给赫拉（彩图 14）。由于神庙对希腊人的崇拜并非必要，[4] 建造神庙的动机不是因为它是仪式的必需品，而是因为它是地方的荣耀，代表了对金钱、劳动力和专业知识的投入，以此来展示市民的雄心和重要感。

我们在其他地方也能看到类似的趋势，尽管意大利和希腊的神庙在形制上不同。意大利中部的神庙建在墩座上，正面有台阶通往入口，还有一个带一排或多排柱子的深门廊，但周围没有柱廊。较小的神庙只有一个内殿，但许多更大的神庙内部分成三个平行的内殿，可以崇拜三位神明，这是伊特鲁里亚和意大利其他地区的常见习惯。屋顶通常宽大平缓，檐口很深，配有陶土的排水口、檐口装饰，以及屋脊上的雕像。

公元前 6 世纪，罗马在卡皮托山上兴建了一座献给朱庇特的庞大神庙，而维伊的阿波罗圣所也有了一座有彩绘陶俑的神庙。屋脊上安放着描绘神明的陶土塑像（akroteria，彩图 15），檐口装饰着彩绘陶板，覆盖了房梁的两端。拉维尼乌姆的两处重要圣所也经历了类似的发展。在位于该城南面的十三祭坛圣所（Sanctuary of the Thirteen Altars），第一座祭坛在公元前 550 年左右建了起来。前 6 世纪后期又新增了两座，到了前 5 世纪中期已经增加到 9 座，前 4 世纪还将增加 4 座。这个建筑群中没有神庙，而是有一座带门廊的 L 形建筑，再加上成排的巨大石头祭坛，它们看上去一定让人印象深刻。一段向卡斯托尔（castor）和波吕克斯（Pollux）致敬的古风时期的许愿铭文让我们知道了至少一项在那里进行的崇拜的对象。建筑群附近还有一座小土丘墓，与对埃涅阿斯的崇拜有关，尽管这种联系可能是很久之后，直到前 300 年左右才出现的。位于拉维尼乌姆东缘的另一处圣所是献给密涅瓦的。人们在那里没有发现神庙，但找到了大批与伊特鲁里亚和希腊人城市类型相似的陶土塑像，表明这里有过纪念性建筑（彩图 16）。

并非所有的神庙都坐落在城市中。记载最好的两处圣所位于普尔吉（Pyrgi）和格拉维斯卡（Gravisca），分别坐落在卡伊雷和塔尔奎尼的领土上，与这两座城市的港口相距不远。普尔吉［今天的圣塞维拉（Santa Severa）］是卡伊雷三个港口中最重要的一个。当地的圣所（图 19）有三座神庙：神庙 A 为伊特鲁里亚风格，带门廊和三重内殿，而最大的神庙 B 建于公元前 510 年左

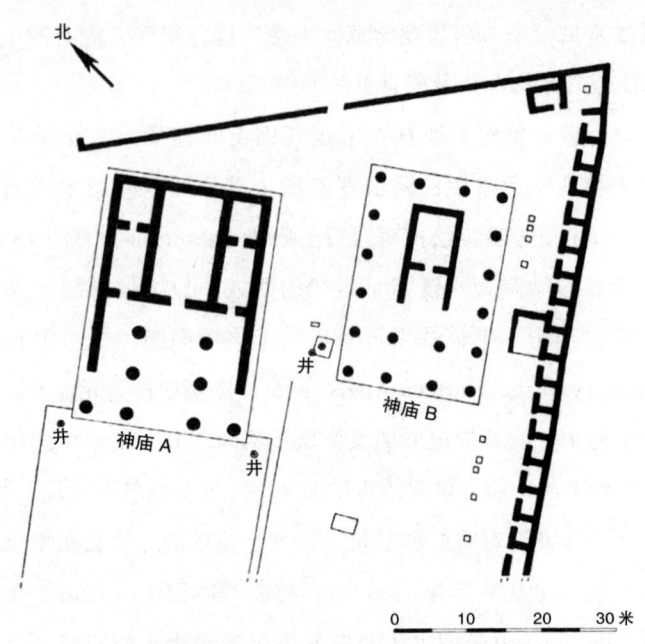

图 19　普尔吉圣所的平面图，公元前 6 世纪

右，是一次重大重建工程的一部分，它只有一个内殿，带希腊风格的柱廊。神庙装饰有彩陶塑像，被献给伊特鲁里亚的女神乌尼（Uni）和在腓尼基神话中对应她的阿斯塔特（Astarte）。人们在庙外不远处挖出了一组刻有腓尼基语和伊特鲁里亚语的金牌，记载了这座神庙是卡伊雷的统治者忒法里埃·维里亚纳斯（Thefarie Velianas）献给乌尼和阿斯塔特的。在地中海其他地方的阿斯塔特神庙中有庙妓，这处圣所界墙边的一排小隔间可能就是为了这一用途。在普尔吉，有一系列的希腊、伊特鲁里亚和腓尼基神明受到崇拜。除了伊特鲁里亚的乌尼和阿斯塔特，还有希腊神明赫拉克勒斯、助产女神（Eileithyia）和白色女神（Leukothea），以及伊特鲁里亚的伊诺（Ino）、忒桑（Thesan）、卡乌塔（Cavtha）、

提尼亚（Tinia）和苏里（Suri）等神明。其中可以看到一些共同的主题：提尼亚和苏里是冥界神明，而忒桑和卡乌塔会带来光明，乌尼、伊诺、阿斯塔特、助产女神和白色女神则是母亲神，她们保护妇女和儿童，还承担着保护水手的责任。根据希罗多德所讲述的传说，赫拉克勒斯——神庙 A 和 B 的塑像表现了他的功业——是伊特鲁里亚人的始祖第勒诺斯（Tyrrhenos）的祖先。

人们在对塔尔奎尼的港口格拉维斯卡的发掘中没有找到像普尔吉的神庙 B 这样重要的建筑，但人们发现了埋藏的许愿物，它们被献给了伊特鲁里亚的图兰（Turan）女神和一系列希腊神明。大部分许愿物由拥有希腊名字的人奉献，包括陶器和其他希腊制造的小物件。最有趣的器物之一是一个石锚的一部分，被某个名叫索斯特拉托斯（Sostratos）的人献给了阿波罗。许愿铭文用埃伊纳（Aegina）岛的字母和方言写成，奉献者可能是（尽管无法证明）希罗多德（4.152）提到的那个商人索斯特拉托斯。

贸易是当地经济的重要组成部分，从格拉维斯卡和普尔吉高比例的希腊人奉献物中可以看到有希腊和腓尼基的商人与工匠曾造访伊特鲁里亚并在那里生活。普尔吉金牌上的双语铭文生动地展现了伊特鲁里亚和腓尼基世界的密切联系，以及公元前 6 世纪的伊特鲁里亚的多文化性质。不过，异邦人集中在这些港口圣所，而不是城中的神庙，暗示公民和造访者的关系正在改变。公元前 7 世纪，在伊特鲁里亚各地都能找到希腊人和其他非伊特鲁里亚人，但到了公元前 6 世纪中叶，人们发现的希腊与腓尼基铭文和物件主要来自港口。仍有证据表明不同的民族共同体之间存在互动，甚至是通婚，但非伊特鲁里亚人的活动中心的改变表明，崇拜场所和共同体对他们来说变得日益重要。

崇拜场所是来自不同的城市和民族群体的人们可能相遇的重要接触地点。宗教节日不仅是举行一系列特定的仪式，还为在神明或神圣停战协议的保护下举办集市、解决法律争端、展开政治和外交谈判提供了机会。圣所——特别是那些位于农村地区的——充当了聚会场所，让该地区内外的人们得以展开经济和政治接触。比如，在阿尔巴山举行的拉丁节日是为了颂扬共同的拉丁人身份，而菲洛尼亚圣林的圣所则有拉丁人、萨宾人和伊特鲁里亚人光顾。

另一些宗教习俗则与城邦的政治身份联系在一起。在罗马，某些典礼开始时会使用这样的仪式性固定用语："异邦人、被锁的囚徒、妇女和女孩，出去！"任何不是自由成年男性的罗马人都被排除在外。伊古维乌姆铜表（Iguvine tables）——来自伊古维乌姆［今古比奥（Gubbio）］的一段记录了仪式内容的翁布里亚语铭文——也有类似的排斥要求，禁止毗邻的萨宾人和伊特鲁里亚人参加某些典礼。[5] 无论是神庙和圣所，还是与它们相关的仪式，都可能在联结不同的共同体方面起到重要作用，但也可能被用作排外手段，强调公民和外来者的区别。

意大利宗教中一些在公元前 6 世纪之前模糊不清的方面现在开始变得清晰。有了来自许愿物和仪式器物上的铭文与图像，我们有可能确认一些被崇拜神明的身份。它们可能完全是当地的，但有迹象表明，有的崇拜传播范围更广，在发生文化接触的地区，不同民族群体的崇拜之间出现了各种程度的融合。伊特鲁里亚的丁（Tin）、图兰和乌尼等神明有时被等同于朱庇特、维纳斯和朱诺，而在普利亚有对达马提拉（Damatira）、齐斯（Zis）和阿芙洛狄忒的崇拜。不过，尽管有相似性，特定地点的仪式、许愿物和崇拜形式经常是特有的。在普利亚的罗卡维基亚（Rocavecchia）附近的诗歌洞（Grotta della Poesia），一处洞中的圣所展现了不同类型的宗教之间的融合，以及某些圣所的信徒的国际性。将山洞用作圣所的做法在该地区有着悠久的历史，可以追溯到新石器时代，但在这个洞中找到的铭文大多来自公元前6世纪和前5世纪，表明当地的梅萨皮亚人（Messapian）和希腊人都在使用它。梅萨皮亚人的许愿物显示，被供奉的神明是当地神巴塔（Batas），但它被与宙斯混为一体，希腊崇拜者称其为巴提奥斯宙斯（Zeus Batios）。

圣所的许愿物埋藏证明了这些神明的重要性。许愿物的数量经常达到数百，价值不一，奉献者希望借此获得神明的青睐或帮助。有的显示出日常使用的磨损痕迹，很可能是奉献者的个人物品；有的则是专门用于特定的崇拜，专供在特定神庙或圣所进行的奉献品。奉献的物品包括小雕像、陶器或青铜器，有时带有铭文，标明了奉献者或被奉献的神明的名字。许愿物可能代表了男神和女神本身、崇拜者或是与特定崇拜相关的物件。比如，在据说有治疗能力的神明的圣所经常会找到病痛部位的模型，奉献者无疑希望神明能治愈他们受损的肢体或器官。

意大利宗教的组织方式是我们知之甚少的一个方面。我们可以对伊特鲁里亚人的习俗做一定程度的推断，但我们唯一对祭司及其行为掌握了较多证据的城邦是罗马本身，而即便在这里，也很难明确地将晚得多的习俗上溯到公元前6世纪。在共和时代的罗马，政治和宗教生活关系密切，大多数祭司并非宗教专家，而是贵族成员，他们同时担任祭司和作为政治生涯一部分的世俗职位，但我们不知道王政时期或其他意大利社会的情况是否相同。按照李维的说法，伊特鲁里亚人的城市会联合起来选出一名祭司，以代表全体成员举行仪式，这似乎证明了宗教和政治权力之间存在联系，而伊特鲁里亚宗教的其他方面需要专业知识。其核心是像肠卜（解读牺牲内脏）或鸟卜（观察和解读自然现象）这样的占卜方式，而这些需要大量研习。宗教知识——特别是与占卜相关的，罗马人称之为"伊特鲁里亚学问"（disciplina Etrusca）——被记录于写在亚麻布上的圣书里。其中的一部留存了下来，被称为萨格勒布木乃伊卷（这块亚麻布被改用来包裹一具木乃伊），尽管损坏严重。[6] 我们还发现了像皮亚琴察铜肝这样的学习辅助工具，这块青铜羊肝模型上标出了该器官不同区域的含义。不过，已知担任过肠卜师或鸟卜师的个人大多是被选出研习这门学问的贵族成员。除了很少的例外，古代意大利的祭司并不是社会之外的特别宗教团体，而是在从事其他公共和私人职业的同时履行他们的宗教职责，包括举行献祭和仪式，以及解读其结果。

政治与社会

从公元前 600 年左右开始，东方化时期掌握在紧密关联的贵族手中的主导地位受到了一群富有和有影响的人的挑战，他们渴望获得权力和影响力。这仍然是一个属于充满竞争力的强大贵族的时代，但他们的行事和与更广大共同体打交道的方式有了变化。丧葬习俗的改变让我们对此有了一些了解。在伊特鲁里亚，拥有多个墓室的土丘墓失宠，尽管已经存在的这种墓仍被使用。公元前 6 世纪的墓在规模和外观上不那么引人注目，建在规则的阶地上，在它们所服务的城市之外形成了"亡者街"（彩图17）。墓本身呈现出更加统一和朴素的外观，由两三个墓室组成，与小小的前室相连，每个墓室里都有石头平台供放置尸体或石棺。在奥维耶托（Orvieto，古时的沃尔西尼），克罗切菲索德尔图佛（Crocifisso del Tufo）墓地中可以看到许多有着中等大小墓葬的此类阶地，每座墓的楣石上刻有它所属的家族的名字。在卡伊雷，"墓葬阶地"被建在班迪塔齐亚墓地的土丘之间。在塔尔奎尼，带彩绘的洞室墓仍在被建造，但它们的规模要比公元前7世纪的小。

这些改变与贵族内部正在发生的变化有关，[7]但我们不应将这些发展解读为社会平等程度的提高。意大利社会的等级差异仍然很大。豪阔的君主式墓葬也许消失了，但精英们仍然被埋在宏大的墓中，有着大批陪葬品和纪念铭文，以记录下他们的名字和家族。公元前6世纪，大批奢侈品被生产出来，还建起了奢华的私人住宅，就像在阿夸洛萨发现的那些，或者像罗马帕拉丁山上的古风时期房屋，这些都表明意大利贵族的竞争性相比东方化时期毫无减弱。身份地位不再主要通过攀比葬礼仪式和墓葬来展现，而是通过投资建造新的城墙、神庙和公共建筑，以及华丽的私人大宅。

在这些贵族中，古风时期的意大利女性扮演着比在其他一些地中海社会更重要的社会角色。这让希腊历史学家们深感震惊，其中一些发表了不满的评论。希腊历史学家忒奥庞波斯（Theopompus）对伊特鲁里亚女性明显享有的自由尤为反感，将她们描绘成堕落和热衷宴会的：

忒奥庞波斯在他的《历史》第43卷中说，伊特鲁里亚人

> 习惯于共享他们的女人，女人非常关心自己的身体，甚至经常与男人一起训练，有时则是与其他女人；因为对这些女人来说，赤身裸体并不丢脸。此外，她们不和自己的丈夫，而是和恰好在场的任何男人一起进餐，还向任何她们有意的人敬酒。她们会喝很多酒，长得非常漂亮。伊特鲁里亚人抚养任何出生的婴儿，因为不知道他们的父亲是谁。这些孩子又沿袭了那些把他们养大的人的生活方式，经常举办酒会，与女人厮混。
>
> （阿忒纳俄斯，《智者之宴》，XII，517 d-f）[8]

这种淫乱奇闻的基调以及关于伊特鲁里亚女性滥交和不道德的刻画，更多告诉我们的是公元前4世纪希腊男性，而不是公元前6世纪的伊特鲁里亚女性的社会焦虑。伊特鲁里亚艺术中对身份高贵的女性的描绘证实，她们在社会中的角色要比希腊女性的更加突出。她们不像希腊女性那样被与男性隔离，而是被描绘成参加宴会等社会聚集活动，衣着华丽地与男性一起斜倚在宴榻上。相反，来自意大利希腊城市的墓葬壁画上描绘的是只有男性参加的酒会（彩图28）。伊特鲁里亚人的墓志铭包括死者父母的名字，这在意大利是不寻常的。这表明伊特鲁里亚社会并不完全是父系的，母亲和父亲都是地位和家族身份认同的重要源头。在意大利北部也能看到女性精英扮演着突出的社会角色，尽管没有太多细节。在威尼托和波河河谷，一些陪葬品最丰富的墓是女性的，在圣所发现的许多许愿小雕像和青铜牌上描绘了女性崇拜者和女祭司。在意大利的不同地区，女性出现的多少有很大的差异——在意大利南部一些地区的葬礼和许愿铭文中，纪念女性的频率要比北部的小得多——但最重要的印象是，与希腊世界相比，这个时期的许多意大利女性在社会中充当了更加积极和显眼的角色。

当然，这是否转化成了权力和影响力是另一回事。在范围更大的城市生活中，唯一对女性开放的职业角色是女祭司。这个角色不可小视：女祭司是拥有声望和影响力的职位，如罗马的维斯塔贞女，或者雷提娅（一些威尼托共同体的主神）的女祭司，[9] 但她们被限制在一个特定的范围内。女性不能担任其他公职，而且几乎没有证据表明她们能够拥有并管理自己的财产。就连我们手头寥寥无几的证据也都比公元前 3 世纪晚得多。[10] 在罗马，女性需要男性监护人来代表她们参与法律和财务事宜。而在古风时期的意大利这样的社会里，贵族女性尽管没有正式的权力，但很可能发挥着相当大的非正式影响力。在一个由少数强大家族主导的世界里，这些家族的女性成员仅仅凭借属于统治精英阶层就拥有了相当强的庇护能力和幕后影响力。

东方化时期结构紧密的贵族阶层正在发生变化的另一个迹象，是更加多样化的统治形式的出现，其中一些涉及公民的更多参与。意大利的希腊人共同体最好地记录了这些变化，从公元前 7 世纪末开始由选举出的官员统治。他们是国家主要的行政长官，得到一个从年长和富裕的公民中挑选出来的委员会的支持，并在不同程度上受到人民大会的控制。这三个要素之间对权力和责任的分配随着时间的推移而变化，并因城市而异。有些实际上是由富裕公民主导的寡头政治，而另一些则赋予公民大会更大程度的立法权和影响力。

其他地方的情况则不那么清楚。伊特鲁里亚政治组织的最早证据是来自博洛尼亚附近的鲁比埃拉（Rubiera）的一根装饰精美的石柱，它可以追溯到公元前6世纪初。石柱上装饰着东方化风格的浮雕，还刻着一句铭文，表示竖立它的是一位奇拉特（zilath）——伊特鲁里亚人对行政长官的称呼。在当时的伊特鲁里亚艺术中，对统治者的描绘——无论是国王还是选举出的行政长官——都表现了一些职位的象征，包括统治者或祭司手持的弯曲权杖、特殊的椅子或宝座，以及类似罗马托袈（toga）的长袍。罗马方面的资料没什么帮助，因为李维通常只是将首要的伊特鲁里亚人称为"首领"（principes），但希腊人对伊特鲁里亚人权力符号的描述惊人地相似于伊特鲁里亚艺术作品中发现的那些：

> 几天后，［使者们］回来了，不仅带来了消息，还带回了王权的象征，用它装点他们自己的国王。包括一顶金冠、一个象牙宝座、一根上面装饰着鹰的权杖、一件绣金的紫色短袍，还有一件绣过的紫色长袍，就像波斯和吕底亚的国王们所穿的，只是不像他们的那样是矩形的，而是半圆形的。罗马人称这种袍子为托袈，希腊人称其为泰本纳（tebenna）。
>
> （哈利卡纳苏斯的狄俄尼修斯，3.61）

拉丁姆的情况也并不更为清楚。一些拉丁城市会选举自己的统治者，我们提到过各种行政长官，其中最著名的是独裁官。但在罗马，有铭文证据显示公元前6世纪时有过一位国王的统治。最有可能的解释是，各地的情况不同，一些城市有终身统治的君主，而另一些城市则选举出有固定任期的领导人，有些共同体甚至在选举制和王政统治之间交替。对罗马和意大利其他地区来说，公元前550年左右至前470年是一个过渡时期，因为各个共同体开始尝试不同的政体，这让共同体中的更多群体有了更大的话语权。

这些变化对军事组织和作战风格产生了深远的影响。此前，军队是围绕着贵族们组织起来的，后者由成群的武装扈从支持。相反，在公元前6世纪，通常装备着头盔、圆盾、长矛和短剑的重甲步兵部队变得更加常见。这些装备精良的步兵以协调一致的小队形式作战，组成了规模更大和装备更好，组织程度也更高的军队。这种作战风格［所谓的"重甲兵作战"（hoplite warfare）］在意大利和希腊世界被广泛采用。军队是从农民和有产阶层中招收的公民民兵，他们承担得起昂贵的青铜盔甲和武器，以密集的队形战斗。在罗马，塞尔维乌斯·图利乌斯的改革（在下一章中讨论）创造的正是这样一种制度，他将男性公民根据财富编入一个个等级，每个等级都有明确的军事职责和义务。我们对伊特鲁里亚和意大利中部其他地区的军队和军事组织的了解就没有那么多了，但像出自卡伊雷的特拉里亚特拉缸（图14）这样的容器上有对作战的表现，展示了携带盾牌、头盔和长矛的重甲步兵小队，在墓葬中也发现了类似的物品。英雄武士的形象仍然是艺术——特别是墓葬艺术——中的热门题材，而武士仍然是贵族地位的重要组成部分。但实际的作战现在成了国家军队的事务，大多数男性公民都必须参战。这些变化反映了对更大规模军队的更多需求，因为发展中的各国试图保护自己的领土和财产，也反映了社会组织的变化。

贵族氏族在古风时期的社会运作方式仍然非常重要。氏族首领仍然是社会中的主导力量，而氏族内部和氏族与氏族之间的关系对国家发展的道路有很大的影响。不过，这些氏族表达自身权力的方式发生了变化。他们不再将财富投入到豪华的君主式墓葬，而是将其用于宅邸和共同体的基础设施建设。

城市经济

公元前6世纪是一个经济增长的时期，意大利的农业经济蓬勃发展，部分原因是城市化水平的提高。城邦需要农产品来养活日益增长的人口，为周边地区的农民提供了现成的市场。它们控制着更广大的土地，而且比起被取代的较小的定居点，它们能够更有效地利用这些土地。对伊特鲁里亚的阿尔贝尼亚山谷（Albegna valley）、托斯卡尼亚和维伊、希腊人城市梅塔庞图姆的领土，以及普利亚的瓦莱西乌姆（Valesium）和瓦斯特（Vaste）的梅萨皮亚人定居点的领土的考古学调查都揭示了类似的发展。这些城市周围的乡村定居点数量增加，更多的土地被耕作，并且农业活动也更加精耕细作，尽管存在许多本地的差异。这种生产活动的集约化与城邦中央权威之间的联系在维伊表现得最为明显。当地建成了综合性的排水系统，需要政府机构才能使其运转。那里还开挖了覆盖大片土地的小排水渠道或坑道的网络，使以前受涝的土地得以被耕种，而在某些情况下，它们也作为将水输送到城市的水道。

对农庄的考古挖掘提供了关于农村生活的宝贵信息。波德雷塔尔图基诺（Podere Tartuchino）——位于伊特鲁里亚中部的阿尔贝尼亚山谷——是一座建于公元前6世纪中叶的中型农庄，并在40—60年后大幅扩建。农庄的主人种植谷物、酿酒用的葡萄和橄榄，还饲养羊和猪。对波德雷塔尔图基诺农场产量的估计表明，它有能力生产超过自给自足水平的农作物，产生一部分可以用来出售的盈余。[11] 虽然这些农场的所有者远称不上富裕，但他们得到了尚可的收入。对意大利其他地区（包括罗马）的动植物遗骸和人类骨骼的研究表明，波德雷塔尔图基诺是有代表性的，公元前6世纪的意大利人的饮食以豆类、谷类、水果、橄榄和葡萄酒为基础，在有条件的地方还会加上鱼和贝类。[12] 大多数人很少吃肉，除非在特别的场合。

贸易和制造业也欣欣向荣，但有了很大的变化。伊特鲁里亚工匠以手艺精湛著称，在伊特鲁里亚内外，他们的产品都有旺盛的需求。伍尔奇以出产精致的青铜装饰品、餐具和家用品闻名，它们在伊特鲁里亚精英中很受欢迎，也被加工后出口。装饰品陶器——包括布凯罗以及用希腊黑绘和红绘技法制作的彩绘花瓶——也被大批制造。这些奢侈品让人强烈地感受到那个时期贵族生活方式的豪奢，而个人饰物则暗示着财富是用来展示的。那个时期的伊特鲁里亚首饰常常用黄金制作，装饰着半宝石和精致的小颗粒，许多首饰的尺寸还很大。新的名贵物品出现了，比如用作图章戒指的雕刻宝石、刻有神话场景的青铜镜和其他梳妆用品。公元前6世纪的塔尔奎尼墓葬壁画（彩图18）描绘了衣着华丽的夫妇，他们斜倚在餐榻上，周围环绕着花圈和其他奢华宴会的装饰，还有舞者和乐手为他们表演。风格也发生了变化，宴会者现在身着带刺绣的精美宽松的披风和长袍（风格上类似于同时代希腊人的这类衣物），穿着尖头鞋或靴子，佩戴着精美的珠宝，而不是东方化时期的大帽子和直筒长袍。陪葬品不如公元前7世纪的奢华，但这反映了社会变化和更成熟的经济意识，在其中，名贵物品的内在价值比它们的象征价值更重要。公元前6世纪意大利中部的贵族显然过着某种别具风格的生活，而陪葬品价值的下降反映了偏好的改变，而不是财富的缺乏。

在其他地方，南部的一些希腊人城市变得如此繁荣，以至于它们成了财富的代名词。"穷奢极欲者"（sybarite）一词源于"叙巴里斯"（Sybaris），该城以其公民奢侈的生活方式闻名。调查和发掘显示，希腊人城市对其土地的开发力度越来越大，且该时期许多殖民地腹地的定居点的密度不断增加。类似的发展也出现在位于希腊意大利边缘地带的普利亚。早期的梅塔庞图姆钱币上甚至印有大麦穗的图案，以宣扬这座城市的农业财富。

商业也变得繁荣。来自希腊和爱琴海的进口商品继续大批运抵整个意大利，而从公元前 7 世纪末开始，新的市场开始向意大利商人开放。伊特鲁里亚人和希腊人都与法国南部和其他地区展开了活跃的出口贸易。大量伊特鲁里亚和希腊的商品被发现，而通过发现的伊特鲁里亚双耳瓶可以追踪葡萄酒和橄榄油贸易。从公元前 540 年左右开始，法国南部建立了几个希腊殖民地，其中最重要的是马萨利亚（Massalia，今马赛），该地区是希腊人和伊特鲁里亚人以及当地土著居民交易商品的富饶的接触地点。

有两点可以帮助我们追踪这些互动：留存下来的刻有商业合同的铅板，以及对法国南部沿岸一些沉船的发掘。来自佩赫-马霍（Pech-Maho）的一块铅板上的一面刻着希腊语合同，另一面则是伊特鲁里亚语的铭文，它清楚地表明希腊人和伊特鲁里亚人之间存在着重要的商业交易。虽然该铭文比本章的时间框架稍晚（可能是公元前 5 世纪初），其含义也有很大争议，但它显示了商业互动的力量和重要性，而古代沉船上的发现则表明，贸易中存在种类很多的希腊和伊特鲁里亚商品，它们进入了法国和西班牙，也沿着罗讷河谷（Rhone valley）而上，进入了法国中部和德国。

另一项公元前6世纪的创新是铸币。最早的钱币是在小亚细亚铸造的，但到了公元前530—前510年，南部的希腊人城市——雷吉翁、克罗顿、叙巴里斯和塔兰托——也学会了铸币。他们的钱币是银币，大多价值很高，但也发行了面额较小的钱币。[13]通常，钱币正面印有发行城市的符号，通常是城市的守护神或创始人的头像，背面印有象征性的图案，比如梅塔庞图姆的大麦。直到公元前4世纪末，铸造具有可辨识形象的钱币仍然仅限于希腊人和他们的近邻，[14]但与第一批铸币几乎同时出现的是伊特鲁里亚部分地区的原始青铜钱币和标准重量、加盖过印花的青铜锭。老普林尼等罗马人认为，公元前6世纪末，塞尔维乌斯·图利乌斯最早在罗马发行了这种类型的铜锭。早期的币和锭都是高价值物品，即使它们的面额相对较小，这给了我们关于它们如何被使用的线索。钱币并非用于小额支付，而是为了促进大规模交易。对于铸币产生的一种可能的解释是，它是军饷或类似大额款项的支付手段——它提供了品质控制——因为硬币有标准的重量，还得到具名国家的认证，上面印着该国家的标记。另一个用途是便于大型商业交易。在曼图亚（Mantua）和马尔扎博托等次要共同体发现了非常集中的标准化铸锭，两者都依赖国际贸易。意大利人没有我们概念下的货币经济体系，但最早的钱币的出现表明经济复杂程度日益提高。作为支付和交换的手段，铸造的钱币和金属条被与其他交易模式一起使用，如以物易物、商品和服务的同类交换以及信用协议。

城邦间的联系

公元前 6 世纪时，个体城邦是意大利的主要政治和社会单位，但这引发了这些国家是如何互动的这一问题，它们是否在战争时期合作，以及是否发展出了个体城市身份之上的集体身份。

宗教联系是一个重要的因素。一系列共同体在共有的圣所举行共同的献祭和节日，对创造和维持共同的文化和身份至关重要。人们选择的地点常常是乡间的圣所，由于地处乡间，来自更广大地区的人们很容易前往那里。每年在阿尔巴山上举行的拉丁节就是一个较为著名的例子：

> 他["高傲者"塔克文]指定这座几乎地处这些民族的中心，俯瞰阿尔巴城的高山作为会址；他颁布了一项法律，规定每年要在这座山上举行节日，在此期间，他们都应该停止对他族的战争行为，共同向所谓的拉丁姆的朱庇特献祭，并一起分享祭品，他还规定了每个城市应该为这些献祭贡献的份额，以及各自将获得的份额。共有 47 座城市参加了这一节日和献祭。罗马人至今仍在举办这些节日和献祭，称之为拉丁节。参加的城市有的带来了羊羔，有的带来了奶酪，有的带来了一些牛奶，还有的带来了类似的祭品。所有人共同献祭了一头公牛，每个城市都会得到指定份额的肉。他们举行的献祭代表了所有的城市，而罗马人监督着他们。
>
> （哈利卡纳苏斯的狄俄尼修斯，4.49）

另外一些材料将其描绘成一个更早得多的节日，它早于罗马对阿尔巴地区的征服,这表明它确实是非常古老的。它与拉丁姆的朱庇特(拉丁人的主神)以及拉丁努斯(同名的始祖英雄)的联系,证明它在拉丁人中间塑造了共同的身份认同和共同体意识。已知的其他有类似功能的拉丁圣所是菲洛尼亚圣林、拉维尼乌姆、图斯库鲁姆、费伦蒂娜圣林和阿里基亚(Aricia),它们大多是在公元前6世纪建立的。虽然相比其他意大利民族,我们更了解拉丁人,但对意大利大部分地区来说,总体情况似乎是一样的。比如,伊特鲁里亚人在沃尔西尼(今奥维耶托)附近有一个重要的共有圣所沃尔图姆纳(Voltumna),它在文化和政治上非常重要。[15]

建立在共同仪式和节日基础上的宗教同盟是文化和民族身份的重要方面,但有的也具有实用意义。据说伊特鲁里亚人将自己组织成一个有12个城市的同盟,各城市的代表在沃尔图姆纳圣所(Fanum Voltumnae)会面。这个同盟既有宗教目的,也有军事目的。李维描述了公元前434年,在维伊和罗马交战期间,维伊和法勒里(Falerii)变得非常紧张,以至于它们召集了同盟的12个成员开会,寻求伊特鲁里亚其他国家的军事支持,以对抗罗马的进军。坎帕尼亚也存在着几个类似的12国同盟,其中一个由卡普阿领导,而占领拉丁姆南部的赫尔尼基人可能参加了一个以阿纳尼亚(Anagnia)为首的同盟。不过,记录最多的是拉丁同盟和意大利同盟(Italiote league),前者是拉丁诸邦的同盟,后者是由意大利部分(也可能是全部)希腊人城市组成的同盟。

很难弄清楚这些城邦同盟实际上做了什么,以及它们是如何运作的。古代的记载寥寥无几,也几乎没有铭文或考古学的证据作为补充。关于意大利同盟,我们有相当清楚的描述,它最早出现于公元前6世纪末,在公元前5世纪末解散,又于公元前4世纪中叶被重建。它主要是卡拉布里亚和巴西利卡塔的希腊人的同盟，位于克罗顿——同盟当时的领导者——领土上的拉基尼乌姆赫拉神庙是同盟的集会地和财库。不过，我们不清楚是否在其整个历史中都是如此，还是仅存在于其公元前 4 世纪时的样式。从公元前 5 世纪中叶开始，城邦同盟成了希腊政治和外交生活的既定组成部分，大多数希腊同盟都包括定期召开的同盟大会、同盟官员和将领的选举、由成员的捐款提供资金的财库以及经常性的军事合作。公元前 6 世纪是否也是如此就不那么清楚了。

所谓的拉丁同盟（虽然这是现代叫法）在公元前 6 世纪和前 5 世纪的罗马历史上发挥了重要作用。罗马史料中的叫法——拉丁名字（nomen latinum）——显示了对共同的文化和民族身份的强烈感知，就像上文描绘的共同的崇拜和节日那样，但这些很少告诉我们具体的联合活动是如何组织的。

除了拥有共同的语言、宗教和文化，拉丁人还共享着一些特定的法律权利和特权。它们包括在另一个拉丁城邦拥有财产、与来自其他城邦的拉丁人签订商业合同以及合法地与来自另一个拉丁城邦的人结婚等权利。这些权利将拉丁人——包括罗马人——纳入了一个跨越个体城邦边界的财产所有权与通婚的网络。

同盟的政治和军事活动则更难确定，特别是罗马在其中的作用。罗马人是同盟宗教节日的正式参与者，并相信它们是古老的。大多数史料暗示，同盟在费伦蒂娜圣林集会，那里是费伦蒂娜女神的圣所，可能距离阿尔巴诺拉齐亚莱（Albano Laziale）大约 2 千米。同盟似乎直到公元前 6 世纪才获得政治和军事角色，而且即使在那时，为选举共同的战争统帅而召开会议也只是对紧急情况的回应，并不经常发生。虽然罗马最终成为同盟的领导者，但有时其他拉丁城邦会试图将其排除在外，哈利卡纳苏斯的狄俄尼修斯暗示，他们曾用这个同盟来对抗罗马力量的增长。老加图（《罗马史学家残篇》，5 F36）讲述过一件事：一些拉丁城市［他罗列了图斯库鲁姆、阿里基亚、拉维尼乌姆、拉努维乌姆（Lanuvium）、科拉（Cora）、提布尔、波梅提亚（Pometia）和阿尔迪亚］联合起来，奉图斯库鲁姆的埃格里乌斯·巴伊比乌斯（Egerius Baebius）为领袖［"拉丁独裁官"（Dictator Latinus）］，在阿里基亚附近树林里新建了一座狄安娜神庙，作为拉丁人共同的圣所。这座神庙很可能就是内米的狄安娜圣所，那里是一个著名的古老崇拜场所，按照传说由一名曾是逃亡奴隶的祭司主持。[16] 将内米的神庙变成同盟的圣所表明，拉丁同盟被重组为抵抗罗马扩张的中心（可能是在图斯库鲁姆的领导下），当情况需要时，它们会选出一位共同的领袖，并以共同的军队作战。公元前6世纪后期，罗马开始将其势力扩张到拉丁姆，这似乎是拉丁人组织抵抗的一个可能的背景。

有证据表明，从公元前6世纪开始，随着国家组织的发展壮大，意大利城邦开始与邻邦协力合作，尽管很难确定这是以短期同盟的形式，还是以更复杂的联邦结构的形式发生。无论是哪种情况，它们的军事和政治功能似乎都可能是非正式地从共同的宗教活动发展而来的。尽管如此，它们似乎反映了地区层面上越来越多的联系与合作。

国外的伊特鲁里亚人

公元前6世纪，意大利的力量平衡发生了变化。伊特鲁里亚人将他们的政治势力和文化影响力扩张到伊特鲁里亚以外的地方；希腊人则以其邻国为代价扩大了自己的领土；而其他地中海势力也开始对意大利表现出兴趣，特别是迦太基。

坎帕尼亚和伊特鲁里亚从公元前 8 世纪起就有了接触，但从公元前 625 年左右开始，这种接触变得更加频繁。整个公元前 7 世纪，在该地区的许多华贵墓葬中都发现过伊特鲁里亚出产的奢侈品。卡普阿和庞特卡尼亚诺周围的地区在文化和经济上同伊特鲁里亚的关系特别密切，后者与繁荣的当地文化相互共存。公元前 7 世纪末，更多的伊特鲁里亚的陶器——特别是一种卡伊雷出产的精美的布凯罗陶器——出现在坎帕尼亚的墓葬中，伊特鲁里亚风格的商品也开始在坎帕尼亚生产。当地繁荣的布凯罗和赤陶加工业在公元前 6 世纪迅速发展。彩绘陶俑表明，伊特鲁里亚风格的建筑也已经传播到该地区。这些发展在一定程度上是由于伊特鲁里亚工匠的影响和坎帕尼人采纳了伊特鲁里亚人的风格，但也有迹象表明，存在伊特鲁里亚人更直接的影响。卡普阿和庞特卡尼亚诺在公元前 6 世纪经历了重组，并在弗拉特迪萨勒诺和马尔齐纳（Marcina）建立了新的定居点。卡普阿很快确立了对该地区的主导，并控制着坎帕尼亚和意大利希腊人地区之间的贸易和交通。它发展到了可观的规模，而其物质文化的丰富与其工匠作坊多样的产品——它生产的青铜器、陶器以及赤陶器物销往意大利各地——显示了它的财富和力量。

在坎帕尼亚发现的公元前 6 世纪的用伊特鲁里亚语书写的铭文和字母表证明了伊特鲁里亚人及其商品的存在。那里大约有 100 条此类铭文，而其他当地语言的铭文则只有大约 18 条。[17] 铭文大多是刻在陶器上的短文字，给出了物品的所有者或赠予者的名字，证实有人具有独特的伊特鲁里亚名字。现存最长的伊特鲁里亚语铭文之一——长达数行，刻在一块泥瓦上——来自卡普阿。这是一份耐人寻味的文件，似乎是一份列出了节日和献祭活动的仪式日历。如果此说不误，这暗示伊特鲁里亚人的神和宗教习俗在坎帕尼亚中部为人所知。希腊地理学家斯特拉波（《地理学》，5.4.3）甚至谈到坎帕尼亚有 12 个伊特鲁里亚城市组成的同盟，以卡普阿为首。

尽管从表面上理解这一切，并将伊特鲁里亚人在坎帕尼亚的势力解读为征服或殖民，会是轻率的，但在公元前 6 世纪和前 5 世纪，那里显然有大量的伊特鲁里亚人定居，这些地区之间还存在着密切的经济和文化联系。卡普阿和其他几个城市在社会和政治上由吸收了许多伊特鲁里亚文化元素的贵族主导，他们中有的可能来自伊特鲁里亚，但没有迹象表明存在伊特鲁里亚人的直接接管或大规模殖民。相反，公元前 6 世纪的坎帕尼亚似乎是一个熔炉，希腊、伊特鲁里亚、拉丁和亚平宁文化与当地坎帕尼人的文化交融在一起。对卡普阿弗尔纳齐（Fornaci）墓地的研究表明，公元前 6 世纪和前 5 世纪期间，那里有一定程度的文化和丧葬习俗的连续性，而这质疑了这种观点，即伊特鲁里亚人接管了这里。该地区多元文化性质的最好例证可能是繁荣的陶器和赤陶加工业的发展，产品包括布凯罗陶器和红绘花瓶、赤陶人偶和建筑装饰，它们使用伊特鲁里亚人的技术，但具有鲜明的当地风格。伊特鲁里亚人在坎帕尼亚定居，或经常与那里接触，吸引他们的无疑是商业机会和充足的肥沃土地。不过，伊特鲁里亚人对该地区的深刻影响要归功于其文化和经济事务。伊特鲁里亚人的商业力量和政治影响力的重要性不容低估，但并不是以类似殖民的程序那样直接实现的。在罗马，我们也可以看到伊特鲁里亚人对罗马文化和社会的影响，这将在下一章详细探索，但直接移民和定居者的数量比在坎帕尼亚的低得多。

伊特鲁里亚人的影响不仅限于意大利中部，而是开始向北扩张到伦巴第和威尼托，并向阿尔卑斯山发展，向东则扩张到亚得里亚海海岸。早在公元前8世纪，伊特鲁里亚人和波河河谷之间就建立了联系，在博洛尼亚和维鲁基奥（Verucchio）也有伊特鲁里亚人的定居点。费尔西纳（Felsina，今博洛尼亚）是一个令人印象深刻的大型定居点，拥有繁荣的金属加工业，并控制着大片土地。对该城圣弗朗切斯科（S. Francesco）区域的发掘表明这里有一个工业区，有生产高品质青铜器的作坊。拥有2000多个埋葬点的墓地可以追溯到公元前8—前4世纪，它们提供了这个由一小群有权势的贵族统治的社会的轮廓。然而，到了公元前6世纪中叶，该地区定居点的格局发生了巨大的变化。新的定居点在斯皮纳（Spina）、马尔扎博托和曼图亚建立了起来，许多伊特鲁里亚人在阿德里亚（Adria）定居，伊特鲁里亚的货物和其铭文证实了这点。

阿德里亚是希腊人、伊特鲁里亚人和威尼托人混居的共同体，斯皮纳是以伊特鲁里亚人为主的城市，两者都是波河三角洲的港口。它们很快成了重要的转口港，将伊特鲁里亚和意大利北部其他地区的商品出口到希腊和更广大的地中海世界，并将希腊商品进口到意大利。这两座城市的墓地都有大量埋藏了来自广阔地域的物品的坟墓，特别是有许多精美的希腊进口陶器。坐落在博洛尼亚城外不远处的马尔扎博托提供了关于伊特鲁里亚城市生活的迷人信息，因为它是少数几个墓地和城区都被系统发掘过的城市之一。与大多数伊特鲁里亚城市不同，这是一座规划过的城市，具有整齐的街道网格——它将房屋和其他建筑分成又长又窄的街区——严格参照了希腊城镇的规划。街道中间有排水沟，两边有人行道。每个街区是在石头地基上用砖木建造的，并被进一步分为一处处私宅，通过一个狭窄的通道进入，而前面是商店或作坊。这些私宅本身有一个中央庭院，连接着一系列房间，与在罗马和伊特鲁里亚其他地方发现的中庭式房屋没有什么不同。从作坊占据的大面积区域可以看出这座城市在经济上的重要性，这里生产陶器和金属器皿。

斯皮纳的城区没有得到那么好的探索，但有迹象表明它也是一个规划过的城市。刻有 tular 一词的大石头很可能是在城市测量和规划中使用的标记物。在伊特鲁里亚语中，tular 表示基准点或界石，后者用于标记作为规划过程一部分的固定起来的点位。有迹象表明，那里有过系统化的街道和运河网络，表明斯皮纳的居民重视改善陆上和水上交通，以及排水。差不多与此同时，费尔西纳也进行了大幅重建，拥有了更规则的街道布局、新的公共建筑和一座带神庙的要塞，那里是城市的仪式和防御中心，位于亚平宁山的一条支脉上，俯瞰城市中心。

伊特鲁里亚海岸和意大利中部的新形势让人们对波河平原和亚得里亚海沿岸变得更感兴趣。在希腊世界，伊特鲁里亚人被视作航海民族，以其海上力量著称，虽然这时而导致了海盗活动。[18] 斯特拉波表示："在那之前（公元前 8—前 7 世纪），人们非常害怕伊特鲁里亚的海盗团伙和该地区蛮族的野蛮行为，甚至不会驾船去那里做买卖。"（斯特拉波，《地理学》，6.2.3）他们早期的成功很大程度上是基于在地中海的海上贸易，但到了公元前 6

世纪中叶，他们对这一地区的控制变得摇摇欲坠。西西里和坎帕尼亚沿岸的希腊人已经开始挑战伊特鲁里亚的海贸垄断地位，迦太基人构成了另一个威胁。大约在公元前500年，卡伊雷的统治者忒法里埃·维里亚纳斯与迦太基签订了条约，罗马可能在公元前5世纪的某个时候也这样做过。[19] 公元前540年左右无疑存在过伊特鲁里亚人和迦太基人的同盟，当时他们的联合舰队在科西嘉岛的阿拉利亚［Alalia，今阿雅克消（Ajaccio）］沿岸与在那里定居的希腊人打了一场海战。尽管希腊定居者被迫放弃阿拉利亚，但伊特鲁里亚人也遭受重创，到了公元前6世纪末，他们无法继续主宰西地中海的贸易。阿德里亚和斯皮纳提供了另一条方便的路线，即沿着亚得里亚海海岸运送货物。通过波河河谷、伦巴第和利古里亚的贸易路线打开了通往欧洲的陆路，以及经过马萨利亚和罗讷河的水运路线。公元前5世纪，随着伊特鲁里亚人在坎帕尼亚的势力被侵蚀，这些路线变得更加重要。波河平原上城市领土的重组、波河三角洲道路和运河网络的建立，以及马尔扎博托的大型"工业区"，都表明伊特鲁里亚人在这一地区的优先事项有了根本的转变，从农业资源开发转向贸易和制造业。农产品和自然资源仍然很重要，除了制成品，斯皮纳和其他亚得里亚海港口的出口贸易中至少有一部分是谷物、金属矿物和琥珀，但它们不再是唯一的考虑因素。

关于斯皮纳和马尔扎博托是否可以作为公元前6世纪末和前5世纪初伊特鲁里亚人在波河平原的扩张和殖民政策的证据，人们有一些争论。波河平原和三角洲城市的有序布局与早前伊特鲁里亚城市自发和无计划的发展截然不同，这让人们猜测它们可能是由一个或多个伊特鲁里亚城邦建立的殖民地。不过，波河流域的定居点似乎更可能是伊特鲁里亚移民不断与当地居民融合的结果，就像在坎帕尼亚那样，而非源于国家组织的正式殖民过程。在当地铭文中发现的许多伊特鲁里亚名字都有独特的-alu后缀（比如 Rakalu、Kraikalu），而这种现象只在当地发现，表明大多数马尔扎博托人是从波河平原的其他地方迁徙到这里的当地人，而不是来自伊特鲁里亚的殖民者。更有序的共同体布局反映了公元前6世纪关于城市组织的新观念，这些观念受到希腊人的希波达墨斯规划以及越来越多的与定居点奠基相关的伊特鲁里亚仪式和习俗的影响。马尔扎博托、斯皮纳和其他一些城市的规划布局反映了对这些仪式习俗的更多使用，而非它们的殖民起源。

波河平原上的伊特鲁里亚人定居地的变化以及伊特鲁里亚人与意大利北部的联系和伊特鲁里亚自身的力量平衡的改变有关，尽管并不是直接的因果关系。在公元前7世纪和前6世纪，伊特鲁里亚南部和沿海的城市——卡伊雷、伍尔奇、维伊和塔尔奎尼——是该地区的主导力量。到了公元前6世纪末，随着贸易路线逐渐远离这些城市，转向北部和亚得里亚海沿岸的意大利，伊特鲁里亚北部的内陆城市变得更加占据主导地位，如佩鲁西亚、阿雷提乌姆（Arretium）、沃尔西尼和克鲁西乌姆。该地区内部的力量平衡逐渐向一些城市倾斜，它们控制着同欧洲大陆及意大利北部和东部的贸易与交流。到了公元前5世纪初，维伊和卡伊雷等城市开始衰落。削弱它们经济力量的是贸易模式的变化，以及西地中海两大新势力的崛起：迦太基和罗马。

公元前6世纪意大利各地的首要主题是：城邦变得日益重要和复杂，以及精英行为的变化——从对个人和王朝权力象征物的投入，转向对城市基础设施的投入。这两个发展是同时进行的，因为城市不断提升的规模和重要性不仅是精英对自身威仪的展示,也为他们行使权力和施加影响创造了新的机会。这也是一个文化和经济变革的时代,伊特鲁里亚人的影响力扩展到了从波河三角洲到坎帕尼亚的地区,这一发展对公元前6世纪的罗马产生了巨大的影响。

第 7 章

暴君与恶妇

罗马、塔克文王朝与王政的覆灭

根据古人的传说，公元前 7 世纪末和前 6 世纪时，罗马被伊特鲁里亚血统的塔克文家族所统治（图 20）。其中的第一位统治者老塔克文据说是科林斯人德马拉托斯之子，此人迁居罗马后将自己的伊特鲁里亚名字卢库莫改成了更有罗马色彩的卢基乌斯·塔克文·普里斯库斯。[1] 我们得知，他成了国王安库斯·马尔基乌斯的心腹，担任过几个重要的军队指挥官职位，在公元前 616 年左右接替了马尔基乌斯。经过漫长而成功的统治，他被自己的女婿塞尔维乌斯·图利乌斯接替。在罗马史料中，塞尔维乌斯·图利乌斯是奴隶之子，母亲是在老塔克文对拉丁姆的战争中被俘的一名贵妇。塞尔维乌斯童年时的异兆让他与众不同，为他赢得了老塔克文和塔娜奎尔（Tanaquil）夫妇的垂青，成为国王信任的副手。据说塔娜奎尔绕过正常的程序，安排他登上王位，但他成了罗马最著名的国王，他的统治以一系列影响深远的改革著称。罗马的第七位，也是最后一位国王叫"高傲者"塔克文，是老塔克文之子，也是塞尔维乌斯·图利乌斯的女婿。他的妻子小图利娅鼓励丈夫谋杀了她的父亲，用暴力篡位。虽然"高傲者"

图20 塔克文家族的谱系①

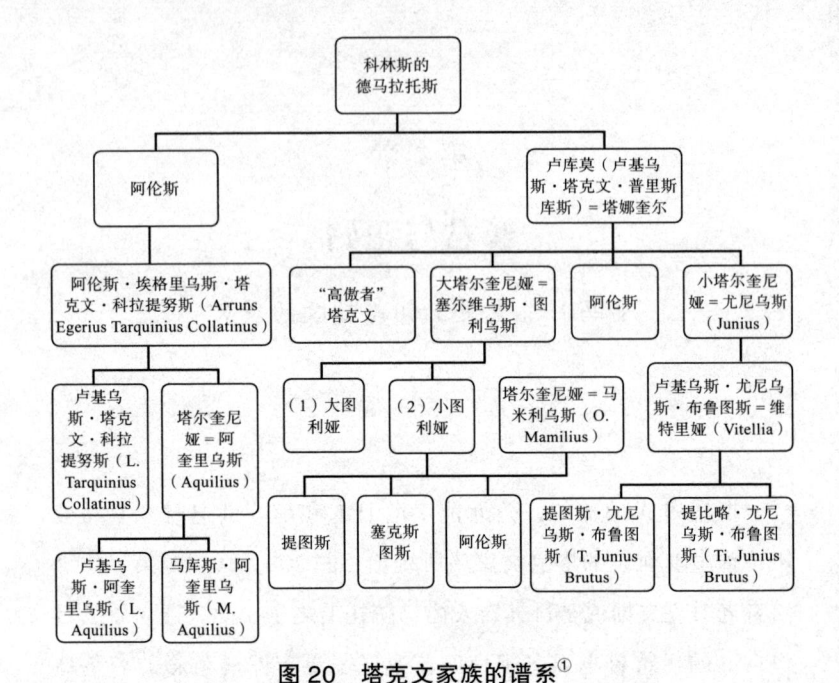

[大图利娅嫁给了"高傲者"塔克文，小图利娅嫁给了阿伦斯（卢库莫之子）]

塔克文是个有为的统治者，但此人残酷专制，并在前509年被推翻，在这之后罗马就成了共和国。

乍看之下，罗马的最后三位国王老塔克文、塞尔维乌斯·图利乌斯和"高傲者"塔克文² 与他们的前任们相比更具有历史真实性，但我们必须认为，被归于这几位后期国王名下的具体行为和个性大部分是虚构的。它们包含了许多神话诠释、民间故事和不合年代的元素，比如塞尔维乌斯是奴隶和（或）落魄公主之子，以及让他与众不同的异兆，或者老塔克文的本名卢库莫——这个

---

① 图中"="表示夫妻关系。——编者注

词与伊特鲁里亚语中的"国王"（lauchume）一词关系密切。各种传说中还带有许多自身的矛盾，比如德马拉托斯与老塔克文之间，以及老塔克文与"高傲者"塔克文之间的年代差，后者的辈分必须比老塔克文之子更小，才能符合传说中的年代顺序。李维对他们继位和事迹的描绘包含了许多难以置信和可能不合年代的元素，而对这些国王及其家族的性格的描绘深受对好国王（塞尔维乌斯·图利乌斯）、有道德的和邪恶的女人（塔娜奎尔和图利娅）以及暴君（"高傲者"塔克文）的刻板印象影响。

不过，我们有理由相信至少历史上存在过塔克文王朝，尽管关于他们的统治的大部分叙述没有依据。塔克文家族的历史——特别是当他们在公元前509年流亡以后——与库迈僭主阿里斯托德摩斯（Aristodemos）的交织在一起，而这位僭主是个让希腊历史学家有一定兴趣的人物。后来的历史学家可能在现已失传的库迈史料中看到过对他统治的描述，如果关于"高傲者"塔克文后来历史的某些材料来自那里，那就为至少一部分的故事提供了非罗马方面的证据。在受到伊特鲁里亚和希腊文化影响的精英统治下，罗马正在充满活力地扩张，这幅总体画面符合那个时代的考古学证据，同时代的铭文也证实，公元前6世纪时，罗马已经建立了王政。在集会广场附近发现的广场铭文——一块刻着公元前6世纪的仪式或神圣法律的石头——提到了一位"国王"，公元前6世纪的一个刻着"国王"一词的陶罐进一步确证了这一点。

从伊特鲁里亚的史料中，人们可以拼凑出另一种关于两位塔克文和塞尔维乌斯·图利乌斯的更有依据的传说。来自里昂的一篇铭文记录了克劳狄乌斯皇帝在公元48年发表的演说（《拉丁碑铭集》，13.1668），皇帝在演说中敦促元老院同意来自高卢的成员加入,他援引了历史先例,即罗马人愿意将公民权甚至重要职位授予非罗马人。[3] 其中一个例子是塞尔维乌斯·图利乌斯,按照克劳狄乌斯的说法,此人与名叫马斯塔尔纳(Mastarna)的伊特鲁里亚军阀是同一个人。

关于马斯塔尔纳的更多证据来自公元前4世纪末伍尔奇的弗朗索瓦墓。主墓室的一面墙上描绘了《伊利亚特》中的场景,另一面墙上则是几对武士交战的场景,标有他们的名字以及(在有的场景里)他们的籍贯(图21)。画面描绘了马斯塔尔纳和一队同伴营救一群被俘的伊特鲁里亚人,包括著名的英雄奥卢斯(Aulus)和卡伊利乌斯·维贝纳(Caelius Vibenna)。大部分主要人物是伊特鲁里亚人,但画面也包括罗马人格奈乌斯·塔克文(Gneve Tarchunies Rumach)被马克·卡米特尔纳斯(Marce Camitlnas,即马库斯·卡米提里乌斯[Marcus Camitilius],或者可能是马库斯·卡米卢斯[Marcus Camillus])砍倒的场景。[4] 这些场景展现了关于一场小规模冲突的伊特鲁里亚传统故事,一边是伍尔奇的维贝纳兄弟和他们的支持者,另一边是来自苏瓦纳(Suana)、沃尔西尼和罗马的一群武士。不过,尽管克劳狄乌斯显然知道这一传统里的元素,但我们不清楚它描绘了哪个传说或历史故事。

由于这座墓建于公元前300年左右,这些壁画向我们展现的是公元前4世纪时关于更早时代的英雄和武士的传统故事,而不是公元前6世纪的同代证据。不过,关于维贝纳兄弟的事迹还有其他许多史料,既有罗马的也有伊特鲁里亚的,有的比弗朗索瓦墓更早。有的作者认为卡伊利山的名字源于卡伊利乌斯·维贝纳,据说他是和同伴们一起迁居罗马的。[5] 根据另一种传说(公元前3

图 21 描绘了马斯塔尔纳和同伴们解救战俘的墓葬壁画,伍尔奇弗朗索瓦墓,公元前 4 世纪末。画中人物所标的名字是马斯塔尔纳、卡伊利乌斯·维贝纳、拉尔特·伍尔特斯(Larth Ulthes)、沃尔西尼的拉里斯·帕普特纳斯(Laris Papthnas Velznach)、拉斯克(Rasce)、苏瓦纳的佩尔斯纳·阿雷姆斯纳斯(Persna Aremsnas Sveamach)、奥卢斯·维贝纳、温提·卡[……]普尔撒赫斯(Venthi Cal[…]plsachs)、马克·卡米特尔纳斯(可能是马库斯·卡米卢斯)和格奈乌斯·塔克文

世纪的历史学家法比乌斯·皮克托尔所听说的版本),卡皮托山的名字源于"奥卢斯的头"(caput oli),得名于 Olus(Aulus 的另一种拼法),一个来自伍尔奇的伊特鲁里亚人,可能就是奥卢斯·维贝纳。伊特鲁里亚人关于维贝纳兄弟的证据包括来自克鲁西乌姆的一个骨灰坛和来自沃尔西尼的几面镜子上对他们事迹的描绘。在维伊的波托纳奇奥(Portonaccio)圣所发现的一个公元前 5 世纪的陶杯上刻着"Avile Vipiienas",可能是对他的英雄崇拜的标志,表明围绕着维贝纳兄弟的传说并非公元前 4 世纪末的发明。

对于将塞尔维乌斯·图利乌斯认定为马斯塔尔纳这种有争议的说法,一个解释是,Mcstrna 是拉丁语中的"长官"(magister)一词在伊特鲁里亚语中的形式,表示战团的首领(即塞尔维乌斯·图利乌斯),这后来被误认为是他的另一个(伊特鲁里亚语的)个人名字。康奈尔指出,很难将伊特鲁里亚传统与罗马传统调和,按照前者,马斯塔尔纳/图利乌斯在成为国王前是个伊特鲁里亚军阀,而按照后者,他是老塔克文的追随者,最终成为其心腹。不过,这两种传统间的不一致并不是无法消除的。罗马和伊特鲁里亚材料都表明,维贝纳兄弟与罗马存在联系,在壁画中的语境里,他们代表了一群来自不同国家,往来于各地之间的武士。一个罗马人成为伊特鲁里亚军阀的心腹,然后又成了罗马国王的左右手,最后自己成为国王,这并非不可能。在古风时期的意大利,民族和国家的边界不是封闭的,有许多证据表明存在城市之间的流动,包括在不同民族或文化之间的流动。罗马的统治者们拥有拉丁和伊特鲁里亚的混合背景,这与我们对意大利社会性质的了解是一致的。

塞尔维乌斯·图利乌斯和他的改革

尽管塞尔维乌斯·图利乌斯的背景、个性和事迹可能至少有一部分是来自后世的传说,但被归功于他的改革对于理解罗马国家的运作至关重要。就像我们的材料中所描绘的,公元前6世纪的罗马的政治组织由三个要素组成:行政权力(国王,以及后来每年选举的行政长官)、罗马人民大会(库里亚大会)和审议性的委员会(元老院)。尽管我们很不清楚这些元素在共和国建立之前的发展(甚至它们是否存在)。

国王的权力是模糊的,他们是如何被选出的也不确定。李维描绘过任命新国王的复杂程序。统治者死后,会宣布为期一年的过渡期(interregnum),在此期间罗马由贵族家族的首领统治,他们轮流掌权5天。过渡期结束后将进行选举,选出新的国王,根据库里亚大会(罗马人民大会)的《库里亚法》(Lex Curiata)授予其正式的行政权力（imperium，治权）。我们不清楚李维设想的是人们在多名候选人中做出选择，还是接受或否定事先选定的唯一候选人。

古代史料中有两位国王是例外。塞尔维乌斯·图利乌斯据说未经人民投票就登上了王位，这要得益于他作为老塔克文女婿的家庭关系，以及他作为杰出政治和军事首领的地位。李维记载，老塔克文遇刺后，国王的遗孀塔娜奎尔安排他继承王位，她从王宫的窗口对人民发表讲话，在没有过渡期或人民投票的情况下就宣布塞尔维乌斯成为国王。"高傲者"塔克文的继位甚至更加暴力，是一个关于背叛和谋杀的故事。塞尔维乌斯把自己的两个女儿（都叫图利娅）嫁给了阿伦斯和老塔克文之子"高傲者"塔克文。阿伦斯的妻子小图利娅与她野心勃勃的姐夫合谋杀害了她的丈夫和姐姐，然后自己嫁给了"高傲者"塔克文。接着，她又怂恿丈夫用武力篡位。塞尔维乌斯·图利乌斯遇刺后，小图利娅甚至驾车从她父亲的尸体上碾过。尽管小图利娅是这个故事中的罪魁祸首，但塔克文也被描绘成无情和狡诈的，李维的描述使读者为他专横和无情的行为带来的后世恶名做了准备。

这些传说包含了极为戏剧化和不可信的元素，不能认为它们是历史事实。罗马人的叙述更多的是为了确立主人公的道德特征，而不是记录事实，而选举国王的程序看着非常相似，似乎可能是李维所用的史料根据后来应对执政官职位空档（这包含一位过渡期摄政王）的方法推想出来的。康奈尔认为，对塞尔维乌斯·图利乌斯和"高傲者"塔克文登基（缺少通常所需的批准）的描绘表明，他们是篡位者，类似于公元前7世纪和前6世纪的希腊僭主，后者掌权依靠的是民众支持，而非合法权利。不过，李维对选举国王的程序的描绘更可能是程式化和不合时代的，其他国王经历的正常程序也不比塞尔维乌斯·图利乌斯和"高傲者"塔克文的更有序。

我们不可能肯定地证实当时的统治形式。上文提到的"rex"铭文确证了国王的存在，但我们对他们的权力几乎一无所知，尽管认为他们掌握着最高行政权力很可能是合理的。我们的材料中提到了很有影响力的元老院（几乎肯定是一个年代错误）以及罗马人民大会。罗马人认为，这个大会（库里亚大会）的历史非常悠久。它由库里亚（全体男性公民所属的团体）组织，并以其为单位投票。在共和时期，这个大会负责选举执政官，以及通过或否决法律；但我们对公元前6世纪的库里亚大会的功能所知甚少。

随着被后来的传说归于塞尔维乌斯·图利乌斯名下的军事和政治改革的实行（李维，1.41—1.46；哈利卡纳苏斯的狄俄尼修斯，4.14—4.23），罗马的组织结构变得更为清晰。这些变化意味着罗马国家的彻底改变。据说塞尔维乌斯进行了人口普查，将罗马的公民分成新的单位，归入各个部落（tribus）。部落根据居住地和户籍普查划分，并改变了罗马公民权的定义。现在，公民权成了一种法律地位，而非血统或民族身份：随着之后定期进行的人口普查（后来大约每五年一次），公民权的扩大和转移变得更加方便。

在共和时代后期（公元前241年后），罗马有35个部落，其中4个是城市部落，31个是乡村地区部落。后者中有14个是在公元前387—前241年陆续设立的，但更早的那些部落的历史更不确定。李维告诉我们，最早的21个部落在公元前495年已经存在（2.21.7），但我们不确定其中有多少（如果有的话）可以追溯到王政时期。[6] 有的材料表示，塞尔维乌斯将罗马城（可能还包括周边地区）分成4个部落，还有的则暗示他还设立了一些所谓的乡村部落；但相关的文本难懂且自相矛盾（特别是哈利卡纳苏斯的狄俄尼修斯，4.14—4.15），让我们对这个问题无法得出可靠的结论。

此外，据说塞尔维乌斯彻底重组了军事和政治生活，根据财富和财产将成年男性公民分成5个等级（表5）。这些等级又被细分为少者（iunior）和长者（senior）的百人队（centuria），前者为较年轻的人，组成主要的战斗力量，后者由45岁以上的人组成，负责守卫城市。每名男性都必须自掏腰包为自己购买装备：从最高等级的全副青铜甲胄、剑、长矛和盾牌，到最低等级的投石索和投枪。

这一方案看上去既是人造的，也不合年代。各种材料的说法不一，这表明罗马人自己也对细节莫衷一是。总而言之，他们的描述似乎混合了两个不同的改革，一个是军事的，另一个是政治的。比如，两者都描绘了军队由每队100人的百人队组成，但这与等级的说法相矛盾，这些等级囊括了所有符合财产条件的公民。更可能的情况是，所有符合特定财产等级的男性被分成同等规模的单位，但无论人口规模如何，在任何等级中都不可能达到每个百人队100人。

虽然最富有等级的人数无疑比较贫穷的那些少得多，但前者拥有的百人队数量是它之下的三个等级的四倍，是最低等级的近三倍。这种不均匀的分配对一支军事力量来说是不可能的。不过，它符合一种政治组织方式：百人队在其中作为投票单位，被赋予了权重，以确保富人的票数比穷人的多，年长者的票数比年轻人的多。材料中描绘的可能是公元前3世纪的改革之前罗马的政治组织,[7] 并将其归功于塞尔维乌斯·图利乌斯。

表5 百人队的组织结构（李维，1.43 与哈利卡纳苏斯的狄俄尼修斯，4.16—4.18）

等级	财产	甲胄	武器	百人队数量		
				少者	长者	总计
一	10万阿斯	头盔、盾牌、胫甲、胸甲	长矛、剑	40	40	80
二	7.5万阿斯	头盔、盾牌、胫甲	长矛、剑	10	10	20
三	5万阿斯	头盔、盾牌	长矛、剑	10	10	20
四	2.5万阿斯	（盾牌）	长矛、投枪、（剑）	10	10	20
五	1.1万阿斯	无	投石、（投枪）	15	15	30
步兵百人队总数						170
骑兵队（equites）：18个；工兵队：2个；乐师队：2个；无财产者队：1个			后备百人队：			23
百人队总数						193

另一方面，分5个等级的组织方式几乎没有什么军事意义，尽管基本的划分是合理的：更有钱的人担任重甲兵，配备全副甲胄、剑和盾牌；买不起甲胄的人充当轻装的支援部队，配备投枪或投石索。有理由猜测，对人民的这种划分也具有政治功能，百人队是公民大会中的投票单位，也不能排除它始于王政时期的可能性。用阿斯（asses）来计算公民的财产可能是一个年代错误，尽管罗马直到公元前300年左右才开始铸造钱币，使用阿斯（一个青铜的单位，重1磅①）作为价值度量在引入铸币之前也是很可

---

① 1磅约为454克。——编者注

能的，也许可以上溯到公元前 6 世纪。

这种改革最重要的一点是，它曾可能引入了有组织的军队和新的战斗方式。就像本书第 4 章和第 6 章中所指出的，在古风时期的意大利，国家之间的边界相对模糊。在武装依附者和扈从队伍的支持下，强大的贵族可以（而且经常会）发动个人战争，无论是完全为了自己，还是为了国家。弗朗索瓦墓的壁画（图 21）描绘的可能就是这样一场发生在两方强大的贵族及其追随者之间的冲突。无论是意外还是有意为之，塞尔维乌斯的改革都起到了强化国家的军事组织、减少其对强大个人之依赖的效果。不过，它们是否彻底消除了个人军事行动是另一个问题；事实上，我们有关于公元前 5 世纪和前 4 世纪的个人军事活动的证据，但改革很可能造就了更强大的国家军队。根据财产把公民重组成人为安排的单位能够打断其他的效忠——比如对强大恩主或家族的效忠——这进一步加强了国家对战斗力量的控制。

这些改革还可能引入了非常有效的新的作战方式，使用队列紧密的重甲兵。这种重甲兵作战的技艺是公元前 7 世纪在希腊发展起来的，当时那里也经历了与罗马的塞尔维乌斯改革类似的社会和政治重组。从公元前 7 世纪末开始，在伊特鲁里亚艺术作品中可以看到人物配备重甲兵式的盔甲和武器，以有组织的队列作战的场景（图 14），而伊特鲁里亚的墓葬壁画中也发现了对此类青铜盔甲和武器的描绘，表明伊特鲁里亚人已经采用了这种战斗方式。来自罗马的考古学证据不那么多，主要是因为那个时代的富人墓葬较少，但重甲兵式的战斗风格在公元前 6 世纪已经传播到整个意大利中部的观点是有说服力的。

我们被告知，与塞尔维乌斯的军事改革同时进行的还有政治改革，他用百人队和部落取代了库里亚，成为罗马大会主要的投票单位。在共和时期，罗马人有三个大会：古老的库里亚大会仍然存在，但地位不如百人队大会（comitia centuriata）和部落大会（comitia tributa）。在百人队大会中，公民以自己的百人队为单位参会和投票，在部落大会中则是以自己的部落为单位参会和投票。不过，我们不清楚发生这些变革的年代，而且值得重申的是，塞尔维乌斯和他的军事改革之间的关联并不清楚。如果这些重组发生在公元前6世纪，会与其他地方发生变革的时期相一致，诸如重甲兵作战的发展和重甲兵等级随之带来的政治影响，但我们不清楚这是一个单一的改革计划，还是一系列经历了更长时间的变革——它们又被后来的历史学家理想化，归功于一个魅力非凡的人物。古人描绘的系统化改革并不太符合古风时期意大利支离破碎和动荡不安的社会与政治现实，而且一些细节可能是不合年代的。古代历史学家的版本估计最多只是对更长期变革的合并与理想化。

拉丁姆的冲突与征服

罗马传说将国王（特别是最后三位）与对拉丁和萨宾邻邦的战争以及罗马领土的扩张联系在一起。据说老塔克文曾击败过萨宾人和拉丁人，夺取了科洛提亚（Collatia）的定居点，将罗马的控制范围扩大至拉丁人的领土。他还被认为曾经袭击了维伊的领土，后者是罗马在北方最强大的邻居。罗马与维伊的冲突延续到了塞尔维乌斯·图利乌斯的统治时期，其间他对拉丁人取得了其他军事胜利，但享有军事领袖盛誉的还要数"高傲者"塔克文。

据说尽管经历了苦战，他还是夺取了加比城，而李维表示，夺城是通过诡计而非战场上的胜利。对罗马势力的长期扩张而言，更重要的也许是他（据说）开启了对沃尔斯基人的战争，这场战争贯穿公元前 5 世纪，为罗马征服拉丁姆南部铺平了道路。攻下波梅提亚对他而言特别重要，因为其战利品为他雄心勃勃的罗马重建计划提供了资金。

上述的扩张叙事存在问题，而我们的史料中列出的许多征服可能是伪造的，但人们普遍认为，罗马的领土扩张在公元前 6 世纪末之前很久就已经开始了。比如，维伊曾经占据过台伯河北岸的一大片土地，而罗马发展为一个地区大国，对前者的地位构成了威胁。公元前 5 世纪 80 年代，维伊和罗马爆发了长期且断断续续的冲突，但在此之前，两者之间可能有过一个关系紧张和越界袭击的阶段，可以追溯到公元前 6 世纪。有良好的理由猜测，等到"高傲者"塔克文被推翻的时候，罗马已经在台伯河对岸站稳了脚跟，并控制着一直延伸到海边和阿尔巴丘陵的领土。

按照李维和狄俄尼修斯的说法（李维，1.50—1.75；哈利卡纳苏斯的狄俄尼修斯，4.45—4.60），尽管波梅提亚遭到了洗劫，但罗马与一些被打败的敌人签订了条约。反对过罗马的加比城重要人物被处决或流放，因此该城落入了"高傲者"塔克文的支持者手中，而一批批罗马殖民者被派往奥斯提亚、科拉、西尼亚（Signia）、基尔凯伊（Circeii）、波梅提亚和费德奈。但支持这种说法的证据很少，上面描绘的许多内容似乎是基于后来的罗马人在处理被打败的敌人时的做法。不过，罗马最早的条约《卡西乌斯条约》（Foedus Cassianum）——它的文本在公元前 1 世纪仍然存在——传统上被认为缔结于公元前 493 年，因此罗马在公元前

6世纪末已经在拉丁姆建立同盟并不是不可能的。

关于殖民的考古学证据的问题更大。人们在奥斯提亚发现了早期道路系统的痕迹，也许可以追溯到公元前6世纪，但其最早的建筑要更晚，可能是公元前4世纪初。科拉、西尼亚、基尔凯伊和波梅提亚都位于小山顶上，周围是石头护墙，而波梅提亚还有一座神庙［如果它被正确认定为萨特里库姆/博尔戈勒费里埃雷（Borgo Le Ferriere）］，但没有令人信服的证据表明，它们是否与罗马人的定居点有关。[8] 特默（Termeer）调查了史料中提到的该地区早期殖民地的遗址，其研究揭示了一种典型的发展模式。它的特点是一个公元前6世纪到前5世纪的领土重组的阶段，其间有成片的小定居点发展起来，并且宗教建筑也发生了变化，通常包括建造或翻修神庙，可能是将它们作为新定居者的中心点和集会地。虽然有资料将罗马的战役和随后的殖民地描述为有组织的、国家主导的事件，但现实可能更加混乱。就像布拉德利和罗林斯指出的，古风时期的意大利战争同样可能是率领着武装追随者的雇佣兵队长——出于他们自己的意愿——发动的突袭，而许多早期的"殖民"定居点可能是这些队长夺取土地并将其分给追随者的结果。罗马的势力正在扩张，这几乎没有疑问，但它可能是一些单独战团的行为结果，而非通过国家组织的军事行动达成的目的。

虽然我们的材料用一种征服叙事来描绘罗马与邻邦之间的关系，但和平的接触——无论是个人层面还是国家层面——同样重要。在像早期意大利那样被强大氏族主导的社会中，重要人物及其家族之间的关系是强有力的外交工具。这一模式在东方化时期就已经确立，而在整个公元前6世纪，重要人物通过家族结盟和友谊与其他地方的地位相当者建立了关系网。比如，李维告诉我们，"高傲者"塔克文试图通过与其他拉丁城市的统治贵族建立良好的关系来扩大他在那里的影响力，特别是他把自己的一个女儿嫁给了图斯库鲁姆的屋大维·马米利乌斯，这种行为模式得到了物质证据的佐证。在罗马发现的铭文中包括一块公元前6世纪的狮子形状的象牙板，很可能是一件宾主信物——两个人之间建立友谊和相互款待的正式协议的一个记录——的一部分。象牙板上刻的名字是伊特鲁里亚语的，表明这可能是一位伊特鲁里亚人与一位罗马人之间的友谊宣言。这种类型的协议远远超出了现代友谊的概念，它不仅仅是一种基于个人喜好的纯粹私人和非正式的关系。被宣布为某人的宾友意味着在公共和私人事务中，双方有了相互款待和支持对方的正式责任。当来自不同国家的贵族之间存在这种通婚和宾友关系时，它们将成为在其他城市建立影响和支持网络的一种方式。

　　罗马和迦太基之间的一份条约证实了罗马在该地区乃至整个西地中海的地位不断提高。从公元前500年左右开始，迦太基就对意大利中部有了浓厚的兴趣，可追溯到约公元前500年的普尔吉金牌证明了这一点。这些金牌是在卡伊雷的港口普尔吉的乌尼圣所中发现的，用伊特鲁里亚语和布匿语记录了卡伊雷的统治者忒法里埃·维里亚纳斯与迦太基人签订的关于这个圣所的协议。卡伊雷的统治者愿意建立这个共享的圣所，迦太基人也认为有必要这样做，这表明了迦太基与伊特鲁里亚之间联系的重要性和长期性。罗马与迦太基的关系甚至更为重要，并最终导致了三场激烈的战争，为罗马统治西地中海铺平了道路。最初的联系是罗马和迦太基之间的一系列条约，按照波利比乌斯的说法，其中最早的签订于公元前 508/507 年，即罗马共和政府的元年。这些条约规定了罗马人被允许与西西里的迦太基定居点进行贸易的条件，并规定罗马人不得驶入迦太基沿海地区。更有趣的是，它表示：

> 迦太基人不得亏待阿尔迪亚、安提乌姆、劳伦图姆、基尔凯伊、特拉基纳（Terracina）或其他任何服从罗马的拉丁人城市的人民。对于那些不服从罗马的拉丁人，他们不应染指这些人的城市，如果夺取了其中的任何一座，他们会毫发无损地把它交给罗马。
>
> （波利比乌斯，3.22.11—3.22.12）

相互矛盾的证据——关于罗马和迦太基之间存在多少条约以及它们的年代[9]——让此事变得混乱，但波利比乌斯不仅声称读过条约，而且还对其晦涩而古老的语言做了评论，暗示他看到的是一份真正的早期文件。关键在于，如果认定这一条约的签署年代很早，那么在公元前 6 世纪末，该地区的其他强国（如迦太基）就已经认可罗马对拉丁姆大部分地区的统治，承认了罗马对拉丁人的领导地位。

古风时期罗马的经济和社会

拉丁城市在那个年代发展迅速，罗马在某一方面上成了该地区最大的城市，尽管很难确定它的规模和人口。如果根据瓦罗的描述（《论拉丁语》，5.45—5.54）来重建，这座所谓的"四区之城"（即因塞尔维乌斯改革而设立的四个部落）约为 285 公顷。让这一问题变得复杂的是，人们目前正在争论（相关证据将在下文进一步讨论）罗马在当时是否完全被防御工事环绕，如果是的话，那么有多大的面积被公元前6世纪的所谓"塞尔维乌斯城墙"包围。齐法尼的估算表明，这些防御工事周长约为11千米，围起了一个面积约427公顷的区域。其他学者则拒绝接受这一观点，特别是康奈尔，他们觉得这对王政时期来说太大了。康奈尔和安波罗认为，到公元前6世纪时，罗马的人口为3万—3.5万人，这些数字部分是基于同伊特鲁里亚城市的比较——它们的证据更可靠。即使这些数据是高估的，但几乎没有疑问的是，公元前6世纪的罗马在人口和面积上都比附近的其他定居点（比如拉维尼乌姆、萨特里库姆和加比）大得多，比卡伊雷和塔尔奎尼等伊特鲁里亚城市都大，尽管比意大利南部的希腊城市小（表3和表4）。

像古代意大利的大多数城邦一样，罗马依赖其周围领地的产出，塞尔维乌斯的改革证明了土地的重要性，将社会地位和军事义务与对地产的估价联系在一起。不过，罗马并不完全依赖农业，而是与意大利其他地区以及更广大的地中海世界保持着广泛的经济联系。主要来自雅典的进口希腊陶器显示出与希腊世界的贸易联系和文化关联。

在社会方面，罗马等级分明，就像同时代的大部分意大利社会一样，强大的氏族发挥着核心作用。我们自然地认为战争或外交是国家的专属活动，其实它们却往往是由私人进行的，他们利用自己的资源和与其他城市的地位相当者进行社交接触。单独的贵族可以调动扈从武装——实际上是由门客和依附者组成的私人军队。在某些情况下，这些部队显然会作为规模更大的军队的一部分，或者作为城邦军队的一部分作战。而在另一些情况下,他们可能是按照个人而不是国家的要求行动。对于这种情况,我们有证据表明,为了实现自己的目标——无论它们当时是什么——贵族会发动私人战争,有的还会与其他类似的个人组成临时联盟,后者有时并不来自同一个城市。弗朗索瓦墓中的绘画描绘了这种情况,来自不同国家的武士——包括马斯塔尔纳/塞尔维乌斯·图利乌斯和维贝纳兄弟——与他们的追随者一起厮杀。另一个例子是所谓的萨特里库姆之石(Lapis Satricanus),它是来自拉丁城镇萨特里库姆的早期铭文。刻有该铭文的石头被改作建筑石料,用于重建萨特里库姆的曙光之母神庙,这座神庙最晚可以追溯到公元前 500 年。波普利俄斯·瓦莱西俄斯(Poplios Valesios)——罗马人名普布利乌斯·瓦莱利乌斯(Publius Valerius)的旧拼法——的同伴们(sodales)把它献给了战神,进献者很可能是由瓦莱西俄斯率领的一支私人军队。关于私人军队的行动的其他例子包括:公元前 479 年法比乌斯家族对维伊发动的战争、公元前 504 年萨宾贵族阿皮乌斯·克劳狄乌斯(Appius Claudius)在 5000 名武装人员的陪同下抵达罗马,以及格奈乌斯·马尔基乌斯·科里奥拉努斯(Gnaeus Marcius Coriolanus)著名的背叛事件,他在公元前 5 世纪带着一大批武装门客向沃尔斯基人投降(李维,2.15—2.17,2.35—2.41,2.45—2.47)。这并非一种不寻常或小范围的现象,而是古风时期社会的一个重要方面。萨特里库姆铭文中的进献者认为自己是特定个人的同伴,这个事实非常重要,因为它意味着他们效忠于这个团体的首领,而不是特定的国家。这类团体及其首领似乎可以相对容易地穿越政治和民族边界;而当某个国家符合他们的个人利益时,他们则会依附于它。

古风时期的意大利是一个人员流动性很强的地区，无论是社会上还是地理上，特别是对有很高地位的人来说，比如德马拉托斯和老塔克文，以及更具历史色彩的阿皮乌斯·克劳狄乌斯和波普利俄斯·瓦莱西俄斯。位高者之间的人脉网络可以使这些人自由往来于不同的城市和地区之间。宾主信物为来自不同城市的家族之间的友谊和款待的正式关系提供了证据，比如，在罗马发现的信物上使用了伊特鲁里亚语，暗示罗马和伊特鲁里亚家族之间存在着坚实的纽带。在邻近城市的贵族家族之间，通婚似乎相对普遍，这加强了我们对一个高度流动的社会的印象。

我们并不完全清楚氏族的结构，以及这样一个组织可能是如何运作的。克里斯托弗·史密斯（Christopher Smith）认为，罗马氏族有着比之前所暗示的更为松散的结构，随着时间的推移，氏族内部的各个核心家族群体之间的联系将不可避免地疏远，意味着此类群体的凝聚力很难维持到几代人之后。传统印象里氏族的某些方面在实际中是如何运作的，无疑让人费解——可能是因为它们描绘的是一个理想化且不合年代的版本。一个氏族首领很难维持对所有的下属支派的完全支配，我们应该警惕把政治行为完全视作由家族关系决定的事情。塔克文家族复杂的家谱表明家族结构可以有多复杂，而本章最后一部分对塔克文王朝垮台的描述显示了王朝政治的不稳定。氏族的组织和运作方式显然会随着时间而改变。氏族仍然是古风时期罗马（和其他意大利社会）运作方式的核心，但到了公元前5世纪中叶，许多重要的方面（如土地的公共所有权）已经消失。[10] 不过，氏族是古风时期的罗马和意大利社会的基本组成部分，军事、外交和政治事务的许多方面都是以人与人间或家族间的交易进行的。

在古风时期的罗马，贵族家庭的女性似乎很有影响力。塔克文家族传说的一个显著特点是王室女性的突出作用。根据描述，塔娜奎尔对她的丈夫施加了可观的影响，在确保塞尔维乌斯·图利乌斯继承王位的过程中扮演了关键角色。尽管小图利娅是一个典型的"恶妇"，但她积极参与了确保"高傲者"塔克文登基的行动。塔克文·科拉提努斯的妻子卢克莱提娅是一位贤德而忠贞的妻子。这些显然是文学上的刻板印象，将贤德的卢克莱提娅与邪恶的小图利娅做了对比，当李维想要暗示秩序的崩溃时，他似乎将突出形象给予了女性——女性的影响本质上是坏的和不自然的。不过，罗马女性——不同于被认为应该避世生活的古希腊女性——在贵族家族的生活中发挥了积极的作用。罗马女主人被认为应该过贤德的生活，生活区域主要局限于家庭内，但在古风时期的罗马世界，许多国家活动与强势个人的行为和家族关系密切相关，女性可以发挥相当大的影响力，尽管这种影响力是间接的，需要通过她们的男性亲属施加。

考古学证据证实了贵族女性至少曾享有较高社会地位的观点。罗马和周围的拉丁共同体的一些最奢华的墓葬属于女性。在那个社会里，通过正式和引人注目的墓葬来纪念女性的情况比纪念男性的少得多，因此其中一些贵族女性的墓如此显赫是令人震惊的。在罗马，关于显赫女性的考古学证据没有伊特鲁里亚那么引人注目，但这主要是因为我们没有罗马相关历史时期的墓葬证据。在古风时期的罗马，贵族女性的崇高地位显然不是李维想象的虚构产物，她们通过男性亲属施加影响——不管多么间接——也并非完全不可信。

"塔克文家族的伟大罗马"

伴随着公元前 6 世纪罗马制度的变化，以及更大范围内的文化和经济变化，罗马城物理上的发展也出现了变化。1990 年，在罗马举办的一场古风时期的考古发现展览被命名为"塔克文家族的伟大罗马"（*Il Grande Roma dei Tarquini*），反映了城市的快速扩张、纪念性建筑的落成和当地丰富的文化。

公元前 7 世纪初来到罗马的游客会看到一个由木屋和茅舍组成的城市，其间夹杂着墓地和圣所，以及罗马广场上市政建筑的雏形。然而，公元前 6 世纪末来到罗马的游客会看到一个截然不同的城市（图 22）。他走进的可能是一个被防御性城墙包围的城市，尽管这仍然是个有争议的问题（本节稍后将做讨论）。沿着穿过市中心的游行路线圣道漫步，他们会经过帕拉丁山脚下的街道，

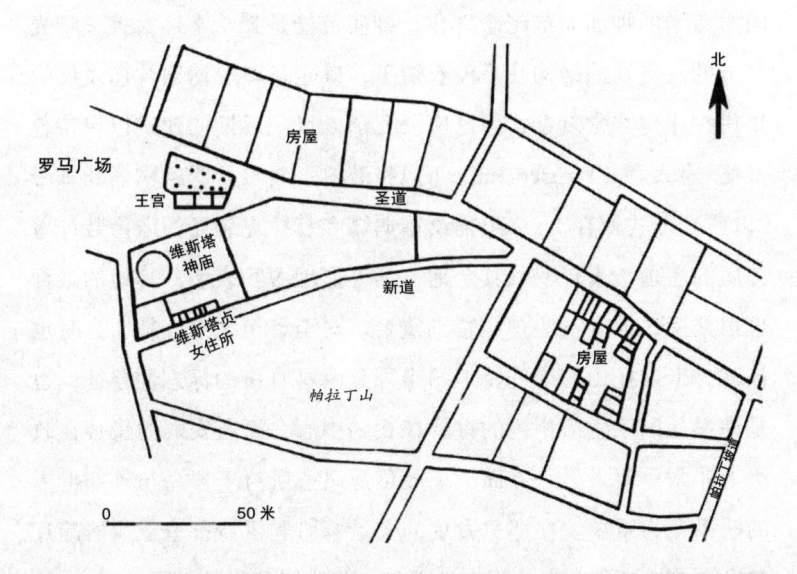

图 22　罗马：公元前 6 世纪帕拉丁山和罗马广场周围的建筑平面图

两旁排列着装饰有彩陶檐口的大房子。走进刚刚被排干的罗马广场，他们会看到更多的宏伟建筑，以及卡皮托山上新落成的巨大石头神庙。除此之外，牛市上还有一座伊特鲁里亚风格的新神庙。罗马正朝着成为一座宏伟城市的方向迈进。

  公元前7世纪，罗马城内一些关键的宗教场所已经投入使用，但公元前6世纪是与公共生活的重要方面有关的那些罗马城区的主要发展时期。在后来的许多神庙和圣所遗址上都发现了更早的许愿物祭品，但公元前6世纪是一个重建和扩展的时期。一些重要的宗教遗址上建造了宏伟的神庙，其中最重要的是一座公元前6世纪末建于卡皮托山上，用石头、木材和赤陶建造的大神庙，被献给了至善至大朱庇特。神庙的石头地基达到了巨大的61米×55米，是古代世界当时最大的神庙建筑，可以与古风时期希腊世界的任何神庙相媲美。位于牛市附近的圣奥莫博诺圣所同样因为新增的神庙而被纪念碑化，神庙可能是献给幸运女神或曙光之母的。建筑的结构几乎没有留下，确定圣奥莫博诺神庙发展的年代顺序也非常复杂，但这座公元前6世纪后期的建筑以伊特鲁里亚-意大利（Etrusco-Italic）风格装饰，装点着彩绘陶俑和饰带（以残片形式留存）。一组描绘雅典娜和赫拉克勒斯的雕像装饰着神庙的屋顶。来自罗马其余地方的许愿埋藏物表明，其他的崇拜也很繁荣，但有三座神庙特别重要。对至善至大朱庇特（有时也被称为卡皮托山的朱庇特）的崇拜是罗马身份的标志性象征，也是许多与国家生活相关的重要仪式的中心，而狄安娜的崇拜在政治上非常重要。另一方面，圣奥莫博诺圣所对于罗马与外部世界的联系尤为重要。在那里发现的大量希腊和伊特鲁里亚陶器碎片暗示，该地区经常有外国来访者和一些非罗马居民光顾。

当时，罗马的其他公共区域也经历了重大发展，可以被与史料中告诉我们的关于最后三位国王的故事联系起来。建造大下水道（cloaca maxima）来排干罗马广场区域，创造一个布局更加正式的罗马广场，为柱廊和商店留出区域，这一切被以各种方式归功于老塔克文和"高傲者"塔克文。据说，塞尔维乌斯·图利乌斯扩大了城市的仪式边界——城界——将罗马的几座小山囊括在内，并在城市周围修建了一道防御墙。不过，这方面的证据是有争议的。加布里埃勒·齐法尼对公元前4世纪的罗马城墙（被误认为"塞尔维乌斯城墙"，尽管它的年代要晚得多）的一项研究发现，它的某些部分下面有公元前6世纪的防御工事。齐法尼认为，有足够的证据重建这一环城工事的轮廓，它周长11千米，包围了约427公顷的区域，由石墙、土方工程和沟渠组成。不过，这些工事的规模和完整性值得商榷。塞思·伯纳德（Seth Bernard）对证据做了考察后认为，这些城墙不是包围整个罗马的单一工事，而是包围单座山丘的一系列工事，罗马直到公元前4世纪才成为完全被城墙包围的城市。康奈尔也对罗马的城市中心在公元前6世纪时达到427公顷表示怀疑，认为根据瓦罗的描述推算出的285公顷这个数字更加可信。罗马城区的大小和防御工事的规模至今仍然充满争议。

从考古学的角度看，罗马广场的发展存在大量证据支撑。人们已经发现了几段在公元前6世纪铺设的路面，而来自该区域的大量赤陶装饰的碎片表明，广场周围的建筑正变得更加精致，装饰也更加丰富。在王宫和集会广场所在地附近发现的一块刻有公元前6世纪铭文的石头——位于所谓的"黑石"（Lapis Niger）下方——似乎记录了宗教律法或仪式，仪式与某个圣所（可能是伏尔甘神庙）有关，由国王主持，传令官协助（彩图19）。集会广场是后来的罗马政府的中心，是元老院的所在地，也是罗马人民开会选举行政长官和通过法律的地方。这个区域被纪念碑化和重新开发的时候，罗马的政治组织正在变得更加复杂——这很可能不是偶然。即使抛开城墙的问题不谈，这些公共工程也意味着可观的金钱和人力支出，显示了罗马的财富和公民的雄心，也表明那里有了某种程度的集权化政治权威，可以计划和实施这样的艰巨任务。

在精美建筑上的花费不仅限于神庙等公共建筑。人们在对帕拉丁山的发掘中找到了一些庞大的石头建筑，既有私人住宅，也有公共建筑。房子的入口狭窄，有通向中庭或院子的房间，尽管其支离破碎的保存状态意味着无法确定内部布局的许多细节。卡兰迪尼认为它们是中庭式罗马宅院的原型，但他的再现理论存在争议。不过，这些庞大而复杂的建筑，一定是贵族家族的住宅。它们位于圣道旁，这条通往卡皮托山的街道是宗教仪式和军事凯旋的游行路线，是罗马最负盛名的地区之一。人们在帕拉丁山和维利亚山的发掘过程中找到的一组建筑被发掘者安德里亚·卡兰迪尼认定为老塔克文本人的房子。不过，这种观点很有问题。这座建筑很可能是公元前6世纪的私人住宅，但它的位置与史料中对塔克文宫殿所在地的描述不符。

城界之外也有发展。阿文丁山上的狄安娜圣所就在城界外不远处，据说它是由塞尔维乌斯·图利乌斯建立的。在奥古斯都皇帝统治时期，一份记录了此事的铭文显然仍然存在。有意思的是，我们被明确告知，这处圣所的建立不仅是为了供罗马人使用，也是为了作为所有拉丁民族共同的宗教中心。它的位置在城界之外，因此严格说来位于罗马城外,这方便了非罗马人的访问。我们尚不清楚它的形制;公元前 6 世纪时,它可能是一个带祭坛的露天围地,后来又增加了一座神庙,但这里是一个重要的圣所,并在公元前 5 世纪具有了政治意义。

罗马的港口台伯港(Portus Tiberinus)就位于阿文丁山脚下,差不多在同一时期开始发展起来。大下水道的建成排干了这一区域的积水,使得在港口附近建造幸运女神、曙光之母和波尔图努斯的三座神庙成为可能。[11] 据说塞尔维乌斯·图利乌斯(哈利卡纳苏斯的狄俄尼修斯,4.27.7;李维,5.1.9.6)建了一座幸运女神或曙光之母的神庙,而圣奥莫博诺教堂下公元前 6 世纪的发现物证实,那个时期的确有神庙建筑存在。这座建筑几乎没有留下什么残迹,当时它似乎只是一座单一的神庙,但建筑上相关的陶土构件暗示,这是一座令人印象深刻的建筑。[12]

在更远些的地方,人们在后来的弗拉米尼乌斯门(Porta Flaminia)——位于罗马北侧,远远超出了公元前 6 世纪的边界——外还发现了一座公元前 6 世纪的大型别墅的遗迹。它的规模令人印象深刻,建筑占地 200 平方米,布局类似于帕拉丁山上的房子。音乐厅别墅(Villa Auditorio)的用途尚不得而知,但就像伊特鲁里亚穆尔洛的建筑一样,它很可能充当了贵族住宅、崇拜场所和经济生产中心。古风时期意大利的贵族不仅在城市中展示财富,还在远离主要定居点的地方建造了豪华的别墅风格的住宅。

公元前 6 世纪不断变化的建筑风格反映了罗马不断扩大的文化视野。新的建筑——无论是公共的还是私人的——在形式和装饰上都紧密依托于它们的伊特鲁里亚模板。卡皮托山和圣奥莫博诺的神庙是伊特鲁里亚式的,有一个很深的门廊,主殿分为三个部分。它们以及其他许多公共和私人建筑都以伊特鲁里亚人的方式用彩绘陶俑进行装饰,其中一些可能是伊特鲁里亚工匠制作的。一个著名的例子是,据说老塔克文曾委托伊特鲁里亚雕塑家——维伊的伍尔卡(Vulca of Veii)为他在卡皮托山上新建的朱庇特神庙制作崇拜塑像。[13] 普林尼对此的描述让人们对新神庙的宏伟有了真切的印象:

> 老塔克文召见了维伊的伍尔卡,命令他在卡皮托山竖立一座朱庇特像;塑像应该由赤陶制成,并涂成朱红色;在神庙的山墙两端是赤陶做的四轮马车,我们经常听人说起它们。
>
> (普林尼,《自然史》,35.157)

罗马广场和一些主要宗教圣所进行的重建的规模表明,古风时期罗马的财富、雄心和政治影响力正在与日俱增。这种规模的项目需要投入大量资金和人力,也要求高水平的行政和政治组织。老塔克文和他的继任者从对拉丁人和萨宾人成功的战役中获得的战利品可能为新建筑提供了大部分费用。不过,怀斯曼和卡兰迪尼之间关于所谓的"塔克文王宫"的争论表明,将罗马的纪念碑化与特定的个人联系起来是不可能的,特别是在这些人甚至可能并非历史人物的时候。李维将"高傲者"塔克文描绘成一个热情的罗马重建者,这与那些支持公元前6世纪有过一个重建时期的考古证据相一致,但这不能"证明"塔克文作为一个历史人物的存在。

伊特鲁里亚人还是罗马人？

人们在罗马发现了大量有关伊特鲁里亚文化的证据，那里有过出身伊特鲁里亚的国王，再加上伊特鲁里亚人的势力扩张到了伊特鲁里亚本土之外，这些都引发了一场关于罗马和伊特鲁里亚人之间关系的激烈辩论。在公元前6世纪里，罗马实际上被一个或多个伊特鲁里亚国家征服过吗？或者说，这个"伊特鲁里亚化"阶段是文化影响的结果，而不是政治统治的成效？这种观点大致认为：如果没有对拉丁姆和罗马的统治，伊特鲁里亚在坎帕尼亚的扩张不可能发生；一些国王的伊特鲁里亚出身表明，罗马曾被某个曾经征服它的伊特鲁里亚城市扶植的傀儡统治者管理；而罗马文化中的伊特鲁里亚元素就是这一过程的结果。

但这种观点的问题在于，它需要对古代材料进行大幅度的重新解释，因为这些材料中都没有提到伊特鲁里亚人的征服。20世纪时，多位历史学家激烈地辩称，古代史料相当于掩饰之辞，它们将塔克文家族说成迁来罗马的移民，以掩盖公元前6世纪繁荣的罗马是处于伊特鲁里亚人统治下这一令人不快的事实。然而，所有这些都不能证明罗马落入过任何伊特鲁里亚城市的控制之下。

为了弄清这种状况，我们需要厘清该问题政治和文化上的不同方面。我们的材料都提到，在罗马生活着有影响力的伊特鲁里亚家族——特别是塔克文家族——但他们已经在罗马生活了好几代，独立地统治罗马，以牺牲伊特鲁里亚邻邦为代价来维护罗马的权力。伊特鲁里亚人的存在可以用这一时期高度的个人流动性来解释，因为这意味着个人完全有可能从一个城市迁移到另一个城市（有时还带着大量追随者），甚至在那里担任重要职位。伊特鲁里亚人在罗马的存在是流动性的范例，而不是外国势力征服的证明。

尽管如此，在这一时期，罗马和伊特鲁里亚之间无疑关系密切。罗马文化——特别是精英文化——深受伊特鲁里亚人的影响，但这种无处不在的影响并非征服的结果。伊特鲁里亚文化是该时期在意大利中部占主导地位的贵族文化，在远至波河流域、利古里亚和坎帕尼亚等地区的土著文化中都可以看到伊特鲁里亚文化的影响。伊特鲁里亚-意大利这一术语被一些学者用来描绘该时期的艺术和物质文化，反映了伊特鲁里亚和其他意大利元素在一定程度上已经融合成一种混合文化，被意大利北部和中部许多地区的精英所共享。如果在罗马和拉丁姆看不到伊特鲁里亚文化，那反倒更令人惊讶了。技术创新、艺术风格和新型手工艺品通过意大利中部贵族之间的接触和工匠在不同城市之间的流动得以传播。许多最引人注目的物品在精英家族之间流通，如整个意大利中部的富人墓葬中发现的东方化银器或青铜器皿，以及希腊和伊特鲁里亚陶器——它们作为嫁妆或礼物的一部分被交换，也同时传播了对新的艺术风格和奢侈品的喜好。采用伊特鲁里亚风格的建筑和建筑装饰也可能是一种"与邻居保持一致"的方式，人们为此模仿了卡伊雷和塔尔奎尼等强大而历史悠久的伊特鲁里亚城市当前的风格。这种风格的建筑表明，委托建造它们的人有国际爱好，也有财富和能力从伊特鲁里亚引进最好的工匠。但他们无法证明，罗马在其历史的这个阶段是伊特鲁里亚人的属地。

到了公元前6世纪末，罗马已经发展成为一座不断扩张、拥有宏伟建筑的城市。庞大的营建计划既显示了城邦的繁荣经济，也显示了其将自己确立为重要地区势力的雄心。令人印象深刻的私人住宅显示了统治精英的活力和社会野心，有证据表明，罗马贵族与邻近城市的贵族之间存在密切的人脉网络。与此同时，罗马城正在经历最初阶段的组织性变革，这改变了公民和国家之间的关系。领土和人口的扩张是这座城市经济繁荣的醒目证据，而进口奢侈品和外国工匠的存在表明，它是横跨意大利中部和地中海的国际贸易网络的一部分。所有这些都为一个罗马的地位在当地不断提高的时期奠定了基础，它被确立为最强大的拉丁人城市，可能成了伊特鲁里亚维伊的劲敌。不过，这一切都是公元前6世纪末一个动荡和变革时期的前奏，对国王的驱逐和罗马共和国的建立就发生在那个时候。

塔克文家族的败亡

根据罗马传说，塔克文王朝的终结发生在公元前6世纪末（传统说法是公元前510或前509年，根据波利比乌斯的说法则是公元前508或前507年），当时最后一位塔克文家族的国王"高傲者"塔克文被废黜，被两名推选出的执政官取而代之。对"高傲者"塔克文的描绘普遍充满敌意，后来的罗马人对国王和王权的厌恶也源于他的行为和名声。[14] 我们的史料把他说成一个篡位者，他与自己的妻子合谋杀害了岳父塞尔维乌斯·图利乌斯，并夺取了权力。他被描绘成一位卓有成就的统治者，是他将罗马的影响力扩展到拉丁姆的所有重要地区，也是他修建了许多的新建筑并以大型建筑纪念罗马本身，但他同时是一个残忍而蛮横的人，为人专制，依赖武装侍从来保护自己和威吓敌人，缺乏对法律和传统的尊重。他的性格和行为非常接近古希腊的僭主，而且正如人们经常指出的那样,许多关于他的统治的传说也与其他僭主的那些非常相似,比如公元前6世纪的雅典统治者庇西斯特拉托斯(Peisistratos)。

据说"高傲者"塔克文的最终垮台和被黜是由他的一个儿子塞克斯图斯·塔克文(Sextus Tarquinius)的行为引发的,此人强奸了自己的堂兄弟塔克文·科拉提努斯的妻子卢克莱提娅。卢克莱提娅随后自杀了,这一暴行激使科拉提努斯和他的一群亲朋好友——包括卢基乌斯·尤尼乌斯·布鲁图斯(Lucius Junius Brutus)、普布利乌斯·瓦莱利乌斯·波普利科拉(Publius Valerius Poplicola)和斯普利乌斯·卢克莱提乌斯(Spurius Lucretius)——煽动罗马人民反对"高傲者"塔克文,谴责他是暴君,并罢黜了他。这位国王当时正在和阿尔迪亚作战,等他回到罗马时,发现城门已经对他关闭,而一个贵族反叛集团控制了城市。布鲁图斯、科拉提努斯及其合作者派出使者,后者说服了军队来支持反叛者,塔克文和他的儿子们被迫流亡。国王被两名由选举产生的、任期一年的官员取代。

在随后的动荡时期中,罗马与塔克文家族和维伊开战,塔克文还多次试图复辟。形势在公元前508年变得更糟。克鲁西乌姆的统治者拉斯·波塞纳(Lars Porsenna)宣布为塔克文而战,向罗马进军。他一直打到台伯河对岸的雅尼库鲁姆山,并包围了罗马城。这一事件催生了许多关于罗马英勇事迹的著名故事——为了保卫共和国——包括"独眼"贺拉提乌斯(Horatius Cocles)史诗般地守卫台伯河上的苏布里基乌斯桥(Sublician Bridge),他一直坚持到罗马人成功拆毁了它。其他著名的事迹包括"左手"盖乌斯·穆基乌斯(Gaius Mucius Scaevola)的坚忍,他宁愿让波塞纳烧掉自己的右手，也不肯向敌人泄露信息。一群被俘的罗马妇女也在克洛伊莉亚（Cloelia）的领导下成功逃脱，她鼓励妇女们游过台伯河，逃到安全的地方，这成了女性美德和英勇行为的标志性例子。人们普遍认为，位于圣道尽头的一尊马背上的女性的雕像是为了纪念她——这是一种罕见的荣誉，因为其他的女性的骑马雕像非常少见。尽管罗马处于劣势，但波塞纳还是放弃了围城，率军继续深入拉丁姆。公元前505年或前504年，他在阿里基亚战役中被拉丁人和库迈人的联军彻底击败。这次对罗马的攻击失败后，塔克文和他的女婿——图斯库鲁姆的屋大维·马米利乌斯说服拉丁城市与罗马开战，为夺回他的王位做最后一搏，但他们在雷吉鲁斯湖（Lake Regillus，按照不同的说法，时间为公元前499年或前496年）战役中被打败，据说罗马在这场战斗中得到了双子神卡斯托尔和波吕克斯的帮助。塔克文最终放弃了，流亡的他在库迈度过了余生，而公元前493年的执政官斯普利乌斯·卡西乌斯（Spurius Cassius）与拉丁人达成了和平条约。

这段叙述中有很多矛盾和令人费解的地方。关于最早的行政长官的名字有各种说法，包括布鲁图斯和科拉提努斯（李维）、布鲁图斯和贺拉提乌斯（波利比乌斯），以及布鲁图斯和瓦莱利乌斯·波普利科拉（西塞罗和普林尼）。对于这些新当选的统治者的权力，甚至是他们的头衔，我们都不清楚，这些将在第9章中进一步讨论。与伊特鲁里亚人和拉丁人的战争——特别是波塞纳放弃了对罗马的围城，尽管当时他显然占了上风——很难理解，尤其如果他的主要目的是恢复塔克文的权力，而细节方面即使在古代都有争议。李维和哈利卡纳苏斯的狄俄尼修斯坚称，罗马没有陷落于波塞纳之手，但普林尼和塔西佗都提到了另一个传说，即他占领了罗马,并强加了屈辱的议和条件。[15] 罗马内部的政治关系提出了一些有趣的问题,最值得注意的是:塔克文被驱逐的真正原因是什么?根据我们的材料,政变的两名领导者是塔克文家族的成员或亲属(布鲁图斯是国王的外甥,塔克文·科拉提努斯是他的堂侄:见图20谱系图),这就产生了一个疑问,为什么塔克文家族的某些成员比另一些更不可被接受。为什么布鲁图斯和科拉提努斯在这个家族显然非常不受欢迎的时候仍能在新的共和国任职(尽管后者是短暂任职),而布鲁图斯又如何设法摆脱了将所有塔克文家族成员流放的法令?

罗马历史学家将塔克文家族的败亡和共和国的建立描绘成解放行为,认为它用选举制政府取代了专制君主,但这似乎是一个不太可能的情景。在反对"高傲者"塔克文的政变中,最重要的领导者是他的亲戚,尽管使用了解放的修辞,但驱逐塔克文家族看起来更像是统治者家族内部的冲突。

解决方法之一是否定古人对这一时期的描述,将其视为后来的发明,推行这种记载是为了让发生的政治变革更具叙事力量和条理性。另一种做法是把向共和政府的过渡视作一个过程,而不是单一的事件,国王的权力在此过程中被逐渐侵蚀,为更多的贵族所分享,后来的历史学家把这个过程纳入了更短的时间框架和戏剧性的个人叙述中。另一方面,我们也不能排除戏剧性政变,甚至是家族内部纷争的可能性。正如蒂姆·康奈尔所指出的,在罗马这样的社会,社会和政治影响本质上是王朝的,史料中描绘的那种强大家族之间(甚至在内部)的冲突和世仇并不少见,个人侮辱和复仇可能会产生深远的后果。

塔克文家族的消亡是王朝政治的结果,这符合我们对罗马

（及更广大的意大利）社会的理解。在一个把大家庭作为社会和政治结构核心的世界里，统治家族内部的权力斗争导致的政变并不鲜见。这并不排除罗马的统治经历了逐渐演化的可能性。国王的权力和角色也许在公元前6世纪发生了改变，共和国早期可能是一个试验时期，在那段时间里，我们可以同时看到延续和创新的方面。不过，演化说并没有解释为什么王权的概念在罗马人的心目中与暴政联系在了一起，它变得如此令人反感，以至于"国王"的头衔永久地变质了。这种对王权的根深蒂固的厌恶表明，从王政向共和国的过渡是由与最后一位国王相关的危机引发的。我们无法有把握地从波塞纳对罗马发动的战争中分离出事实，但伊特鲁里亚人对拉丁姆和坎帕尼亚的攻击符合上一章所描绘的动荡状况和力量平衡发生改变的普遍模式，也符合我们所知的伊特鲁里亚势力在坎帕尼亚的崩溃。综合考虑之下，这些证据指向在公元前6世纪末发生的一场不幸的剧变，它给罗马留下了持久的痛苦，并在更广泛的地区引发了冲突。

第 8 章
"公元前 5 世纪危机"与变化中的意大利面貌

　　罗马在公元前 6 世纪末和前 5 世纪遭遇的麻烦并非独一无二。伴随着民族和文化的变化，意大利各地都出现了混乱。伊特鲁里亚人在撤离坎帕尼亚，尽管北方的情况要好些。许多在后来的历史时代为人所知的民族群体第一次现身，或者对自己民族身份的意识达到了新的水平，并出现了经济压力和社会矛盾的迹象。公元前 5 世纪常被描绘成一个危机的时代，本章将考察在意大利发生的变化，它们对意大利社会的影响，以及它们是否真正构成了危机。

　　大范围的冲突是公元前 6 世纪末和前 5 世纪的一个特征。罗马与北方的伊特鲁里亚强敌和南方的拉丁姆各民族展开了争斗。伊特鲁里亚处于动荡之中，当地的各个城市正在争夺主导权，卡伊雷、维伊和塔尔奎尼等公元前 6 世纪的龙头被佩鲁西亚、沃尔西尼、阿雷提乌姆和克鲁西乌姆等北方的中心所超越。在拉斯·波塞纳的领导下，克鲁西乌姆尤其热衷于扩张：公元前 508—前 505 年，一支克鲁西乌姆的军队袭击了拉丁姆和坎帕尼亚，甚至还可能占领了罗马。南意大利同样战火不断。希腊人的城邦之间，以及希腊人和他们的一些意大利邻邦之间爆发了几场激烈的战争。公元前550—前530年左右，西里斯可能被雷吉翁、梅塔庞图姆和叙巴里斯的同盟所摧毁，而公元前510年，叙巴里斯自身也陷落于克罗顿之手。在阿普利亚，塔兰托在整个公元前5世纪初期都在同亚普吉亚人进行着时断时续的战争。公元前5世纪70年代，亚普吉亚人的城邦卡尔比纳（Karbina，可能是今天的卡洛维尼奥［Carovigno］）遭到了残暴的洗劫，尽管希腊人在公元前473年遭遇了严重的挫败，那年雷吉翁和塔兰托人的联军被亚普吉亚人决定性地击溃。不过，塔兰托人还是扩大了对阿普利亚南部和中部的控制，他们在德尔斐圣所建起两座大型的纪念碑，用来铭记他们的胜利。[1]

在坎帕尼亚，僭主阿里斯托德摩斯统治下的库迈正处于其影响力的顶峰。公元前524年，在成功率领了一次对伊特鲁里亚的战役后，阿里斯托德摩斯开始掌权，他着手建立一个反伊特鲁里亚的希腊人和拉丁人同盟，以便打压前者对坎帕尼亚中部的主宰。[2] 公元前505年或前504年，库迈人和拉丁人在阿里基亚附近的一场战斗中获胜，遏制了伊特鲁里亚人在坎帕尼亚的势力。公元前474年，库迈与叙拉古的联合舰队打败了伊特鲁里亚的舰队，抑制了后者的海军力量。这两次挫败将坎帕尼亚内陆的伊特鲁里亚人与海岸隔绝开来，并开始削弱他们对该地区的控制，实际上终结了伊特鲁里亚人的主宰。考古学记录显示，墓葬中的伊特鲁里亚商品和物件，以及伊特鲁里亚语的铭文都开始减少。[3] 这产生了深远的影响。坎帕尼亚变成了一个由来自亚平宁山区的说奥斯坎语的民族们主宰的地区，伊特鲁里亚人势力的衰弱是这一文化和民族变革的重要原因。对伊特鲁里亚人来说，这标志着他们对台伯河以南长期的文化和政治影响的终结，让他们加强了在意大利东北部和波河河谷的活动。这种活动从公元前 6 世纪就开始了，马尔扎博托建立了伊特鲁里亚人的定居点，而希腊人与伊特鲁里亚人混居的阿德里亚和斯皮纳也得到了发展。公元前 5 世纪，这些城市发展为新的贸易和制造业中心，成为希腊人和其他民族与波河河谷和意大利北部进行贸易的中转站。希腊与意大利之间贸易路线的这一改变是公元前 5 世纪拉丁姆和伊特鲁里亚南部在文化和经济上被进一步孤立的原因之一。

意大利许多地区还遭受了来自更远地区的威胁。大希腊遭到希腊世界的其他部分的侵扰：叙拉古在整个公元前 5 世纪一直在扩大自己的影响，公元前 4 世纪 90 年代，狄俄尼修斯一世最终占领了洛克里、雷吉翁、卡乌洛尼亚和克罗顿，而雅典人对西部的兴趣也更加浓厚。公元前 444 或前 443 年在叙巴里斯旧址上新建立的图利殖民地在名义上是一个泛希腊的项目，但雅典在其中有很强的势力。公元前 433 年由塔兰托建立的赫拉克利亚是对图利和意大利人入侵的回应，显示了塔兰托的力量。可能是在公元前 450 年左右，一位名叫狄俄提摩斯（Diotimos）的雅典海军将领带着雅典舰队造访了那不勒斯，据说在那里安置了新的殖民者。[4] 公元前 415 年，雅典几乎将意大利的希腊人拖进了它对叙拉古的灾难性远征之中。雅典人前往西西里途中在意大利登陆，试图以祖先的血缘纽带为由争取支持。自认是斯巴达殖民地的塔兰托拒绝允许舰队靠岸，但其他城市没有那么固执，雷吉翁还提供了一些帮助。

社会动荡与政治纷争

在意大利各地，与城邦之间的冲突相伴的是城邦的内乱。公元前490年左右，库迈僭主阿里斯托德摩斯被推翻，尽管他曾成功地击退伊特鲁里亚人，确立了库迈的影响力。在大希腊，兴起了以毕达哥拉斯的哲学学说为基础的新文化和哲学运动。[5] 当地成立了致力于简朴和节制的生活方式的毕达哥拉斯团体，尽管它们看上去似乎是为了反对炫耀性消费和贵族的挥霍无度而成立的，但团体成员也属于精英阶层。公元前500年左右，这些毕达哥拉斯团体在一些城市取得了政治上的主导权，特别是在克罗顿、叙巴里斯和梅塔庞图姆，但也引发了很大的反感。按照波利比乌斯的说法（2.39），在民众骚乱的一次次爆发中，毕达哥拉斯派被流放，他们聚会的房子也被烧毁。经过一段时间的内乱后，大希腊的许多城市采用了以任期一年的执政官为基础的选举制政府，尽管民众能够行使权力的程度有很大的差异。在塔兰托，大部分男性公民被允许投票和担任公职，而在其他城市，特别是洛克里，这仅限于社会和经济地位较高的阶层的成员。

对于伊特鲁里亚，我们没有那么多有关政治动荡的信息，但可以看到社会变化的迹象。小规模的家族墓葬——比如在沃尔西尼的克罗切菲索德尔图佛墓地，或者卡伊雷周围的墓地（彩图17）——数量越来越多，这暗示了个人习惯更加谦虚的（相比公元前7世纪和前6世纪的贵族）新精英家族的崛起。很难确定这些变化的影响，但共同的现象是，在多个地区的城市和国家，精英内部的不同势力都在进行权力斗争。

"危机？什么危机？"

经济变化让政治和社会矛盾雪上加霜。我们看到了对频繁的食物短缺、干旱、作物歉收和瘟疫的描述。贸易模式的改变和大范围冲突的消耗对意大利的一些地区造成了进一步的压力。债务的增长或土地分配的不公使经济困难变得严重。

在整个意大利，定居点模式和丧葬习俗都在改变，这可能是经济压力的结果。定居点和周围土地的关系发生了变化。对土地的耕作变得不那么密集，产量下降了，农场和小型农村定居点的数量减少。公元前450年左右之后，来自海外的进口物品数量下降，特别是奢侈品，城市发展也慢了下来。公元前480年到前400年左右，罗马很少有公共建筑项目，城市的发展也大大放缓。就连伊特鲁里亚的大城市也遭遇了经济下行，特别是南部地区。重要贸易伙伴叙巴里斯的毁灭，以及伊特鲁里亚人在坎帕尼亚影响力的下降，都影响到了伊特鲁里亚南部与希腊世界的贸易。进口的希腊陶器变少，特别是与贵族生活方式相关的器具，比如高质量的酒具和餐具，而伊特鲁里亚本地的制陶和彩绘作坊的产量和质量也下滑了。

波普洛尼亚、鲁塞莱（Rusellae）和波河河谷附近的北部地区则继续繁荣。在这里，继续有大批的希腊商品被进口，在家宅和墓葬中都发现了青铜器和其他奢侈品。其中许多是在伍尔奇生产的，这暗示意大利北部现在是奢侈品的重要市场。波普洛尼亚甚至开始铸造自己的钱币。在伊特鲁里亚各地以及远至西班牙的塔拉戈纳（Tarragona），我们都发现了公元前450—前425年左右的银币甚至金币，上面印着狮子的或戈耳工（三翅蛇发女怪）的头，显示商业活动的范围相当可观。这种新的经济秩序与该地区势力平衡方面的更广泛变化保持一致，北方城市崛起并成为伊特鲁里亚的经济和政治龙头，卡伊雷、塔尔奎尼和伍尔奇的力量和影响则衰弱了。

公元前 5 世纪坎帕尼亚的发展特别复杂。前 5 世纪初，卡普阿、卡莱斯、诺拉和努科里亚欣欣向荣。卡普阿和其他城市的陶器和青铜器作坊的产量特别高。精美的陶器被大批生产出来，许多是伊特鲁里亚布凯罗风格的，一种名为莱贝斯（lebes）的锅状青铜器尤其流行。在许多遗址中发现的大批建筑上的装饰性陶俑暗示，陶土雕像正在风靡，而大到足以需要这种装饰的房屋正在被建造。公元前 6 世纪末和前 5 世纪初，卡普阿和库迈都开展了大范围的公共工程，改善了供水系统和防御工事，对城市空间进行了重组，并建造了新的神庙。在文化上，伊特鲁里亚的影响在公元前 5 世纪初仍然占据主导。就连同萨莫奈接壤，在历史上被与说奥斯坎语的考迪乌姆人（Caudini）联系起来、更加闭塞和发展程度较低的内陆地区也经历了一个扩张时期，其标志是伊特鲁里亚风格的青铜器和陶器的生产，以及该地区的希腊进口商品的增加。不过，公元前 5 世纪，手工制品的产量大幅下滑，墓中的陪葬品数量减少、价值下降，圣所的许愿物的数量和质量也缩水了。营建活动慢了下来，农场和乡农定居点的数量下降。伊特鲁里亚人的语言和文化影响消失了，而新的精英丧葬习俗开始盛行。

有令人信服的证据表明，公元前 5 世纪时，意大利的许多地区出现了经济下行，但这是否意味着全意大利的危机则远没有那么清楚。在考古学证据中可以看到的一些改变可能反映了新的社会和文化行为，而非经济困境。在许多地区，显眼的墓葬的数量减少，而陪葬品的数量和质量都下降了，但我们可以把这些解读为文化变迁的结果，不再有那么多人认同纪念碑式的墓葬，并进行以墓葬和陪葬品为焦点的炫耀性消费。公元前 6 世纪时，贵族已经开始改变东方化时期通过奢华的墓葬进行炫耀的做法，转而接受更有节制的文化。这方面最明显的例子可能是公元前6世纪末的毕达哥拉斯主义者共同体和公元前5世纪的罗马《十二铜表法》，前者推崇更加朴素的生活方式，后者对奢华的葬礼和墓葬做了具体的限制。社会风气变得朴素，炫耀财富和地位的做法遭到鄙视。丧葬习俗的改变可能是因为这些文化变化，而非经济下滑，甚至可能暗示了一种更先进经济的发展。在东方化时期，人们更看重的是奢侈品的社会展示功能，而非它们的内在价值，但到了公元前6世纪末，高级物品的经济价值超过了它们作为陪葬品的象征价值。

我们有充分理由认为，公元前5世纪是一个衰退时期，但与涉及全意大利的"公元前5世纪危机"的模型所暗示的相比，经济压力可能更多是局部性的，而地区间的差异可以被注意到。比如在伊特鲁里亚，同地中海其他地区的贸易和接触模式的改变对伊特鲁里亚南部的城市产生了文化和经济影响，显示出压力的迹象，但该地区北部仍然繁荣。公元前5世纪对一些共同体来说是一个改变和纷扰的时代，这一点似乎没有什么疑问，但它完全不是一个发生了普遍的经济"危机"的时代。

移民还是文化转变？

公元前5世纪是整个意大利发生民族和文化变迁的时代。在北方，阿尔卑斯山对面的凯尔特人对当地的文化和定居点产生了越来越大的影响。我们第一次看到活跃而好战的萨莫奈人的身影，他们在意大利的历史上扮演了关键的角色，对罗马控制意大利构成了严重的挑战。古代史料中描绘了大规模的移民——从亚平宁山区中部到坎帕尼亚和南意大利，从阿尔卑斯山地区到意大利北部——经常引起严重的后果，但考古学证据更加复杂和微妙。新的民族群体——萨莫奈人、坎帕尼人、卢卡尼人（Lucani）和布鲁提人（Bruttii）——出现在意大利中部和南部，而更靠近罗马的地区出现了沃尔斯基人、赫尔尼基人和埃奎人。罗马对这些族群的战争在公元前5世纪占主导地位，就像它对萨莫奈人的战争公元前4世纪占主导地位。明显可以看到更强程度的民族自我界定，而意大利的民族组成也变得更加清晰，但其表面下的过程并不像我们材料中暗示的那么突然。

特雷鲁斯（Trerus）河谷的赫尔尼基人占据着位于阿纳尼亚周围的地区，在罗马东南约60千米处。考古学证据仅限于防御工事的遗迹，它们大多位于小山顶上，尽管很难确定它们的年代，也不清楚这些遗址是小城，还是仅仅用于防御的山间要塞。现存的一些例证［比如位于阿拉特里（Alatri）的那些］由用多边形石块砌成的墙组成，暗示这些城市和山间要塞防御森严。按照古代作家的描绘，赫尔尼基人在阿纳尼亚（该地区的主要定居点）的领导下组织起一个同盟。我们对埃奎人的了解甚至更少，但矗立在东拉丁姆之上群山中的山顶防御工事遗迹暗示，和赫尔尼基人一样，他们也建造了防御森严的山间要塞。这两个族群的起源都不为人知：古代传统称，他们是来自意大利亚平宁山区的移民，但考古研究没有发现大规模移民或入侵的清晰证据。

在李维版本的沃尔斯基人扩张中，他们从亚平宁山区迁移到利里斯（Liris）河谷，并在公元前5世纪90年代控制了科拉、波梅提亚、安提乌姆和维里特莱（Velitrae），最终主宰了安提乌姆和特拉基纳之间的沿海土地、庞普提努斯平原（Pomptine plain）、利里斯和萨科（Sacco）河谷周围的高原地区。相反，考古学证据暗示该地区的人口有相当大的延续性，尽管作为沃尔斯基人语言的唯一证据——一份来自维里特莱的公元前3世纪的铭文——是用一种与翁布里亚语相关的语言书写的。与赫尔尼基人和埃奎人一样，沃尔斯基人的身份很可能是从先前就有的当地人口和一些来自亚平宁山区的移民共同发展而来的。在更远些的地方，坎帕尼亚、卢卡尼亚和布鲁提乌姆（Bruttium）的文化和语言组成发生了变化，这些地区的民族发展成了不同的民族子群体——坎帕尼人、卢卡尼人和布鲁提人——在语言和文化上可以看到他们的相似之处，但却拥有各自的民族身份。为了理解这一转变以及理解罗马对意大利的征服，我们必须同时考察萨莫奈人和南意大利出现的更广泛的文化变迁。

萨莫奈人

公元前500年到前350年左右，亚平宁山区中部的关键变化是，萨莫奈人作为清晰可辨的民族群体出现。墓葬表明，意大利亚平宁山区的贵族仍然把自己描绘成武士精英。许多男性墓中发现了武器，就像在之前的时期那样，但用盔甲陪葬的做法在公元前5世纪变得日益普遍。贵族墓中发现了头盔和胫甲，还有把铜片缝在皮垫上制成的宽大的带子，这一切都是为了展现财富和宣示武士的地位。公元前5世纪末，此类陪葬品丰富的墓葬数量下降，墓中物品也变得不那么显眼。

与此同时，在公元前6世纪相当同质的文化分化成了不同的地区子文化。丧葬习俗中出现了本地化的改变，墓的形制和结构发生变化，墓中发现的盔甲类型出现了各地区的变种。典型的萨莫奈胸甲由三个青铜圆片组成，用肩带连接到同样形状的三个背垫上，在阿布鲁齐（Abruzzi）和莫利塞（Molise）北部相当普遍。相反，在莫里塞南部，墓中发现的胸甲由一整块金属板制成，类似希腊人的胸甲。火化——一种希腊风俗——也被作为主要的丧葬仪式。考古学记录上的这种分化与亚平宁山区中部的民族和文化影响的深远变化有关。公元前5世纪之前，辨识该地区的民族群体是不可能的，但从那时开始，萨莫奈人的身份在考古学上变得越来越清晰。严格说来，我们不知道这些人怎以称自己。罗马人称他们为Samnitae，希腊人称之为Saunitai，一小批奥斯坎语的铭文中用到了safinim这个词或它的变体，而萨莫奈人可能用它来称呼自己。他们说的语言被现代学者称为奥斯坎语或萨贝里亚语（Sabellian），在语言学上与拉丁语有联系，尽管在现代人看来截然不同。[6]到了公元前5世纪时，他们已经吸收了文字技术，用一种从伊特鲁里亚字母表改造来的当地字母创造铭文。[7]有数百条此类铭文留存，主要是许愿献词、法条和不同官员的政令。大多数可以追溯到公元前4—前2世纪，尽管在形式和内容上是有限和程式化的，但对于理解萨莫奈人的社会及其运作方式，它们是重要的资源。

  罗马人的史料将萨莫奈人分成几个群体：潘特里人（Pentri）是其中最大的，还有希尔皮尼人（Hirpini）、弗兰塔尼人（Frentani）、卡拉克尼人（Carraceni）和考迪乌姆人（地图4）。这大致符合奥斯坎铭文告诉我们的情况——约公元前450—约前350年间，萨莫奈人分成了若干边界分明的国家。与意大利第勒尼安海沿岸的人口不同，萨莫奈人不过城市生活，萨莫奈的国家也并非城邦。

公元前 4 世纪后期，一些较大的定居点发展出了城市的特征，但总体而言，该地区的城市化主要发生在被罗马征服后（也是征服的结果之一）。在此之前，大部分人口仍然生活在村子里，但通过大量山间要塞和宗教圣所的建造，我们可以看到更广泛的国家基础结构的发展。

目前已知的山间要塞有将近 100 座，类型和功能有所不同。许多要塞很小，护墙周长只有 200—300 米，作为动乱时期周围居民的防御性庇护所。另一些要更大，护墙周长可达 3 千米。其中最大的两处要塞——蒙特瓦伊拉诺（Monte Vairano）和蒙特帕拉诺（Monte Pallano）——围起的区域显然远远超过了作为防御要塞所需要的，其中还有房屋和其他建筑的证据，暗示那里除了作为防御性庇护所，还有常住人口存在。公元前 4 世纪和前 3 世纪，这种山间要塞网络的数量、规模和复杂程度大幅增加，但其中一些可能是在公元前 5 世纪建立的，尽管不能准确定年。

补充这一防御要塞网络的是新的崇拜中心。许多宗教圣所位于开阔的乡间，靠近山间要塞和交通路线，在当时几乎只是户外的围场，只有寥寥无几的建筑。接受崇拜的主要神明是赫丘利、朱庇特和马尔斯，以及刻勒斯（奥斯坎语中称为 Kerres）和各种当地神明，特别是梅菲提斯。这些圣所的意义远不只是纯粹宗教上的，即便它们在公元前 5 世纪时仍然处于原始的状态。它们是那些本该在（城市的）广场上举行的国家活动的中心，为选举官员、政治集会、法庭听证会和宗教仪式提供了场所。对一些圣所周边地形的考察［特别是加尔多（Galdo）的圣乔万尼（San Giovanni）］表明，乡村定居点往往集中在圣所周围的地区，这反映了它们作为当地活动中心的角色，意味着它们主要为当地共同体服务。后来的发展凸显了它们的重要性。公元前 4—前 2 世纪期间，圣所加建了石制的神庙和门廊，甚至是剧场。献词铭文显示，虽然其中一些是由富有的个人出资，但许多是官员掏钱，强调了这些场所不仅具有宗教意义，也具有政治意义。这些宏伟的建筑显然是以有计划和有条理的方式建造的，这个事实暗示从公元前 5 世纪开始出现了强大的国家组织。

公元前 5 世纪时，这些特征里的大多数尚处于早期发展阶段，直到一段时间后才实现了完全的发展，但我们也许可以看到更强的萨莫奈人民族身份的浮现和萨莫奈国家的诞生。政治/宗教中心的建立，以及萨莫奈人经常能够部署组织有序的大军都暗示，到了公元前 4 世纪，他们已经具备了有效形式的政治和行政组织。萨莫奈人的铭文提到一个被称为 touto 的组织，这个词似乎表示"人民"或"国家"（大致相当于拉丁语的 populus 或希腊语的 demos）。[8] 它指的似乎是一个类似于意大利其他地方的城邦那样的国家而非部落社会，显示了在意大利奥斯坎语和翁布里亚语地区的国家发展，以及由执政官统治的制度。统治 touto 的是一名被称为 meddiss tuvtiks 的民选官员（touto 的最高行政长官，古代史料中将其拉丁化为 meddix tuticus）。

一些学者［特别是 E. T. 萨蒙（E. T. Salmon）］设想了一种等级化的结构，每个 touto 被分成名为 pagi 或 vici 的更小单元，它们由村子或村落组成，统治它们的次级官员也被称为 Mediss。这种想法的问题在于它很难证实，特别是对于罗马征服以前的时期。关于 pagi 或 vici 的证据主要来自罗马征服之后的铭文，在这些铭文中，它们似乎指的是城市的城区或分支，而非乡村地区，很难证明它们与前罗马时代的 touto 有关。就像泰斯·斯泰克（Tesse

Stek）令人信服地指出的，基于 pagi 或 vici 的组织显然是后来才出现的，产生于罗马政府后，与城市化有关，和该地区在前罗马时代的政治结构无关。不过，有许多因素支持萨莫奈人在公元前 5 和前 4 世纪发展出了一种井然有序的国家组织，即便 pagi 或 vici 的模式似乎晚于罗马人的征服。

罗马人习惯于通过民族刻板印象的镜片来看待萨莫奈人，将其视作粗鄙的山民，他们的非城市生活方式表明他们缺乏教养，生性好战而朴素。李维提到他们时表示：

> 萨莫奈人当时生活在山村里，劫掠平原和沿海地区，看不起那里的耕种者，认为这些人生性比自己软弱，类似于——经常碰巧就是这样——其家乡的环境，正如萨莫奈人自己是粗野的山民。
>
> （李维，9.13.7）

不过，接受这种落后乡村社会的观点是错误的。萨莫奈人的国家很适合当地的地理条件，这是城市生活无法做到的。许多亚平宁山区的高山谷地可以充裕地养活村庄规模的人口，但维持不了更大的城市规模的人口。萨莫奈人发展出了有效的法律、行政和政治组织形式，但将其与人口的大量集中拆开，是对于这个特定地区的有效策略。

劫掠为生的流民还是和平的定居者？

萨莫奈人的影响不仅限于亚平宁山区。根据古代传统，这些人在公元前5世纪大批移民到周边地区，暴动、反抗当地人口，并接管了那些地方。我们的材料中描绘了一种许多意大利民族共有的，但特别被与奥斯坎地区联系在一起的仪式，罗马史学家称之为"圣春"（ver sacrum）。它要求将在特定年份出生的婴儿和牲畜幼崽献给某位神明（通常是马尔斯），当这些出生在圣年的人畜成年后，他们会被迫离开家乡，迁移到其他地方。这听起来很让人怀疑是后来的合理化说辞，但无论圣春的真相如何，我们都不需要依靠受到神启的大规模移民来解释公元前5世纪的人口变化。相邻地区的民族之间的接触、移民和文化交融的历史由来已久，整个公元前6世纪和前5世纪，在像拉丁姆南部和坎帕尼亚这样的地区都可能有过长期但小规模的人口流动。生活在土地有限的山区的人群（如意大利北部的凯尔特人和南部的萨莫奈人）有充足的理由被资源更丰富的地区吸引。这还是一个个人流动的时代，人们从一个地区活动到另一地区并不罕见，无论是作为个人还是群体。比如，萨宾人阿皮乌斯·克劳狄乌斯在公元前6世纪末带着一大群追随者移民罗马，并在那里定居。移民的原因可能有很多，从军事或经济投机，到让迁移变得应急而有效的社会和政治矛盾。

坎帕尼亚的居民能够最强烈地感受来自亚平宁山区中部移民的影响。亚平宁山区的移民在卡普阿和平地定居了许多年，但在公元前423年，这些外来者发动起义，控制了该地区的首要城市卡普阿。从那里他们席卷了整个坎帕尼亚，控制了主要的城市，流放或杀害了当地的居民。库迈在公元前421年沦陷，当地的许多希腊人逃到了那不勒斯，波塞冬尼亚（后来改称帕埃斯图姆）在公元前410年遭遇了相似的命运（李维，4.36；狄奥多罗斯，12.76）。

古代记载让我们毫不怀疑，坎帕尼亚的萨莫奈人入侵是一次暴力的事件，造成了深深的创伤。但是，问题在于，缺少考古学证据支持这种说法。钱币、铭文、艺术和建筑都显示，公元前5世纪的坎帕尼亚有过重要的文化发展。令人费解的是，这些是逐渐发生的，没有破坏和剧变的迹象，如果发生过暴力起义和对该地区的武力接管，它们本该随之出现。

一个可能的解释是，冲突是政治的，而非民族的——不是奥斯坎人与伊特鲁里亚人和希腊人的冲突，而是不受欢迎的统治阶层同被排斥和心怀愤恨的人口之间的矛盾。公元前6世纪的坎帕尼亚精英是一个由当地和伊特鲁里亚的家族组成的民族混合体，他们接受了伊特鲁里亚的建筑风格、视觉艺术和工艺，伊特鲁里亚的宗教崇拜和城市形式，以及伊特鲁里亚的生活方式。相反，乡村人口由当地的坎帕尼人和来自亚平宁山区的说奥斯坎语的民族组成。坎帕尼亚变化的根源可能在于这两类人的矛盾：一边是被排斥和日益奥斯坎化的人民，一边是过于专制的伊特鲁里亚化精英。

不过，这些发展显然改变了该地区的文化。在卡普阿，奥斯坎人的语言和文化取得了支配地位，伊特鲁里亚人的铭文、商品和丧葬习俗被奥斯坎人的取代。到了公元前5世纪中叶，开始出现一种独特的坎帕尼亚墓葬。这些石头砌成的洞室墓内部装饰着壁画，它们描绘了死后的生活，或是死者前往冥界的旅行。其中许多把墓主人描绘成全身披挂的武士，身着独特的萨莫奈风格的盔甲和服装，墓中还有丰富的陪葬品（彩图27）。坎帕尼亚的城市被按照在其他奥斯坎共同体中常见的方式进行重组——由被称为 meddices 的选举出的行政官员统治。铭文中出现的人名大多是奥斯坎语的，表明那些足够富有、足够重要，能够雇人制作铭文的人——换言之，在社会和政治上占据主导的群体——是萨莫奈人，或者接受了他们的语言和习俗。

类似的发展出现在坎帕尼亚的大部分内陆城市和库迈。不过，那不勒斯的发展路线有所不同。那不勒斯人自愿吸收了新的人口，斯特拉波（《地理学》，5.4.7）记录说，从公元前5世纪末开始，那不勒斯的主要行政长官（demarchoi）名录中包括了希腊人和奥斯坎人的名字，表明奥斯坎人获得了完全的公民权，而社会和政治精英变得混合了。来自洞室墓的墓葬铭文证实了斯特拉波关于那不勒斯精英中包含了奥斯坎后裔的说法，但希腊文化在公民生活的许多方面仍然占据主导。神庙和公共建筑的建造仍然采用希腊风格，希腊语仍然是占支配地位的语言。

关于奥斯坎入侵影响的复杂性，最有力的证据可能来自帕埃斯图姆（希腊人称之为波塞冬尼亚，被奥斯坎人接管后改名），这是意大利保存最完好的古代城市之一。公元前3世纪的历史学家阿里斯托克赛诺斯（Aristoxenos）残缺不全的描述——引自更晚的散文作家阿忒纳俄斯——让我们对希腊人据称遭受的压迫和文化驱逐有了生动的印象，尽管考古学证据更加混杂：

> [波塞冬尼亚的]这些人祖上来自希腊，他们被蛮族化，成了伊特鲁里亚人或罗马人，改变了自己的语言和其他习俗；今天，他们只会聚集起来庆祝一个希腊节日，在节日上回忆自己过去的名字和早前的习俗，对失去的这些表示哀伤；然后，在流下很多眼泪后，他们就离开了。
>
> （阿忒纳俄斯，《智者之宴》，14.632a）

与库迈和卡普阿一样,该城的执政官也使用 meddix 这个奥斯坎人的头衔,而奥斯坎语的铭文显示,奥斯坎人的语言和崇拜拥有重要的地位。不过,希腊语仍被公开使用,铭文中提到了许多希腊语名字的人,希腊宗教在赫拉和雅典娜的两大圣所仍然受到崇拜,而高质量的希腊红绘陶瓶的生产也在继续。很少有暴力破坏的痕迹,就像如果城市被暴力夺取时本该发生的那样,而且存在同时代的希腊人和奥斯坎人的墓葬。古代记载描绘了这样一幅画面,即大规模移民带来了暴力性的后果,这是对更加微妙和复杂情况的过度简化。不过,这些文化转变和更有力的民族身份带来的冲击是确定无疑的。沃尔斯基人和坎帕尼人对罗马构成了相当的挑战,而萨莫奈人作为南意大利一大势力的出现甚至更加重要。他们与罗马的战争是罗马征服意大利过程中的关键时刻,他们把罗马人逼到了绝境。

在意大利北部可以看到类似的文化转变。凯尔特人(罗马的史料中称他们为高卢人)开始翻越阿尔卑斯山,从今天的法国、德国和瑞士迁入。他们的起源地和文化是近年来充满争议的话题,当代学者们——特别是西蒙·詹姆斯(Simon James)——试图剥离19世纪同行们强加的神话诠释及错误观念的图层,后者决心将凯尔特人拉入他们自己的西欧民族主义历史中。凯尔特人的家乡被普遍认为是公元前7—前1世纪期间铁器时代的哈尔施塔特(Hallstatt)和拉泰纳(La Tène)文化占据主导的地区,即法国、英国、瑞士、西德和奥地利。[9] 许多其他的提议——特别是,他们是来自更加东方的雅利安人入侵者——现在被广泛否定。在希腊人和罗马人使用的文明与野蛮的尺度上,凯尔特人是蛮族。他们生活在村庄而非城市里,尽管他们勇敢、坚韧,拥有强大武士的品质,却粗野,并在许多方面缺乏文明的生活。老加图的记载(《罗马史学家残篇》,5 F33)补充说,他们非常勤劳,把雄辩看得像勇武一样重要。尽管这是明褒暗贬,但显然凯尔特人既不无能,也并非单纯,他们是可怕的武士,多次对罗马人构成了严重的威胁。

与对萨莫奈人一样,古代作家们相信,凯尔特人肆虐于意大利北部,他们镇压了当地居民,把在波河河谷定居的伊特鲁里亚人驱逐。李维(5.33;另见波利比乌斯,2.17,以及哈利卡纳苏斯的狄俄尼修斯,13.10—13.11)把罪责指向一个不满的伊特鲁里亚人,他来自克鲁西乌姆,名叫阿伦斯。故事中说,阿伦斯的妻子被名叫卢库莫的贵族勾引,后者太有权势,连法律也无法挑战或惩罚他。阿伦斯灵机一动,把一整车水果和葡萄酒运到了阿尔卑斯山对面。在罗马人眼中,凯尔特人因喜欢烈酒而声名狼藉(不兑水喝下,这更加证明了他们的蛮族特质)。因此,他轻松说服他们,出产这些东西的土地是值得拥有的,并亲自引导第一批入侵者翻越阿尔卑斯山进入意大利。现实没有那么戏剧性。李维本人承认,真相要更加复杂和平淡。他表示,在凯尔特人攻击克鲁西乌姆之前足足 200 年,意大利就有了他们的身影,他们定居在包括蒂奇诺(Ticino)和罗马涅(Romagna)的各个地区。

考古学证据显示,凯尔特人的定居是逐步和长期的,从公元前 6 世纪开始,并在公元前 4 世纪时达到临界数量,改变了意大利北部一些地区的文化。伦巴第和皮埃蒙特有着活跃而繁荣的土著文化,被称为格拉塞卡(Golasecca)文化。科莫、卡斯特莱托蒂奇诺(Castelletto Ticino)和塞斯托卡兰德(Sesto Calende)的大型定居点发现了有序的街道规划,巨大的房屋和藏有丰富陪葬品的土丘墓。它们拥有繁荣的经济，与意大利其他地区保持着密切的接触，有着广泛的商业和文化联系。凯尔特人和当地人比邻而居——比如，在蒙特比贝勒（Monte Bibele）这个重要的定居点——语言学家认为该地区的语言与凯尔特语有关联。凯尔特人并不是突然凭空出现的，意大利西北部的人口已经处于混合状态。在意大利西北部发现的公元前5世纪的器物中，属于拉泰纳文化的数量比过去更多，与之相伴的还有丧葬习俗的改变（从火葬变成土葬），以及陪葬品的变化，暗示有移民迁入该地区。差不多与此同时，一些原有的定居点分崩离析，许多人口迁往较小的定居点，它们经常位于方便防御的小山顶上。贸易路线中断；伊特鲁里亚进口商品急剧减少，尽管来自法国部分地区的商品进口在继续。来自马萨利亚希腊人殖民地的装葡萄酒的双耳瓶显示，某些供精英消费的商品的贸易仍然存在。但不可否认的是，该地区的物质文化水平下降了。

不过，所有这些都不能令人信服地证明存在一次大规模的凯尔特人迁徙。带防御工事的山顶村子取代了原始城市型城镇，但前者早就有人居住，并不是为应对军事威胁而新建造的，而且从公元前5世纪开始，凯尔特人的商品及其拥有者的分布范围很有限。凯尔特人的商品、定居特征和丧葬习俗在某些地区占据了主导，但在另一些地区，特别是伦巴第西部和波河以南，土著文化仍然是主流。就像考古学家拉尔夫·霍伊斯勒（Ralph Häussler）指出的，有许多理由可以解释格拉塞卡社会发生的变化。考虑到意大利的一些地区在公元前450—前400年左右遭遇的困难，意大利西北部也可能面临着类似的社会动荡、战争的破坏性影响和国际贸易的变化。凯尔特人在某些地区的存在更为显眼，这是一个长期的过程，而非入侵和征服的结果。

凯尔特人因其对伊特鲁里亚人和罗马的战争而有了可怕的名声，但他们不一定是毁灭性的力量。凯尔特人的军队会定期南下，有时能够取得一些胜利，比如公元前390年，他们在阿利亚（Allia）战役中消灭了罗马军队，随即洗劫了罗马，这个事件在罗马人的心灵上留下了长久的伤疤，让罗马永远担心凯尔特人的威胁，但此事的实际影响是短暂的。集中在米兰、科莫和附近湖泊周围的凯尔特定居点欣欣向荣，而同意大利其他地区、欧洲西北部和地中海的贸易网络也恢复了。从墓中的物品和定居点找到的残片来判断，该地区的精英可以获得充足的葡萄酒供应，它们大部分通过马萨利亚进口，以精美的进口陶制酒具饮用。同类型的餐具表明，宴会仍然是重要的社会仪式；而食物残骸表明，他们的食谱既丰富又充足。意大利东北部完全没有因为凯尔特人的到来而蛮族化，仍然是个生机勃勃的地区。

总而言之，在意大利的许多地区，公元前5世纪是转变乃至衰退的时代，但它并不是一个危机时期。一些国家和社会群体在那段时间表现得很好，另一些则苦苦挣扎。公元前6世纪的贵族的势力受到新的精英群体的挑战，引发了政治争斗、社会动荡和精英文化的重大转变。随着集体身份感的加强，意大利的民族地图发生了改变，但这并非入侵与暴力的结果。相反，新的民族身份源于土著人口与确立已久的外来者群体的融合。在这些刚刚变得可见的民族群体中，有一些在罗马的历史上扮演了重要的角色：对凯尔特人的战争，以及与萨莫奈人为主宰意大利的中部和南部而展开的争斗，是公元前4世纪罗马历史的重要篇章，并为罗马控制意大利铺平了道路。

第 9 章

艰难的转变

早期罗马共和国

与意大利的其他地方一样，罗马在公元前 5 世纪是一段经济困难，以及社会和政治纷乱的时期。那个世纪的初期被驱逐塔克文家族的余波所困扰，而所谓的平贵之争（Struggle of the Orders，这是贵族精英和其他罗马人之间的一场社会、政治和经济冲突）至少持续了几乎整个公元前 5 世纪和前 4 世纪开始后很久。

关于该时期的古代材料仍然问题重重。我们有李维和哈利卡纳苏斯的狄俄尼修斯的叙述，有共和国晚期和帝国时期的其他历史学家的评论，但他们的描述在许多方面是可疑的，不足为据。罗马人关于公元前 5 世纪的传统可能包含了一些真实信息，但许多材料中仍然有大量的时代错误、后来的合理化解释和神话诠释。理解共和国早期统治发展的一个关键问题是《名录》（*Fasti*）——记录了行政官员和凯旋式的目录——的可靠性和真实性。它们被保存在多种材料中，包括奥古斯都皇帝下令篆刻的铭文。这些不同版本的《名录》罗列了从共和国建立以来的行政官员，但对于最早行政官员的名字是否真实存在，或它们是否基于编造或误植的材料，仍然存在争议。本书的材料说明中将讨论支持和反对这些立场的论据，但在本章中，我会大致遵循克里斯托弗·史密斯的观点，即不能把这些《名录》视作后人的臆造并否定它们——无论它们多么不完善，又经过了后人的多少改造。[1]

在罗马传统中，从王政到共和国的断裂被视作根本性的转变，它符合古代的政治理论，即将政治发展概念化为从王政（经过僭主制）到贵族政府的自然演进。尽管史料中使用了令人激动的修辞，并将布鲁图斯描绘为解放者，但王政和早期共和国之间有着相当大程度的延续性。国王的治权仍然存在，只是不再由某个人终身持有，而是由选举出的执政官持有，期限一年。

李维对这一转变的描述（李维，2.1—2.2）基于这样的假设，即从共和国伊始，罗马就由两位执政官统治，他们由人民大会选出，并得到元老院的支持——这是共和国中后期典型的政体。不过，公元前5世纪时有多少任期一年的行政长官，他们被称作什么，他们的相互关系如何，他们拥有什么样的权力——这些都充满了疑问。李维关于国王被两位执政官取代的传统说法很可能过于简单了。情况更可能是，早期共和国的统治形式是一个"在制品"，而公元前5世纪是一段试验期。

有一点似乎相当清楚，一位或多位任期一年的、选举出的官员取代了国王，成为罗马国家的最高执行者，掌握了治权，指挥着军队，主持元老院会议和人民大会，行使民事和刑事司法权。治权对高级行政官员必不可少，因为这既是民事和军事权力的基础，也是指挥权的基础。许多王家的标志——它们代表这些权力的神圣性质——被转移给了这些行政长官。他们有权穿着镶紫边的托袈（toga praetexta），坐在象牙宝座上，由12名扛着斧头和束棒（fasces，表明他们有权实施体罚和死刑）的扈从（lictors）

护卫。[2] 宗教和政治职能已经有了一定程度的分离。一名被称为"圣礼王"的祭司接管了之前由国王施行的某些仪式和献祭，另一些则由执政官或大祭司进行，但行政长官同样有宗教职责。行政长官由百人队大会（公民按照自己的军事单元参加的大会）选出，或者至少由其批准，而为了反对行政长官对公民的专断行为，可能还存在申诉权（provocatio）。这种权利是否很早就被引入是个存在争议的问题，但指挥权与申诉权之间的制衡限制了专断的行为，这对罗马的政治制度至关重要，因此申诉权很早就被引入并不是不可能的。[3]

有多少任期一年的行政长官，他们被称作什么，他们的相互关系如何，这些都是很难回答的问题，最高行政长官的职务性质可能在公元前5世纪经历过变化。罗马似乎有过一段时间由一位高级执政官统治，并由一位或多位次级执政官辅佐。可能使用了早期史料的狄奥（Dio，引自佐纳拉斯，7.12）表示，第一位执政官布鲁图斯独自统治，尽管很快就选出了一位同僚，以防止他受诱惑而称王。罗马作家费斯图斯（Festus，249）表示，共和国早期的最高级别行政长官被称为praetor（法政官），而非consul。李维（7.3）也描述了一种每年举行的古老仪式，一名被称为"最高法政官"（praetor maximus）的行政长官在仪式上将一颗钉子钉入卡皮托神庙的墙上，标志着一年的开始。这种习俗也出现在意大利其他地方，[4] 通常由最高级别的行政长官进行，表明"最高法政官"是共和国早期罗马最高级别的行政长官。另一种执掌最高权力的行政官员——虽然只是暂时性的——是独裁官。独裁官是拉丁姆一种非常古老的职位，在拉努维乌姆和阿里基亚是常设的最高行政长官，因此罗马曾经被任期一年的独裁官统治至少是有可能的；但如果真是那样，情况也很快发生了改变。在共和国的大部分时间里，执政官是非常规职位，在国家遭遇紧急状况时被任命领导罗马，任期只有6个月，尽管他的权力非常广泛。[5]

不过，在其他时候也会出现多名行政长官（通常称为执政官，或者有执政官权力的军政官），他们以同僚的身份工作。李维记录说，公元前509年有过不下五位执政官，因为在那一年里，死亡或辞职导致执政官被三次替换，但不管何时，仍然只有两名执政官在任。在随后的岁月里，每次选举出的执政官都是两名，但在最高权力掌握在有执政官权力的军政官（tribuni militum consulari potestate，简称"执政军政官"）之手的年份里，后者每年以3到6人的合议组当选。执政官（consul 或 praetor）、独裁官和执政军政官这些令人困惑的头衔的组合表明，在公元前5世纪，罗马的统治形式仍然很不固定。《名录》罗列的执政官每年都是两名，除了那些存在执政军政官团体的年份，但这种结构可能是后来的历史学家和古物学家强加在记录上的，以便让早前的记录符合后来的做法。即便我们接受现有的记录，这份名单也不太能告诉我们关于行政长官的头衔，以及他们之间关系的情况。我们只能说，公元前5世纪的罗马是由任期一年的、选举出的行政长官统治的，其数量和头衔可能有所变动。由两名任期一年的、选举出的行政长官统治的做法直到公元前367年的李基尼乌斯-塞克斯提乌斯（Licinio-Sextian）改革后才被确立为常态。

尽管有这些不确定的情况，但共和国早期发生的变化确立了一些重要的原则。其中之一是限定了任职期限，这对个人权力做了限制。罗马主要氏族的利益再一次被放到发展的最前方，因为他们试图确保在主要家族首领之间更广泛的权力分配，而不是单一君主或王朝的主宰。另一个关键的变化是合议元素在公元前5世纪的确立。每次选举一个以上行政长官的做法避免了任何个人获得对国家的唯一控制权。联合议事（collegiality）和固定任期这两个原则成为共和国政府的基础，并被应用到后来为协助执政官而设立的大多数辅助性职位上。公元前5世纪早期，这类辅助官员包括两名财务官（quaestor），公元前421年增加到四名，[6]但公元前5和前4世纪期间又增加了更多的行政长官——营造官（aedilis）和一种新的praetor。多次参选是可以的，尽管逐渐引入了限制，而且任何时候（共和时期的头几年可能除外）任职超过一年都是不允许的。这些变化的最终结果是，权力在精英内部更广泛地分享，而不是终身集中在某个人的手里。不过，在整个公元前5世纪和前4世纪，获取权力的机会仍然是一个会引发严重争端的问题。公元前5世纪，许多法律、社会和政治权利——包括参选执政官的权利——变得仅限于少数精英，而主导公元前5世纪后期和前4世纪初的叙事之一就是罗马内部的其他群体为赢得获取权力和特权的机会而进行的斗争。

如果说共和国早期的行政长官职位有很多模糊不清的地方，那么其政府的其他方面就更是如此了。元老院在共和国中后期拥有很大的权力，但我们对公元前5世纪它的成员情况知之甚少。对元老的正式集体称呼是patres conscripti（在册或被征召的父亲们），显示这是一个由精英家族的首领组成的顾问委员会，但成员身份可能有更多限制。费斯图斯（290L）认为，在王政时期和共和国早期，其成员是由国王和后来的执政官挑选的。patres conscripti可能曾是patres et conscripti（父亲们与在册者）的缩略形式，表明一些成员入选是因为他们是家族首领，而另一些则是出于不同的原因。正如康奈尔指出的，如果元老院最初是国王的顾问委员会，那么就不无理由认为，元老院中一些人是家族首领，而另一些成员受邀是因为他们拥有相关的知识或经验。后来的元老院在组成上更加正式，成员需要符合各种出身和财富标准，并曾成功当选行政长官。不过，在公元前5世纪时，统治结构更加不确定，不太可能有如此严格的正式标准。

公元前5世纪时元老院的职能同样模糊不清。它可能最初是国王的顾问委员会，在王政垮台后保留了这一顾问而非执行的角色。虽然它在共和时期扮演了关键角色，对统治的各个方面都有影响力，但它从未拥有很多正式的权力。元老院的决议（senatus consulta）仅仅是意见或建议的表达，元老院没有直接的行政权力，甚至无法开会，除非由行政长官召集。在其影响力的鼎盛时期，元老院及其意见的影响力源于这样一个事实，即所有当选过高级行政长官的人都是其成员（除非他们被监察官认为在品行上不适合），因此它是由罗马最杰出的人物组成的。相比之下，在共和国早期，它只是一个较小的机构，成员更为有限，道德权威也较少。公元前5世纪时，管理罗马的事务没有后来那么繁重和复杂，因此对一个强大而有影响力的元老院的需求（和用武之地）也不那么大。我们对早期元老院的了解如此之少的一个原因可能仅仅是它不那么重要。

贵族与平民，恩主与门客

公元前5世纪时，罗马的精英阶层发生了变化。根据罗马人的材料，早期罗马社会被分成两个群体——贵族与平民——但确定这些群体的性质，以及他们是如何和何时发展起来的却困难重重。罗马人自己和许多 19 世纪的学者都把贵族视为罗马社会的原始部分。李维和西塞罗认为，是罗慕路斯亲手建立了贵族阶层（李维，1.4；西塞罗，《论共和国》，2.14）。据说，他从名门望族的族长（patres）中挑选了 100 人组成顾问委员会，而它后来发展成为元老院。这些罗马家族成了贵族，在该叙事中，他们渐渐支配了罗马国家的法律、政治和宗教领域，罗慕路斯把元老院和关键的祭司职位交给他们的决定让他们这样做变得合法。随着共和国的建立，这转化为对元老院和新行政长官的控制，直到公元前 494 年以后，他们受到一场新兴且不满的平民运动的挑战，这场运动被称为平贵之争。

对元老院和贵族起源的这一简单解释经不起仔细推敲。[7] 一个重要问题在于，贵族和平民之间何时出现了明确的区别。这种区别可能直到公元前 4 世纪中叶才出现，这让一些学者［比如历史学家理查德·米切尔（Richard Mitchell）的论文，收录在拉夫劳布（Raaflaub）所编的关于平贵之争的论文集中］怀疑，争取更高的法律地位和特权是否真的是公元前 5 世纪斗争的核心。就连一些贵族家族的身份也不确定。贵族可能包括 19 个家族，有埃梅利乌斯家族（Aemilii）、法比乌斯家族、科尔内利乌斯家族（Cornelii）、克洛伊利乌斯家族（Cloelii）、佛里乌斯家族（Folii）、弗瑞乌斯家族（Furii）、尤里乌斯家族、曼利乌斯家族（Manlii）、苏尔庇基乌斯家族（Sulpicii）、纳乌提乌斯家族（Nautii）、波斯图米乌斯家族（Postumii）、昆克提乌斯家族（Quinctii）、昆克提利乌斯家族（Quinctilii）、塞尔基乌斯家族（Sergii）、塞尔维利乌斯家族（Servilii）、瓦莱利乌斯家族（Valerii）和维图利乌斯家族（Veturii）以及克劳狄乌斯家族（Claudii）和帕皮利乌斯家族（Papirii）的一些分支，但证据有时并不清楚，而且我们不知道一些显赫的家族在共和国早期的地位。至少有 15 位早期执政官的社会地位不明，还有的来自后来被归类为平民阶层的家族。有的家族则情况不一，比如克劳狄乌斯家族：克劳狄乌斯·普尔克鲁斯（Claudii Pulchri）支派是贵族，而克劳狄乌斯·马尔克鲁斯（Claudii Marcelli）支派不是。在早期罗马，精英家庭地位的这种不确定性表明，贵族和平民之间的区别还没有变得像后来那么明确，而且公元前 5 世纪初，贵族还没有完全垄断公职。必要时向元老院加入的"被征召者"也表明，公共生活和政治权力并不像李维等人暗示的那样封闭。公元前 480 年左右，来自非贵族家族的行政长官的人数开始减少，表明贵族阶层不是罗马国家的一个可以追溯到罗慕路斯时代的原始部分，而是一个在公元前 5 世纪期间获得了权力的社会阶层。

辨认平民同样困难。他们经常被从反面定义为不属于贵族家族的公民，因此除了选举权之外不扮演任何的政治角色。现实情况要复杂得多，平民显然不仅是贫穷的罗马人组成的同质大众。与贵族一样，他们并非身份固定不变的原始群体，这两个等级之间有许多灰色地带。比如，贵族家族的门客——尽管社会地位很低——可能得到了他们的恩主的特殊保护，因此可能不算平民。公元前 5 世纪的动乱是由多种不满引发的，这表明平民由不同的社会和经济利益群体组成，每个群体都有自己的诉求。农村和城市的穷人对无法摆脱的债务和不公平的土地分配感到愤怒，更加富有的非贵族则较少担心经济问题，而是对于被排除在权力之外感到不满。在我们的史料中，平民的形象逐渐变得不再是罗马大众，而是一群自我选择的非贵族，他们野心勃勃，在政治上很活跃。一般说来，他们不如贵族富有，至少在公元前5世纪是这样，但随着一群平民——他们要求分享政治权力，而本身足够富有和有影响力，因此在获得权力后能有效地行使它——的出现，我们发现情况并非富人与穷人或贵族与平民的矛盾那么简单。

得益于公元前5世纪罗马法的法律成文化，我们获得了有关罗马家族（familia）结构的宝贵信息。一个罗马家族的家长（paterfamilias，被定义为有孩子但没有活着的长辈的罗马男性自由民）拥有绝对的控制权，不仅控制着家族成员，而且掌控着包括奴隶在内的所有家族财产。控制权（或父权，patria potestas）除了包括将其后代卖为奴隶的权利，还涵盖了所有家族成员的生死权。他可以决定是应该抚养家中所生的孩子，还是将其抛弃，任由他们死去，还能几乎不受限制地处置家族财产。即使是成年子女在家中也没有自由，无法拥有自己的财产。罗马男性直到他们的家长死后才能获得自由，除非他们正式被从他的权威中解放出来。家长被认为应该听取由年长亲戚和朋友组成的家族议事会的建议，但他的权力几乎没有限制。

女性的权利就更少了，她们需要男性监护人来监督自己的法律行为，代表她进行法律或经济交易。在大多数情况下，监护人要么是她的父亲，要么是她的丈夫，取决于她的婚姻状态和婚姻形式。有三种方式将女性从父权转移到她丈夫的权力（manus）之下——进行宗教仪式的共食婚（confarreatio）[①]、事实婚（usus，

[①] 需要当着大祭司或朱庇特弗拉门祭司（flamen dialis）的面献祭面包（far），并有10名证人。见盖乌斯，《法学阶梯》1.112；普林尼，《自然史》18.3.3。——译者注

仅仅通过同居实现的婚姻）或买卖婚（coemptio，象征性地将女人卖给她的丈夫）。在其他形式的婚姻中，她仍然处于自己父亲的权力之下——这可能让她承担更多的义务，因为处于夫权之下的妇女在其丈夫死后就成了独立人，而如果在父权之下，她必须等到最后一个男性亲戚去世后才能摆脱依附地位。有法律漏洞可以让妇女摆脱夫权，只需要她每年离开丈夫一定的天数，但那样的话，她又回到了父权之下。考虑到父亲或丈夫对她程度广泛的控制，这似乎只是一种相当学术性的区别，但继承法对处于不同人控制下的女性有不同的规定，因此这可能会对她继承自己那份家族财产的能力产生影响。

很难确定个体家族与更大的氏族（或大家族）之间的关系。尽管氏族在公元前5世纪仍然是罗马社会的一个重要特征，比如可以由此确定某个人属于哪个阶层，但它们的结构以及法律和社会角色在这一时期可能发生了变化。公元前5世纪中期，《十二铜表法》似乎表明，权力掌握在家族首领手中，土地被认为归个人所有，而不是由氏族共有。

早期罗马是一个奴隶社会，大多数家庭都有奴隶。动产奴隶（chattel slaves，即那些生来为奴，或是被贩卖为奴的人，而不是因为欠债而成为奴隶）没有法律权利，可以被买卖，但也可以被释放。在一些希腊人眼中（哈利卡纳苏斯的狄俄尼修斯，4.24），罗马社会的一个奇特之处是，被罗马公民释放的奴隶能够自动获得公民权。一旦获释，他们就成了男/女释奴（liberti/libertae）。他们会给自己起前主人的名字，而后者就成了他们的恩主。公元前5世纪罗马的奴隶数量比布匿战争后的要少得多，而且每户家庭的奴隶数量差别很大，但《十二铜表法》中关于奴隶买卖和所有权的规定表明，奴隶制在罗马早期就已经很重要了。

恩主制是罗马社会的核心。顾名思义，恩主与门客间是一种准父系的关系，有保护他们的道德义务，并在法律和经济上向他们提供帮助。作为回报，门客有义务侍奉他，并以任何必要的方式提供协助。这可能只要求门客前去他家向他致意［门客们一早聚集在恩主家里，向其请安（salutatio），这是有地位的罗马人日常生活的重要组成部分］，但也可能包括为他处理商业事务，在法律案件或政治生涯中支持他，甚至作为武装扈从的一员为他而战。后来，这成了一种范围广泛但界定模糊的关系，本质上是基于信任和公认的社会准则，而不是法律条件，尽管我们对恩主-门客关系在公元前5世纪是怎么运作的所知寥寥。[8] 目前还不清楚恩主-门客关系在当时有多普遍，也不清楚大多数精英阶层以下的罗马人是否依附于更高阶层的恩主，或者是否有许多人被排除在这个人脉和支持网络之外。在实践中，这个系统似乎可能是很不固定的，拥有良好人脉的人可以依附于多位恩主，而许多人既是那些财富和人脉不如自己的人的恩主，又是更重要家族的门客。无法将罗马社会明确划分为一个恩主阶层和一个门客阶层；更确切地说，两者是相互依存的。

罗马的宗教：权力与祭司身份

在罗马，宗教与公共生活之间的联系根深蒂固，宗教在公共事务中扮演着至关重要的角色，无论是在这些事务的日常开展中，还是在罗马国家的发展方式中。在共和国早期，有人试图分离宗教和政治事务，将国王的一些宗教职责委托给圣礼王，后者是为数很少的被禁止担任公职的祭司之一。尽管如此，公共生活的宗教和世俗方面仍然有很多重叠。罗马没有专门的祭司职位或祭司阶层，祭司大多把他们担任的职位作为其公共生涯的一部分。负责许多例行仪式的是现任的行政长官，而不是单独的祭司，元老院的职能之一是提供宗教方面的知识和专业意见，就像西塞罗指出的：

> 在我们的祖先受神明启发而创造和设立的众多制度［……］中，没有什么比他们决定把对神灵的崇拜和对国家利益的管理都交给同一个人更有名了；结果是，最卓越的公民可以确保通过恰当地管理国家来维护宗教，通过仔细地解读宗教来维护国家。
>
> （西塞罗，《论他的房子》，1）

高级行政官员代表人民进行献祭，主持占卜，并履行其他宗教职责，如进献神庙。另一些宗教职责属于以大祭司为首的祭司团，[9] 大祭司对国家崇拜拥有最高的监督权，还有监管社会历法等职责。

罗马文化中一个被许多古代作家谈起的显著特征是它对其他地区的崇拜的开放态度，包括一些来自意大利以外的崇拜。公元前 6 世纪，罗马从库迈引进了《西比尔神谕》(Sibylline books)，这是一本预言汇编。传说它是由著名的库迈女先知西比尔转交给罗马人的，在战争、瘟疫或饥荒等危机时期，他们会从圣书中寻求指导。对刻勒斯和狄安娜的崇拜，与希腊神话中和她们对应的德墨忒耳和阿尔忒弥斯的圣所关系密切，直到公元前 1 世纪，刻勒斯的女祭司仍然是从意大利和西西里的希腊人城市招募的（哈利卡纳苏斯的狄俄尼修斯，6.17.2；西塞罗，《为巴尔布斯辩护》，24.55）。愿意接纳新的元素是罗马宗教发展的特点，但它受到元老院的严密控制，后者是对国家宗教负有总体责任的机构。

罗马宗教的另一个最显著的特点是其高度仪式化的特征，它非常强调传统的连续性，以及在仪式进行中的一丝不苟。至关重要的是，要在适当的场合绝对准确地进行正确的仪式（瓦莱利乌斯·马克西姆斯，2.1.1），并通过检查牺牲的内脏来请示神明的意志。一个错误或中断可能会使整个仪式失效，使其需要重新进行。[10] 有许多警示故事表示，如果长官或将军们对仪式更加谨慎的话，那些灾难本可以被避免，比如西塞罗曾用公元前249年的一次海战失败来说明这点：

> 由于没能发现不祥之兆，我们陷入了可怕的灾难。比如，阿皮乌斯·卡伊库斯（Appius Caecus）之子普布利乌斯·克劳狄乌斯（Publius Claudius）和他的同僚卢基乌斯·尤尼乌斯（Lucius Junius）在征兆不利的时候启航，损失了庞大的舰队。
>
> （西塞罗，《论预言》，1.29）

一方面是保守主义和对传统的坚持，另一方面是对新崇拜的开放态度。这两个特点似乎包含了冲突的可能，但事实上它们使罗马能够兼取两者之所长，一边保持了其传统的宗教文化，一边对新的影响保持开放态度。

罗马公共生活的基本特征之一是占卜，通过一定的程序，人们可以请示神明的意志。根据西塞罗的说法,"对于国内外的公共事务,没有一件不是首先寻求神兆的"(西塞罗,《论预言》,1.3)。占卜可以用各种方式进行。元老院记录了被视为征兆的事件,而一系列自然现象都可以被宣布为异象,如地震或猛烈的风暴,或者畸形的胎儿或幼崽,这些都是不祥之兆,需要人来赎罪。关于可能的征兆的信息被从罗马各地收集起来,供元老院评估,并提交给行政长官或祭司,以便举行适当的仪式。但在更多的情况下,人们会用鸟卜或肠卜来确定神明的意志。两者都是伊特鲁里亚人的习俗,他们在这方面拥有大量的神圣法律。鸟卜是观察鸟兽的行为,占卜师——有时是专门的祭司,有时是高级行政官员——站在特别划定的围地中进行观察。肠卜是对牺牲的内脏进行查验,以确定征兆是否有利。主持献祭的行政长官在肠卜师的协助下进行查验和解释结果。这些宗教仪式是公共生活中必不可少的一部分,在任何重要行动前以及在宗教节日上都会进行,在元老院会议、选举和立法投票之前也会进行。它们在战争时期特别重要,在采取任何军事行动之前,进行鸟卜或查验内脏被认为是必不可少的。

在罗马宗教的上述方面中,有许多被认为拥有古老的起源,但直到后来的共和时期,我们才开始看到宗教实践和宗教信仰的清晰图景。即使它们可以追溯到王政时期,我们仍然不清楚古风时期的许多祭司职位的职责是什么,以及从王政变成共和国对它们有何影响。不过在当时,许多祭司职位似乎是贵族专属的,行使权力所必需的某些宗教职责同样如此。因此,宗教职责和担任祭司的资格与贵族和平民之间周期性爆发的冲突紧密交织在一起,而在罗马历史上这段动荡时期中,它成了额外的争执焦点。

经济紧缩的时代

与意大利的许多其他地区一样，罗马在公元前 5 世纪中叶显示出经济压力的迹象。大约公元前 470 年之后，农业和手工业生产都放慢了速度，而从约公元前 450 年开始，进口商品的数量也明显减少。我们在第 6 章中谈到，希腊与阿德里亚和斯皮纳的贸易关系得到了发展，这从根本上改变了希腊与拉丁姆的接触模式，罗马发现了大量公元前 6 世纪进口的阿提卡陶器，但这样的贸易在公元前 5 世纪迅速减少。差不多与此同时，从伊特鲁里亚进口的商品同样急剧减少，特别是奢侈品，如精美的陶器或青铜器皿。本地产量的增加无法弥补进口商品的减少，罗马本地生产的陶器主要限于低质量的家用品。古风时期充满活力的贸易网络和手工制造业基本上消失了。相反，拉丁姆内部的当地贸易网络变得更加重要。公元前 493 年，罗马和拉丁人之间的条约包括了对罗马和其他拉丁国家之间贸易和商业合同的特别保护。此外，有证据表明，个人和家庭的财富正在缩水。埃斯奎利诺墓地的墓葬数量以及陪葬品的数量和质量的降低可能表明可支配财富的减少。不过，这并非对上述变化的唯一解释。限制奢侈的丧葬炫耀的禁奢令暗示精英阶层中出现了一种新的节制文化，并更加强调群体的团结一致。

大型公共营建项目是社会稳定和经济健康的好指征。它们需要大量的经济盈余，以及充足的熟练和非熟练劳动力、材料与组织技能。公元前 5 世纪 90 年代和 80 年代的营建活动是新的共和国试图赞颂和确立自己政治身份（图 23）的一次尝试。[11] 而在公元前 484—前 400 年，大型公共工程的数量很少，表明几乎没有

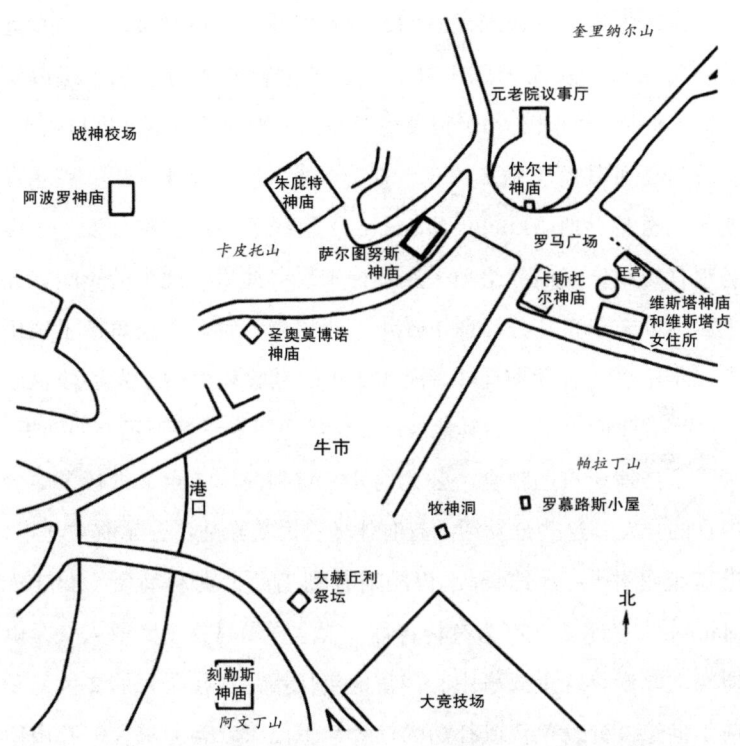

图 23　罗马：公元前 5 世纪罗马广场、帕拉丁山和牛市的平面图

盈余可以投入新的项目。这一时期神庙的建造水平要低得多,也可能与罗马在战争中的运势有关。成功的战争,比如公元前 6 世纪末的那些,以奴隶的形式提供了大批劳动力,并以战利品的形式提供了大量财富。由于许多神庙的建造资金来自战利品,并作为胜利祭品被献给神灵,此类活动的下降可能与罗马人与其邻邦战事的暂停有直接联系,或因他们在其中鲜有胜绩。

罗马在该时期遭遇了周期性的粮食短缺和粮价高的问题,它们是由干旱或恶劣的天气引起的,而政治和社会动荡令其雪上加霜。公元前 496—前 411 年,记录中有 10 次这样的粮食短缺时期，许多恰逢战争或内乱时期，导致农业生产遭到破坏，粮食运输变得艰难，从而加剧了歉收。在最糟糕的年份，为了缓解短缺，人们从坎帕尼亚、伊特鲁里亚和拉丁姆的其他地区进口粮食，执政官还对其销售做了规定。在公元前440—前439年，卢基乌斯·米努基乌斯（Lucius Minucius）组织了一次谷物分发，以缓解粮食短缺，人们献给他一座塑像来表彰此事。此事的影响如此之大，以至于直到公元前135年，他的一个后人[①]还铸造了钱币来表示纪念。公元前433—前432年的歉收和疾病暴发迫使执政官派代表前往拉丁姆的其他地区和伊特鲁里亚，甚至远至西西里，买下了当地所有的粮食。公元前439年和前433年又进行了廉价粮食的分发。这些分发活动有时伴随着民众骚乱：公元前439年，进口粮食并将它们低价出售的斯普利乌斯·麦利乌斯（Spurius Maelius）被暗杀，因为有传言称，他这样做是为了赚取人气，以便发动政变。这个故事中有严重的年代错乱：在公元前2世纪和前1世纪，分发免费或补贴的粮食与平民派政客追求人气和声望有关，而不是因为经济困境，后人的描述可能是根据后来的情况来解释麦利乌斯不幸的粮食分发活动和对它的反应。[12] 不过，有考古学证据表明，整个意大利在这一时期都出现了经济问题，粮食短缺和回应这些问题的行动印证了这点。

这似乎是一个紧张的时期，矛盾围绕在土地所有权和债务问题上。在古罗马，土地所有权是一个敏感的问题，因为土地不仅是大多数人的主要经济资源，还具有重要的社会意义。财产（被定义为对土地的所有权）和法律地位相辅相成。财产等级（根据

[①] "鸟卜师"格奈乌斯·米努基乌斯（C. Minucius Augurinus）。——译者注

拥有土地的价值划分）是罗马军队和主要选举大会——百人队大会的组织基础。根据西塞罗（《论义务》，1.150—1.151）的说法，由土地所有权带来的收益是上层罗马人唯一可以接受的收入形式。罗马富人的经济活动无疑比西塞罗承认的更加多样化，但在罗马历史的早期，土地和社会地位之间几乎肯定存在着密切的联系。因此，土地短缺或分配不公是一个人们极为关心的问题。它不仅阻碍了许多罗马人的谋生能力，而且限制了他们的社会和政治志向。

土地的供应与成功的军事行动相关。在罗马与邻邦的战争中，夺取战败敌人的一部分土地曾是普遍的政策。这些土地被宣布为"公地"（ager publicus），即属于罗马国家的公有土地。它可以被重新分配给罗马的地主——这些人在新取得的地区建立殖民地——或者由国家租出。我们对公元前5世纪和前4世纪的公地了解有限。目前还不清楚有多少公地，以及它们在公众手中停留了多长时间，所以很难确定土地问题的严重程度。随着伊特鲁里亚人在阿里基亚战役（公元前505年或前504年），以及拉丁人在雷吉鲁斯湖战役的失败，罗马对其近邻的作战范围变得有限，特别是在公元前493年《卡西乌斯条约》之后，因为它约束罗马与拉丁人并维持和平。不用说，这无法阻止罗马对其他民族发动战争，特别是埃奎人、沃尔斯基人和赫尔尼基人，以及维伊的伊特鲁里亚人，但军事行动的频率和胜率在几年间都有下降。结果就是，新获得的土地数量变得越来越少，而罗马人民越来越对他们认为的公地分配方式的不公感到焦躁不安。据说，公地的分配和分配公平性引发的动乱在（公元前486年）斯普利乌斯·卡西乌斯第二次担任执政官期间爆发，并一直持续到公元前4世纪开始后很久。公元前367年的《李基尼乌斯-塞克斯提乌斯法》在一定程度上解决了这个问题，但公众对确保土地公平分配的担忧将成为一个多世纪间罗马政治的特点之一。

这个时代另一个棘手的经济问题是，因债务而负担过重的人口正在增多。直到公元前4世纪末，罗马人还依赖于一种原始的货币，[13] aes rude（字面意思是"粗铸的青铜"）是一种标准重量的粗铸小铜锭，有时印有重量符号，最早出现在公元前8世纪的意大利。[14] 尽管没有铸造钱币，但罗马人对货币经济的概念并不陌生。塞尔维乌斯·图利乌斯的改革和公元前5世纪的罗马法都以青铜的重量来衡量财产、付款和罚款（后来成为钱币面额的as最初是一份固定重量的青铜）。他们还熟悉计息的借债和贷款的概念。在公元前5世纪，随着经济环境的收紧，借贷变得更加普遍。随着负债人数和利率的增加，一种名为债务奴役（debt bondage，拉丁语为nexum）的制度成了问题。根据这种习俗，债权人可以控制违约债务人的人身，将其作为强制劳动力——在事实上将他奴役——直到还清债务。在整个公元前5和前4世纪，债务问题经常成为民怨的对象，尽管人们屡次试图监管利息和偿还条件。

平贵之争

所谓的平贵之争主导了公元前5和前4世纪，这是贵族和平民之间的一场冲突，始于公元前494年，断断续续地持续到公元前287年。这场片段式但长期持续的冲突影响了罗马社会的许多方面，而且很难准确评价它，因为它是如此多样化，又旷日持久。从本质上讲，这是罗马内部两个群体之间为争夺权力和影响力而展开的斗争。但是，它还包括了其他许多被更多人关注的问题，如粮食短缺、土地短缺，日益严重的债务危机和随之而来的债务奴役现象，以及对法律改革和政治代表的诉求。相关的各个利益集团通过各种方法来诉说他们的不满，包括法律和立法行动，大规模的公民不服从，甚至暴力对抗。

这场冲突中的第一个故事——被称为"第一次撤离"——发生在公元前494年，可能是由债务危机引起的。我们的材料描绘了一个关于人们被迫负债，然后被债权人监禁和奴役的悲惨故事。故事的中心人物是一名老兵，他以极高的利率借了笔钱，为了还债，他被迫交出自己的财产，最终还丢掉了自由。公众对他的不幸遭遇感到愤怒，这引发了持续的内乱和来自执政官的镇压——作为回应，后者对债务人做出了更加严厉的裁决。最终，平民上演了撤离，这一策略将在公元前494到前287年间被多次重复。撤离是罢工行动的一种形式，所有或部分平民脱离城市生活，搬离到城外的一个地方，此举在当时的情况下格外具有威胁，因为罗马正与萨宾人和沃尔斯基人交战，而这次撤离扰乱了军事征收。这一局面最终被受人尊敬的梅内尼乌斯·阿格里帕（Menenius Agrippa）解决，他让平民接受了在面临军事威胁时保持团结的重要性。

被归功于阿格里帕的解决方案具有深远的影响。平民们主要的不满不是高利贷，也不是债务奴役制度本身。他们担心的是，如果负责执行债务惩罚的行政官员专断行事，他们将得不到保护。解决办法是创建一个新的行政官员职位，即保民官（tribunus plebis），仅限平民担任。它的职能是保护平民，使其免遭其他行政长官的专断与压迫行为。由于该职位独特的性质以及其拥有的非凡权力,保民官在共和国的历史上扮演了重要的角色。由于首要角色是保护平民不受虐待,他们拥有"援助权"(auxilium),即有权亲自进行干预,以保护平民免受贵族的威胁,并有权对任何威胁他们或挑战他们权威的人处以法律惩罚(罚款或监禁,甚至死刑)。他们的人身神圣不可侵犯,以避免有人试图对他们下毒手。[15] 不过,他们最重要的权力是否决权(intercessio),让他们能够阻碍任何提议或立法草案,使其胎死腹中。在平贵之争后来的阶段里,以及在公元前2和前1世纪的不同时期,这成为一种强有力的政治武器。此外,他们还有权提出立法建议和召开元老院会议,尽管这些可能是晚于公元前5世纪才增加的。

差不多与此同时,罗马还设立了另一个新的行政长官职位,即营造官。和保民官一样,营造官一职也仅限平民担任。营造官的头衔很可能源于拉丁语 aedes,表示神庙,可能反映了营造官与阿文丁山上的刻勒斯神庙之间的密切联系,那里成了他们的总部。从公元前4世纪中叶开始,营造官负责城市的基础设施建设,特别是在食品供应、街道和建筑的维护、组织赛会和维持公共秩序方面。公元前5世纪时,他们的职责并不明晰,但鉴于粮食短缺是一个与平贵之争相关的问题,监管粮食的供应和分配肯定是他们的关键角色之一。

大约在同一时间,罗马新设了一个平民大会(concilium plebis),平民可以在会上通过决议。平民大会据说可以追溯到公元前494年,显然对任何不是贵族的人开放;但对于当时它是如何运作的,或者做了些什么,我们知之甚少。不过,公元前471年,大会被重组,对会议结构做了改革,包括选举平民行政长官的方法。它负责选出自己的行政长官,并使用类似于库里亚大会和百人队大会的团体投票制度进行决议（即每个团体内先根据多数票做出决定，然后大会再根据多数团体票达成决议，并不考虑个人投票的总数），但投票的单位是部落，而不是库里亚或百人队。尽管用了部落这个名字，但它与民族或血缘群体无关，而是按照成员居住的地理区域划分的。罗马的领土和生活在那里的公民被分成若干部落（公元前396年征服维伊之前有21个部落，此后随着罗马领土的扩大，部落的数量也开始增加，到公元前241年达到最大值35个），公民们按照自己的部落开会并投票。最终，这些部落作为投票单位参加全体罗马人民的大会［人民部落大会（comitia populi tributa），通常简称部落大会］和平民大会。

即使在进行了上述改革后，平民大会的地位和它通过的决议仍然是模糊不清的。因为只有平民才有资格参加，它并非全体人民的大会，它根据保民官的提议推出的决议被称为平民决议（plebiscita），而不是法律（奥卢斯·格里乌斯，《阿提卡之夜》，15.27）。它们对平民有约束力，因为后者有资格对其进行投票，但至于它们能否对整个共同体有效，就远没有那么清楚了。公元前449年通过的一组名为《瓦莱利乌斯-贺拉提乌斯法》（Valerio-Horatian laws）的法令涉及了其中的一些问题，但平民大会仍然只是一个议事会（concilium），通过的决议充其量只是临时的，直到公元前287年的《霍腾修斯法》（Lex Hortensia）最后规定其决议对全体罗马人民都具有约束力。从那时起，它实际上变得与人民部落大会没有什么区别，成为罗马最重要的立法机构。

结束了第一次撤离的和解协议实际上在罗马政府内为平民创造了一个平行的组织，也为罗马创造了新的政治地貌。在第一次撤离期间，平民退到一座被称为圣山的小山上，但在后来的撤离中，他们退到了阿文丁山。这座山与平民政治乃至一般性的民众抗议联系在一起。阿文丁山上的刻勒斯和狄安娜神庙与平民长官及其行为的关系特别密切。事实上，阿文丁位于罗马城界之外，在地理位置上远离卡皮托山和罗马广场这两个与国家权力关系最为密切的区域，这意味着它是对反抗既有权威的有力象征。据说刻勒斯神庙是用雷吉鲁斯湖战役后夺取的战利品建造的（哈利卡纳苏斯的狄俄尼修斯，6.17.2—6.17.4），成为罗马广场上的卡斯托尔神庙的平民版本，后者同样为纪念那场战役而建。与阿文丁山崇拜的联系也有实际意义。阿文丁山上的刻勒斯、利伯尔（Liber）和利伯拉（Libera）神庙与营造官及其活动有关，特别是他们在粮食分配中的角色，因为刻勒斯是罗马的农业女神。[16] 任何威胁保民官的人都可能被夺取财产，然后献给刻勒斯，而李维表示（3.55.13），元老院决议的副本会被送到神庙，确保它们在平民可以进入的地方被展示和存放。阿文丁山上对狄安娜和刻勒斯的崇拜也与希腊人有很深的联系。刻勒斯崇拜可能起源于希腊，根据西塞罗（《为巴尔布斯辩护》，55）的说法，它的仪式是希腊式的。这些崇拜与平民的联系可能显示了自由和民众政治与希腊政治思想之间的联系。[17]

　　让平民感到愤怒的问题不仅是债务和在专横的行政长官那里保护自己的需要。公元前5世纪80年代，农业问题和土地所有权也困扰着人们，尽管我们对问题的性质并不清楚。古人的描述受到公元前2世纪由公地造成的骚乱的影响，而那时的问题可能截然不同。比如，我们不知道新获得的土地将保持多长时间的公有属性，或者公元前5世纪时让罗马人民烦恼的问题究竟是土地资源被精英所垄断（就像公元前2世纪那样），还是与他们认为的新获土地的分配不公有关。公元前5世纪80年代初的骚乱发生后，据说公元前486年的执政官斯普利乌斯·卡西乌斯提出了对从赫尔尼基人手中夺来的土地进行重新分配的法案，但对于是否只有罗马人有资格获益，还是说拉丁人和赫尔尼基人也能申请土地授予，史料中莫衷一是（李维，2.41；哈利卡纳苏斯的狄俄尼修斯，8.69—8.77）。公元前485年，卡西乌斯被判有罪，罪名是为了当上僭主而讨好民众，并被处决。这个故事存在问题，因为在我们的史料中，卡西乌斯这个人物和他的性格与公元前133年的改革派保民官提比略·格拉古非常相似，因此，人们曾经质疑，卡西乌斯的土地法和他看似追求权力的行为是否存在。来自文本和意大利许多地区的考古学证据都暗示，公元前5世纪是一个充满社会和政治压力的时期，因此很合理，土地分配在罗马成了一个引发争论的政治问题，但卡西乌斯的法令的细节和他所谓的成为僭主的企图都与提比略·格拉古太过相似，让人难以相信。

法律改革

平贵之争中，平民的另一个目标是制定一部成文法典。我们对公元前5世纪中叶之前的罗马法非常有限的了解暗示，它以风俗和惯例作为依据，而不是成文法。有些法律可能被系统化并被书写下来了，但还有许多依赖于记忆和口传。尽管有黑石铭文（彩图19，上面刻的似乎是宗教律法或仪式）这样的材料存世，但没有证据表明法律是被系统地记录和组织的。由于没有真正的书面法典或成文法，任何提起诉讼的人或者被起诉的人都只能听凭主审的行政长官或法官及其对法律的解释。原告和被告都无从得知法律究竟说了什么——当法律和政治权力如此高度集中在精英手中时,这个情况变得具有煽动性。相反,制定一部成文法典将迫使共同体写出一套所有人都能查阅和普遍适用的明确法律。理论上说,这能让所有公民平等地享受到正义,尽管在实践中,该结果可能并不完全一清二楚。在像早期罗马这样识字率非常低的社会,成文法典可能以不同的方式阻止了许多人使用它,因为它只将法律知识留给了那些有能力阅读它的人。引入成文法典可能不但不会使更广大的人口得到使用法律的权利,还会让公正的法律听证变得更加排他。不过,两相比较而言,法律的法典化和由此而来的清晰化和系统化有助于减少权力和地位的不平衡。可供查阅的成文法典的存在本身,限制了贵族操纵法律并使其有利于贵族的空间。

要求制定法典的骚动始于公元前462年,并延续了十多年——这个事实本身表明了人们对此事怀有某种程度的强烈情感,以及贵族对其的抵制。公元前6和前5世纪时,随着许多地中海国家变得更大,并发展出更加复杂和先进的制度,制定成文法成了它们的共有特征;因此,这一对法典的需求,使罗马遵循了更广泛的国家发展模式。[18] 公元前5世纪50年代,对法律改革的压力越来越强,使者们被派往雅典和其他希腊城市进行考察,研究它们的法典。公元前451年,贵族和平民达成协议,在法典的制定期间暂停全部章程(西塞罗,《论共和国》,2.61;李维,3.31—3.55;哈利卡纳苏斯的狄俄尼修斯,10.55)。一个十人法律起草委员会(Decemviri legibus scribundis)除了负责制定一系列法律外,还接管了执政官治理罗马的职责。他们拥有广泛的权力,因为保民官显然和执政官一起退居幕后,对十人委员会的行为也没有进行过申诉。

公元前450年,十人委员会将制定的法律刻在了十块铜板上,将其拿到罗马广场上的讲坛前展示。第二年,第二个十人委员会(这次包括了平民成员)又增加了两块铜板。我们的史料中将这第二个委员会形容为一个暴虐的政权,它沉溺于一些特别专制的行为,还拒绝在任期届满时下台,引发了一场制度危机。李维充满感染力地讲述了其中最骇人听闻的一个故事:一位名叫维吉尼娅的年轻女子被她自己的父亲所杀,以免她遭到阿皮乌斯·克劳狄乌斯的凌辱,后者是十人委员会的领袖,也是唯一参加过两个委员会的成员。对这一罪行和对委员会整体的专横行为的愤慨引发了骚乱,平民再一次撤离到阿文丁山。最后的结果是阿皮乌斯·克劳狄乌斯自杀,"十个塔克文"(李维语)在公元前449年被解职。

无论这些故事(特别是那些与第二个十人委员会暴行相关的)是否有历史依据,因此产生的法典被称为《十二铜表法》,在整个共和时期都是罗马法律的重要组成部分。[19] 虽然后来的立法对其做了大幅扩充和修改,但罗马的学生们甚至在公元前1世纪仍要背诵它们。通过后世作家引用的摘要,有很大一部分法典存世,尽管残缺不全。法典的一些地方意义不明,甚至似乎让后来的罗马人都感到困惑,但它为我们提供了有关公元前5世纪的罗马社会的有趣信息。这并非一部综合性法典,并未谈到行政长官的权力等方面。相反,许多内容涉及家庭法、财产法和某些罪行,以及宗教法。它还对法律程序做了规定,确定了传唤证人和听取某些类型的控诉的规程。《十二铜表法》规定了"家长"的权利和责任,婚姻、离婚和女性在家庭中的地位,家庭财产的所有和处置,以及继承。在与财产和继承相关的部分中,一个现象是很少提到氏族。无论公元前7世纪的情况如何,到了公元前5世纪中期,财产是由个体家族所有,被家长控制,而不是为更大的氏族集体所有。法典中还简单地提到了恩主与门客的关系,提醒恩主说,如果对门客不公,恩主应被认为会遭到诅咒。

另一些铜板上包含了关于债务、边界纠纷、财产损害和人身伤害等方面的法律。关于经济生活的大部分法条都与土地事宜有关,比如保护土地、确定边界、解决边界争端、处理路权或通行权。很少有关于贸易或其他形式的经济活动的内容。涉及商业交易的规定几乎全部涉及购买土地或牲畜。《十二铜表法》中还包含了有关债务和如何处置债务人的内容,并对购买和释放奴隶做了规定。第10号铜板上对葬礼做了规定,对奢华的葬礼展示进行了限制;而第11号铜板禁止贵族和平民通婚。对葬礼所做的规定似乎是为了制止炫耀消费以及贵族家族之间的斗富,但通婚禁令让人费解。我们不清楚这是对早已存在的习俗的正式化,还是新加的限制,但这至少表示阶层之间的壁垒被加固了。[20]

公元前449年,十人委员会被解散,而涉及一些其他领域的平贵间矛盾的法律得到颁布,可能是为了终结公元前450—449年的撤离(李维,3.55;狄奥多罗斯,12.24)。这些法律[被称为《瓦莱利乌斯-贺拉提乌斯法》,得名于当时的执政官瓦莱利乌斯·波提图斯(Valerius Potitus)和贺拉提乌斯·巴巴图斯(Horatius Barbatus)]标志着平贵斗争第一阶段的结束,尽管在整个公元前4世纪,其他一些争端还将延续。它们正式认可了平民获得的许多权力,比如保民官的神圣不可侵犯,对行政长官行为的申诉权,以及平民大会的决议的法律效力。其中一些条款受到质疑，因为早前或更晚的法律中也提到了它们，但鉴于公元前 5 世纪的政治动荡，像"申诉权"或"平民决议"有效性这样的概念很可能需要被不止一次地重申。无论保存下来的细节准确与否，这些法律的总体目标是对保民官和平民大会的权利和职权进行规范并予以承认。不久之后，在公元前 445 年，《卡努莱伊乌斯法》(Lex Canuleia, 或译《卡努莱亚法》)取消了对平贵家庭通婚的禁令，从而打破了阻止两者融合的主要社会和法律障碍之一。有多少平民会受此影响存在争议，但它催生了一个平民精英阶层，他们渴望拥有与贵族同等的权力和地位。

公元前 5 世纪 40 年代，罗马的统治方式还发生了其他变化。公元前 449 年恢复了选举产生的行政长官，但在公元前 444—前 367 年，高级行政长官并不总是执政官。在某些年份里，选举产生的行政长官被称为有执政官权力的军政官。我们不能将其与保民官或担任军职的军政官混淆起来；他们拥有与执政官同等的权力，但每年选出的人数为 3 到 6 人不等，尽管偶尔可能会多达 10 人。我们并不完全清楚为何会发生这种变化。李维将其归因为平民为了有权参选执政官而施加的压力，认为这是元老院做出的妥协。通过在某些年份改变职位的名称和任职者的数量，贵族们既可以允许平民参选，又不必牺牲执政官仍然是贵族专属的原则。但李维继续提到了他从自己的材料中看到的一种更有实际意义的解释，即有执政官权力的军政官最早是在罗马人同时与沃尔斯基人、埃奎人和维伊人作战时被选举出来的，因为两名执政官不足以率军多线作战。这听上去更加合理，可能在一定程度上解释了为何执政军政官不是每年都取代执政官，以及为何他们的当选人数会有变化。公元前 444—前 427 年，其间只有 5 年中选举产生了执政军政官，但在公元前 426—前 406 年，有 14 年是执政军政官在统治罗马，在有些年份里他们的人数还从 3 名增加到 4 名。等到选举执政军政官的做法在公元前 367 年被废止后，5 到 6 人的委员会变得司空见惯。由于该时期正值罗马在意大利中部军事任务扩大之时，似乎有理由认为，对人数更多的、拥有指挥军队的合法权力的高级行政长官（而不仅是两名执政官）的需求是出于军事上的必要。

以有执政官权力的军政官来周期性地取代执政官，只是公元前 449 年后更普遍的政府重组的一部分。财务官这种次级行政长官职位可以追溯到公元前 446 年，其首要职责是财政管理活动，如监督国库等。另一个非常资深的职位——监察官——是在公元前 443 年新设的。监察官从贵族中选出，但不同于大部分行政长官，他们并非每年，而是几年选举一次。他们的主要职责是对罗马人民进行周期性的人口普查，核定他们的财产等级、年龄和居住权。通过这样做，他们也确定了服兵役和投票权的资格。他们还负责监督各种其他交易，比如管理公地（仍然掌握在国家手中），从这类土地上收取租金，以及委托和分配主要公共营建项目的合同。这些新的职位与军事活动有关——财务官通过组织补给和处理战利品的分配，监察官通过核实兵役资格，因此它们的引入和其他一些改革至少有可能是源于罗马日益增加的军事投入，以及贵族和平民之间的社会矛盾。

公元前 5 世纪 30 年代相对平静，但从公元前 424 年开始又出现了要求进行土地改革的呼吁，起因是成功的军事行动和更多公地的取得。此外还出现了更多将政治体系向平民开放的变动。虽然一些高级行政长官仍然是贵族的专属，但从公元前 421 年开始，平民候选人被允许参选财务官。结果，直到公元前409年才有第一位平民财务官当选，表明社会和政治变革步伐缓慢，但到了公元前5世纪末，平民的一些不满已经得到了解决。罗马有了公开发布的法典，对贵族和平民通婚的禁令被废除，平民的"国中之国"建立了起来，还有迹象表明，更大的政治体系正开始向非贵族开放。不过，许多问题仍然有待解决。在公元前4世纪的大部分时间里，债务奴隶制度和土地改革都是充满争议的问题，政治权力在很大程度上仍然将平民排除在外。平贵之争还远未结束。

不能把平贵之争理解为单一的事件或进程。传统上被归于其名下的问题过于多样，而且一场权力斗争可以持续超过两百年也不太可能。早期共和国充斥着关于各种问题的矛盾和冲突，这点几乎没有疑问，但它们如此迥然不同，不可能源于两个界定清晰的阶层或利益集团之间的冲突，至少在公元前4世纪之前是这样。一些学者认为，在共和国伊始，贵族家族并未垄断政治权力：从《卡皮托名录》(Fasti Capitolini)[①]来看，在公元前509—前483年，大约有21%的执政官是平民，包括该时期的一些著名执政官，如共和国第一位执政官卢基乌斯·尤尼乌斯·布鲁图斯。到了公元前5世纪80年代后期，贵族势力开始上升，公元前482—前428年，平民执政官的比例迅速下降到8%，到了公元前427—前401年只剩下1%。有关贵族权力的例子，以及贵族同非贵族的争端（比如导致公元前494年的第一次撤离的动乱），在共和时期初年就出现了，但此类现象在公元前5世纪才开始增长并变得

[①] 这份现存于卡皮托博物馆的石刻碑文版本的《名录》分为三部分：《执政官名录》(Fasti Consulares)、历次"世纪赛会"(Ludi Saeculares)的简介以及《凯旋式名录》(Fasti Triumphales)。——编者注

具体化。

解决办法之一是将平贵之争与公元前5世纪的其他内乱区分开来。公元前4世纪，贵族与平民的身份以及两者之间的区别变得更加清晰，一些历史学家提出，术语"平贵之争"应该被限定在政治矛盾的这个后期阶段。不过，公元前5世纪的一些事件暗示，人们对政治和经济不公的看法已经存在。我认为，与其试图把平贵之争限定在公元前4世纪，不如将其视作一个发展中的形势，随着贵族和平民发展出了更强烈的身份感和界定更清晰的地位，公元前5世纪的一系列范围广泛的法律和经济不满被公元前4世纪更直接的政治权力斗争所取代。

城市发展

罗马城本身继续发展，但步伐比之前慢得多。罗马广场的一些地区显示出破坏的迹象，特别是在集会广场周围，可以看到焚烧的痕迹。被焚烧的地层有时被和公元前390年高卢人对罗马的洗劫联系起来，但更合理的定年似乎指向公元前500年左右。有人猜测，在塔克文家族被驱逐后的内乱中，集会广场可能被火破坏过。此外，公元前6世纪后期和前5世纪前四分之一相对繁荣，但从约公元前470年到前400年，出现了衰退和萧条的迹象。

公元前5世纪初，罗马广场和卡皮托山上出现了新的建筑，有的可能是在王政时期末年开建的。新共和国最早的举动之一是奉献了卡皮托山朱庇特的神庙。神庙原本由塔克文家族委托建造，在王政时期已经大体完工；但它由公元前509年的执政官奉献，将其作为对新政权的强有力的象征，以及对神明认可的含蓄请求。

据说，在共和国的前 30 年里，有 6 座重要的神庙被奉献，作为新秩序的象征和获取神明肯定的方式。有的与具体的成就密切相关。公元前 484 年奉献的卡斯托尔神庙是为了纪念公元前 499 年罗马在雷吉鲁斯湖战役中对拉丁人的胜利（图 23）。有罗马传说表示，这两位半神现身战场，帮助罗马军队，后来有人看见他们在尤图尔娜潭（Lacus Iuturnae）饮马，这眼泉水位于罗马广场上，距离神庙所在地不远。[21] 在拉维尼乌姆也有著名的卡斯托尔和波吕克斯崇拜，罗马广场上的神庙可能是为了象征性地控制住拉丁人崇拜的这一重要力量，使其造福罗马。当然，神庙的大部分现存遗迹的年代要晚得多，但从神庙和尤图尔娜潭的发掘中已经找到了公元前 5 世纪初的遗存。

表 6 文字材料中公元前 5 世纪的罗马神庙建筑

奉献时间	神庙
公元前 509 年	卡皮托山朱庇特
公元前 497 年	萨尔图努斯
公元前 495 年	墨丘利
公元前 493 年	刻勒斯
公元前 486 年	妇女幸运女神
公元前 484 年	卡斯托尔
公元前 433 年	阿波罗

公元前 484 年后的记录有一段完全的空白，除了公元前 431 年的医者阿波罗（Apollo Medicus）神庙。公元前 433 年，在一场瘟疫暴发后，人们承诺修建此庙。在战神校场上的一座公元前 2 世纪的神庙废墟下发现了公元前 5 世纪的地基，佐证了上述记录。但总而言之，在罗马，公元前 5 世纪的神庙少之又少。

有一些墓葬证据支持古人对经济萧条的说法，但并不明确。在罗马的墓区，特别是埃斯奎利诺山，从公元前6世纪后期开始，可确定年代的墓葬数量以及陪葬品的数量和质量都急剧下降。这可能意味着负担得起纪念性墓葬的人数量下降，以及投入到陪葬品的富余财富减少，但也可能反映了社会变化而非经济衰退。公元前5世纪的法典《十二铜表法》包含了限制奢华葬礼的禁奢令，暗示存在从炫耀性消费转向更节制的葬仪展示的文化转变。值得注意的是，陪葬品变得更加朴素的转向开始于公元前6世纪，正值罗马对公共工程进行大量投入，以及精英纷纷修建豪宅的时候。公共建筑营建的数量下降以及有关粮食分配和债务问题的证据都暗示，公元前5世纪中叶是一个经济困难时期，但丧葬习俗的改变反映了更广泛的社会和文化转变，而不仅是萧条。

公元前5世纪的物质证据的数量和质量都下降了，因此它有时被形容为"去伊特鲁里亚化"时期——当时塔克文家族的垮台和与拉斯·波塞纳的战争才刚刚过去——但这似乎很不可能。在公元前5世纪初的罗马仍然能找到伊特鲁里亚的商品和伊特鲁里亚人。在共和国初年，贸易联系和与伊特鲁里亚工匠的关联仍然存在，没有证据表明塔克文被黜后出现了普遍的反伊特鲁里亚浪潮。真正的断裂发生在后来，公元前480年到前430年，伊特鲁里亚人的商品和艺术影响显著减少和下降。但很能说明问题的是，希腊人的商品和影响也在差不多同一时间消失了，对此的解释肯定是遍及意大利各地的经济下滑、贸易网络的破坏以及社会和政治的不稳定。伊特鲁里亚文化在罗马的式微是这些更大因素的结果，而非公元前509年后对伊特鲁里亚人的系统性排斥。

公元前5世纪造访罗马的人会看到一个与公元前6世纪截然

不同的城邦。新的统治模式伴随着政治和社会的分化，而罗马人明显处于不安分的情绪中。贵族自信的炫耀性消费被更加朴素的文化取代，在越来越严格定义的精英内部存在对社会团结的更多强调。在面貌上，罗马城变得更加宏伟，但重点不再是通过令人难忘的房屋和墓葬来宣扬贵族的生活方式，而是更加强调对新共和国的军事成功和政治身份的赞颂。尤其是在那个世纪之初，造访者可能会看到更多的神庙被用来纪念罗马的胜利，而随着罗马广场上公共建筑的发展，城市景观也进一步政治化了。罗马看上去可能没有衰退，但在社会和经济上，它成了更加节制和分裂的社会。

第 10 章

进击的罗马

拉丁姆及其以外地区的战争,公元前 500—前 350 年

与罗马在该时期动荡的内部历史相对应的是,它与邻邦乃至一些更遥远国家间不佳的关系。王政被推翻后,随之而来的是与拉斯·波塞纳和塔克文家族的战争,我们完全不清楚细节,但公元前 505 或前 504 年波塞纳在阿里基亚战役中的失败以及公元前 496 年罗马对拉丁人的成功行动带来了一些喘息,也使得同拉丁人达成和平协议成为可能。[1] 古人的记述将公元前 5 世纪描绘成一个战火不断的时代,罗马频频遭到攻击。它卷入了一系列与维伊的消耗巨大的战争,同时还对几个南方邻邦展开了没有结果的艰苦战役(地图 3)。这场多线战争最终耗尽了罗马的兵力,在土地或战利品方面却没有太多回报。最后,到了公元前 4 世纪初,罗马又面临高卢人的入侵,这次入侵对这座城市的生存构成了严重的威胁。

虽然我们的史料将这些公元前 6 世纪末和前 5 世纪初的战争与王政的终结联系起来,并将其描绘成是由塔克文家族煽动的,但它们的原因很可能更加复杂和广泛。拉斯·波塞纳的行动似乎是在认真地利用意大利中部的不稳定时期,来扩大他的母邦克鲁

西乌姆的势力。罗马并非唯一受到他威胁的城市，他的行动延伸到拉丁姆，甚至是坎帕尼亚。在阿里基亚战役中，阿伦斯·波塞纳（Arruns Porsenna，拉斯之子）统率下的克鲁西乌姆人被最终打败，与之作战的是拉丁人和来自库迈的希腊军队的同盟。这不完全是罗马人的事，而是在伊特鲁里亚人和坎帕尼亚其他居民间展开的更大范围的权力之争的一部分。最终，库迈的阿里斯托德摩斯击退了伊特鲁里亚人在坎帕尼亚的势力。他与像拉丁人这样的邻居，以及更远些的希腊人〔如叙拉古的僭主希隆（Hieron）〕结成了同盟，这让库迈人决定性地击败了伊特鲁里亚人。库迈与一些拉丁和希腊城邦结成同盟，在库迈的领导下，对伊特鲁里亚人的军事行动从公元前524年延续到前474年。公元前474年，来自库迈和叙拉古的舰队在一场海战中击败了伊特鲁里亚人，使其在坎帕尼亚的力量遭到了决定性的打击。由于失去了对该地区的海上主宰，再加上他们对坎帕尼亚中部和北部的控制遭到侵蚀，伊特鲁里亚人在坎帕尼亚的势力和影响迅速下降。

这帮了罗马人的大忙。克鲁西乌姆人于公元前505或前504年在阿里基亚的失败解除了眼前的军事压力，让新的共和国有了一些喘息之机。在随后的几年间，罗马与曾经打败过波塞纳的拉丁城邦开战，并在公元前496年的雷吉鲁斯湖战役中彻底战胜了它们。这场战役对后来的罗马人具有标志性的意义，被认为是他们击退塔克文家族的威胁并确立对拉丁人控制之开始。人们为它添加了各种英雄传说和神话，旨在证明这种控制的合法性，比如有传统表示，半神卡斯托尔和波吕克斯曾为罗马助战，并向罗马人民通报了胜利的消息。[2] 直到许多代人之后，罗马将军奥卢斯·波斯图米乌斯·阿尔布斯（Aulus Postumius Albus）的后人仍在庆祝他的著名胜利。

公元前493年,随着拉丁人最后的抵抗被挫败,执政官斯普利乌斯·卡西乌斯达成的条约为战争画上了句号。条约被刻在青铜板上,放在罗马广场展示,显然甚至到西塞罗的时代仍能看到,它被视作后来的罗马条约的原型。哈利卡纳苏斯的狄俄尼修斯将它全文引述:

> 条约的内容如下:"让罗马人和其他拉丁人的城市间和平长存,只要天空和大地仍然在它们的位置。让他们不要彼此开战,或者引来其他的敌人,或者允许任何一方的敌人通过。在战争期间,让他们全力帮助彼此,让他们平分共同作战获得的战利品。让私人合同的争端于十天内在合同订立的国家解决。除非得到罗马和全体拉丁人的同意,此条约中的内容不得增加或删除。"罗马人和拉丁人同意了这些条款,用誓言和献祭批准了它们。
>
> (哈利卡纳苏斯的狄俄尼修斯,6.95)[3]

《卡西乌斯条约》(后人对它的称呼)确立了罗马人和拉丁人之间无限期的和平,彼此同意不再开战,或者协助对方的敌人。条约还达成了互助协议,如果有一方遭到外来敌人的攻击,另一方将提供帮助,这对罗马后来的同盟至关重要。该条款(以及它加入的均分战利品的安排)表明,当时人们曾设想罗马人和拉丁人共同作战,尽管它几乎没有告诉我们这种情况发生的频率,以及它们是如何组织的。

后世的两位作家加图和卢基乌斯·金基乌斯(Lucius Cincius

彩图 1 刻有几何纹饰的维拉诺瓦双锥形骨灰坛。公元前 8 世纪

彩图 2 意大利青铜扣针,"水蛭"(sanguisuga)型,带几何纹饰。公元前 8 世纪

彩图 3 拉丁姆 IIA 火葬墓陪葬品,帕拉丁山,公元前 900—前 830 年

彩图 4 带铭文的陶器,来自奥斯特里亚德洛萨,约公元前 775 年

彩图 5 带几何纹饰和铭文的希腊酒杯,被称为"涅斯托尔杯"

彩图 6 罗马：从卡皮托山俯瞰，右侧为帕拉丁山，山下为罗马广场的低平区域

彩图 7　帕拉丁山上的铁器时代小屋的地基和柱孔，公元前 9—前 8 世纪

彩图 8　切尔韦泰里：土丘墓，班迪塔奇亚墓地

彩图 9　切尔韦泰里：土丘墓内部，可以看到墓床，床脚有浅浮雕刻出的椅子。班迪塔奇亚墓地

彩图 10 刻有纹饰的伊特鲁里亚布凯罗酒罐。公元前 6 世纪初

彩图 11 伊特鲁里亚-科林斯双耳瓶，有东方化装饰。公元前 6 世纪

彩图 12　腓尼基青铜锅（莱贝斯），刻有纹饰，带蛇头装饰，来自普莱内斯特的巴尔贝里尼墓。公元前 7 世纪

彩图 13　东方化风格的油瓶/香水瓶。希腊，公元前 7 世纪

彩图 14 帕埃斯图姆：赫拉圣所。神庙 II（约公元前 460—前 450 年）位于前景，更早的神庙 I（约公元前 550 年）位于背景中

彩图 15 来自维伊波托纳奇奥的阿波罗圣所的阿波罗陶俑,公元前 6 世纪晚期

彩图 16 拉维尼乌姆:彩绘陶土建筑装饰(antefix),约公元前 520—前 470 年

彩图 17 切尔韦泰里："阶梯墓"街，公元前 6 世纪

彩图 18 餐室墓，塔尔奎尼，公元前 6 世纪

彩图 19　罗马：罗马广场的碑铭模型，在集会广场的"黑石"下面的圣祠里找到的一根刻着铭文的石柱（cippus）。铭文可能是宗教律法。公元前 6 世纪

彩图 20 用作货币的罗马铸造铜锭，约公元前 280—前 250 年

彩图 21 罗马银币（公元前 269—前 266 年），正面是赫丘利头像，背面是母狼和双胞胎

彩图 22 菲克罗尼基斯塔,普莱内斯特。公元前 4 世纪

彩图 23 罗马，银塔广场。公元前 3 世纪的神庙

彩图 24 小公鸡形状的陶罐,刻有伊特鲁里亚字母表,可能是墨水瓶。南伊特鲁里亚,约公元前650—前600年

彩图 25 卡诺皮斯骨灰坛,来自克鲁西乌姆(今丘西),公元前6世纪

彩图 26 青铜和象牙马车,来自蒙特莱奥内迪斯波莱托附近的土丘墓。伊特鲁里亚,约公元前575—前550年。青铜外皮(裹在现代模型上)描绘了阿喀琉斯生前的场景

彩图 27　帕埃斯图姆，来自安德里沃洛（Andriuolo）墓地第 58 号墓的墓室壁画（公元前 4 世纪），描绘了一名萨莫奈武士

彩图 28　跳水者墓，帕埃斯图姆，公元前 5 世纪。壁画描绘了会饮场景

提供了一些关于拉丁同盟是如何运作的信息。加图提到了一个叫拉丁独裁官的职位,即被任命的拉丁同盟领导者。金基乌斯描绘了对同盟军队指挥权的安排——在阿尔巴诺附近的费伦蒂娜圣所举行的一年一度的会议上会对此做出决定。他描绘了在某些年里,当拉丁人下令从罗马征召一名指挥官时,需要遵守的程序。不过,不清楚指挥官总是罗马人,但只在将要作战的那些年份里被征召,还是说指挥官是每年由罗马人和拉丁人轮流担任的。但关键之处也许在于,罗马与其他拉丁城邦是平等的,同盟军队的罗马指挥官是以拉丁同盟的权威征召的。

罗马与迦太基之前的条约将拉丁人分成两类:有的被称为罗马的卫星国或臣属,另一些则是不是罗马臣属的共同体。如果波利比乌斯所言属实,那么在迦太基人看来,王政时期末年罗马对拉丁姆一些地区的控制足以被视作某种形式的征服,尽管这将导致罗马与迦太基条约的定年出现问题。不过,在塔克文家族被驱逐后的那些年里,势力的平衡发生了改变。拉丁人组成同盟(《罗马史学家残篇》,老加图,残篇36),在库迈的帮助下能击退波塞纳,还能在雷吉鲁斯湖与罗马人开战——罗马人在那里的胜利似乎不像李维相信的那么一边倒。《卡西乌斯条约》改变了罗马与拉丁人的关系,从一方主宰变成了双边同盟中的平等伙伴,就像金基乌斯指出的那样。

不过,在公元前5世纪里,罗马的影响范围扩大到了拉丁姆之外。对维伊(公元前6世纪时已经是罗马的对手)的战争促使罗马把目光朝北投向伊特鲁里亚,试图将自己的影响力延伸到台伯河对岸。在南面,罗马的拉丁盟友们正与它们南部边界上较小的民族群体开战。得益于莎士比亚的《科里奥拉努斯》

(*Coriolanus*，或译《科利奥兰纳斯》），其中最知名的可能是罗马与沃尔斯基人的战争，但此外还有与其他许多民族的冲突。后来的罗马人将拉丁姆分成两个部分：老拉丁姆和近拉丁姆（Latium Adiectum）。大致说来，前者对应了罗马周围的地区，后者对应阿尔巴丘陵以南的地区，即特雷鲁斯河（今萨科河）和利里斯河（今利里河）河谷，可能一直延伸到位于坎帕尼亚边缘的加里利亚诺（Garigliano）河。近拉丁姆是一个多山的地区，那里生活着几个族群——奥伦基人（Aurunci）、西迪基尼人（Sidicini）、赫尔尼基人和沃尔斯基人——直到公元前6世纪末和前5世纪初才能够被清楚地辨认。这些民族中最大和最著名的——也对罗马构成了最大的威胁——是沃尔斯基人。他们在该时期的考古学记录中第一次变得可以辨认。公元前5世纪90年代，他们扩张到拉丁姆南部，给罗马的南部邻邦带来了压力。罗马的内陆边界同样处于萨宾人的威胁之下，而拉丁姆东部的城市则受到埃奎人入侵的困扰。必须以意大利中部更大规模的发展为背景来看待公元前5世纪罗马同拉丁姆和以外地区的战争。前几章中讨论的人口流动、政治变革和权力模式的改变造成了艰难而动荡的局面。罗马利用了这一局面，它和盟友们一起挑战沃尔斯基人对拉丁姆南部的控制，还进入了赫尔尼基人的领地，尽管被内部动荡所束缚。罗马在该地区的边界周围发起了大量行动，而到公元前347年左右，它已经成为该地区的主导势力。

公元前493年后，罗马的活动暂停了，内部矛盾让发起雄心勃勃的军事行动变得不明智，而公元前494年的第一次平民撤离让罗马城暂时失去了许多兵源。不过，罗马人仍然面临着压力。当罗马军队因为平民撤离而无法行动时，埃奎人和沃尔斯基人威胁发起攻击，而赫尔尼基人也一直蠢蠢欲动。公元前486年，斯普利乌斯·卡西乌斯在其第三个执政官任期中提出了一个外交解决方案，将公元前493年的条约扩大，以包含赫尔尼基人。这使得他们与罗马的关系等同于其他拉丁人，意味着他们不得不与罗马保持和平，参与相互的军事援助，以及分享共同行动的战利品（哈利卡纳苏斯的狄俄尼修斯，8.69.2）。由此创造的同盟让拉丁人、赫尔尼基人和罗马人可以平等地开展联合军事行动，但罗马的主导地位越来越明显。我们现有的关于该体系在实践中如何运作的寥寥无几的细节表明，这三个族群以各自独立的军队作战，但罗马通常会提供指挥官，因此很可能控制着战略决策。

这种三方同盟为其所有成员提供了一定程度的保护，让它们可以抵抗萨宾人、埃奎人和沃尔斯基人的入侵，这些民族不仅威胁罗马，也威胁着拉丁人，特别是普莱内斯特和提布尔这两座城市，它们位于多山的拉丁姆东缘，特别容易受到邻居埃奎人的攻击。公元前494—前455年，或者差不多这段时间，罗马卷入了与其中至少一个族群（如果不是所有）的几乎连续不断的战争，罗马和拉丁人常常处于巨大的压力之下。公元前490—前458年，沃尔斯基人和埃奎人数次入侵拉丁姆，有时一直打到罗马城的外围。这些行动中最著名的是发生在公元前490—前488年的那次，当时沃尔斯基人由愤愤不平的罗马将军格奈乌斯·马尔基乌斯·科里奥拉努斯统率，以及公元前458年的那次，当时罗马将军辛辛那图斯（Cincinnatus）被任命为独裁官，成功地组织起一支军队，在15天内大败埃奎人（李维，3.31—3.37）。

从19世纪开始，学者分成了两派，一派认为辛辛那图斯和科里奥拉努斯是文学发明，另一派认为战争是真的，即便人物不是。

辛辛那图斯是早期罗马美德的模式化的典范。被征召出任要职时，他是个正在自家地里耕作的农夫，而在取得大捷并因此获得了巨大的荣耀后，他又自愿放弃权力和指挥权，回归自家的农场。相反，科里奥拉努斯是个张扬的反派——这位贵族是如此反感平民日益上升的影响力和他本人显然不被认可，以至于他叛变了。他成了沃尔斯基军队的将领，开始向罗马进军。故事中的一个转折是，他拒绝了试图与他谈判的罗马使者，但在母亲和妻子动情的请求后，他同意不马上进攻罗马，这个情节展现了罗马女性在影响重大事件上的作用。罗马人相信，对妇女幸运女神（Fortuna Muliebris）的崇拜是为了向这些女性致敬而设立的。

虽然上述故事都不能被认为是历史事实，但科里奥拉努斯的生涯符合早期意大利的社会制度。存在一些关于贵族变更所属国家和公民权的例子，有时还带着大批门客和追随者。除了公元前504年移民到罗马的萨宾人克劳狄乌斯家族，还有芬迪（Fundi）的杰出公民维特鲁维乌斯·瓦库斯（Vitruvius Vaccus），他搬到了邻近的城市普里维努姆（Privernum），于公元前330年率领当地军队与罗马作战。罗马贵族叛变并成为敌军统帅的想法完全是可能的。另一些细节显然并非历史事实：故事中的一些地点存在争议，而对妇女幸运女神的崇拜——一个献给分娩中的女性的崇拜——很可能比科里奥拉努斯的时代更早。不过，尽管字面上可能不是真的，但辛辛那图斯和科里奥拉努斯的故事符合我们对公元前5世纪社会的了解，它们如此吸引罗马人的想象力也证明了它们对于罗马集体身份感的重要性。[4]

虽然像科里奥拉努斯叛变这样的故事可能展现了罗马人自身对自己过去的看法，但准确再现该时期的事件几乎是不可能的。

尽管没有理由怀疑罗马打了大量战役,但历史学家约翰·里奇（John Rich）认为这可能被高估了,并对李维关于几乎连续不断的战争的许多描述的准确性表示怀疑。[5] 就像里奇所指出的,罗马在公元前454—前411年之间的作战频率相对较低,只有14次战役可以被认为是历史上可信的,而埃奎人和沃尔斯基人似乎只有8次直接威胁了罗马的领土。

公元前5世纪罗马扩张的主要时期出现在世纪末,随着它与台伯河以北不远的伊特鲁里亚城市维伊爆发了战争。对维伊的战争分成三个主要的冲突时期,可以被方便地称为第一次（公元前483—前474年）、第二次（公元前437—前435年）和第三次（公元前406—前396年）维伊战争。这些战争的对手是维伊及其盟友,并非罗马与伊特鲁里亚人之间普遍的民族冲突。维伊的主要支持者来自邻近的卡佩纳（Capena）和法勒里城,两者都不是伊特鲁里亚人的,而罗马却从伊特鲁里亚人的卡伊雷城获得了一定的支持。

维伊对罗马来说是个迫在眉睫的问题。这个强大的城邦坐落于台伯河对岸,距离罗马以北只有15千米。维伊城防御坚固,其领土被非常好地组织了起来,十分多产。它还控制着两条主要贸易路线的交叉点：一条从北向南穿过维伊和罗马的领土,另一条通往台伯河谷。对于野心勃勃,正处于扩张中的罗马来说,有如此根深蒂固的地方强邦近在咫尺,造成了一种一触即发的状态。对贸易路线的争夺以及为了地区内的地位和权力而展开的对抗让它们对彼此的敌意更加强烈。

第一次维伊战争（李维,2.42—2.52）对罗马来说是个挫折。除了公元前480年的胜利,公元前483—前474年是一个维伊步步紧逼和罗马节节后退的时期，前者最终在台伯河对岸与罗马隔水相望的雅尼库鲁姆山上建造了一个虽小但有象征意义的伊特鲁里亚要塞。公元前474年，双方停火，维伊控制了位于台伯河左岸，战略上非常重要的费德奈定居点，实际上阻止了罗马在维伊一侧的河岸立足。这场战争因为一段关于罗马著名的氏族法比乌斯家族的故事而闻名。狄奥多罗斯描绘说，法比乌斯家族统率着城邦的军队；而在李维的版本中，他们实际在公元前479年发动了一场私人战争，调动由门客和仆从组成的军队占领了位于维伊边界上的一座小要塞。李维将其描绘成对伊特鲁里亚人占领雅尼库鲁姆山的报复，但看上去这更可能是法比乌斯家族在保卫自己的财产，因为位于与维伊的边界、在克雷梅拉河（River Cremera）边的那片土地被归于法比亚（Fabia）部落名下，很可能为法比乌斯家族所有。他们同时还在保护自己的政治名誉，因为《卡皮托名录》显示，他们掌握着可观的权势，公元前485—前479年，每年都有一位执政官来自法比乌斯家族。他们的行动在公元前477年悲壮地失败了，维伊人发起攻击，消灭了大部分法比乌斯家族成员和他们的军队。此后，他们的影响力似乎逐渐式微，直到公元前467年——那场战役的一位幸存者再度当选执政官。

公元前5世纪60和50年代，罗马把全部精力都用于应对内部分裂以及抵御沃尔斯基人和埃奎人，但与维伊人的战争在公元前437—前435年再次爆发（李维，4.16—4.24）。按照李维的说法，起因是维伊的统治者拉斯·托鲁姆尼乌斯（Lars Tolumnius）下令杀害了一群罗马使者。接下来的战斗以一场决斗而闻名，在这次决斗中，拉斯·托鲁姆尼乌斯被罗马人奥鲁斯·科尔内利乌斯·科苏斯（Aulus Cornelius Cossus）杀死。科苏斯继罗慕路斯之后第一个获得了"丰硕战利品"的荣耀,这一殊荣只授予那些在战斗中格杀了敌方指挥官的人。它包括取下被杀将领的盔甲和武器,并在卡皮托山上的"费瑞特里乌斯"朱庇特神庙中奉献它们的环节。据说由科苏斯奉献的亚麻胸甲直到奥古斯都时代还在那里。公元前435年,罗马包围并占领了费德奈,从而切断了维伊通往台伯河口的盐床和海岸的通道。不过,这场战争再次以停火告终,与维伊的冲突直到公元前406年的第三次和最后一次维伊战争爆发后才告解决。

这一次,罗马对维伊发起了直接攻击,而不是把重点放在费德奈(李维,4.60—5.18)。维伊相对孤立,因为它地处伊特鲁里亚的南部边缘。它得到了附近的法勒里和卡佩纳城的帮助,可能是因为它们同样感受到了罗马扩张的威胁,但几乎没有迹象表明有来自其他伊特鲁里亚城市的支持。当时,塔尔奎尼与维伊交好,但根据李维的说法,维伊向伊特鲁里亚同盟的求助一直遭到拒绝。这座城市在长期围困后被攻破,在围城期间,罗马人举行了召唤(evocatio)和奉献(devotio)仪式——"召唤"城市的保护神离开,并将现在没有保护的城市"奉献"给冥界的诸神——这些仪式旨在逐渐削弱被围困的城市。李维的许多叙述可能是文字上的修饰,但结果——公元前396年攻破维伊——是毋庸置疑的。罗马将军卡米卢斯(Camillus)召唤维伊的主神朱诺抛弃它,转而协助罗马人,承诺在罗马建造一座新的朱诺神庙作为回报。维伊城陷落后,卡米卢斯兑现了诺言。王后朱诺(Juno Regina)的崇拜雕像被象征性地移到罗马,安放在阿文丁山上的一座神庙里。维伊的领土被吞并,部分或者可能全部居民都沦为奴隶。维伊的盟友卡佩纳和法勒里在公元前395—前394年被迫向罗马投降,并接受长期停战协议。

维伊战争的结束标志着罗马的重要转变。它开始扩张到拉丁姆之外,与一座重要的伊特鲁里亚城市交战,并取得了决定性的胜利,还开始确立为意大利中部的重要势力。从维伊吞并的领土大大增加了罗马控制的领土,丰富了其经济资源。打败卡佩纳、费德奈和法勒里让罗马控制了台伯河谷,除掉维伊后,罗马还控制了伊特鲁里亚和拉丁姆之间一条重要的贸易路线。早在公元前5世纪末,罗马就已经向拉丁姆南部发动了进攻。公元前408—前393年,安提乌姆、特拉基纳和基尔凯伊等港口都被占领。在内陆地区,埃奎人被逼退,罗马人的影响扩张到特雷鲁斯河谷。罗马开始击退埃奎人和沃尔斯基人的进犯,夺回了一些失去的领地,为公元前4世纪扩张到坎帕尼亚铺平了道路。

公元前4世纪初,罗马的上升期戛然而止,它遭遇了自己历史上最惨痛的事件之一——高卢人的入侵。古代史料中将高卢人的到来归咎于克鲁西乌姆的阿伦斯,这个伊特鲁里亚人用关于丰富的食物、美酒和战利品的故事引诱他们前往意大利,想要利用他们对付自己的政敌(波利比乌斯,2.17;哈利卡纳苏斯的狄俄尼修斯,13.10—13.11;李维,5.33)。事实上,就像我们在第8章中所讨论的,凯尔特人(现代考古学往往如此称呼他们)自公元前6世纪以来就一直从阿尔卑斯山对面迁入,和平地在意大利西北部定居下来。不过,在公元前4世纪初的某个时候,他们中的一大群人开始在当地肆虐,入侵了伊特鲁里亚和意大利中部。根据李维的说法,高卢人一心想要获得土地——暗示这些人是没有土地的新来者,而不是已经站稳脚跟的定居者,并要求以此作为他们停止暴力活动的代价。击败了几个伊特鲁里亚城市后,他们开始把矛头对准克鲁西乌姆,后者请求罗马帮忙,将他们赶走。

李维(5.36—5.47)对公元前390年的事件做了戏剧性的描绘,表示罗马人是因为他们自己的傲慢而被打败的。在维斯塔神庙附近,一个神秘的神圣声音发出过警告,但没有人理睬。被派去与高卢人谈判的罗马使者让局面雪上加霜,他们挑衅高卢的使者,并对他们发起攻击——这是一种非常渎神的行为,因为使者被认为处于神明的保护之下。元老院也让问题变得更加复杂,他们低估了正在向罗马进发的愤怒的高卢军队构成的威胁,准备不足的罗马军队在克鲁斯图梅里乌姆附近的阿利亚河渡口的战斗中被击溃。大多数人撤退到卡皮托山上,躲到堡垒的墙后,尽管李维表示,一些元老选择留在家里,并被战斗结束后几个小时内到来的高卢人屠杀。罗马城遭到了洗劫,但卡皮托山上的驻军一直坚持到拉丁援军到达,卡米卢斯召集了这支军队,被流放后的他当时住在阿尔迪亚。高卢人被击退,离开了这个地区。

波利比乌斯(2.18—2.22)提供了一个完全不同,但更加可信的版本。在七个月的时间里,高卢人占领了这座城市,除了卡皮托山。然后,他们达成了条约,好让自己可以回国应对威尼托人对他们自己领土的入侵,而不是被卡米卢斯歼灭。所有版本的叙述中都提到,罗马(除了卡皮托山)遭到洗劫且不得不重建,但这没有考古学证据支持。罗马广场上许多公元前4世纪之前的建筑没有显示出在当时遭到重大损毁或破坏的痕迹。有大量确凿的证据表明这些事件确实发生了——就像亚里士多德和其他公元前4世纪的希腊作家提到的——但洗劫似乎仅限于带走可移动的财物,对城市建筑并没有大规模的破坏。

尽管这场洗劫的影响可能被夸大了,但高卢人的入侵在罗马人的集体意识上留下了持久的伤痕。阿利亚战役的纪念日仍然是罗马日历上最黑暗和最不幸的日子之一。[6] 在更实际的层面上，罗马人对高卢人的军事实力产生了应有的尊重。公元前380年，罗马开始修建新的城墙（在特尔米尼火车站外仍能看到），可能不是巧合。这座城墙传统上被称为"塞尔维乌斯城墙"，因为古代史料认为它可以追溯到塞尔维乌斯·图利乌斯的统治时期。但现存的建筑是由在维伊开采的石灰岩建造的，因此不太可能早于罗马对后者的占领，尽管它可能沿用了公元前6世纪时修建的更早的防御工事的位置。即使是关于来自北方的另一次入侵的谣言也足以让他们召集一支强大的军队。公元前225年，当又一次入侵的威胁出现时，元老院要求罗马的意大利盟友对所有可用的人力进行全面普查，并考虑动员所有符合兵役要求的男性。最后，威胁被解除了，但这段插曲突显了公元前386年的事件在罗马人的集体记忆中留下了多么深刻的烙印。

与高卢人的战争结束后，罗马人不得不努力重新确立对拉丁姆的控制。《卡西乌斯条约》缔造的同盟已经开始瓦解，尽管一些拉丁城邦仍然保持着与罗马的盟友关系，但也有一些和沃尔斯基人结盟，与罗马为敌，包括基尔凯伊人、维里特莱人、萨特里库姆人和拉努维乌姆人。根据波利比乌斯（3.24）的说法，罗马与迦太基的第二份条约（通常认为签订于公元前348年左右）将拉丁人区分为臣服于罗马和不臣服于罗马的，暗示罗马人对该地区的控制有限。罗马人与普莱内斯特（公元前382—前380年）和提布尔（公元前361年）爆发过战争，还在维里特莱和萨特里库姆周围地区（公元前386—前376年和前363—前346年）进行过激烈的战斗。对罗马在拉丁姆和以外地区的扩张意图的不安让这种混乱变得更加严重。罗马在公元前4世纪初加强了侵略活动，因为它更加公开地寻求在该地区确立统治地位。公元前381年，图斯库鲁姆实际上被罗马吞并，罗马人把公民权强加给当地居民，将其并入了自己的国家，尽管它继续行使着有限的地方自治。公元前358年，罗马与拉丁人签订了新的条约，但似乎没有包括提布尔和普莱内斯特，这两个城邦继续对罗马采取敌对态度，直到公元前354年它们最终被迫接受了与罗马的条约。从公元前349年拉丁盟友拒绝派遣军队援助罗马可以看出，罗马和拉丁人很容易翻脸，尽管罗马在没有他们的情况下似乎也过得很好。在伊特鲁里亚，罗马与塔尔奎尼（公元前358年）、法勒里（公元前357年）和卡伊雷（公元前353年）爆发过战争，那是由塔尔奎尼人对罗马领土的袭击引发的，而卡伊雷和法勒里似乎为前者提供了援助。这三个城邦都被击败，被迫与罗马签署了长期停战协议。

最后，在公元前350—前349年，高卢人再次入侵。从意大利及更远地方的其他各族人民的反应中，可以看出他们对罗马力量的广泛承认。拉丁人拒绝帮助罗马，一支希腊舰队（可能来自叙拉古）出现在拉丁姆沿岸，观察事件的动向。[7] 结果，罗马在没有援助的情况下击败了高卢人，希腊船只也撤退了。不过，该事件既表明了对罗马势力的焦虑，也表明远离意大利中部的民族开始与罗马有了新的接触。公元前348年同迦太基签订的新条约证明了这点（波利比乌斯，3.24；哈利卡纳苏斯的狄俄尼修斯，16.69）。当时，罗马已经从公元前5世纪的问题中恢复过来，将自己确立为意大利领先的势力，完全有能力与卡普阿、伊特鲁里亚诸城乃至希腊人抗衡。

尽管公元前5世纪——至少在该世纪的开始和结尾——充满

了动荡，但这一时期的战争给罗马带来了许多好处。与维伊的胜仗带来了战利品和土地。与拉丁人和赫尔尼基人签订的条约则巩固了罗马的势力，公元前493年的《卡西乌斯条约》确立的原则为罗马在公元前4世纪扩张到拉丁姆以外提供了基础。它让罗马与拉丁人和赫尔尼基人建立了政治和军事关系，但这不是一个三方协议，而拉丁人和赫尔尼基人彼此间不一定有任何这样的关系能使他们联合起来反对罗马。这种创造双边协议网络的做法在罗马与其他意大利城邦打交道时至关重要。它的好处是让罗马处于同盟网络的中心，同时不让其盟友建立任何共同组织来挑战罗马的控制。

罗马的领土大大扩张了。但新的领土也带来了问题。罗马的领导者必须决定如何处理它们，以及如何在不引起不满的情况下这样做。正如上一章中所讨论的，任何关于土地将被贵族垄断的暗示都会引起政治骚动。另一个直接由《卡西乌斯条约》引发的问题是，当夺得土地的军队由来自许多不同城邦的人组成时，应该如何公平地分配土地。平分联合作战取得的战利品被写进了条约，但虽然可带走的财产或奴隶相对易于平等分配，土地却更加困难。

斯普利乌斯·卡西乌斯在他于公元前486年制定的土地法中可能提出了一种有争议的办法，即将拉丁人和赫尔尼基人包括在他提议的对公地的分配中，但这在罗马引起了骚动。处理被征服领土的一种更令人满意和争议较少的方法是在那里建立殖民地。要么让罗马和盟邦定居者加入现有的共同体，并宣布它们为殖民地；要么建立全新的罗马和盟邦殖民者的共同体。殖民地是保卫和控制新领土，确立罗马人（或者对罗马友好的人）在那里永久存在的有用方法，也是将被夺取的土地分配给罗马人及其盟友的工具，不会产生与更普通的土地再分配法相关的政治风险。公元前5世纪和前4世纪初罗马建立的殖民地数量很多，总共有14个。

表7　罗马的殖民活动，公元前500—前380年，据文字材料

殖民地	年份	殖民地	年份
费德奈	公元前498年	维里特莱	公元前401年
西尼亚	公元前495和前492年	维特利亚	公元前395年
维里特莱	公元前494年	基尔凯伊	公元前393年
诺尔巴（Norba）	公元前492年	萨特里库姆	公元前385年
安提乌姆	公元前467年	塞提亚（Setia）	公元前383年
阿尔迪亚	公元前442年	苏特里乌姆（Sutrium）	公元前382年
拉比基（Labici）	公元前418年	内佩特	公元前382年

这些殖民地严格遵循本章中所描绘的作战模式，显然与罗马的战略关注联系在一起。除了战略要地费德奈之外，公元前5世纪90年代建立的殖民地大多位于拉丁姆南部，确保了该地区能够抵御沃尔斯基人的攻击。该地区的第二波殖民活动标志着罗马人在公元前5世纪末和高卢入侵之后重新确立了控制权。

殖民活动作为一种控制手段的有效性好坏参半，特别是如果殖民地包括先前就生活在那里的人口，其中许多人可能没有理由支持罗马。上面列出的几个殖民地曾与沃尔斯基人结盟反对罗马。不过，殖民活动远不只是为了防御，而是具有重要的法律、行政和文化影响，这将在第13章中详细讨论。考古学证据——来自格罗宁根大学对拉丁姆进行的一项雄心勃勃的调查——显示了确

定早期殖民地的影响的困难。这项研究发现，在公元前6世纪到前4世纪，虽然该地区的定居点模式和土地使用发生了长期的变化，但不能将其归因于某个可认定的殖民阶段。如果古人对殖民地的描述是准确的，那么它们的规模一定很小，没有对该地区产生立刻的和在考古学上可见的影响。其他研究则表明，一些公元前4世纪的殖民地改变了所在地区的城市面貌，尤其是修筑新的防御工事和城市布局的建设，但殖民定居点的影响似乎因地区而异，在许多情况下并不特别明显。一些学者（特别是布拉德利）认为，即使在公元前5世纪和前4世纪，许多殖民地也可能是由罗马雇佣军首领和他们的武装力量建立的临时定居点，而非有组织的国家行为，这可能解释了在认定殖民活动的过程及其对所在地区的影响时遇到的一些难点。

这一时期的罗马军队实质上仍然是公元前6世纪建立的公民民兵组织。男性作为民兵应召作战，然后又回归他们的日常职业。公元前458年，作为旧式罗马美德和服务公众的标志性典范，伟大的英雄辛辛那图斯被从他的农活里召唤，拯救时局，危机一结束又回到了他的劳作中。正如本章前文讨论的许多战役所表明的，战争正在成为每年都会发生的事情，这给罗马带来了难题。军队的中坚力量是重型步兵，他们主要来自罗马的小农阶层，这给罗马的农业经济带来了压力，因为军事需求恰恰会在一年中最需要人手的时候把人们从他们的农场带走。此外，由于军事行动的范围很广，涉及在不同地区与多个敌人作战，对人力提出了更大的需求。这些问题还远没有变得像后来那么严重，但显示了罗马的军事和经济需求之间的矛盾。

军队通常是由情况需要时（依元老院和行政长官宣布）被征

召服役的人组成的，由高级行政长官指挥。虽然他们中的一些人表现出卓越的战争天赋，获得了成功的将领之名，但并没有专门的军事指挥官阶层，而军事经验是在战场上获得的。不过，到了公元前 5 世纪末，与伊特鲁里亚和拉丁姆的战争催生的军事需求让罗马军队发生了一些改变。很可能就是在这个时候，作为塞尔维乌斯体制下士兵来源的有产阶级被细分为几个等级。现役军人开始获得军饷（stipendium），这既反映了提供经济补偿的需要，也显示了战场上的胜利带来的经济效益，它足够为这笔费用提供资金。

公元前 5 世纪的历史显示了意大利早期战争的多样性。与沃尔斯基人和埃奎人的冲突是一系列混乱的低水平突袭。李维试图将该时期描述为连贯的战役和激烈的战斗等更有条理的叙事，但在许多方面，这段时间的战斗类似于地方性的强盗行为，而不是常规战争。相比之下，与维伊的战争对罗马军队提出了不同的要求，需要它维持对维伊和费德奈的围困，也需要它与拥有以重型步兵为基础的军队的国家作战——与罗马本身的军队非常类似。另一些事件也揭示了国家行动和私人行动之间的灰色地带。公元前 479 年，法比乌斯家族的行动显然是私人发起的，利用了他们自己的门客、佃户和仆人，尽管并没有违背元老院和行政长官的意志。这符合那个时期的社会结构，还有另一些来自公元前 6 世纪和前 5 世纪初的例子，即贵族带着自己的武装追随者四处迁徙。公元前 504 年，萨宾贵族阿图斯·克劳苏斯（Attus Clausus）——很快将会被罗马人同化，改称阿皮乌斯·克劳狄乌斯——在抵达罗马时据说带着 5000 名武装扈从。不过，到了公元前 5 世纪末，使用此类私人武装代表国家作战的情况可能是个例，而不是常态。法比乌斯家族的尝试并没有特别成功，这个事实上可能阻止了潜在的模仿者，而上面讨论的大部分行动显然都是由国家组织的。

我们对该时期缺乏了解的一点是，我们不知道每年参与作战的人数。古代史料中关于军队规模或伤亡人数等方面的统计信息的可靠性存在很大争议，但对于公元前5世纪来说，甚至连这种不完美的信息也没有。波利比乌斯和李维在他们对公元前3世纪和前2世纪的描述中常常会估计军队的规模，李维通常会在每年开始时给出标准说明，告诉我们任命了哪些指挥官，他们被分配了多少军队，以及允许他们从哪里征兵。但对于公元前5、前4世纪，材料没有给出这方面的信息，因此，对于每年有多少人被要求离开他们的土地或职业去参加战斗，我们几乎一无所知。虽然该时期的战争规模相对较小——除了像高卢人入侵这样的特殊情况——但罗马同时多线作战，不可避免地会增加对资源的压力。

毫无疑问，尽管罗马在公元前5世纪遭遇了挫折，但它在那个世纪的最后25年卷土重来，为自己带来了巨大的经济利益。从公元前394年起，罗马开始要求战败的敌人支付战争赔款，并割让他们的部分领土，但这并不总能补偿作战成本，因此罗马引入了一种新的财产税（tributum），用以弥补军事行动的花费。罗马对其意大利邻邦的激进政策在获得领土方面显然是成功的，但这需要大量的金钱和人力支出，有时会在征兵和筹资时遇到问题。从战略上讲，这些战争将罗马确立为意大利及更远地区的重要势力，西地中海强国之一的迦太基也承认罗马是一股不可忽视的力量。波利比乌斯列举了罗马和迦太基之间的三份条约，第二份条约于公元前348年签署，承认罗马是主宰拉丁姆的城邦，也承认其关系和利益延伸到了该地区之外。公元前5世纪，罗马与卡伊雷缔结的紧密同盟令希腊世界感到紧张，从中可以看到罗马的力量在多大程度上吸引了意大利以外地区的关注。叙拉古的统治者狄俄尼修斯一世对此深感担忧，公元前384年，他试图通过攻击卡伊雷和洗劫普尔吉的圣所来破坏这个同盟。尽管在公元前5世纪遭遇了困境，但到了公元前350年，罗马在意大利中部日益增长的力量，已经为它在公元前4世纪后期戏剧性地崛起为整个意大利的主宰者奠定了基础。

第三部分

罗马对意大利的征服

第 11 章

通往权力之路

意大利与罗马，公元前 390—前 342 年

如果说公元前 5 世纪是冲突和衰退的时期，那么公元前 4 世纪就是恢复的时期，尽管不是不存在困难。长期的问题反复出现，它们引发的改变对罗马国家的运作和罗马社会的结构产生了深远的影响。共和国政府的运作方式也发生了进一步变化，从贵族和平民的旧有分歧中诞生了新的社会和政治精英。公元前 350 年左右，罗马在意大利中部的主宰地位日益稳固，为后来它在公元前 4 世纪后期的急剧扩张奠定了基础。从公元前 338 年起，罗马开始迅速崛起为意大利的主宰者。

主导了公元前 5 世纪很大一部分时间的社会和政治冲突在公元前 4 世纪 80 和 70 年代重现。土地、债务和政治排斥问题一直延续到公元前 367 年，才在一系列影响深远的新改革下被部分平息，但所谓的平贵之争直到公元前 287 年才最终解决。内部分裂可能影响了公元前 390 年罗马人对高卢人入侵的反应，而罗马遭劫带来的破坏导致社会和经济矛盾被重新点燃。关于公元前 384 年的一次未遂的政变企图的传统展示了这些矛盾。我们的史料讲述了"卡皮托山保卫者"马库斯·曼利乌斯（Marcus Manlius

Capitolinus）的事迹，他阻止了高卢人占领卡皮托山，但被指企图独揽大权，让自己成为僭主（李维，6.11—6.20）。李维称曼利乌斯是第一个维护平民利益的贵族，通过支持要求债务减免的，甚至自掏腰包为一些人还债，他赢得了民众的欢迎。他被施以处决叛徒的传统刑罚，即从卡皮托山边缘的悬崖——塔尔佩亚岩（Tarpeian Rock）上扔下。他位于卡皮托山上，距离莫内塔朱诺（Juno Moneta）神庙不远的房子也被拆毁，为了让后人记住他的耻辱，原址一直被空着。

这个故事的真实性非常值得怀疑。曼利乌斯的生涯与斯普利乌斯·麦利乌斯、斯普利乌斯·卡西乌斯和其他几名被指通过讨好民众来攫取权力的政治家的生涯令人生疑地相似。[1] 那些似是而非的细节存在混乱，李维对曼利乌斯的房子被夷平等内容做了错误的解读。朱诺神庙外的区域一直空着，是因为那里是举行鸟卜的场所，而非因为与一个名誉扫地的政客有关。我们不能接受李维所讲述的版本，但的确可能有某个叫曼利乌斯的人在公元前385年或大约那个时候被判刑和处决，也许是因为他曾试图以某种方式破坏国家。[2]

经济复苏

在公元前5世纪的最后25年里，罗马已经开始从经济困境中恢复。在拉丁姆和邻近地区成功的军事行动带来了土地和战利品，增加了国家的财富。这次复苏被公元前390年高卢人的入侵突然打断，但此事——尽管造成了创伤——却只是一次破坏，没有造成长期的问题。罗马成功的军事扩张——特别是从公元前

350年开始——需要大量的人力支出，以及军饷和补给军队的费用，但通过从战败的敌人那里获得的土地和战利品，战争带来了越来越多的好处。在公元前3世纪之前，很难准确地统计出获得土地的数量，因为被打败的城邦在面积上差异很大，而其中被罗马占领的比例差异也很大，但这个数量显然是相当可观的。对维伊的征服让我们对变化的规模有了一些了解。公元前396年被罗马洗劫时，维伊控制了估计562平方千米的领土，其中50%～66%（280—370平方千米）可能被罗马占领了。虽然维伊是罗马最大的邻邦之一，其他胜利可能无法带来可以与之相比的土地数量，但它还是让我们对罗马领土的增长速度有了一些了解。公元前4世纪雄心勃勃的国家营建计划展现了罗马日益增长的财富，特别是对城市基础设施的改造，这需要在供水和新的防御工事上投入巨额资金。

早在公元前5世纪，新获得土地的分配不均就已经引起不满，但所涉及的土地数量相对较少，而且问题只是断断续续地出现。但到了公元前4世纪，它变本加厉地卷土重来，成为贵族和平民之间冲突的导火索。随着土地的可得性——以及它们代表的取得经济优势的机会——增加，平民对更公平地分配土地的呼吁变得更加强烈。与对公元前5世纪一样，我们对公元前4世纪时罗马的土地所有权也不够了解，无法确定问题的性质，因为我们的材料往往会不合年代地用格拉古兄弟时期的问题来描绘它。似乎平民不太可能在法律上被禁止持有公地，但在实践中，他们可能无法与贵族及其门客等享有特权的人竞争新征服的土地，从而导致财产集中在少数富裕的家族手中，并产生了一个由最富有家族及其门客控制的国家租地制度。李维（6.36.7—6.37.12）用一场愤怒的辩论对该问题做了戏剧化的描绘：盖乌斯·李基尼乌斯·斯托罗（Gaius Licinius Stolo）和卢基乌斯·塞克斯提乌斯·拉特拉努斯（Lucius Sextius Lateranus）这两个显赫的人物要求元老们解释，为何贵族应该被允许获得大片的土地，而普通罗马人在土地分配中获得的标准份额只有可怜的 2 尤格（约 0.5 公顷）。对土地分配的不满引发了何种程度的动荡是一个有争议的话题。公元前 2 世纪 30 年代，重新分配公地是个令人担忧的问题，公元前 4 世纪政治的一些描述，看上去与后来因为此事而爆发的动荡可疑地相似。另一方面，从维伊获得的土地意味着罗马的领土大大增加，而不公平的分配将引发争议。

土地分配并非罗马公元前 4 世纪矛盾的唯一源头。李维多次谈到，债务和债务奴役是该时期动荡的原因之一。债务危机在曼利乌斯暴动中出现过，并在公元前 380 年和前 378 年再次发生，李维将这些事件同新城墙的修建联系起来（见下文）——该计划可能依赖债务奴隶作为劳动力。债务问题的某些方面与土地所有权问题有关。当时，罗马只有原始的货币经济，使用 aes rude（一种小青铜锭，以标准重量发行，并有官方印记），而许多导致了债务奴役的债务并非货币性借款。它们以设备或种子为形式，由资源相对充足的贵族借给勉强糊口的农民。大多数农场规模很小，导致大部分罗马农民容易受到异常天气或歉收的影响，如果发生灾难，他们几乎没有容错空间。小农户很可能无法偿还种子作物、牲口或设备形式的贷款，特别是如果考虑到过高的利率和一次性偿还的需要。

债务在公元前 367 年的事件中重新作为一个重要问题出现，催生了《李基尼乌斯-塞克斯提乌斯法》，这是平贵斗争的分水岭。我们在下文会更详细地讨论这些法律，它们代表了严肃措施（以减免债务）的首次引入。它们包含了这样的条款——将已支付的利息从欠款中扣除，以及分期偿还本金（李维，6.35）。公元前357年，法律对利率做了限制，公元前352年又设立了一个由贵族和平民组成的委员会，以监督破产，并引入国家组织的新的抵押贷款制度。公元前347和前344年，法律对借款的偿还条件做了进一步的规范。公元前342年的《格努基乌斯法》（Lex Genucia，李维，7.42.2）完全禁止了计息借款；但或许并不出人意料的是，这项法律在整个共和国时期被普遍无视。在阿皮安的记录中，直到公元前89年还发生过一起与债务有关的公民暴力事件。债务奴役继续存在，直到公元前326年，《波伊特里乌斯-帕皮里乌斯法》（Lex Poetelia Papiria）将其废除。

从公元前425年左右开始，经济好转和战争胜利带来的好处还产生了其他影响，特别是罗马的人口，它在公元前4世纪迅速增长。我们很难对古代世界的人口进行估算，因为缺乏准确的统计数据，人口的绝对数字是争论的焦点，有的支持较高的数字［如莫雷（Morley）］，有的支持较低的数字［如沙伊德尔（Scheidel）］，但普遍达成的共识是罗马的人口经历了迅速增长，特别是在公元前4世纪下半叶。据保守估计，公元前350年左右的人口约为3万，到公元前300年上升到6万。即使以公元前4世纪的标准来看，这也是非常多的，而有的估计还要高得多——到公元前3世纪初可能多达19万，尽管这对于如此早的年代来说似乎太多了。这种增长的陡峭轨迹可以归因于两个因素：人口的自然增加，以及移民的涌入，他们渴望利用这座不断扩大的城市带来的机遇。乡农人口迁入城市的潮流出现了，吸引他们的是修建新城墙等大型建设项目提供的工作，或者仅仅是城市发展带来的更多经济机会。

人口增长的另一个贡献因素是罗马征服战争的规模，特别是从公元前340年开始。成功的战争意味着奴隶数量的增加，因为奴役战俘是古代战争的常规副产品。这个扩张阶段——开始于公元前396年征服维伊——带来了源源不断的奴隶、可带走的财富和土地。从公元前340年开始，随着罗马的野心和领土利益远远扩展到意大利中部以外，它们的数量急剧增加。由此带来的经济利益将在第13章讨论，但这里需要指出的是，在公元前340—前264年间，罗马发展的一个重要因素是奴隶数量的增加，这扩大了人口规模，提供了大批廉价的劳动力。

平贵之争重启：政治改革和社会变革

社会和经济方面的不满——债务和土地分配——共同催生了针对贵族的怨恨情绪，导致公元前4世纪80和70年代周期性地爆发公民骚乱，这些不满在公元前376—前367年达到了顶点。[3] 两位保民官盖乌斯·李基尼乌斯·斯托罗和卢基乌斯·塞克斯提乌斯·拉特拉努斯推出了一系列范围广泛的提案，旨在减轻债务、规范土地分配和取消针对平民的一些残余的政治限制。李维（6.34—6.42）把这描绘成一场持续了将近十年的史诗般的权力斗争，在此期间，贵族们一再拒绝改革，平民则进行了顽强的反抗，一年又一年地不断重新选举李基尼乌斯和塞克斯提乌斯担任保民官。而他们则利用作为保民官的否决权来阻止其他行政长官的选举，并继续重新提出自己的改革方案。公元前 367 年，老练的将军和政治家马库斯·弗里乌斯·卡米卢斯（Marcus Furius Camillus）被任命为独裁官，打破了这个僵局。他成功促成一项和解方案，尽管不是没有遭到强烈的抵抗和平民再次撤离的威胁，但立法最终获得通过。现实中，争议可能没有持续那么久。保民官能够发起长达近十年的运动或阻碍公共事务那么长的时间，是很不可能的。而选举中断的五年〔公元前 375—前 371 年，被称为"无执政期"（anarchy）〕很可能是后人加入《卡皮托名录》的。狄奥多罗斯关于危机只持续了一年的说法更有道理，尽管贵族的抵制很激烈，但动乱不太可能像李维所暗示的那样持续了近十年。

《李基尼乌斯-塞克斯提乌斯法》是平贵之争中的一个决定性时刻。它们包括了影响深远的一揽子改革方案，解决了一些社会、经济和政治方面的不满。第一部法律是关于债务的，提出已支付的利息应从所欠的本金中扣除。剩余欠款将分成相等的份额，分三年偿还，而不是一次性还清。债务人不会再受困于无休止地偿还那些越滚越多的债务中，如果无法直接偿清债务，他们可以分期偿还，而不必沦为奴隶。虽然债务奴役的制度仍然存在，但现在有了法律框架来规范债权人的行为，减轻债务的影响。

第二部法律解决了长久以来对公地的不满。它规定了个人可以租赁和耕种的土地上限，将其设定为 500 尤格（约 133 公顷）。所有的史料对这一基本条款都表述一致，但希腊历史学家阿皮安还提到了另外两个条款——个人在公地上放牧的数量应限制在最多 100 头牛或 500 头较小的牲畜，而公地上的农人不得完全使用奴隶劳动力耕种土地，必须雇用一定比例的自由民劳动者。与公元前 2 世纪的土地法不同，《李基尼乌斯-塞克斯提乌斯法》只对占用土地过多的人进行罚款,而不是强迫他们交出多余的土地。

这部法律的条款很难让人接受,关于它的含义和意义的争论从 19 世纪就开始了,如果不是更早的话。根据我们的材料,李基尼乌斯-塞克斯提乌斯的土地法与提比略·格拉古在公元前 133 年推出的土地法令人生疑的相似。两者间密切的相似之处让人觉得它有可能完全是公元前 2 世纪的发明,以便为格拉古提出的改革提供一个历史先例,因为 500 尤格的上限更符合公元前 2 世纪的土地持有量。

不过,老加图在公元前 167 年发表的演讲的残篇证实存在一部前格拉古时代的法律,他在演说中提到了这样的法律,而李维(10.13.14)也提到公元前 298 年有人因违反土地法而遭到起诉,因此似乎很可能存在一部公元前 4 世纪的土地法对公地的分配规模做了限制。两个关键问题是,500 尤格的上限在公元前 4 世纪是否合理,以及这些限制是否只适用于公地,还是会被扩大到私人土地。以康奈尔和(最近的)约翰·里奇为代表的一些学者为 500 尤格上限的观点做了辩护,认为这个数字是准确的,而且在公元前 4 世纪的背景下也是合理的。[4] 不过,里奇认为这个上限适用于全部土地,无论是私人的还是公共的,它将个人持有的土地总量限制在 500 尤格。如果这是正确的,那么李基尼乌斯-塞克斯提乌斯的土地法不仅是(或者甚至主要是)一种社会经济措施,也是一项禁奢法令,限制了财富的过度集中。

最后一部法律关注的是平民的政治代表,而不是经济问题。它废除了执政军政官一职,在之前半个世纪的大部分时间里,执政军政官与执政官轮流充当最高行政长官,现在前者被两名每年选举的执政官取代,其中一名必须是平民。此外还设立了新的法政官职位，其级别低于执政官，高于其他行政长官，主要担负法律和司法职责。行政长官中还增加了两名营造官，称为贵族营造官（curulis aedilis），将他们与现有的平民营造官区分开来，使营造官的总数达到 4 名。作为重要的祭司团体之一，圣礼两人委员会［duoviri（或 duumviri）sacris faciundis］进行了改革，它的规模被扩大，并放开了成员资格。它变成了一个由 10 名成员组成的圣礼十人委员会（decemviri sacris faciundis），由 5 位贵族和 5 位平民组成。卢基乌斯·塞克斯提乌斯·拉特拉努斯本人参加了执政官选举，于公元前 366 年成为传统上的第一位平民执政官（这个传统被一些学者挑战）。

这部法律表面上的目的是建立一个能让权力和公职在两个阶层间更公平地划分的框架。平民能够与贵族平等地参选执政官和加入主要的宗教团体之一，而贵族也有资格竞选营造官。不过，许多细节尚不清楚。对于法律规定的是允许平民担任执政官，还是说执政官中必须有一名平民，李维语焉不详。如果是后者，那它无疑被证明是难以执行的，因为在公元前 355—前 343 年期间，至少有六年中的两名执政官都是贵族。《李基尼乌斯-塞克斯提乌斯法》的条款与公元前 342 年《格努基乌斯法》的条款有很大的相似之处，这让一些历史学家质疑了李维对公元前 367 年法律的描述的可靠性。李维有可能混淆了平民有权竞选执政官和必须有平民当选执政官，但也有可能——也许可能性更大——平民在实践中发现自己更难当选，即便他们已经赢得了竞选最高行政长官的合法权利。执政官是由百人队大会选举产生的，这个大会按照经济阶层组织选民，相比政治地位较低的平民，百人队大会可能更倾向于富有和有地位的贵族候选人。

与公元前 449 年的瓦莱利乌斯-贺拉提乌斯改革类似,《李基尼乌斯-塞克斯提乌斯法》是平贵之争的一个重要转折点。虽然李维对法律的通过及其一些细节的描述不能被认为符合史实,但其中似乎包含一小部分的历史事实。与早前的立法一样,它们针对的是社会经济方面的不满,并结合了主要有利于平民阶层领袖的政治改革。这可能不完全是巧合。到了公元前 367 年,罗马内部的平民组织已经建立了一段时间,以阿文丁山上的平民崇拜以及保民官和平民营造官的政治职位为中心。野心勃勃的平民领袖已经出现——比如李基尼乌斯和塞克斯提乌斯——他们因为无法担任更高级别的行政长官,所以影响力有限,而开放这些职位的改革让他们最为受益。在财富和野心方面,平民领袖与其他罗马平民的差距似乎正变得越来越大。但对罗马民众来说,债务和经济排斥是更紧迫的问题。通过将政治和经济改革捆绑起来,李基尼乌斯和塞克斯提乌斯成功赢得了民众对他们提出的法律的支持。于是,平贵间分歧的显著性逐渐消失,而在公元前 4 世纪后期,一个新的贵族群体浮现出来了。

所谓的平贵之争的本质仍然难以捉摸,"贵族"和"平民"的准确定义也是如此。毫无疑问,古代的史料试图为无关和混乱的事件赋予一定的连贯性。为此,它们有时会把可能不相干的问题和事件联系起来,并将一百多年高度复杂的历史纳入一个(令人难以置信的)简洁的框架中。某些问题的相对重要性会因为时间而改变,公元前 449—前 367 年,随着贵族和平民之间的竞争加剧,他们的政治和社会分歧很可能更加突出。不过,我们可以得出几个结论。首先,债务和土地公平分配的经济议题是严肃的长期问题,在公元前 5 世纪和前 4 世纪期间多次重现。我们不清楚平民是否遭到正式的法律歧视（比如没有资格租赁公地），但即使没有，他们的经济困境也会因为社会不平等和少数精英的支配而加剧。政治考虑始终与这些问题交织在一起，特别是公元前449年以后。随着平民获得了有限的政治权利，该阶层中野心勃勃的成员试图以它们为基础，来获得充分接触政治权力和影响的机会。最终，随着平贵差异的意义被削弱，一种以担任要职为基础的新的、统一化的贵族开始出现。

共和国统治的发展和新精英的出现

公元前367—前342年的总体趋势是贵族和平民间分歧的逐渐消失，以及更加复杂的统治结构的设立。现在，任期一年的两位执政官被最终确定为罗马最高级的行政长官，此外还出现了一系列地位较低的行政长官，诸如财务官和营造官。这个贵族和平民的融合过程的例外是保民官一职。它继续仅限平民家族的成员担任，因其独一无二的权力而仍是罗马政治生活中的重要元素。保民官的特别权力包括召开部落大会，提出和否决立法，以及为保护其他公民免受行政长官侵害而介入，这给了他们很高的影响力。这一点在公元前367年之后可能不再那么明显，但保民官在整个共和时期都很有影响，在公元前133—前50年动荡的政局中扮演了至关重要的角色。

公元前367年，随着平民被允许参选执政官，平民和贵族职位间的隔离逐渐削弱了。从此，我们可以看到一个新贵族阶层的诞生，它以担任公职和掌握随之而来的权力和地位为基础，而不是基于世袭。这不是一个一帆风顺的过程，结果也不是板上钉钉的。最初，通往权力的道路并没有因为《李基尼乌斯-塞克斯提乌斯法》而扩大，反倒以另一种方式遭到限制。对于一些人来说，多次担任执政官已经变得司空见惯，有时还是与同一个同僚一起。比如，公元前367—前342年的25年间，有7人两次担任执政官，3人三次当选，2人四次担任。任职次数最多的是盖乌斯·苏尔皮基乌斯·佩蒂库斯（Gaius Sulpicius Peticus），他在公元前364—前351年间五次担任过执政官。这种高度的重复表明——既由贵族又由平民——担任最高行政长官的机会仍然有限，不过现在，控制权掌握在来自贵族和平民两者的政治团体和同盟手中，而不是仅仅来自一个阶层。事实上，许多不止一次任职的人是与同一位同僚共同当选的［比如，公元前365年和前352年的格努基乌斯和塞尔维乌斯，公元前320年和前315年的普布利里乌斯·菲洛（Publilius Philo）和"健足者"帕皮里乌斯（Papirius Cursor）］，这显示了贵族和平民之间个人合作的可能，同样的两人会一遍遍地作为共同候选人竞选。

虽然第一位平民执政官卢基乌斯·塞克斯提乌斯于公元前366年任职，但在接下来的几年里，执政官职位的分配不均成了常态。在公元前367—前342年间，至少六年中的执政官都是贵族，违背了法律的精神（可能还有文字）。平民执政官的名单（共有18位）显示，有很小的一群人多次任职，特别是马库斯·波皮利乌斯·莱纳斯（Marcus Popilius Laenas）和盖乌斯·马尔基乌斯·鲁提里乌斯（Gaius Marcius Rutilius），他们总共7次担任执政官，正如福塞斯指出的，这可能是因为当罗马受到高卢人的压力时，需要有可靠军事经验的行政长官。但李维暗示，顽固的贵族们试图在公元前4世纪60和50年代重新确立自己的优越地位。

平民的当选受到了影响，就像在公元前357年那样——当时他们用过渡期推迟了选举（李维，7.17.12）。一些失败被归咎于平民行政长官的当选，比如公元前362年的军事失利（李维7.6.5—7.6.6），或者是贿赂和腐败的明显增加，而后者使公元前358年的立法（李维7.16.5）成为必要。

对于上述发展的另一种可能的解释是，在大约20年的时间里，一批贵族家族和一些刚刚获得影响力的平民之间发展出了新的政治同盟。这个"中间党派"（康奈尔等人这样称呼它）导致其他原有的贵族家族被边缘化，如梅内尼乌斯家族、克洛伊利乌斯家族和贺拉提乌斯家族，它们都是公元前5世纪的著名姓氏。这些家族在公元前367年之后很少出任公职，他们的姓氏基本上从《名录》中消失了。相反，执政官的名录被一小群贵族所主导，其中最著名的是马库斯·法比乌斯·安布斯图斯（Marcus Fabius Ambustus）、盖乌斯·苏尔皮基乌斯·佩蒂库斯、昆图斯·塞维利乌斯·阿哈拉（Quintus Servilius Ahala）和卢基乌斯·埃米利乌斯·马梅尔基努斯（Lucius Aemilius Mamercinus）以及他们的平民盟友。在该时期任职的许多平民已经担任过保民官等仅限平民的职位，并与贵族建立了社会关系。李维对李基尼乌斯-塞克斯提乌斯提案的描述就展现了这样的情形。按照他对事件的描述，李基尼乌斯的改革热情源于他的妻子（贵族法比乌斯·安布斯图斯的女儿）和她姐妹之间的一场家庭纠纷，后者嫁给了贵族苏尔皮基乌斯·佩蒂库斯，并试图以此来主张自己拥有更高的社会地位。家庭内部的不愉快最终促使李基尼乌斯发起了一场改革运动，为平民争取更多的权利。虽然这不太可能是改革的动机，但它展现了一个有意思的地方：贵族和平民家族之间的人脉和家庭关系网络正在发展,使得这两个群体中的一些成员走得更近。它还表明一批平民领袖正在崛起,他们拥有足够的财富以及社会或政治人脉,从而能够利用这种情况。

这种一小批个人的统治激起了人们足够的反感,引发进一步的立法。公元前358年通过了规范选举活动的法律(《波伊特里乌斯法》,不要与公元前326年的同名债务法混淆),而在一段时间的公民动乱后,又于公元前342年通过了《格努基乌斯法》。[5]《格努基乌斯法》补上了李基尼乌斯和塞克斯提乌斯留下的一些漏洞。它回到了债务问题,彻底禁止了贷款利息,但其大部分内容是政治的,尽管存在一些不确定。未来,谁也不能在同一年担任超过一个行政长官职位,也不能在十年内担任同一职位。它的目的显然是避免小团体的垄断,通过在执政官职位间加入十年的间隔,它阻止了个人获得过大的权力。这样做还让执政官职位能向更大范围的候选人开放。由于每年只有两名执政官,该职位被一群相对较小和反复当选的候选人垄断会限制他们同侪的晋升可能。这一点非常重要,因为最终诞生的统一化新贵族群体内竞争激烈。荣誉和成就的积累——诸如成功当选公职、军事行动的胜利和被任命为重要的祭司职位——对确立和维持社会与家庭地位变得至关重要,因此最高级的行政长官职位被一小群人垄断会引发不满。

主要的疑难之处在于另一个条款,它规定两名执政官都可以是平民。这引发了许多争论,而其含义也尚不清楚,特别是如果将其与公元前367—前342年的《名录》中所记录的任职者的情况进行对比。就像康奈尔所指出的,该时期中有好几年,其中的两名执政官都是贵族,尽管从公元前367年起平民就有资格当选,但从公元前342年开始总是至少有一名执政官是平民。《格努基乌斯法》可能要求两名执政官中必须有一人是平民,强化了李基尼乌斯-塞克斯提乌斯的改革。李维的混淆可能与公元前173年的事件有关,当时第一次有两位平民当选,人们那时意识到《格努基乌斯法》留下了一个漏洞,使这种情况有可能发生。

平民寻求的改变并非都是狭义上的政治诉求,即要求有资格担任公职并参与政治过程。许多高级祭司职位仍然仅限贵族担任。把它们留给贵族避免了野心勃勃的平民掌握一系列具有很高声望和影响力的公职。不过,这不仅事关声望和政治晋升。祭司职位拥有巨大的象征价值,因为声称对国家的宗教生活拥有神圣的权威和责任是贵族主张自身特殊地位的一个关键因素。当圣礼十人委员会向同等数量的贵族和平民开放时,有人已经在做这种尝试了,但人们在公元前300年向前迈出了更大的一步。那一年通过的《奥古尔尼乌斯法》(Lex Ogulnia)向这两个阶层开放了另外两个重要的祭司团体——祭司团和鸟卜师团。由于所有的神职人员一旦被任命后都终身任职,祭司被从4名增加到8名,鸟卜师从4名增加到9名,两个职位新增加的名额都由平民填补。当有成员去世后,他必须由来自同一阶层的人接替,以保持成员的平衡。有一些祭司职位的确仍被限制在贵族内部,比如萨利祭司(Salii,马尔斯的祭司),但他们的地位很低,而祭司团中的一些特定职位也受到限制,比如圣礼王和朱庇特弗拉门祭司。不过,从公元前300年开始,最重要和最有影响的宗教职位开始向这两个阶层平等地开放。虽然统一化的贵族阶层要到公元前3世纪才最终诞生,但平贵之争已经几乎到达尾声。

重建与延续：高卢入侵后的罗马

公元前 390 年的高卢洗劫经常被描绘成罗马城市发展的分水岭。古代作家——特别是李维——相信，高卢人彻底毁掉了城市，并在罗马人撤到卡皮托山上的内城后火烧城市建筑。李维描绘了一场戏剧化的长篇辩论，面对城市重建的问题，罗马人讨论了是否应该离开罗马城的原址，在之前维伊占据的更易防守的地方重建城市，但出于对祖先崇拜场所的忠诚，他们否决了这个提议。他直接把罗马城无规划的布局归咎于人们因热情而导致的速度，罗马城以这种速度在高卢洗劫后重建：

> ［提议迁往维伊的］法案既已被否决，罗马城的重建在几个地方同时展开。砖瓦由公费提供。每个人都有了在自己希望的地方采石和伐木的特权，他们保证会在当年完成修建。因为匆忙，他们完全没有关心规划道路的走向，而且因为不顾及任何私产的分界，他们会在任何有空地的地方建造。这就是为什么古老的下水道原本从公共街道穿过，现在却常常从私宅下通过，为何城市的样子看上去更像是被个人占据，而不是［由管理者］有序分配的。
>
> （李维，5.55）

上述画面正变得越来越不可信，因为有证据显示，罗马广场 / 帕拉丁山区域的大部分关键建筑都要早于高卢人的入侵，而且很少或没有在公元前 4 世纪初遭受破坏的痕迹。

李维在一点上无疑是对的：罗马的发展采用了一种杂乱无章的方式，看不到有规律和有计划的布局，就像意大利南部和伊特鲁里亚部分地区的大城市，甚至是它自己的殖民地那样。它从来就没有我们常常与"典型的"罗马城市（尽管事实上，这些主要是殖民地的典型，而且甚至连殖民地的典型性也开始受到质疑）联系起来的那种井井有条的街道网络和边界清晰的公共空间。他的错误之处在于将此归因于高卢入侵后过度热情的仓促重建。这种情况的部分原因是那里的地形——包括山丘和低洼的沼泽——导致无法像帕埃斯图姆或马尔扎博托那样发展出整齐的正交规划（比较图 18 以及图 23 和 24，前者描绘了整齐的正交城市，后两

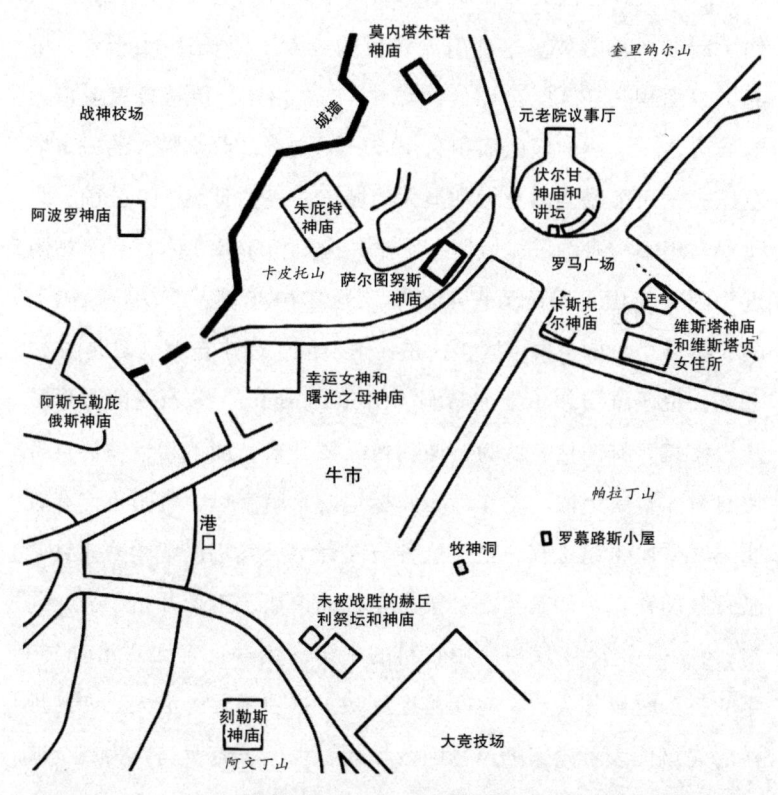

图 24 罗马：公元前 4 世纪的罗马广场、帕拉丁山和牛市的平面图

者描绘了罗马）。城邦长期以来的有机发展，以及罗马人对于与城市的建立和早期历史相关的地点和建筑的崇敬，进一步限制了对城市布局进行规范化的可能。一旦这些地点和建筑被确定下来，移动它们就必须得到神明的许可，而且会破坏罗马人自己的文化记忆。李维把这种对祖先崇拜场所的忠诚描绘成不把罗马搬到台伯河对岸更易防守的位置，而是留在原地的关键理由。

虽然在公元前4世纪80年代城市重建的紧迫性似乎是个神话，但公元前4世纪的确是一个城市快速发展的时期。最重要的发展之一是修建巨大的新城墙，动因是人口的增长，以及高卢入侵激起的防御需要。这项引人注目的庞大工程长达11千米，围起了总面积约达347公顷的区域。[6] 与之相比，伊特鲁里亚最大的城市之一维伊的城区面积为194公顷左右，而希腊人的城市塔兰托——可能是当时意大利最大的城市——估计为510公顷，只比罗马稍大。有两段城墙留存下来，分别位于特尔米尼火车站附近和阿文丁山上，显示它4米厚，至少10米高。与帕拉丁山上的一些早期防御工事不同，这是一道石墙，以来自罗马以北约12千米，位于维伊领土上的暗洞（Grotta Oscura）采石场的方形凝灰岩修筑。有的估算认为，该项目需要开采、加工和运输数百万块石料。石料上留下了作为石匠标记的希腊字母，表明也许有希腊工匠受雇于该工程，虽然这种石匠标记极其难以解读，而且希腊石匠的存在仍然是猜测。按照李维的说法，工程开始于公元前378年——这个年代与所用石料的来源一致——直到公元前353年的某个时候才完成，时间跨度反映了这项工程的浩大。如此规模的建筑代表了国家的巨额财政投入，也标志着罗马作为一个城市的雄心。防御工事不仅仅是提供保护的实用建筑。将整个城市包围在内的城墙是来访者在走近罗马时第一个看到的建筑，也是最醒目的。使用最新的希腊技术建造的巨大石墙不仅发出了这是一座戒备森严的城市的信息，还表明它有经济资源投入这样的工程，以及它认为自己与塔兰托、克罗顿或卡伊雷等重要城邦不相上下。这是文化和政治信心的宣示，表明罗马已经成为意大利中部的重要力量。

另一些发展也证实了这个印象，即这座城市重新恢复了信心，正在享受着新的繁荣。公元前 400—前 375 年，罗马至少新建了六座寺庙。其中四座——王后朱诺神庙（阿文丁山）、和谐女神神庙（罗马广场）、幸运女神神庙（牛市）和曙光之母神庙（也位于牛市）——都被归功于抵抗高卢人的英雄领袖马库斯·弗里乌斯·卡米卢斯。其他的还有埃斯奎利诺山上的朱诺卢基娜神庙（Juno Lucina，可以追溯到公元前 375 年）和公元前 388 年建造在卡佩纳门外不远处的马尔斯神庙。我们对其中一些的了解主要来自古代史料，它们很少或没有留下考古学痕迹。王后朱诺神庙的遗址尚未确定，尽管马尔斯神庙据信坐落于阿皮亚大道的左侧，距离卡佩纳门大约一英里①，但建筑本身没能保存下来。其他神庙留下了一些痕迹，虽然它们不无争议。今天留存下来的和谐女神庙建于公元前 121 年，但它的基座里有前 4 世纪建筑的石头碎片，可能是卡米卢斯奉献的神庙的遗存，尽管这一点存在争议。公元前 353 年，在战神校场建造了一座新的医者阿波罗神庙，取代了公元前 431 年奉献的建筑。对曙光之母和幸运女神庙的认定更加可靠，但它们的定年存在问题。在某个时候，古老的圣奥莫

---

① 1 英里约合 1.609 千米。——编者注

博诺圣所上建造了一个新的巨大凝灰岩基座,在上面建造了新的神庙,科阿雷利(Coarelli)和托雷利(Torelli)将其与古人记述的(李维,5.19.6 和 5.23.7;普鲁塔克,《卡米卢斯传》,5)公元前 4 世纪初由卡米卢斯修缮的神庙联系在一起。最近的田野工作和对早期发掘的档案材料的研究为该圣所复杂的年代顺序提供了新的线索,表明这个基座的建设也许经历了几个阶段,其中最早的可能明显早于公元前 4 世纪,也许早至公元前 6 世纪末。

崇拜的选择和这些营建计划的选址非常重要。和谐神庙具有重要的政治关联,因为据说这座神庙是在公元前 367 年被奉献的,以纪念《李基尼乌斯-塞克斯提乌斯法》的通过。把它奉献给对和谐女神的崇拜象征着针锋相对的贵族和平民的和解。大部分神庙由得胜的将军建造,资金来自战利品,作为对胜利的感恩。公元前 4 世纪里前 25 年的神庙修建热潮,与其说是回应了高卢人的破坏,不如说反映了罗马的军事成功,特别是对维伊的征服。公元前 4 世纪时,神庙的奉献和建造方式有了明显的变化。公元前 396 年之前,大部分神庙是集体奉献,由国家建造,但到了公元前 325 年,个人奉献(大多来自得胜的将军)变得越来越多。王后朱诺神庙清楚地展现了这一过程,以及战争与宗教非常直接和字面上的联系。王后朱诺崇拜是维伊的主要市民崇拜,该城陷落后,罗马人把崇拜雕像从维伊移到罗马,安置在阿文丁山上的新神庙里,由凯旋的将军马库斯·弗里乌斯·卡米卢斯将其作为礼物献给朱诺。通过这样做,他们象征性地说服女神抛弃维伊,在罗马安家。

奉献战利品或用其为建造纪念性建筑提供资金的做法在公元前 4 世纪上半叶变得更加普遍。公元前 310 年,"健足者"帕皮里乌斯将缴获的萨莫奈人的武器进行分发，并于罗马广场展示（李维，9.40.15—9.40.16），公元前264年，曙光之母圣所展示了来自沃尔西尼的2000尊青铜像。最壮观的一幕出现在公元前305年，一座巨大的赫丘利像在卡皮托山上被奉献，资金来自萨莫奈战争的战利品（李维，9.44.15—9.44.16；普林尼，《自然史》，34.33）。齐奥尔科夫斯基（Ziolkowski）在共和国中期的神庙目录中罗列了四座由将军奉献的神庙，其资金来自他们夺取的战利品。罗马城的中心变得日益纪念碑化，不仅是在建筑物方面，还有征服战争带来的雕塑和市民纪念碑。

在罗马广场很少能看到被高卢人洗劫造成的破坏痕迹，王宫、集会广场和卡斯托尔神庙都没有受损，卡皮托山上的建筑同样如此。不过，有一些与公元前390年的事件无关的重要发展。集会广场被扩建和整修，成为一个带阶梯座位的圆形建筑，修缮者可能是盖乌斯·麦尼乌斯（公元前338年的执政官），他在广场前添加了讲坛，对罗马人民讲话的发言者会使用它。

集会广场是罗马国家的重要象征，而它的重建和纪念碑化正值政治上的变化——其特征是新贵族的诞生和罗马在意大利日益增长的重要性——这非常具有象征意义。它的新形制与希腊的会场非常相似，反映了希腊对罗马文化的影响。萨莫奈战争期间，罗马曾向德尔斐派出过使者，神谕要求他们为最睿智和最勇敢的希腊人塑像。于是，罗马托人造了毕达哥拉斯和阿尔喀比亚德（Alcibiades，或译亚西比德）的像，把它们放在集会广场，强化了一座关键罗马建筑的希腊化元素。讲坛是为了纪念麦尼乌斯打败了强大的沃尔斯基人的城市安提乌姆，后者拥有一支著名的海上力量，后来罗马人接管了这支舰队。讲坛用罗马缴获的安提乌姆战舰的船首（拉丁语中叫 rostra）建造，而麦尼乌斯分得的战利品为它买单。使用被缴获的船只部件作为讲坛的一部分，响亮地宣示了罗马在意大利日益稳固的统治地位和野心，显示了罗马政治性质的改变，以及与人民打交道的更大的重要性。

集会广场可能为这个复杂的问题提供了一些线索：罗马的政治生活在实践中是如何运作的。集会广场被用来举行部落大会，这个罗马人民的大会负责通过法律，[7] 它的重建反映了人民大会在罗马政治生活中日益上升的重要性。不过，从建筑的规模（40米×40米）估计，它的最高容量为3000—4000人，完全无法容纳全部有资格参加会议的男性罗马公民。公元前2世纪，讲坛被象征性地转向反方向，让发言者可以向聚集在罗马广场上的人群讲话，但在此之前，部落大会仅限于那些可以在指定的日子挤进集会广场的人。这意味着尽管部落大会扮演着表达罗马人民意愿的角色，但实际上能够参与立法的人数只是有资格的人中的一小部分——甚至可能仅限于［就像耶纳（Jehne）所指出的］城中住得离集会广场最近的人。不过，集会广场和毗邻的元老院议事厅具有重要的象征意义，体现了"共和国"（res publica）的关键元素。

我们对公元前4世纪罗马住宅的了解要少得多。位于帕拉丁山北侧的公元前6世纪的房屋在整个公元前4世纪和前3世纪一直有人使用。卡兰迪尼把它们重构为中庭式宅院——后来的罗马宅院最典型的形式——的原型，但这是基于非常不完整的证据，而许多学者否认这种说法，认为它的猜测意味太强，比如怀斯曼。最完整的那座房屋似乎有一排排通往庭院的房间，但如果认为它们是早期的中庭式宅院，就是将依据解读得太远了，它很可能只是一座带庭院的房屋，就像在同时代的伊特鲁里亚和拉丁姆看到的那些，而非真正的中庭式宅院。

典型的中庭式宅院包括一个狭窄的门厅，后者通往宽敞的中庭。中庭的中央有雨水池（impluvium），用来承接从屋顶中间天窗滴落的水。中庭周围是一系列小房间；它的后面通往档案室（tablinum），宅院后面还有更多的接待室和餐室，可能还有一个带花园的庭院。罗马贵族的宅院不仅是私人住宅，也是公共场所，中庭式宅院的形制与权力和社会仪式密切相关。当主人在档案室里忙着自己的事时，中庭为早晨前来请安的门客或依附者以及请愿者提供了等待的空间，而更受欢迎的访客会被带到私人空间款待，比如餐室（triclinia）或是花园/列柱廊（peristyle）区域。不过，我们对中庭式宅院的早期发展并不清楚。罗马建筑家维特鲁威将带顶棚和雨水池的中庭形容为罗马房屋的标志性特征，但在马尔扎博托找到的一些公元前5世纪的房屋暗示，伊特鲁里亚人的习惯影响了罗马的住宅。相反，庞贝和科萨的一些最早的房屋并非中庭式宅院，而是所谓的"排屋"，由一排排围绕着露天庭院的房间组成，有的庞贝宅院的中庭最初可能是露天的庭院，后来加盖了顶棚。排屋的某些方面类似于在萨特里库姆等遗址发现的公元前7和前6世纪的房屋，但与希腊式房屋也有相似之处，后者围绕一个庭院而建，经常还有带顶棚的柱廊或列柱廊。中庭式宅院很可能是在公元前4和前3世纪时作为庭院/排屋的升级版而发展起来的，而与当时的希腊文化和希腊人关于城市建设的新思想的接触，是罗马住宅演变的一个重要因素。

住宅是罗马贵族的社会地位和公共生活的核心，在罗马城的中心拥有一栋房屋似乎很重要。在帕拉丁山、卡皮托山或者在罗马广场附近拥有一所房子是非常体面的事。科尔内利乌斯·西庇阿家族（Cornelii Scipiones）、法比乌斯家族和麦尼乌斯家族都拥有靠近罗马广场的房子，阿皮乌斯·克劳狄乌斯家族住在战神校场边上，克劳狄乌斯·肯图马鲁斯家族（Claudii Centumali）拥有卡伊利山上的房子。贵族家族似乎会在同一地点重建房子，而不是在房子需要扩建或翻修时搬到其他地方，显示了这些地皮的价值。靠近罗马的公共生活中心意味着这些家族总是处在公众的视线中。元老的住宅对社会地位，以及为门客和朋友履行社会职责的能力至关重要，但把元老与他们的住宅密切地关联起来可能会产生令人不适的后果。像瓦莱利乌斯·波普利科拉这样的标志性人物的房屋被作为纪念碑保存，但也有激起众怒者的房屋被摧毁的例子，如"卡皮托山保卫者"曼利乌斯或维特鲁维乌斯·瓦库斯，后者是一名来自普里维努姆的贵族，因为领导了对罗马的暴动，他在罗马的房屋被拆毁。

中庭式或庭院式宅院是富人的专属，它们能够容纳包括奴隶在内的一整家人，有时甚至包括了一个大家庭。大部分罗马人的生活截然不同，住在逼仄得多的房子里。后来，大部分罗马人生活在多层的公寓楼（insulae）里，这些房子占据了一整个街区，被分成一间间公寓。没有公元前4世纪的房屋或公寓楼留存下来，但当时罗马的人口正在扩张，考虑到这对罗马城的空间和城市密度的压力，普通人的生活条件可能是逼仄的。

罗马的人口继续扩张，催生了改善基础设施的需求。供水对如此规模的城市来说是个重要的问题，公元前312年，当时的监察官阿皮乌斯·克劳狄乌斯·卡伊库斯（Appius Claudius Caecus）规划了一项雄心勃勃的公共工程方案。其中最著名的是以他的名字命名的阿皮亚大道，这是最早的一条罗马大道，它的第一段在公元前312年开工，连接了罗马和卡普阿。不过，同样重要的是，他决定修建第一条公共引水渠，每天能够把大约7.3万立方米的水输送到罗马城。与后来的引水渠相比，这一数字并不高，但对它的需求证明了罗马在该时期的发展。阿文丁山脚下的港口区域被称为台伯港，它是为了提高水运能力而发展起来的。在塔克文家族的统治时期，这片区域经历了巨大的发展，但在公元前5世纪里却几乎没有变化。不过，公元前4世纪，码头区域被扩大了，幸运女神、曙光之母和波尔图努斯的三座神庙也得到重建，就像前文略述的。

与百年前的来访者相比，公元前4世纪末造访罗马的人会看到一个不同的城市。罗马已经经历了发展，而且还在继续迅速发展，它的手工业生产欣欣向荣，经济蓬勃发展。像引水渠这样令人赞叹的公共设施开始出现。新的神庙被修建，旧的被翻新或取代。沿着新建成的阿皮亚大道进入罗马城的人都会经过几座这样的神庙，它们都是罗马军事实力的间接证明，因为它们是用征服的所得修建的。他或她还会看到罗马巍峨的新城墙，城墙既彰显了严密的防御能力，也宣示了城市的力量和自信。沿河而来的人也会留下同样深刻的印象。来访者会在修葺一新的港口登陆，经过卡米卢斯奉献的三座新神庙。罗马广场仍然是一个开放且未被定义的区域，那里有不同时代的建筑——有的非常古老，比如王宫，有的经历了改造，反映了平贵之争最后阶段带来的新的政治现实——帕拉丁山上的宏伟房屋仍然在响亮地宣示着罗马贵族的财富和权力。建筑的风格还没有发生彻底改变，但希腊人对建筑形制和风格，以及对建造技术的影响变得更加显著。公元前4世纪的罗马是一座转变中的城市,但与公元前5世纪的困难不同,它显然是一座处于上升轨道的城市。

第 12 章
"萨莫奈人和罗马人谁将统治意大利"

萨莫奈战争与征服意大利

公元前 343—前 272 年，罗马与萨莫奈人、伊特鲁里亚人和希腊人展开了一系列战争，征服了意大利半岛的大部分地区，从拉丁姆的地区主宰者惊人地崛起为一个国际强国。作为我们在这方面的主要史料来源，李维将这个过程描绘成两个迅速扩张的势力之间的冲突，以及意大利历史上一个决定性的时刻，他笔下的一位罗马使者这样说道：

> 罗马人，我们的争执无法由使者的话或任何人的裁决来决定，而是由马尔斯在我们将要相遇的坎帕尼亚平原上决定，由武器和共同的战斗决定。因此，让我们在卡普阿和苏威苏拉之间扎好各自的营寨，决定萨莫奈人和罗马人谁将统治意大利。

（李维，8.23.10）

显然，这段话依靠后见之明的大力帮助，而且经过了不少简化，才将公元前 4 世纪混乱的事件装进了他自己的历史视野，而在其中,罗马人的胜利要归功于他们性格的力量。关于是什么导致了这场冲突以及它是如何发展的,有许多未知之处,而李维对意大利地理知识并不可靠的掌握意味着他对军事行动的叙述常常让人困惑。事实上,上述斗争并非一个单一的事件,而是一系列的战争,跨越了50年的时间。最早的小规模冲突——传统上称为第一次萨莫奈战争——是坎帕尼亚的一场局部冲突,并非像李维想象的那样是一场争夺地区主导权的战争。与之相比,第二次和第三次萨莫奈战争发展成了在亚平宁山区和意大利南部争夺霸权的大战。让情况更加复杂的是,萨莫奈战争并非罗马卷入的唯一冲突。它还和拉丁人发生了冲突,而后者在某些方面对罗马的历史产生了甚至更广泛的影响,此外,罗马还在伊特鲁里亚和翁布里亚发动了多次军事行动。最后,在公元前281—前272年,意大利南部的一场战争对罗马构成了严重的威胁,但它最终确保罗马控制了意大利半岛。

公元前 4 世纪时罗马之外的意大利:
社会转变和城市发展

在罗马可以看到的普遍趋势——基于特定家族群体身份的旧的封闭的精英阶层的瓦解,新的名门望族的出现,财产所有权和经济活动的新模式,以及城市的发展,在意大利的大部分地区也普遍存在。虽然公元前 4 世纪是一个经济复苏的时代,但从公元前 350 年左右开始出现了大量压力和动荡,希腊人与奥斯坎人之间爆发了战争,高卢人再次入侵,最后还有罗马人的征服。

现有的城市变得更大,而尚未完全城市化的地区形成了新的城市，比如意大利东南部。当地的人口更稠密，土地耕作更加密集，定居点也显示出更高的组织水平。城市在基础设施方面投入了更多资金，部分原因是为了解决实际问题——充足的供水、良好的防御以及道路和街道的维护——但公共营建不仅是由实际需求推动的。在充满竞争的世界里，城市需要通过投资于夺人眼球的建筑来展示自己的地位。比如，希腊人的梅塔庞图姆城在公元前4世纪经历了彻底的重建，包括新的防御工事，对街道布局的延伸和重组，以及重新修建的广场。其他希腊人的城市也经历了类似的改变，包括洛克里、克罗顿和维利亚。

这一趋势不仅限于希腊人的城市，意大利东南部的许多本土城邦也在公共营建项目上投入了大量资金，并吸纳了希腊人的建筑类型和建筑风格的一些方面。位于普利亚中部的蒙特桑纳切（Monte Sannace）看起来与希腊城市截然不同，但显然对城市建设充满信心。城墙被大大延伸，街道布局得到了重新组织，还修建了精美的大房子。相反，在其他地方，压力的迹象存在着，而许多地区的命运喜忧参半。卡普阿和塔兰托成了财富和奢侈的代名词，但一些希腊人的城市需要努力抵御来自叙拉古和它们的意大利邻邦的威胁。伊特鲁里亚北部延续着繁荣，但伊特鲁里亚人的势力在坎帕尼亚的崩溃、其与希腊世界贸易关系的中断，以及罗马势力的扩张打击了南部的大城市，如卡伊雷、维伊、塔尔奎尼和伍尔奇。

与罗马一样，一种在公元前5世纪就已经出现的趋势是新精英阶层的诞生，他们不像公元前7和前6世纪的精英那么排外，而王政也被选举出的官员取代，诸如伊特鲁里亚人的奇拉特，或是奥斯坎人的meddix。不过，这些精英继续牢牢地控制着权力。

来自伊特鲁里亚的铭文显示，更为富有的墓葬和有影响力的职位被来自数量相对较小的一些家族的成员垄断，比如阿雷提乌姆的基尔尼乌斯（Cilnii）家族、沃拉特雷（Volaterrae）的卡伊基纳家族（Caecinae）以及塔尔奎尼的斯普尔里纳家族（Spurinnae）。意大利其他地区的铭文证据不那么丰富，但也指向同一情况。公元前4和前3世纪时，意大利和罗马的精英非常关心对家族地位和传统的纪念。建于公元前4世纪末的伍尔奇的弗朗索瓦墓是遍及伊特鲁里亚的大型多墓室家族埋葬点的潮流的一部分，这种埋葬点是家族身份和地位的标志。除了墓葬，一批来自公元1世纪的塔尔奎尼的铭文——被称为塔尔奎尼墓志铭（Elogia Tarquiniensia）——包含了斯普尔里纳家族历史的零星信息，这是该城的望族之一，表明他们会保留家族成就的记录和年谱。

当时出现了经济复苏，伴随着土地所有权和农业组织方式的改变，这可能在意大利南部最为明显。对希腊城市梅塔庞图姆所辖地的考古学调查和发掘显示，该时期的土地边界发生了变化，农场的数量和个人持有土地的规模都有了显著的上升。塔兰托的领地内出现了类似的情况，农场的数量增加，村庄的规模扩大，农业也更加专业化，以葡萄和橄榄为重点作物。在普利亚中部的格拉维纳（Gravina），一个令人印象深刻的别墅和庄园网络的发掘者将其最早的发展追溯到公元前4世纪。并非所有地区的繁荣程度都是一样的，在伊特鲁里亚的一些地区，农村居民点的密度和土地产量都有所下降。伊特鲁里亚南部的农业生产因为土地割让，以及罗马人在苏特里乌姆和内佩特建立殖民地，而进一步遭到破坏，但北部的农业生产仍然繁荣，尤其是在阿雷提乌姆、沃尔西尼和克鲁西乌姆等城市。来自伊特鲁里亚的带铭文的界石数量激增，这表明，划定土地边界和确立所有权在当时变得更为重要。这些例证只能提供零星的证据，但它们表明在大部分地区，土地经济已经从公元前5世纪的问题中恢复过来。

贸易和手工业同样兴旺发达。进口的希腊奢侈品的数量仍然在下降，但意大利许多地区的手工艺生产的新方式抵消了这种下滑。在伊特鲁里亚和意大利南部的许多地方发展出了新的陶器生产中心，有的采用希腊人的方式和技术生产彩陶，很快发展出了当地的独特风格。伊特鲁里亚的青铜器匠人继续生产高品质的器物，带有精美的雕刻或压制的装饰。在许多墓葬中都发现了背面装饰有希腊神话场景的铜镜，还有带着类似装饰的圆柱形容器［被称为"基斯塔"（cistae），彩图22］，镶嵌着刻字印石的戒指也变得更加普遍。在整个意大利，贵族墓的内壁继续以壁画装饰，赞美了死者的生活（彩图27）。塔兰托尤其以其生产的青铜和陶土小塑像、极其奢华的金首饰与其纺织业享誉国际。从当地的贝壳中提炼的紫色染料被认为是世界上最好的，那里生产的羊毛布也受到热捧。总体而言，对意大利的许多地区来说，公元前4世纪中叶是一个繁荣的时期。

到了公元前350年左右，卢卡尼亚和布鲁提乌姆（大致相当于今天的巴西利卡塔和卡拉布里亚）以及坎帕尼亚都被说奥斯坎语的民族控制，他们可以分成三个不同的民族群体：坎帕尼人、卢卡尼人和布鲁提人。尽管他们说同一种语言，而且他们文化的其他许多方面也是相同的，但他们发展出了一些明显的差异。坎帕尼亚地区早就确立了城市生活方式，而且没有中断，尽管大部分城市开始使用奥斯坎人的语言，还越来越多地接受了他们的习俗。相反，卢卡尼人发展出了更加多样的定居点形式。在城市化的卢卡尼亚北部，城市生活得到了延续，但中部和南部成了防御性定居点的地区，其中一些具有可观的规模和复杂度，与希腊、罗马甚至是伊特鲁里亚的城市截然不同。它们的面积大部分在15—30公顷，但其中最大的塞拉迪瓦里奥（Serra di Vaglio）占据了将近100公顷。它们显示出某种迹象，即当地对私人和公共建筑投入过资源，而且它们几乎都防备森严。塞拉迪瓦里奥令人印象深刻的公元前4世纪护墙是用加工精良的石块砌成的，可能由希腊石匠建造。许多遗址与不远处的圣所有关，考古学调查还发现了大量农舍，暗示许多人生活在小村子里或者自己的土地上。相比邻近的坎帕尼亚地区更加城市化的生活方式，防御性定居点和崇拜场所的这种独特的分离，在作为它们发源地的亚平宁山区更加典型。

尽管出现了经济复苏，但这是一个冲突的时代。公元前390—前380年左右，卡拉布里亚的希腊城市受到来自意大利以外的威胁。洛克里、雷吉翁、克罗顿和一些较小的希腊中心城市遭到了叙拉古军队的入侵，那是叙拉古僭主狄俄尼修斯一世把他日益强大的西西里帝国扩张到意大利的尝试的一部分。作为计划的一部分，他拆散了意大利同盟，那是在意大利的希腊人间提供军事合作的组织。他的占领行动失败后，该地区内力量的平衡决定性地倒向塔兰托。意大利同盟在塔兰托的领导下重新建立，并在塔兰托的殖民地赫拉克利亚的德墨忒耳圣所建立了财库和集会地。这确保了多年的稳定，但从公元前360年起，塔兰托和其他希腊城市越来越多地受到来自卢卡尼人和布鲁提人等民族的压力，他们开始侵占希腊人的土地。公元前356年，梅塔庞图姆、洛克里和赫拉克利亚都受到了他们的意大利邻邦的攻击。塔兰托人采用雇佣军作战，由希腊或马其顿将领率军代表他们战斗，这种策略在当时的希腊世界一点也不少见。作为希腊世界最富有的城市之一，塔兰托完全可以承担得起，但这些"自由职业"将领被证明很难控制，常常怀有他们自己的目的。有的战斗力很强。在公元前333—前330年的一系列战役中，伊庇鲁斯的国王亚历山大（亚历山大大帝的舅舅）击退了卢卡尼人，并一直进军到帕埃斯图姆，引起了罗马人的担心，但他在公元前330年的潘多西亚（Pandosia）战役中阵亡。其他人则没有那么成功。斯巴达王子克莱奥努莫斯（Cleonymos）背叛了他的希腊雇主，转而与卢卡尼人结盟，于公元前302年洗劫了梅塔庞图姆。最终，公元前340年之后的时期被罗马的征服主导，这个事件在罗马和意大利其他地方引发了地震般的变化。

罗马人、拉丁人和萨莫奈人，公元前343—前338年

公元前4世纪中叶，罗马面临的一个根本性的潜在问题是，它扩张权力和影响的方向与萨莫奈人的相撞，即坎帕尼亚肥沃的利里斯河谷和沃尔图尔努斯（Volturnus）河谷的下游部分。罗马和萨莫奈人都是充满活力的强大势力，有着逐渐增长的野心和领土利益，因此冲突可能是无法避免的，但我们很难确定第一次冲突的具体原因和事件，以及结盟和敌对的情况。公元前354年，罗马与萨莫奈人签订条约，以从萨莫奈流入坎帕尼亚北部的利里斯河作为罗马和萨莫奈利益范围的分界线，但到了公元前4世纪40年代末，罗马的势力已经在远比这条分界线更南面的地方发展起来。

三次萨莫奈战争中的第一场存在争议,因为关于它的记录很少。显然,这个时期罗马人对萨莫奈人发起了战争和突袭,但李维的叙述非常混乱,包含了与后来萨莫奈战争中的事件如出一辙的插曲。李维表示(7.29—7.38),公元前 343 年,坎帕尼亚发生了一段时间的劫掠,萨莫奈人骚扰了沃尔图尔努斯河谷中的西迪基尼人城邦,然后又转向卡普阿。卡普阿向罗马求援,这让罗马陷入了尴尬的境地,因为它已经与萨莫奈人结盟。因为罗马拒施援手,卡普阿人以归降(deditio)的方式迫使罗马采取行动:通过这样做,卡普阿人以及他们的城市和土地都将成为罗马的财产。这使罗马人产生了保护他们的义务,给了它向萨莫奈人开战的借口。这段故事令人困惑,因为卡普阿是意大利最强大的城邦之一,似乎不可能被萨莫奈人逼得走投无路,不得不采用这种极端的做法。归降通常是战败的敌人的做法,而且是极端之举。李维做出这样的推断可能是因为他觉得,这能够最有力地解释罗马的违约行为,但卡普阿也有可能提出过正式的请求,使得罗马违背了对萨莫奈人的条约义务。

战斗最初进行得很顺利。罗马打了几场胜仗,两位执政官都因对萨莫奈人的作战而享受了凯旋式。然而,在公元前 342 年,罗马的政治动荡影响到了军队,敌对行动基本暂停,直到这一情况得到解决。第二年,当战火重燃时,萨莫奈人提出议和,恢复了与罗马的条约(李维,8.1—8.5)。和平为何以这种方式突然出现,有些令人不解。在罗马方面,这可能反映了政治动荡和平贵之争的爆发。对贵族的政治权力加以更多限制的《格努基乌斯法》是在公元前 342 年通过的,李维讲述的两个版本中的一个暗示,伴随着该立法出现的公民内乱可能蔓延到了军队。不过,这也可能反映了罗马人与拉丁人之间日益紧张的关系,两者的矛盾在差不多那个时候升级为公开的战争,使得暂缓其他战事变得明智。

几乎紧接着打响的拉丁战争在许多方面是第一次萨莫奈战争的延续。与萨莫奈人的冲突以一次180度的政策反转结束,显示了该时期盟友关系的短暂和变化无常。罗马又再次与萨莫奈人结盟。与其为敌的是拉丁同盟、沃尔斯基人、坎帕尼人和西迪基尼人,它们发动叛乱是因为担心罗马势力的增强,以及罗马开始大量侵占邻邦土地。李维认为拉丁人厌恶被当作臣民而非盟友,即便这种说法是不合年代的,但拉丁姆南部和坎帕尼亚北部的各个民族共同发动叛乱这个事实暗示了对罗马崛起为地区统治者的广泛担心。

战争从公元前341年延续到前338年,包括一些虽然断断续续但非常激烈的战斗。在公元前341—前340年的一场激战中,罗马军队打败了沃尔斯基人的城市普里维努姆,两次重创拉丁和坎帕尼亚军队。其中一场发生在位置不明的维塞里斯(Veseris),成了一个著名事件的背景:有个叫普布利乌斯·德基乌斯·穆斯(Publius Decius Mus)的罗马执政官举行了奉献仪式,把自己和敌军献给冥府的神明,然后向敌人发起冲锋。他阵亡了,但率领罗马人取得了胜利。他的牺牲如此知名,以至于据说当他的儿子(同样叫普布利乌斯·德基乌斯·穆斯)在公元前295年率军参加森提努姆战役时受到启发,效法了他。[1] 罗马的胜利成功镇压了反叛。公元前340年,罗马奖励了没有参加反叛的拉丁人,惩罚了参与者。一些卡普阿的贵族被授予荣誉罗马公民身份,拉维尼乌姆也获得了荣誉和特权。尽管如此,拉丁人在第二年再次发动叛乱,但在公元前338年被镇压。

这场战争彻底改变了罗马同拉丁人的关系。它还具有更加广泛的意义，因为罗马人强加的协议构成了日后它控制意大利的机制的全部基础——我们将在第 13 章中更详细地讨论这点。李维对和平协议的描述符合我们对后来的拉丁和坎帕尼亚城市地位的了解：

> 拉努维乌姆人获得了公民权，他们的神圣场所被还给了他们，条件是"拯救者"朱诺（Juno Sospita）的圣林应该为拉努维乌姆的公民和罗马人民所共有。阿里基亚、诺门图姆（Nomentum）和佩杜姆（Pedum）人获得了与拉努维乌姆人同等的公民权。图斯库鲁姆人保留了现有的公民权，对反叛罪的惩罚仅限于几个煽动者，没有殃及城邦。长期以来一直是罗马公民的维里特莱人受到了严惩，因为他们经常反叛：他们的城墙被拆毁，元老院遭撤销，被命令生活在台伯河的另一边，如果有人被发现渡过台伯河，赎金将是 1000 磅青铜，而且在付清赎金前，抓住他的人不得为他松开锁链。殖民者被派往元老院的土地〔从维里特莱的元老那里夺取的〕，这些人被登记后，维里特莱恢复了往日人口稠密的样子。一批新的殖民者被派往安提乌姆，安提乌姆人可以成为殖民者，只要他们愿意；他们的战舰被扣押，安提乌姆人被禁止下海，但获得了公民权。提布尔和普莱内斯特人的土地被夺去，不仅是因为他们被指刚刚和其他拉丁人一起参加了反叛，而且因为他们曾经出于对罗马势力的厌恶而同蛮族高卢人结盟。其他拉丁人被剥夺了相互贸易、通婚和会商的权利。坎帕尼人（向他们的骑兵致敬，因为他们没有同拉丁人一起反叛）

以及芬迪人和弗尔米埃（Formiae）人（因为他们总是允许罗马人安全通过他们的土地）获得了无投票权的公民身份。还决定授予库迈人和苏威苏拉人与卡普阿人同样的权利和待遇。

（李维，8.14）

上述协议的实质是，随着拉丁同盟的瓦解，会商的权利的暂停，以及之前罗马和拉丁诸邦签订的协议被宣布无效和作废，所有可能为拉丁人的集体活动提供焦点的共同组织都被解散。从此，罗马将成为双边协议网络的中心，每个国家都与罗马建立联系，而不是与其他前同盟成员。这有效地打破了拉丁国家的共同身份。对一些具体的问题还有额外的惩罚，比如削弱安提乌姆的海军力量，剥夺该城战舰，使其被罗马殖民者定居，并惩罚叛乱的发起者。维里特莱遭到了更重的惩罚，因为它已经拥有了罗马公民权，它的反叛因此被视作特别可恨。

这份和平协议还加入了一些创新特征。其一是将罗马公民权延伸到一系列比之前范围更大的共同体；其二是打破了拉丁身份（Latinity）作为法律地位和作为民族血统之间的关联。从此，想要成为拉丁人，可以通过接受罗马给予的法律权利和义务（下文将进一步讨论），或者是来自拥有这些权利的共同体，而不必出生在拉丁姆或者父母是拉丁人。最后，它扩大了一个与之类似的原则，即罗马公民权是可以转移的法律身份，而非事关血统或民族。可以生来就是罗马公民，也可以通过各种方式获得公民权。这成了罗马与其他民族打交道时的一个重要因素，无论是意大利还是其他地方。

从那时起，罗马开始大致把自己的手下败将和自愿结盟的城邦编排成三个类型：成为罗马公民的，获得拉丁身份的，以及签订盟约的。这样做让罗马得以通过建立一个自愿或强加的同盟网络扩大自己的控制力，从而避免做替代性行政安排的必要。绝大部分共同体继续享有地方层面的自治。在许多例子中，这还意味着罗马避免了强行要求共同体改变和限制其自治这样非常容易引起争议的工作。这种保持一定距离的做法让罗马因为表面上的宽大而获得赞誉，维持了一种虚构的平等关系，即在这个新兴的权力集团中，它仅仅是平等成员中为首的那个。就像我们将要看到的，这对意大利人产生了深远的影响。

第二次萨莫奈战争

拉丁战争结束后的几年里，军事行动规模不大，罗马人镇压了拉丁姆南部和坎帕尼亚北部最后的抵抗。公元前330—前329年，芬迪和普里维努姆在一场短暂的战争后被打败，其他几个城邦也遭遇了同样的命运。罗马还在该地区建立了一系列殖民地，其中之一将成为争夺的焦点。[2] 公元前328年，利里斯河谷中建立了弗雷格莱（Fregellae）殖民地。这是一个具有战略意义的地区，那里有萨莫奈人的存在，因此该殖民地被认为是个威胁。想要弄清究竟发生了什么和为何发生是困难的。李维把战争的爆发归咎于萨莫奈人，把战争本身描绘成一次民族冲突的直接爆发，但即便他本人的叙事的内在逻辑也无法支持这点。

根据李维的说法（8.22.7—8.29.5），战争是在萨莫奈人怂恿希腊人的城市那不勒斯在公元前327—前326年对法勒努斯人领地（Ager Falernus）的罗马定居者发动一系列突袭后开始的。罗马宣战后,那不勒斯得到了诺拉派出的坎帕尼亚和萨莫奈军队的支持,以及塔兰托的援助承诺。[3] 战役本身虽然短暂但很激烈。罗马的指挥官昆图斯·普布利里乌斯·菲洛(Quintus Publilius Philo)首先向那不勒斯人的领地发起突袭,包围了该城。这实际上造成了僵局。包围那不勒斯并不容易,因为它的港口使其可以从海上获得补给,但它受到了内部动荡的影响。预期中来自塔兰托的增援没有到来,城中的萨莫奈和坎帕尼亚军队在某些街区变得不受欢迎。公元前326年初,一群不满的那不勒斯人在希腊人卡里拉俄斯(Charilaus)和奥斯坎人宁普西乌斯(Nympsius)的带领下发动政变,为罗马军队打开了城门。在新的亲罗马当局的统治下,这座城市因为及时改变主意而获得了一份条件特别优厚的条约。这份文件的细节没有保留下来,不过有关于它的一句俗语流传了下来:李维和西塞罗称之为"最平等的条约"(foedus aequissimum)。尽管李维这样说,但显然那不勒斯内部有很大一部分人青睐萨莫奈人,它反对罗马完全不是因为外部影响。

公元前325—前320年,很少有证据表明萨莫奈人在攻击罗马的领地,甚至是罗马盟友的,反倒是罗马人有几次突袭了萨莫奈人的领地,包括公元前325年入侵萨莫奈,以及同年对萨莫奈人的盟友维斯蒂尼人(Vestini)的攻击。《凯旋式名录》在公元前325年和前322年分别记录了对萨莫奈人的一次和两次胜利。不过,第一阶段的战争在公元前321年戛然而止,因为罗马人遭受了重创。包括两名执政官在内,罗马军队被困在了名为考迪乌姆岔口的山谷中,被迫投降(李维,9.1—9.12)。[4] 这是巨大的羞辱,成为失败和灾难的代名词。李维认为,执政官们是被萨莫奈人的诡计诱惑进了陷阱,想要逃脱就必须冒着全军覆没的危险,而按照另一些材料所说，罗马军队是被击败才被迫投降的。无论细节如何，结果都是彻头彻尾的羞辱。罗马人被迫求和，所有士兵需要卸下武器和盔甲，然后才被允许撤回罗马。士兵们被要求半裸着从长矛组成的拱门下经过，这代表临时的轭——从轭下经过表示象征性的服从和羞辱。罗马还不得不撤走了在卡莱斯和弗雷格莱的殖民者。

随后发生的事包含了一定的猜测。李维表示，这次停战并非通常的和约，而是立誓（sponsio），起誓者是庄严誓言的保证人。这类协议是战场指挥官临时停止敌对行为的协议，必须得到本国统治者的批准才有效力。元老院对这场羞辱感到震惊，撕毁了协议，把作为担保人的两名执政官交给愤怒的萨莫奈人。然后，他们组织起一支军队，在公元前320—前318年继续开战，在阿普利亚北部击败了萨莫奈军队，释放了罗马俘虏，并迫使7000名被俘的萨莫奈人接受从轭下经过的象征性羞辱。现代史学家们对这段叙述的可信度提出了强烈的质疑，他们中的许多人相信，这是罗马历史传统的发明，目的是掩饰考迪乌姆岔口之辱，和平（通过条约而非立誓）一直维持到了公元前316年。另一些人则指出，这个版本代表了一种相当奇怪的挽回面子的做法，因为它把罗马人描绘成背誓者——这本身就是可耻的行为，会触怒神明，因为起誓是宗教仪式——公元前319或前318年的《凯旋式名录》中记录的一场在萨莫奈和阿普利亚的胜利为罗马人在该地区的行动提供了一些佐证。

归根到底，我们无法复原在公元前320—前318年究竟发生了什么，但似乎在公元前318—前316年，罗马人与萨莫奈人真正一度停止了敌对，可能是休战的结果。不过，这并不意味着罗马人变得爱和平了。公元前326年，他们继续在卢卡尼亚和阿普利亚作战，把这些地区的一些共同体变成盟友，并恢复了与一些曾经与罗马有过接触的共同体的联系。通过这样做，他们扩大了罗马在萨莫奈以南和以西的影响，似乎采取了有意孤立萨莫奈人的策略。还有迹象表明他们在巩固罗马在坎帕尼亚的利益。两个新的投票部落被创造出来［乌芬蒂努斯部（Oufentina）和法勒努斯部（Falerna）］，坎帕尼亚的罗马定居者和殖民者都被纳入了这两个部落，把这些共同体更严密地整合进了罗马国家。

公元前315—前312年对于同萨莫奈人的争斗至关重要。敌对行为重新开始，公元前316年罗马围困了萨蒂库拉（Saticula），而公元前315年萨莫奈人发动了那次战争中他们唯一已知的侵略行动，越过利里斯河，在特拉基纳附近的一场战役中打败了罗马人，并突袭到拉丁姆腹地（可能得到了叛变罗马的奥伦基人的协助）。不过，公元前314年，这支军队被打败，罗马人严惩了奥伦基人，有组织地洗劫了他们的山间要塞和定居点。在坎帕尼亚，罗马人于公元前321年夺回了可能被萨莫奈人攻占或割让给他们的弗雷格莱，还在利里斯河间（Interamna Lirenas）、萨蒂库拉和苏维萨奥伦卡（Suessa Aurunca）建立了一系列新的殖民地，巩固了罗马对该地区的控制。公元前312年，这种控制得到了加强，监察官阿皮乌斯·克劳狄乌斯开始修建从罗马到卡普阿的阿皮亚大道（后来先后延伸到塔兰托和布伦迪西乌姆）。在阿普利亚，罗马人于公元前314年攻占了卢克里亚（Luceria）。这些行动限制了萨莫奈人，把他们从坎帕尼亚和阿普利亚逼退。罗马还第一次挥师深入萨莫奈腹地，袭击了潘特里人的主要定居点波维阿努姆（Bovianum），这些人是萨莫奈诸邦中最大的一支。

公元前312年后,萨莫奈战争不再是罗马人活动的主要重心,但直到公元前304年,每年仍有针对萨莫奈人的军事行动,尽管我们主要的描述者李维和狄奥多罗斯常常出现混淆和矛盾。事件的大体经过是,在公元前310年的那场罗马的重要胜利后,有过一系列较小的军事行动,直到公元前307年和前306年萨莫奈人发起进攻,入侵了罗马占据的坎帕尼亚地区。这导致了公元前306—前304年罗马对萨莫奈的入侵,以占领波维阿努姆、索拉(Sora)和阿奎努姆(Aquinum),以及重创萨莫奈军告终。曾经反叛罗马的赫尔尼基人和埃奎人被击败,反叛的共同体被非常残暴地镇压。一些共同体在公元前338年获得过罗马授予的法律特权,现在也被剥夺。公元前304年,萨莫奈人求和,恢复了与罗马的条约,结束了第二次萨莫奈战争。

伊特鲁里亚和翁布里亚与第三次萨莫奈战争

从公元前311年开始,即形势开始对萨莫奈人不利的时候,罗马陷入了别的一系列冲突。它们的主要目标是伊特鲁里亚人、翁布里人和亚平宁山区中部的民族,但也断断续续地包括与高卢人的冲突。与同萨莫奈人一样,李维等人常常用族名称呼这些人,这对我们没有什么帮助,因为不清楚罗马人究竟在和哪些伊特鲁里亚城市交战,以及为何这样做。卡伊雷、伍尔奇和塔尔奎尼等南部和沿海城市相对未受影响,军事行动针对的是更靠北面的城市的领土,诸如克鲁西乌姆、佩鲁西亚、阿雷提乌姆和沃尔西尼。这些城邦的实力当时正处顶峰,因此是罗马的潜在敌人。它们靠近翁布里亚,这解释了为何对这两个地区的征服如此紧密地交织在一起。我们不太清楚的是，它们是作为个体城邦，还是作为伊特鲁里亚同盟军作战。李维提到了一个在沃尔西尼附近的沃尔图姆纳圣所集会的伊特鲁里亚城市议事会，他们有时的确会对外交和军事事务做出联合决议，但不清楚军事合作是例外还是惯例。

与同对萨莫奈战争的描述一样，李维急于证明伊特鲁里亚战争也都是伊特鲁里亚人的过错。他告诉我们，公元前311年，伊特鲁里亚人袭击了苏特里乌姆，一座位于罗马以北大约50千米的拉丁殖民地，尽管他没有说明他们为什么这样做。第二年，罗马赶走了围城的军队，并进军伊特鲁里亚。经过在瓦迪蒙湖（Lake Vadimon）和佩鲁西亚的战役，克鲁西乌姆、阿雷提乌姆和佩鲁西亚都向罗马求和，签订了三十年的停战条约。[5] 这场战役以罗马指挥官昆图斯·法比乌斯·马克西姆斯·鲁里亚努斯（Quintus Fabius Maximus Rullianus）的大胆举动著称。他的兄弟能够说流利的伊特鲁里亚语，[6] 被派去进行侦察活动，并发现了一条穿过无法通行的基米努斯（Ciminian）森林前往翁布里亚的道路。他一直来到翁布里亚的共同体卡梅里努姆（Camerinum），说服它成为罗马的盟友，从而让罗马在翁布里亚有了重要的立足点。这个故事的年代和地点都存在疑问（卡梅里努姆离基米努斯森林很远），法比乌斯的角色可能被历史学家法比乌斯·皮克托尔夸大了，他正是这个家族的后裔。不过，与卡梅里努姆人签订的条约非常著名，因为它给出了不同寻常的优厚条件，为后世的罗马人熟知，因此同盟本身是可信的，尽管法比乌斯的英勇之行可能是虚构的。

继公元前310年的成功后，罗马又在公元前309年取得了更多军事和外交进展，包括成功的军事行动，恢复了与塔尔奎尼人的长期停火，以及与翁布里亚的奥克里库鲁姆（Ocriculum）结盟。公元前 308 年，许多伊特鲁里亚人和翁布里人联合起来组成一支庞大的军队，目标是向罗马进军。罗马执政官之一的普布利乌斯·德基乌斯·穆斯被迫回师保卫城市，另一位执政官昆图斯·法比乌斯·马克西姆斯正在坎帕尼亚作战，率军前往翁布里亚迎战侵略者。法比乌斯在梅瓦尼亚（Mevania）附近击败了翁布里亚和伊特鲁里亚军队，一些翁布里人被迫与罗马结盟。与其他事件一样，此事的具体细节是混乱的，但它为翁布里亚问题画上了某种句号，因为直到公元前 303 年，再没有已知的针对翁布里人的军事行动。不过，公元前 306—前 298 年，罗马的重点再次改变，转向了亚平宁山区中部的民族身上。埃奎人在公元前 304 年被打败，他们的山顶定居点被摧毁。随后，该地区的其他民族——派里尼人（Paeligni）、马尔西人、马鲁基尼人（Marrucini）和弗兰塔尼人——迅速同罗马结盟。

这些战争的结果是让罗马对台伯河谷的控制向上游延伸。与在坎帕尼亚一样，这以建立大量的罗马殖民地为基础。在翁布里亚，由于前罗马时代的城市化水平很低，有很大的空间把土地分给新的定居者。在亚平宁山区的卡尔塞奥利（Carseoli）和阿尔巴弗肯斯（Alba Fucens）也建立了殖民地，而拉丁姆南部的一些共同体获得了有限的罗马公民权（civitas sine suffragio, "无投票权的公民权"），包括阿尔皮努姆、弗鲁希诺（Frusino）和特雷布拉苏菲纳斯（Trebula Suffenas），把它们更紧密地与罗马联系在一起。该时期的殖民地分为两类——罗马公民殖民地（coloniae civium romanorum）和拉丁殖民地——在规模、功能和法律地位上截然不同。公元前 4 世纪末和前 3 世纪，阿普利亚、翁布里亚和亚平宁山区的殖民地绝大多数是拉丁殖民地，比罗马公民殖民地大得多。这一殖民计划对打破作为法律地位的拉丁人身份与拉丁语言或民族之间的联系有重要作用。不同类型的定居点之间的区别将在第 13 章中更加详细地讨论。

公元前 298 年，罗马扩张的两条战线——同萨莫奈人和同意大利中部民族——汇合了。从公元前 302 年开始，罗马每年都会继续在伊特鲁里亚和翁布里亚作战，但公元前 298 年爆发了被称为第三次萨莫奈战争的冲突。原因是罗马的盟友卢卡尼人遭到了萨莫奈人的攻击，因此请求罗马的保护（李维，10.11—10.12；哈利卡纳苏斯的狄俄尼修斯，17/18.1.1—17/18.1.3）。罗马似乎马上取得了一些胜利，就像《卡皮托名录》和李维都提到的，执政官之一的格奈乌斯·弗尔维乌斯·肯图马鲁斯（Gnaeus Fulvius Centumalus）取得了对萨莫奈人和伊特鲁里亚人的胜利（李维，10.12—10.13）。不过，这造成了一个有趣的历史谜题，显示了评估和调和相互冲突的证据的困难。另一位执政官"长胡子"卢基乌斯·科尔内利乌斯·西庇阿（Lucius Cornelius Scipio Barbatus）的墓志铭中宣称，公元前 298 年他征服了卢卡尼人，夺取了萨莫奈的两座城市，尽管李维表示他当时在伊特鲁里亚作战。"长胡子"西庇阿的墓志铭可能指的是别的年份的事，但李维对第三次萨莫奈战争的描绘有许多混乱的地方，似乎更可能的情况是，西庇阿至少负责了第三次萨莫奈战争的部分军事行动。

战火在公元前 207 年和前 296 年延续，罗马军队袭击了萨莫奈的许多地方，但公元前 296 年末出现了新的不利动向。萨莫奈人、伊特鲁里亚人和翁布里人，甚至还有一些高卢人组成了反罗马同盟，公元前 295 年，罗马军队与新的同盟在翁布里亚的森提努姆相遇（李维，10.24—10.31）。与他对这场战争的许多描述一样，李维对森提努姆战役的描绘同样非常混乱。他讲述了在翁布里亚的军事行动，包括罗马人在克鲁西乌姆或卡梅里努姆的失败，然后是在森提努姆的对峙。不清楚罗马人面对的是伊特鲁里亚人、翁布里人、萨莫奈人和高卢人的联军，还是说敌人中没有伊特鲁里亚人和翁布里人，但《凯旋式名录》中提到，法比乌斯·马克西姆斯·鲁里亚努斯因为对伊特鲁里亚人、萨莫奈人和高卢人的胜利而获得凯旋式的奖赏，暗示那是一支联军。森提努姆在古代以参战军队不同寻常的规模而著称。一些希腊史学家引用的数字令人难以置信，[7] 但康奈尔估计，该地区的罗马军队有3.6万人——按照当时的标准规模很大——而史料表示，敌军的数量还要大得多。不过，在普布利乌斯·德基乌斯·穆斯和法比乌斯·马克西姆斯的统率下，罗马人取得了胜利，这被证明是战争的转折点。接下来的两年里，伊特鲁里亚、翁布里亚和萨莫奈各地都爆发了激烈的战斗，但公元前293年，萨莫奈军队在阿奎洛尼亚（Aquilonia，李维，10.32—10.45）最终被决定性地击败。还原战争最后几年的情况不那么容易，因为李维关于该时期的作品只有每卷的短短摘要存世。不过，我们清楚的是，罗马人占领了萨莫奈的大片土地。公元前290年，萨莫奈人被迫求和。

公元前290—前264年，冲突在其他地方延续。公元前290年，执政官曼尼乌斯·库里乌斯·丹塔图斯（Manius Curius Dentatus）征服了萨宾人和普莱图提人（Praetuttii），整个公元前3世纪80和70年代，在伊特鲁里亚和翁布里亚也有战火蔓延，还有与高卢人的战斗，在公元前283年的瓦迪蒙湖战役中，高卢人被彻底打败。大部分伊特鲁里亚和翁布里亚城市成了罗马人的盟友，尽管有一些遭到严厉的处置。公元前 273 年，卡伊雷失去了大部分土地，获得了无投票权的罗马公民权（下文将进一步讨论）。萨宾人和普莱图提人获得了无投票权的有限罗马公民权，大片领土被夺走，使得罗马人的领土横跨了意大利半岛。新获得的大片土地让罗马有机会建立大量的新殖民地，以安抚和控制新征服的地区，并用土地奖赏罗马人民。在坎帕尼亚北部的维努西亚（Venusia，前 291 年）、明图尔奈（Minturnae）和西努埃萨（Sinuessa，前 296 年），以及翁布里亚多地（完整名单见表 8 和表 9）都建立了殖民地。不过，在萨莫奈和意大利中部冲突的结束并不意味着罗马征服战争的终结。

皮洛士战争：罗马对垒希腊人

公元前 281 年，罗马被卷入了一场与南意大利的冲突，被证明是几个方面的分水岭。该事件促使罗马征服了意大利最后不属于其控制的地区，即希腊人控制的布鲁提乌姆、南卢卡尼亚和阿普利亚地区。战争结束后，罗马成了真正的国际强国，控制着整个意大利半岛。它还让罗马第一次与希腊人发生冲突，用希腊化时期希腊军队的力量检验了罗马人的军队，更具体地说，对手是伊庇鲁斯的国王皮洛士，当时最著名的将领之一。他率领的军队由职业雇佣兵和意大利希腊城市的公民民兵组成，因此他让罗马人第一次遭遇了最新的希腊化军队，包括战象这样的武器。尽管我们的材料中对罗马人在战争中的表现做了积极描绘，但很清楚其中有过相当危险的时刻。这被证明是一场漫长而艰难的冲突，皮洛士几度重创罗马人，但没有资源给对方致命一击。我们还清楚，罗马人首先要对战争爆发负很大的责任，尽管塔兰托人被描绘成罪魁祸首。

作为与萨莫奈人战争的一部分，罗马在阿普利亚北部发展起了战略利益。从公元前326年开始，它与当地的一些国家结盟，该地区在公元前320—前317年罗马与萨莫奈人的冲突中处于最前线（李维，9.14.1—9.14.9，9.26.3；哈利卡纳苏斯的狄俄尼修斯，17.5.2）。此外，它在该时期还与阿尔皮（Arpi）、忒阿特（Teate）、卡努西乌姆（Canusium）和弗兰图姆（Forentum）缔结（或强制结成）同盟，试图确保罗马在与阿普利亚和萨莫奈边界沿线的统治。公元前4世纪，该地区的部分区域有大量奥斯坎移民涌入，特别是在忒阿特周围，因此萨莫奈人在那里拥有一定的支持，而罗马试图开辟第二战线来对萨莫奈人的主力部队形成夹击。这场冲突爆发的另一个原因是该时期南意大利的不稳定状态。叙拉古的狄俄尼修斯试图把叙拉古的统治延伸到卡拉布里亚，导致该地区的希腊城市陷入混乱，使得意大利希腊人的领导权从公元前350年左右开始落入塔兰托之手，但塔兰托人的领导并不受欢迎，他们的一些策略引发的问题比解决的还要多。公元前4世纪末，使用雇佣兵的做法在整个希腊世界都很普遍，为了应对意大利邻邦带来的压力，塔兰托人也雇用了大多作为自由雇佣兵作战的希腊将军们。有的取得了相当的成功，但他们难以控制，对雇佣他们来保护自己的希腊城邦造成的威胁可能与对本应是他们攻击对象的卢卡尼人和布鲁提人一样大。

因此，公元前3世纪80年代的情况是，塔兰托是意大利这一地区的主宰城邦，但罗马对阿普利亚有严肃的战略野心，还对南意大利的盟友有过承诺。这几乎不可避免地导致了利益冲突，最终不出意外地在公元前 285 年爆发。对塔兰托的统治感到不满的图利向罗马派出代表，请求保护它免受强横的邻邦，以及步步紧逼的布鲁提人和卢卡尼人的侵扰。罗马同意了，向该城派出驻军，但愤怒的塔兰托人在公元前 282 年赶走了他们。但公元前 281 年爆发了更严重的危机，一支罗马舰队出现在塔兰托海岸附近，遭到塔兰托舰队的攻击，一半战舰被击沉（阿皮安，《萨莫奈战争》，7.1—7.2）。当罗马使者赶来抗议时，萨莫奈人驳回了他们的反对。[8] 一边是倾向于谈判的领导者，一边则更加强硬，经过两者间一段时间不长的政治对峙，塔兰托人宣战了。然后，与他们在公元前 4 世纪的惯常做法一样，他们让一位异邦将军来援助自己。

罗马舰队在干什么？根据阿皮安的说法，它正在进行侦察工作，违背了一项由来已久的条约，即罗马船只不得驶到拉基尼乌姆角以南和驶入塔兰托湾，但除此之外我们对该条约一无所知，也不知道它的年代或背景。此事特别奇怪的地方在于，在此之前，罗马对海上力量没有什么兴趣。公元前 311 年，它第一次任命了双海军长官（duoviri navales）来监督自己原始的小舰队，但罗马没有任何可观的海军力量，即便是到公元前 264 年第一次布匿战争爆发时。由此推断，这是罗马的故意挑衅，此举并不明智，因为塔兰托是地中海最顶尖的海军强国之一。如果罗马没有站得住脚的道德和外交理由，这可能就解释了古代作家为何大费周章地抹黑塔兰托人。

塔兰托人邀请皮洛士的做法符合此前希腊人在应对外部威胁时的惯例，但从很早就能看出，这将是一场大得多的冲突。对他们来说，皮洛士在许多方面都是个好选择。他是亚历山大大帝的表侄，也是希腊历史上颇不寻常的人物之一，吸引了许多后世传记作者和史学家的想象。他是当时最著名的将领之一,普鲁塔克形容他外表凶狠、令人生畏,但人格高尚、作战英勇,在与罗马人的谈判中行为可敬,愿意做出无须赎金就释放战俘这样的慷慨举动(普鲁塔克,《皮洛士传》,3)。关于皮洛士和他主要的政治谋士,睿智和正直的基尼阿斯(Cineas)的许多逸事进入了文学传统,但很难还原出关于战争进程的清晰画面。我们甚至也不清楚皮洛士的动机。据说他想要在西方征服一个帝国,效仿他的表舅,但他也是叙拉古僭主阿加托克勒斯(Agathocles)的女婿,可能觊觎接替岳父的机会(普鲁塔克,《皮洛士传》,14.2—14.7;狄奥多罗斯,40.4)。无论动机如何,他都对罗马构成了巨大的威胁,因为他获得了意大利及其以东地区的大量经济和军事支持。叙利亚国王安提奥科斯(Antiochus)和埃及的托勒密都为他的行动提供了资助,而塔兰托也提供了军队和金钱,并把他的军队运到意大利,包括2万名步兵、2000名骑兵和20头战象。皮洛士和塔兰托人在意大利组成了令人生畏的反罗马同盟,与萨莫奈人和一些伊特鲁里亚城市同仇敌忾,迫使罗马同时在多个地区开战。矛盾的是,他们在意大利的希腊人中间的支持反倒不那么明确。有的选择支持罗马,比如克罗顿、洛克里和雷吉翁,认为这样做可以让它们摆脱塔兰托人的统治。

战争的最初几个月相当平静。罗马人派出一支由卢基乌斯·埃米利乌斯·巴尔布拉(Lucius Aemilius Barbula)指挥的军队,他受命在塔兰托人的领地上破坏,但不加入战斗,希望塔兰托会选择求和。与此同时,塔兰托继续为战争做准备。皮洛士让城市进入战时状态,他禁止了戏剧表演,对符合兵役年龄的男性实行普遍募兵制,还要求其他公民提供捐助。[9] 由埃米利乌斯统率的罗马主力部队留在维努西亚防备萨莫奈人，而另一位执政官瓦莱利乌斯·莱维努斯（Valerius Laevinus）则开始向皮洛士进军，最终在赫拉克利亚附近与其遭遇。罗马军队的人数远远超过皮洛士的，后者建议塔兰托人和罗马人通过仲裁解决争议，这是希腊化国家外交的惯常做法。莱维努斯拒绝提议，发动了攻击，但皮洛士赢得了这场战役，罗马人被迫撤到维努西亚。不过，赫拉克利亚战役是"皮洛士式胜利"的原型，他的损失如此之大，没能从胜利中获利。但这场战役仍然足够重要，塔兰托的宙斯神庙和多多纳的宙斯圣所，以及雅典和林多斯的雅典娜圣所，都为了纪念它而进行了胜利献祭。

赫拉克利亚战役在人力上是一场昂贵的战役，但它暂时打破了原本的政治平衡，使其有利于皮洛士及其盟友。克罗顿和洛克里赶走了他们的罗马驻军，与南意大利的大部分奥斯坎人一起加入了皮洛士一边。雷吉翁可能也想这么做，但被罗马派来保护该城的驻军阻止（阿皮安，《萨莫奈战争》，9.1—9.3，12.1）。这支军队由坎帕尼亚盟邦而非罗马人组成，为了自己的利益，他们通过屠杀希腊精英和接管城市控制了局面。

现在，罗马人明显处于守势。皮洛士和他的盟友迅速向北进军到坎帕尼亚，可能把那不勒斯作为目标，但被莱维努斯阻止。随后，皮洛士一路进军到距离罗马以南60千米的阿纳尼亚，想要包围罗马，或是与罗马的伊特鲁里亚敌人联手。这几乎导致他掉进了陷阱，因为罗马人刚刚与伊特鲁里亚人讲和，皮洛士有被两支罗马军队夹攻的危险。他放弃了进军，撤退到塔兰托，试图讲和。这段情节存在疑问，因为我们的叙述专注于皮洛士和他的主要谋士基尼阿斯的说教故事（普鲁塔克，《皮洛士传》，16）。他的主要条件似乎是保证意大利同盟的自由和自治，罗马和皮洛士本人结盟，以及归还罗马从萨莫奈人、卢卡尼人和布鲁提人处夺取的所有土地。元老院最初倾向于接受这些条件，从这个事实可以看出皮洛士当时的强势地位。不过，以阿皮亚大道的建造者阿皮乌斯·克劳狄乌斯·卡伊库斯为首的集团对和谈提出强烈反对。[10] 他对条约提议的干预是决定性的，战争重新开始。

谈判失败后，皮洛士开始向意大利同盟的城市募集金钱和士兵，准备发起又一次行动，[11] 于公元前279年向东北方向的萨莫奈进军。他的进军路线被驻扎在维努西亚的苏尔皮基乌斯·萨维里奥（Sulpicius Saverrio）和德基乌斯·穆斯率领的罗马军队挡住，并在奥斯库鲁姆（Ausculum）再次交战。与赫拉克利亚战役一样，这也是一场"皮洛士式的胜利"，皮洛士遭受的损失使他无法继续利用其优势，被迫再次撤回塔兰托。当时，几股外部力量开始发挥影响。伊庇鲁斯的强大邻邦马其顿陷入内战，使得皮洛士的大本营有不稳定的危险，而塔兰托的意大利同盟盟友也出现了许多骚动。当叙拉古邀请他率军对付西西里西部的迦太基人时，问题对皮洛士（即使不是对意大利同盟）来说解决了。叙拉古的僭主阿加托克勒斯已经于公元前289年去世，于是皮洛士宣布自己的儿子（阿加托克勒斯的外孙）为叙拉古僭主，并出发前往西西里，在塔兰托留下一支驻军。

公元前278—前276年，罗马逐渐开始蚕食皮洛士控制的领土，对卢卡尼人、布鲁提人、萨莫奈人和希腊人取得了胜利。公元前276年，皮洛士回归主持局面，但在返回意大利时遭到迦太基军队的袭击，损失惨重（普鲁塔克，《皮洛士传》，22；阿皮安，《萨莫奈战争》，12.1—12.2）。他在仍然支持他的洛克里登陆，试图攻下雷吉翁，但没能成功，反而因为抢劫洛克里的珀耳塞福涅神庙的财库而引发不满。来自奥斯坎人和希腊人的支持大幅减少，但皮洛士发动了最后一次行动，穿过卢卡尼亚向北进军。公元前275年，他在马勒文图姆〔Malventum，后来改名为贝内文图姆（Beneventum）①〕与曼尼乌斯·库里乌斯·丹塔图斯的军队相遇，遭遇了决定性的失败。此后，他撤回塔兰托，不久回到伊庇鲁斯，留下儿子赫勒诺斯（Helenus）和副手米罗（Milo）率领一支军队驻守。公元前274—前273年，赫勒诺斯被召回，尽管米罗又留守了几个月。塔兰托一直坚守到公元前272年，最终被罗马人攻占。

罗马的控制：公元前270年的意大利

皮洛士战争结束时，意大利半岛的大部分地区都处于罗马的控制之下。罗马人用了几年时间肃清了阿普利亚最南端的抵抗，作为罗马胜利的官方记录，《凯旋式名录》记载了为奖励公元前267—前265年对萨伦蒂尼人（Sallentini，罗马对该地区人民的称呼）的军事行动而举行的四场凯旋式。不过，当时罗马人已经确立了对南意大利的控制，直到汉尼拔战争期间才再次受到大规模叛乱的挑战。

关于罗马的意大利对手在战争结束时遭遇了什么，我们知之甚少，因为李维的历史中关于那些年的部分只有简短的摘要存世，所有其他的描述也同样支离破碎。塔兰托（可能还有它的盟友）

---

① Malventum 意为坏运气，Beneventum 意为好运气。——译者注

在公元前272年投降，很可能成为罗马的盟友。李维的《摘要》中仅仅表示，塔兰托被攻破，签订了和约，但没有提到其他希腊城市遭遇了什么。拜占庭历史学家佐纳拉斯（8.6）告诉我们，塔兰托的城墙被拆毁，并被强迫纳贡，但这可能把公元前272年的事件与公元前209年的混淆了，当时塔兰托因为在汉尼拔战争期间叛变而受到重罚。政治上的后果可能包括流放反罗马的政客和建立亲罗马的征服。洛克里特意发表向罗马效忠的公开声明，还发行了一系列钱币，上面印着胜利女神在为罗马女神加冕，以及"信义"（Pistis）的铭文。除了与敌对的希腊城邦达成和解，罗马还需要处理它的盟友雷吉翁。战争开始时被罗马派去保卫该城的坎帕尼亚驻军发动叛乱，屠杀了许多希腊人的统治精英，并接管了那里。首要分子德基乌斯·维贝里乌斯（Decius Vibellius）被雷吉翁人设计杀死，但在整个皮洛士战争期间，雷吉翁一直处于坎帕尼人的控制之下。公元前265年，罗马最终赶走了叛变的驻军，对当地公民进行赔偿，并处决了剩余的坎帕尼人。我们完全不清楚意大利同盟的命运。没有记录显示它被解散了，但同样没有它被保留的确凿证据。公元前272年和前218年的几个细节显示，和约条件并不太苛刻。意大利同盟保留了自己的军事力量，包括陆军和船只，因为在公元前3世纪和前2世纪，它们多次提供船只和军队协助罗马，特别是在公元前264年的第一次布匿战争爆发时帮助把罗马军队运到西西里。

罗马在这些战争中获得的土地通过下一章将要介绍的那些类型的盟友网络得到控制。广泛的殖民计划支持了这个网络，该计划将大小不一的罗马定居者群体置于被征服地区的战略要地。罗马人在翁布里亚和皮克努姆展开了广泛的定居计划，在高卢塞纳（Sena Gallica，公元前283年）、新营（Castrum Novum，公元前3世纪80年代）和埃西斯（Aesis，公元前247年）建立了罗马公民殖民地；在纳尼亚（Narnia，公元前299年）、纳哈尔河间（Interamna Nahars，年代不明，很可能是公元前3世纪初）、阿里米努姆（Ariminum，公元前268年）和斯波莱提乌姆（Spoletium，公元前241年）建立了更大的拉丁殖民地。在南部，卢克莱利亚（公元前314年）、维努西亚（公元前291年）、帕埃斯图姆（公元前273年）、贝内文图姆（公元前268年）和布伦迪西乌姆（公元前244年）等地建立了新的定居点，均为拉丁殖民地，确立了罗马对萨莫奈和阿普利亚北部的战略要地，以及布伦迪西乌姆的一座重要港口的控制。这是一项雄心勃勃的计划，包括重新安置数千名殖民者，人数超过定居地区的原住民人口，彻底改变了受影响共同体的文化、人口以及土地和财产的所有权。[12]

公元前4世纪末和前3世纪初还是最早的大规模道路修建计划的时代，这与殖民计划密切相关。最早的两项计划是连接罗马和卡普阿的阿皮亚大道，以及连接提布尔和科尔芬尼亚（Cerfennia）的瓦莱利乌斯大道，分别可以追溯到公元前312年和前307年，显然是旨在改善坎帕尼亚和亚平宁山区之联系的行动的一部分。公元前285年，阿皮亚大道被延伸到维努西亚，当时那里的殖民地刚刚建立不久。公元前283年，另一条道路凯基利乌斯大道将库雷斯萨宾（Cures Sabini）与新营连接起来，当时正值罗马在翁布里亚建立殖民定居点。此外，公元前3世纪80年代还修建了两条名叫克洛迪乌斯大道（Via Clodia）的道路，尽管对它们的路线并不清楚。这七项计划可能看上去规模不大，但它们是罗马令人难忘的道路体系的开端，这个网络让军队——同样重要的还有信息——得以在意大利各地快速流动,被证明是罗马人进行控制的强有力的工具。这两个行动——殖民活动和道路修建——也对意大利产生了变革性的影响。殖民地改变了一个地区或共同体的社会、文化和人口特征,而靠近(或者反过来,远离)道路系统可能提高或削弱一个共同体的经济表现以及政治和行政地位。皮洛士战争结束时,罗马不仅实现了军事上的主宰,还开始以深刻得多的方式改变意大利。

第 13 章

合作还是征服？

联盟、公民权和征服

罗马对意大利广大地区的征服引发了日益严重的后勤问题：一座行政资源有限的城邦如何对它的附属区域实行有效的控制？这个问题早在公元前5世纪末就开始显现，但此时变得急迫。到了公元前3世纪初，找到一种可行的解决方案势在必行。

答案在于由一些保持一定距离的关系组成的创新性系统，它让罗马可以在无须对新领地的日常行政负责的情况下进行统治。一些被征服的地区通过各种手段被直接并入了罗马国家，或者被罗马定居者殖民，但其他地区保留了相当程度的自由。这种有序的做法让罗马的统治在实践中不会引发不满，就像在试图进行更严密的控制时可能会发生的那样。它被证明是罗马在意大利进行统治的特别有力和稳定的体系，为进一步的扩张提供了基础。这种制度延续了两百多年，尽管在公元前2世纪因为罗马人日益高压的行为和意大利人相应的不满而受到影响。所谓的同盟战争在公元前91年爆发，许多意大利人发动叛变，迫使罗马人接受意大利人对更平等地位的要求，并把罗马公民权扩大到所有的意大利人。

这些不仅仅是枯燥的行政事务。它们提出了一些关于意大利和罗马之间的社会、经济和文化关系，以及关于罗马扩张的本质的深刻问题。罗马的控制体系从根本上决定了意大利的文化和政治发展，并针对扩张战争对罗马和被征服地区的影响提出了有趣的问题。罗马与意大利其他地区的关系是它日后发展成帝国的基础，揭示了罗马人的统治实质上对意大利的居民意味着什么。

控制意大利：公民、拉丁人、殖民者和盟友

在罗马扩张的最初阶段，被征服的土地会直接并入罗马的领土（ager romanus），但随着罗马人对领土的兴趣的扩大，这很快变得不可能。到了公元前5世纪，出现了一种新的模式。罗马不再吞并被打败敌人的土地，而是与他们签订和平条约，让他们继续自我统治，尽管有的条约附加了条件。有时，罗马会夺走被打败敌人的一部分土地，让一小群罗马殖民者在那里定居。还有的时候——特别是在与伊特鲁里亚城邦和法里斯库斯人（Faliscans）打交道时——罗马并不签订条约，而是仅仅进行休战谈判（indutiae），相关各方在约定的时间内暂停敌对行动，但不会缔结任何永久的条约。休战时间各不相同，有时只是短暂的停火，好让罗马在敌人面前有喘息之机，有时则是长期的安排。比如，公元前308年与一些伊特鲁里亚城邦的休战只有一年，但据我们所知，与维伊和沃尔西尼的休战长达二十年（公元前433和前390年），与佩鲁西亚、科尔托纳（Cortona）和阿雷提乌姆的达到三十年（公元前310年），与卡伊雷的长达百年（公元前353年）。[1]

到了公元前4世纪中叶，这些安排开始固定下来，变得更加

系统化。催化剂是公元前340—前338年的拉丁战争。强加给叛变的拉丁人和坎帕尼人的条约无疑旨在以儆效尤,但也提供了更有力和更持久的安排,确保罗马与近邻的关系变得更加稳定和安定。就像上一章中简单描述的,战后条约引入了几个新的特征。它创造了一种新的拉丁人身份,并正式让罗马公民权成为可转移的法律身份。其他所有的意大利人都通过一个复杂的条约和盟友网络与罗马联系在一起。

罗马公民权与意大利人

在公元前338年的协议对臣服于罗马的地区所做的划分中,最小的类别是罗马公民。该群体的核心是罗马城本身的人民——他们通过出身和民族血统成为罗马人。但就像之前几章中讨论过的,罗马人对公民权具有相对开放,但非常法条主义的态度。公民权的定义并非根据来源地,而是一种罗马法中的具体身份,可以由国家授予(在极端的情况下也可以收回)。

从公元前338年开始,出现了两种罗马公民权。完全的公民权(civitas optimo iure),它提供了罗马人全部的公民和政治权利,包括在罗马参加立法投票、选举行政长官和参选公职的权利。但公元前338年的协议创造了另一种罗马公民权:无投票权的罗马公民权。它提供了罗马人的全部公民权利,但没有政治权利。拥有这种身份的人可以寻求罗马法律的保护,拥有罗马公民的地位,不过,它也加上了许多罗马公民的义务,包括服兵役和(有可能的)纳税,同时不允许他们在罗马进行投票或竞选公职。拥有这一身份的共同体失去了独立和自主,同时也无法因为受到罗马的影响而获得赔偿（特别是当地的统治阶层）。这种受限的公民权很可能是为了让罗马实现更严密的控制，而不必提供许多好处，是公元前4世纪末和前3世纪特有的。据我们所知，公元前3世纪中叶后就没有再授予新的无投票公民权，而在公元前2世纪初，大部分拥有这一身份的共同体被悄悄地升级到完整罗马公民权。[2]

可以通过几种方式获得这类公民权。个人或小团体可以凭借为罗马服务得到这种身份的奖赏。比如，公元前340年，在拉丁战争中对罗马保持忠诚的坎帕尼亚贵族得到了罗马公民权作为奖赏。到了公元前2世纪，意大利人可以通过长期在罗马生活而获得罗马公民的某些权利，但不清楚这种做法是从多早开始的。公元前2世纪80年代时，它成了元老院关心的事项，但我们几乎没有证据表明公元前200年之前有过这种做法。把罗马公民权授予个人或者通过移民罗马来获取公民权都是相对小规模的，扩散罗马公民权的最常见和最普遍的方法是通过殖民计划，以及/或者把公民权一次性授予整个共同体。

授予一个共同体公民权所带来的影响可能是相当大的。被吸收进罗马国家意味着彻底失去自由。从被授予罗马公民权的那一刻开始，这个共同体就成了罗马国家的一部分，从而在许多方面失去了自由。这些拥有完全或部分罗马公民权的共同体被称为自治市（municipia），罗马认为它们具有义务（munera）——指纳税和服兵役——而且在与其他共同体打交道时必须跟从罗马。特别是兵役，这是罗马公民的核心义务。当时的罗马军队是民兵，45岁以下的男性都必须在被要求时服役。为了挑选服役者，每年都会征兵。来自其他意大利城邦、获得了罗马公民权的适龄男性也被一视同仁地要求在罗马军中服役，这让罗马有了额外的兵源。

在军事事务上和与其他国家的关系上，授予罗马公民权可能带来巨大的改变和限制。

尽管失去了自主性，但自治市仍然是地方自治的共同体，对自己内部的行政负责，尽管这涉及相当多的重组。新获得公民权的共同体很可能被期待去放弃当地的法律，选择罗马法。居民们必须在下一次罗马人口普查时登记成为公民，被归入某个投票部落，让他们能够行使在罗马投票的权利。[3] 前罗马时代的统治形式被做了改变，使其看上去像是罗马本身的。大部分公民共同体由两位每年选举的高级行政长官统治（称为双人执法官，duoviri），由次级行政长官和从城市精英中选出的当地议事会辅佐——这个制度大致相当于罗马的执政官、次级行政长官和元老院。他们负责共同体的日常管理，从事维持秩序、通过当地法律、处理法律案件、监督公共财政和维持市容等方面的事务。

在理论上，拥有完全罗马公民身份的城市的居民有权在罗马的选举中投票，以及参与罗马的立法过程。但在实践中，生活在罗马城以外的罗马公民能够行使这些权利的程度可能是有限的。尽管最初的公民登记和定期的罗马公民普查由当地完成，并以书面形式被提交给罗马，但没有长途提交书面选票的机制。为了行使政治权利，个人必须在选举时或人民大会对立法进行投票的那天亲临罗马。一些在公元前338年获得公民权的拉丁城市与罗马离得足够近，人们有可能前往城市参加选举或投票。比如，图斯库鲁姆、拉努维乌姆和拉维尼乌姆离罗马都在20—30千米之内，按照罗马的标准来判断是一天的行程，但罗马以外的罗马人参与立法或选举程序的情况可能受到社会阶层的限制。我们听说过许多意大利贵族在罗马拥有宅邸，经常去那里待上一段时间，与罗马的贵族建立社交网络。如果这些人来自拥有罗马公民权的城邦，他们无疑能够行使自己的政治权利，但来自城外的不那么富有的罗马人就不太可能参与了。

这提出了获得罗马授权的共同体的居民对于成为罗马公民可能做何感想，以及他们对日常生活的改变的看法这两个问题。我们的大部分史料都从罗马人的视角看待这点，对此做了积极的描述，把获得罗马公民权描绘成提高共同体地位和威望的荣耀。另一方面，态度随着时间发生了很大的改变。我们的史料大多来自作为罗马公民能够获得很多好处的时期。随着一个横跨地中海的帝国的建立，罗马和非罗马人的身份差异变得更大，使得公民权变得紧俏，而元老院恰好开始越来越不愿意更广泛地扩展它。不过，公元前4和前3世纪时，情况截然不同。成为罗马公民的好处没有那么明显，而因为接受（或被强加）另一个国家的公民权不可避免地意味着失去独立，这被视作是地位的丧失。在那个时候，罗马公民权可能更多被视作强迫和惩罚，而非一种特权。失去自我决定权和集体身份的瓦解会引发反感，一些即将以无选举权城市被吞并的共同体的反对证明了这点。比如，李维表示，公元前304年，埃奎人强烈抱怨说，他们不想成为罗马公民，担心这种身份会被强加给自己。他们表示，赫尔尼基人曾经试图抵制，但作为惩罚，还是被迫成了罗马公民。公元前338年，把无投票权的罗马公民权强加给拉丁人和坎帕尼人也被视作一种惩罚，可能要接受它的共同体肯定也感受到了它的威胁。人民很重视在与罗马结盟的框架内实行自主。罗马公民权，特别是无投票权的公民权没有提供政治权利来补偿独立的丧失，被视作他国对公民生活的入侵，因此深受人们反感。

长期来看，罗马公民权无疑是有利的，特别是对统治精英来说，他们很容易利用它带来的经济和政治机会。公元前2世纪时，拥有公民权的共同体无疑处于特权地位，身为罗马公民的好处在当时变得大得多，但在公元前4和前3世纪时，许多意大利人对于用独立换取罗马身份怀有矛盾心理，罗马人和意大利人都把它视作惩罚而非恩惠。

拉丁人与拉丁身份

公元前338年协议的另一个创新特征是创造了作为法律和公民权利的一揽子计划的拉丁身份。从那时开始，身为拉丁人不再事关家乡或民族身份，而是一系列可以由国家授予的法律权利。当然，这种新的法条主义定义包括了许多拉丁种族的民族和共同体，而且大部分最早获得拉丁身份的共同体实际上都在拉丁姆，但这种定义还是让拉丁身份与拉丁种族脱离开来。不同于罗马公民权，在公元1世纪之前，拉丁身份很少被授予个人，主要通过殖民活动扩散（关于拉丁和罗马殖民地，以及两者之间的区别，见下文）。

本质上说，这种新的身份是一系列与罗马有关的法律权利和责任。拉丁人有权与罗马公民通婚（conubium），这意味着这样的婚姻中生下的孩子将是合法的，能够继承他们父亲的地位，遗嘱或对家庭财产的处置将受到罗马法律的保护。他们还拥有与罗马人进行贸易的权利（commercium），这让他们在与罗马人的经济交往中能够得到法律的保护。最后，他们还有权——或者在公元前3世纪的某个时候获得了这个权利——移居罗马，在那里生活，并通过保持长期居住获得罗马公民权。在布匿战争之前，不清楚拉丁人在多大程度上行使了移民罗马的权利（所谓的移民权，ius migrationis）。我们没听说过它被视作一个问题，但不清楚这是因为它没有发生，还是因为元老院对它并不担心。相反，到了公元前 2 世纪，在罗马定居的拉丁人的数量开始增加，成为一个受到高度关注的问题。

拥有拉丁身份的共同体的首要责任是在被要求的时候以军事力量向罗马提供支援。由于他们不是罗马公民，拉丁人并不作为罗马军队的一部分作战，而是组成自己的当地部队，由自己的军官指挥。不过，我们有充分的证据表明，拉丁人是罗马的重要兵源。李维的历史采用编年结构，在开始每一年的描述前，它经常会罗列一系列信息，诸如当年的执政官，元老院向军事指挥官和行省布置的任务，以及每位将领被允许招募多少士兵。[4] 他给出的兵力数字几乎总是会分别说明罗马人、拉丁人和意大利人的具体人数，表明每年都需要大批拉丁军队支援罗马军队。

与拥有罗马公民权，作为罗马国家的一部分和自主受限的共同体不同，拉丁殖民地一直是完全独立和自治的国家，尽管它们被期待采用密切仿效罗马的统治形式和公民组织。它们由每年选举的行政长官班子统治（大多数是四人执法官，quattuorviri），头面人物组成的议事会对其提供支持。拉丁语被用作公共事务的语言，即便在它不是共同体母语的地方。[5] 我们不知道有任何法律上的强制要求，据我们所知，这似乎是自愿的，尽管可能得到了罗马的鼓励。

新的拉丁城市和殖民地对罗马控制意大利至关重要，因为它们与罗马有着密切的政治、社会和文化关系。它们的军队成了罗马战斗力的关键元素，就像公元前 209 年汉尼拔战争最激烈时的某件事生动表明的：当 12 个拉丁城邦宣布它们再也没有资源帮助罗马时，元老院陷入了惊恐，不仅是因为兵力上的损失，也因为他们担心罗马最亲密的盟友和支持者的忠诚可能会动摇。涉及的殖民地是内佩特、苏特里乌姆、阿尔迪亚、卡莱斯、阿尔巴弗肯斯、卡尔塞奥利、索拉、苏维萨奥伦卡、塞提亚、基尔凯伊、纳尼亚和利里斯河间，其中许多与罗马相对较近。幸运的是，其他 23 个拉丁城邦没有这样做，但此事清楚地证明了拉丁元素在罗马军事力量中的重要性。作为报复而对它们进行的惩罚突显了元老院的愤怒。公元前 205 年，当罗马开始重新确立对意大利的控制时，这些不服从的殖民地每年的征兵人数遭到翻倍，它们的军队还被派往海外服役，延长了需要服役的时间。

除了军事事务，拉丁身份固有的法律权利帮助在罗马和拉丁人之间缔造了比在意大利其他地方更紧密的社会和经济联系。特别是在社会的精英层，对贸易和商业合同的法律保护促进了经济互动，而对通婚带来的后代合法性的承认帮助维持了罗马与拉丁共同体之间的亲缘关系。拉丁城市和殖民地还在罗马文化许多其他方面的传播中扮演了重要的角色——比如罗马风格的统治形式、使用拉丁语和罗马形式的城市生活——下面我们将更详细地讨论这点。

盟友与同盟

剩下的意大利国家仍然保持独立，它们有的被罗马征服，有的协商达成自愿的结盟。条约主导了它们与罗马的关系。这些条约是双边合同，创造了罗马牢牢占据中心位置的同盟网络。罗马坚持与每个成员分别打交道，遏制像萨莫奈同盟或拉丁同盟这样的多边同盟。当然，意大利人的群体之间仍然存在非正式的接触和同盟网络，这有时还会造成复杂的利益冲突，因为某个条约的需求会与另一个条约的要求相矛盾。不过，罗马并不承认这些，坚持自己拥有主动权，因为它是所有意大利人的共同接触点。

据我们所知，作为这一结构的基础，条约的条款非常程式化，但也非常笼统。现存唯一的证据来自哈利卡纳苏斯的狄俄尼修斯，即我们在前文讨论过的公元前493年的《卡西乌斯条约》(见第10章)，它规定罗马人和拉丁人应该保持和平与友谊，并在受到另一个国家攻击的情况下提供相互的军事帮助。这些条款与关于公元前4世纪和前3世纪时罗马和意大利城邦之间条约的其他信息是一致的。比如，公元前270年，当皮洛士战争结束时，塔兰托成了罗马的盟友，但被允许保持独立（李维，《罗马史摘要》，15）。[6] 不过，我们关于条约的证据大多与更晚的时期有关。李维（27.21.8，29.21.8）描绘了在第二次布匿战争中为汉尼拔作战的一些意大利共同体把要求罗马承认它们的自治和法律作为和约的一部分。还有记录了罗马与盟友间一些条约内容的铭文存世，但它们来自公元前2世纪，提到的是与希腊世界，而非与其他罗马人的结盟。[7] 不过，这些内容与《卡西乌斯条约》中的非常相似。主要的区别在于略去了可能与公元前5世纪拉丁姆的情况具体相关的条款，以及关于修改条约内容的条款。总体上说，罗马与意大利盟友签订的条约内容似乎可能遵循了与《卡西乌斯条约》以及公元前2世纪的条约相同的模式。

罗马盟友的核心职责是在战时支持罗马，无论是通过向罗马军队提供士兵，还是拒绝援助罗马的敌人。严格说来，条约是相互防御的协定，罗马同意在任何盟友遭受第三方攻击时援助它们，而作为回报,盟友也同意在罗马受到攻击时提供帮助。这基于罗马人的正义战争(bellum iustum)理念,即在受到攻击时为了自保而作战。按照定义,由罗马人首先发起的侵略战争是非正义的,因此严格说来,盟友不一定要出手相助。随着罗马势力的加强,这些同盟被召集起来,更多时候是为了违反而不是遵守其防御性的本质。罗马每年都会对盟友和拉丁人提出兵源的需求,因为罗马广泛的战略投入使得每年出兵,乃至最终建立常备军变得必要。很快,罗马确立了如果有某个盟友受到威胁,它就会号召整个同盟为其提供帮助的原则。盟友网络的日渐扩大使得罗马有了越来越多的机会为支持盟友的利益而进行干预。理论上说,这些条约是在平等的盟友间缔结的,但从公元前3世纪开始,罗马与其他任何一个盟友间的实力差距越来越大,使得罗马很快成了占据主导的一方。与此同时,宗教习俗只允许"正义的"或防御性战争的观点开始消失。到了公元前2世纪,当罗马向着东、西地中海扩张时,意大利盟友被越来越多地要求支持公然的征服战争。

在其他方面,盟友是能够进行自我决定的独立国家。在公元前3世纪末之前,罗马似乎很少干预盟友的内部事务,除非它威胁到罗马的利益,或者使某个特定盟友的忠诚度动摇,但如果发生了这些,惩罚可能是严厉的。比如,公元前314年,阿普利亚的城市卢克里亚反叛罗马。叛乱被镇压后,为首的叛乱分子被处决,罗马还在那里建立了拉丁殖民地,这种保持一定距离的关系在公元前2世纪有所改变。该时期罗马对盟友的政策变得更加高压和带有更多的干涉性质。但在公元前200年之前,关于罗马对盟友的内部事务感兴趣的证据相对寥寥。它们保留了自己的法律和统治形式,能够按照自己的想法自由行事——当然,假设它们不做违背罗马意愿或损害罗马利益的事。它们还保留了自己的语言和文化,尽管罗马的统治以及能够与罗马人交流和互动的实际需要——无论是官员还是其他人——意味着整个意大利都逐渐接受了罗马文化的某些方面。

罗马对意大利控制的性质

就像现在可以看到的那样,罗马对意大利的控制首先是军事同盟。通过条约把罗马同意大利其他地区松散地联系起来,它确保了罗马的统治。这些条约的首要目的是在罗马受到攻击时向其提供保障,以及允许罗马利用意大利的兵源。其他意大利人——无论是盟友、拉丁人抑或罗马公民——的主要职责是在罗马提出要求时提供军队,给予军事支持。这本身可以通过间接的方式扩张罗马人的行政控制。波利比乌斯描绘了公元前225年高卢人对意大利北部的一次入侵,它让元老院如此警觉,以至于向所有的盟友派去了信使,要求它们对全部兵源进行普查。那一次,侵略者在战场上被打败,不需要动员所有可用的意大利军队,但波利比乌斯对这次事件和其他征兵的描绘为我们提供了关于罗马和盟友之间关系的宝贵信息:

> 无论如何,我必须接着描绘当时的那次征兵和可用的人数。每位执政官统率4个罗马公民兵团,每个兵团由5200名步兵和300名骑兵组成。每位执政官军中的盟军总数为3万名步兵和2000名骑兵。临时赶来援助罗马人的萨宾人和伊特鲁里亚人拥有4000名骑兵和超过5万名步兵。罗马人集

结了这些军队，把他们驻扎在伊特鲁里亚边界，由一名法政官统领。招募的翁布里人和生活在亚平宁山区的萨尔西纳人（Sarsinates）总计约 2 万人，还有 2 万名威尼托人和克诺马尼人（Cenomani）[……]被送回的有作战能力的男性的名单包括：拉丁人，8 万步兵和 5000 骑兵；萨莫奈人，7 万步兵和 7000 骑兵；亚普吉亚人和梅萨皮亚人，5 万步兵和 1.6 万骑兵；卢卡尼人，3 万步兵和 3000 骑兵；马尔西人、马鲁基尼人和弗兰塔尼人，2 万步兵和 4000 骑兵。

（波利比乌斯，2.24）

希腊和罗马史学家提供的兵力数字存在争议，但波利比乌斯的数字似乎并非完全不可能。[8] 它们生动地展现了公元前 3 世纪末罗马可以获得的庞大兵源储备，罗马之所以能够挺过皮洛士战争（公元前 281—前 270 年）和汉尼拔战争（公元前 218—前 200 年），以及建立横跨地中海的庞大帝国，这是一个重要的因素。它们还表明，罗马愿意要求它的盟友对成年男性公民进行全面普查，而盟友也有能力这样做。这一点证明，罗马的征服让意大利城邦有了一定水平的行政可靠性，需要它们用某种方式对自己的公民进行编目和登记。

我们不清楚罗马将条约条款付诸实践的机制。有的史料提到了"托袈者表"（formula togatorum）——字面意思是穿托袈者的名单——与征兵有关。这似乎是有责任向罗马提供军队的盟友和拉丁国家的名单，但也许更加详细——可能记录了罗马有权征募多少士兵，或者像波利比乌斯的描述那样对各国的最大兵力做了估计。无论哪种情况，罗马似乎都对盟友的人力做了某种记录，以及它在需要时有权征募多少人。

波利比乌斯对罗马军队每年如何集结,如何分成不同的单元和财富等级做了详细的描述,当年同盟部队的集结也采用类似的方式,但他的描述是理想化的,可能没有反映实际的操作。在关于公元前2世纪的各卷中,李维表示,元老院会在每年开始时给每位指挥官分派军队,具体给出从罗马公民、拉丁人和盟友中征募的最大步兵和骑兵数,但很少会限制他们的来源。每个盟友提供的人数似乎由将领个人决定。元老院介入个别国家的责任的情况通常是例外状况的结果:比如,公元前205年,一些拉丁殖民地被要求将负责提供的军队人数翻番。

意大利缺乏中央行政管理似乎是因为在管理盟友行为和要求他们履行军事义务时采用了临时的安排所致。不过,罗马的军事需求的确产生了更大的影响。盟友需要行政能力来对它们的公民进行常规和准确的普查,以便满足罗马的军事需求。有大量证据表明,公元前3世纪和前2世纪的共同服役帮助打破了罗马人与其他意大利人之间的壁垒,还传播了罗马文化的一些关键方面,特别是拉丁语的使用。尽管盟友军队会在自己当地的部队服役,但他们的军官仍然需要同罗马军官交流。到了公元前3世纪末,意大利仍然是高度地区化的,在文化上还远远没有被罗马化,但军事同盟和服兵役的需求无疑推动了罗马化一些方面的扩散。

罗马的殖民活动

在古代,在从被征服的敌人那里夺得的土地上建立殖民地的做法被认为是罗马成功成为强国的关键。西塞罗表示殖民地是

"帝国的壁垒"，李维相信它们通过增加公民的人数提升了罗马的国力。公元前217年，马其顿国王腓力五世写给色萨利的拉里萨城的一封信证明了殖民活动与罗马国力的这种关联。他在信中表示，"当罗马人［……］释放了自己的奴隶，让他们获得公民权，允许他们担任部分行政官职时，通过这样做，他们不仅扩大了自己国家的规模。还得以在近70个地方建立殖民地"。(《希腊碑铭集成》，543)⁹

显然，殖民活动是扩大罗马的势力和文化的一种重要方式。它改变了意大利共同体的组织方式，他们被迫采取更接近罗马的法律和统治形式。我们有一系列关于殖民地如何建立的详细描述，而越来越多的铭文和考古学证据也显示它们对被殖民地区的影响。到了公元前241年，估计意大利全境有30%的土地被划为罗马人的领土——即由罗马直接拥有和统治的（图25）。公元前338年到前241年间，至少有19个拉丁殖民地和10个罗马殖民地建成，仅拉丁殖民地就涉及对估计7.13万名成年男性的重新安置（即总人数超过15万人）和7000多平方千米的土地的重新规则。殖民活动是一个给意大利的众多地区和意大利生活的许多方面带来重大改变的过程。不过，关于殖民活动的新研究对之前的许多假设提出了疑问，包括殖民地是如何建立的，城市发展的方方面面，以及罗马人是如何与当地人口互动的。¹⁰

罗马人传统上将殖民地分为两类：拉丁的和罗马的，两者与罗马国家有着不同的行政和法律关系。就像它的名字暗示的，罗马殖民地是罗马公民的殖民地。它们是罗马国家的正式部分，只有有限的地方自治。它们的土地被算作罗马城的土地，它们的居民拥有罗马公民权。相反，拉丁殖民地要大得多，是独立和自治的国家。

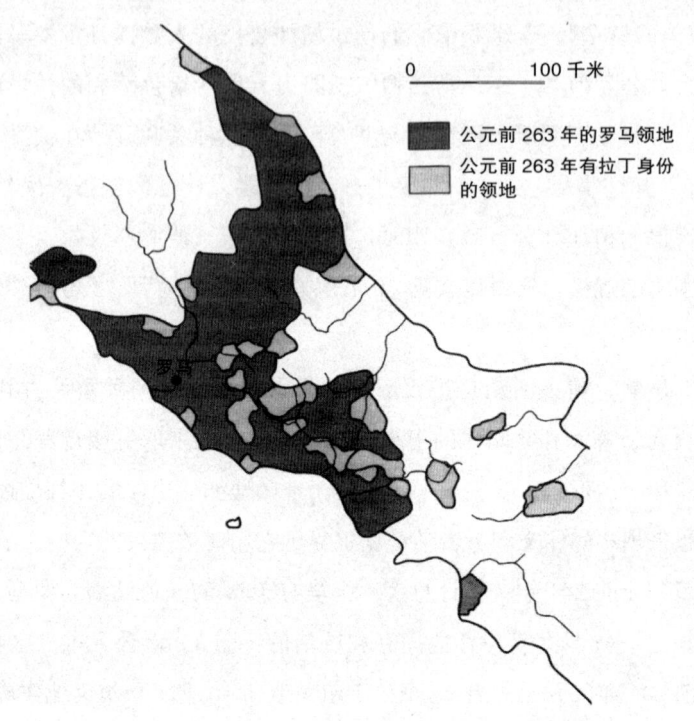

图 25 公元前 263 年的罗马和拉丁领地范围

表 8 罗马的殖民地，公元前 338—前 245 年

年份	殖民地	地区/领地
前 338 年	安提乌姆	沃尔斯基人
前 329 年	特拉基纳	沃尔斯基人
前 318 年	普里维努姆	拉丁姆
前 296 年	明图尔奈	奥伦基人
前 296 年	西努埃萨	奥伦基人
前 290—前 286 年	新营	皮克努姆或伊特鲁里亚
前 283 年	高卢塞纳	翁布里亚
前 247 年	埃西斯	翁布里亚
前 247 年	阿尔西乌姆	伊特鲁里亚
前 245 年	弗雷格奈	伊特鲁里亚

表9 拉丁殖民地，公元前334—前263年［根据布伦特（Brunt），1971，数字基于李维］

年份	殖民地	地区	定居者数量（成年男性）	面积（平方千米）
前334年	卡莱斯	坎帕尼亚	2500	100
前328年	弗雷格莱	拉丁姆	4000	305
前314年	卢克里亚	阿普利亚	2500	790
前313年	萨蒂库拉	萨莫奈	2500	195
前313年	苏维萨奥伦卡	拉丁姆	2500	180
前313年	庞蒂亚群岛（Pontiae islands）	（拉丁姆）	300	10
前312年	利里斯河间	拉丁姆	4000	265
前303年	索拉	拉丁姆	4000	230
前303年	阿尔巴弗肯斯	亚平宁山区中部	6000	420
前299年	纳尼亚	翁布里亚	2500	185
前298年	卡尔塞奥利	亚平宁山区中部	4000	285
前291年	维努西亚	坎帕尼亚	6000	800
前289年	哈德利亚	亚平宁山区中部	4000	380
前273年	帕埃斯图姆	卢卡尼亚	4000	540
前273年	科萨	伊特鲁里亚	2500	340
前268年	阿里米努姆	翁布里亚	6000	650
前268年	贝内文图姆	萨莫奈	6000	575
前264年	菲尔努姆	皮克努姆	4000	400
前263年	埃瑟尼亚（Aesernia）	萨莫奈	4000	485
总计			71 300	7135

除了在法律地位和与罗马关系上的根本不同，还有其他的主要区别。大部分罗马殖民地太小，无法成为独立的自治共同体，这就是它们为何是罗马国家的一部分，拥有罗马公民权。李维给出的数字显示，它们由200—300名定居者组成，通常定居在原有的共同体中，而不是建立新的。每位殖民者分得一小块土地（通

常为 5—10 尤格左右，相当于 2.5—5 公顷），土地是从共同体或者其中的反罗马成员那里夺得的，作为被罗马击败的后果。相反，拉丁殖民地可能要大得多，而且常常是——尽管并不总是——新的城市，同样是在从罗马的敌人手中夺得的土地上建立的。它们似乎通常由 2500—6000 名的定居者组成，尽管一些公元前 2 世纪的殖民地要大得多。

较小的罗马殖民地似乎被用来在特定地区建立罗马人的永久存在，那里被认为军事上易受攻击，或者格外棘手并现在位于罗马领地内。公元前 4 世纪时，罗马在一些沿海地区建立了殖民地，如安提乌姆、明图尔奈和特拉基纳，这些地方很容易遭受来自海上的攻击。它们被称为海边殖民地（coloniae maritimae），当地殖民者少见地被免除在罗马军中服役。这些殖民地充当了驻防要塞，负责监督当地人口和保护他们免受攻击。当在罗马领地以外的战略要地建立大型定居点时，它们会被赋予拉丁身份，成为独立和自治的共同体。在许多例子中，这些地区城市化水平较低，拉丁殖民化的影响之一是传播了罗马风格的城市定居点。近来的研究[特别是佩尔格罗姆（Pelgrom）和斯泰克的]暗示，在共和国早期和中期，殖民地的身份远比之前所认为的更加不确定，殖民地与罗马的法律关系和军事义务可能要灵活得多。建立殖民地的决定、它的地位和选址似乎是由各种类型的短期压力驱动的，无论是战略要求，还是派系和个人的政治计划，而非有条理的战略扩张的结果。

鉴于拉丁殖民地相对较大，它们提出了殖民者来自何方，以及罗马如何能够派出大批殖民者而不会导致本国人口减少的问题。许多是放弃了公民权来换取土地的罗马公民，他们成了新共同体的公民。从而拥有了拉丁身份。就像腓力五世的书信所指出的，释奴也是殖民者的潜在来源。此外还有无地的城市罗马人。但这些群体太小，无法解释公元前 4 世纪和前 3 世纪派出的所有殖民者。另一些殖民者很可能是盟友。经过一场成功的战役，罗马人和参战的盟军会瓜分战利品（包括土地和可移动的战利品）。土地可能被分配给个人，但经常被用来建立殖民地。由于盟友有权获得一部分夺取的土地，他们似乎可能有资格加入新的殖民地。因此，拉丁殖民地很可能混合了罗马人及其盟友，所有这些人都放弃了原来的公民权，成为殖民地的公民，尽管拥有拉丁权，但那是新殖民地的拉丁身份赋予他们的。如果我们认为拉丁殖民地的定居者包括盟友和罗马人，那就可以解释为何罗马人能够建立如此多的大型殖民地，也凸显了殖民地作为罗马人和其他意大利人的一种重要融合模式的角色。

　　古代作家把殖民地的建立描绘成结构化的过程，根据预先设定的程序进行。罗马作家奥卢斯·格里乌斯（《阿提卡之夜》，16.13）甚至把殖民地描绘成一个迷你的罗马，复制了罗马城本身的许多重要特征。乍看之下，证据似乎支持这一点。殖民活动经常被描绘成由国家推动的过程，是有意识决策的产物，具有高度的组织性。首先，元老院会授权建立一个殖民地，设定它应该建在哪里，应该是什么类型的殖民地，以及应该派多少殖民者前往。会有监督建城的专员被指派，通常是一个三人委员会（tresviri），负责招募殖民者，分配土地，以及起草确立殖民地法律和统治的殖民地章程。如果殖民地是新的定居点，行政长官会进行鸟卜和确定仪式性的城界，将城市中心与其他土地分开。人们会确立关键的崇拜，对土地进行勘察并将其分配给殖民者，并建立新型的公民行政组织。和罗马一样，殖民地的公民组织形式建立在当地的元老院和每年选举的行政长官（通常为双人执法官，有时会有四人执法官）之上，尽管不同地区的细节有所不同。有的地方具有根据罗马地名命名的内部分区。比如，卡莱斯的一处铭文中提到了"埃斯奎利努斯区"。总而言之，这给人的印象是一个很有组织的过程，旨在复制罗马本身的某些方面。

不过，一切都不那么简单。关于建城习俗和其他形式的殖民组织的大部分材料都来自公元前1世纪或者更晚。它们常常混合了不同背景和时期的建城习俗，或者代表了后来的做法。此外，对殖民地遗址的调查提出了一些重要的问题，比如在最初的阶段，它们是否真像它们有时候看上去那样有组织和结构化。有的直到建立很久以后才有了独特的有序城市规划和关键的罗马式建筑，也许就像休厄尔暗示的，这可能是罗马扩大了与地中海世界联系的结果，受到希腊城市规划的影响，而不是为了复制罗马或者表现任何罗马性的理想。根据现有的证据，我们怀疑殖民活动是否真像之前认为的那样是如此高度组织化和国家支持的行动。公元前6世纪和前4世纪初建立的早期殖民地可能是个人用远没有那么正式的方法安置自己的支持者、门客或军队的结果——均为男性，之后与当地人口通婚。公元前6世纪，阿皮乌斯·克劳狄乌斯家族等氏族来到罗马，证明当时一群人直接移民到别的国家是有可能的。建立殖民地的过程无疑变得更加系统化，大部分殖民地在它们的组织和实体面貌上具有了许多罗马式的特征，但这可能是一个长期的过程，反映了公元前3和前2世纪对殖民地和城市形式的观念的改变，而不是罗马人关于如何建立殖民地的具体"蓝图"的结果。

根据地点和环境不同，罗马人的定居对被殖民共同体的影响差异很大。得益于现有的考古和铭文证据，我们可以相当详细地追溯一些殖民地的发展轨迹。殖民活动可以深刻地改变一个共同体的社会结构。许多意大利城邦规模很小，即便是几百人组成的一小群殖民者也可能对这种规模的共同体产生影响，而引入数千名殖民者——大部分来自另一种民族背景，说另一种的语言——将意味着剧变和断裂。作为记录较多的殖民地之一，庞贝建立于公元前1世纪80年代，不属于本书的范围，但值得指出的是，庞贝的选举铭文显示，殖民者很快占据了大部分掌握政治权力的职位。前殖民时代的精英很快被取代。虽然我们对更早的殖民地没有类似的证据，但没有理由认为这些殖民者在将自己确立为新的社会精英方面做得不那么好。在安提乌姆，殖民者和前殖民时代的居民最初似乎组成了两个平行的共同体，拥有分开的行政组织，而在另一些例子中，我们也能看到殖民者拥有不同于土著人口——而且更有特权——的身份。

殖民地无疑有助于罗马文化和罗马城市生活的扩散，但这是一个复杂的过程，而且在不同的地区，甚至在不同殖民地的经历中，差异都很巨大。殖民地采用拉丁语作为官方语言，许多还建造了独特的罗马式公共建筑，尽管我们越来越怀疑这些在多大程度上是系统化进行的，以及从定居的最早阶段就开始的。佩尔格罗姆和斯泰克的工作甚至对公元前4世纪和前3世纪的殖民地在它们存在的早期是否作为完整的城市被规划提出了疑问。这些城市中心太小了，无法容纳所有的殖民者，许多人似乎生活在定居区域内的分散的定居点，把"城市"区域作为集会场所和行政中心。显然，此前被视作罗马殖民地特征的许多关键建筑是直到后来的发展阶段才新增的。

比如，卡皮托山朱庇特神庙经常被认为是在建城后不久作为罗马统治的标志而建造的，因为这是罗马国家的核心崇拜。但近来的研究显示，在许多殖民地这是后来才出现的，远远晚于殖民地的建立，在有的地方甚至从未有过。在另一些例子中，对卡皮托山朱庇特的崇拜与具有深厚本地根源的其他崇拜并存。在阿尔巴弗肯斯，对赫丘利的当地重要崇拜与对朱庇特的一起进行，暗示宗教延续至少与适应罗马的神明和习俗一样重要，甚至可能犹有过之。许多殖民地都建造了元老院议事厅和集会广场，这些建筑是举行政治集会和当地元老院开会的地方。它们大多围绕着井井有条的街道网格和长方形的广场，很快让人觉得这是一座规划有序的罗马城市的文化原型。但这种观点的一个问题是，罗马本身极为无序，发展缺乏规划，与殖民地的布局全然不同。而在弗雷格莱、阿尔巴弗肯斯、科萨和帕埃斯图姆的发掘显示，它们的规划并不像此前认为的那样统一。殖民活动传播的不是对罗马城的克隆，而是扩散了一种事实上与罗马城本身的发展截然不同的城市生活，可能反映了罗马和意大利越来越多地受到希腊人关于城市文化的观念影响。

为了感受殖民地的影响，我们可以考察两个同时代的不同例子。科萨和帕埃斯图姆都是建于公元前273年的拉丁殖民地，但它们的情况截然不同。科萨位于伊特鲁里亚沿岸，是新的定居点。相反，帕埃斯图姆此前有过悠久的历史，最早于公元前6世纪由希腊定居者创建。在罗马开展殖民活动的时候，这是一个希腊人和卢卡尼人混居的繁荣共同体。

尽管帕埃斯图姆（图26）是一座历史悠久的城市——它的建

筑、设施和团体都暗示了这一点——但罗马殖民的影响是直接和强烈的。[11] 公元前3世纪的铭文中称当地的行政长官为四人执法官，这是一个罗马人的官职，表示公民行政机构已经按照罗马的方式进行了重组。前罗马时代的帕埃斯图姆的两种语言——希腊语和奥斯坎语——迅速消失，拉丁语被用于所有的公共铭文。城市的面貌也发生了许多改变。阿格拉——希腊人的广场或市场，之前是公共生活的中心——被抛弃，用于议事会和城中居民开会的圆形建筑会场被拆除。相反，殖民者在它旁边清出了一大片长方形的区域，建造了新的广场。广场上有两座罗马风格的神庙，

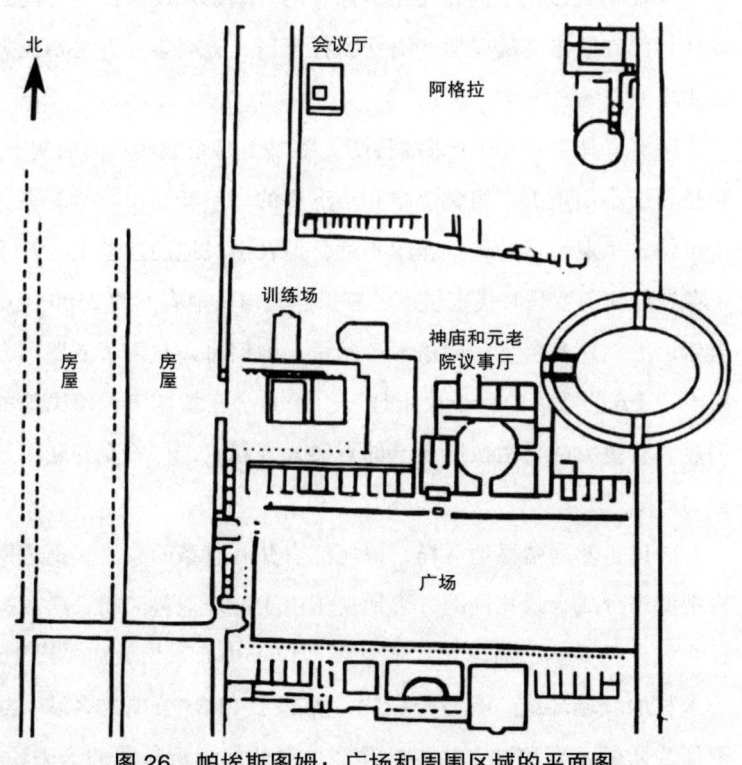

图26 帕埃斯图姆：广场和周围区域的平面图

其中之一可能被献给了卡皮托山的朱庇特，另一座献给罗马的善智（Mens Bona）崇拜。其他新增的建筑包括举行政治大会和新的殖民地元老院会议的议事厅/集会广场，浴场和训练场。整个区域被商店和柱廊环绕。总而言之，它强有力地宣示了新的政治秩序，在字面上和象征意义上将希腊-奥斯坎人的城市中心边缘化。在公民生活的其他方面也能看到这种新秩序。人们建立了新的罗马崇拜，虽然一些前罗马时代的崇拜得到延续，但显示出宗教习俗上的改变。比如，在赫拉圣所，许多崇拜者现在会奉上母亲和孩子的小像作为许愿物——表明了一种新的生殖崇拜的确立——而不是传统上的赫拉小塑像。另一些崇拜反映出更多的延续性，但许愿铭文从奥斯坎语变为拉丁语，表明崇拜者是殖民者而非当地人。

距离罗马东北140千米的科萨（图27）是个截然不同的例子。它是建于小山顶上，俯瞰海岸和小港口的一座新城市。尽管与一个伊特鲁里亚小城的遗址相距不远，但在殖民地的遗址上，几乎不存在任何前罗马时代定居点的迹象。该殖民地有大约2500位定居者，土地勘察留下的网格痕迹暗示，他们每人获得了6罗马尤格（约1.5公顷）的一小块土地。由于是一座新城市，殖民地的创建者有更大的自由按照自己的意愿来规划它，尽管受到陡峭地势的局限。

与许多罗马殖民地一样，该城拥有井井有条的布局，街道网格把城市分成大致相同的方形地块。由于城址地势陡峭，广场被设在城市的一侧，而不是像通常那样位于中心。该城被一道1.5千米长的城墙环绕，有四个城门，围起了13.25公顷的区域。除了作为防御工事和城乡边界的功能，对任何走近科萨的人来说，

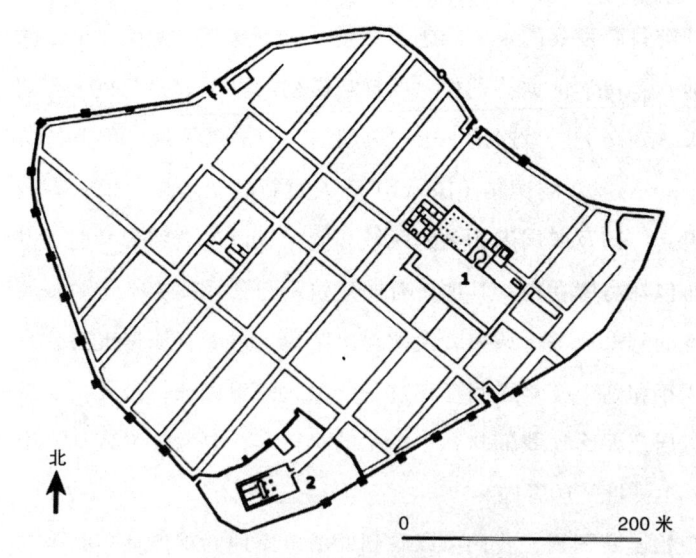

图 27 科萨的平面图，可以看到：
1：广场；2：卫城和波尔图努斯神庙

这道墙还引人瞩目地宣示着罗马的力量和控制。在城中最高点的周围还有第二道内墙，作为对坐落在山顶上的科萨主神庙的额外防御。

卫城上最早的建筑并非神庙，而是一个方形围场。它非常重要，因为在建立殖民地时，关键的程序之一是进行鸟卜，这需要鸟卜师站在城址最高点上的一个这样的围场内。大部分最早的公共建筑集中在广场上，主要是与新殖民地政府有关的建筑。广场东北面的一系列重要的建筑包括圆形的集会广场，用于举行当地元老院的会议，可能还有殖民者的公共大会。与许多殖民地不同，科萨的广场上没有神庙，而是在集会广场一侧的露天区域内设置了祭坛，广场东南角还有一个小圣所，以及一座可能是监狱的小建筑。

理解科萨发展的主要问题之一是，对于这个公元前3世纪的殖民地，考古学证据特别少。尽管它最初的发掘者弗兰克·布朗（Frank Brown）认为这是一个"典型的"罗马殖民地。但芬特雷斯（Fentress）和波德尔（Bodel）等人更新的调查显示，只有城墙、集会广场及其周围相关的区域和监狱可以追溯到公元前3世纪。而包括房屋在内，其他所有的建筑都与公元前197年第二波殖民者的到来有关。调查者由此得出结论，很少有证据支持公元前273年和前197年之间存在过一个很大的殖民地，公元前3世纪的定居点要么比我们材料中暗示的小得多，要么并不成功，很快被最早一批定居者抛弃。

在帕埃斯图姆，我们可以看到，新殖民地的首要任务是确立该城的罗马身份，如果必要的话，还要掩盖之前共同体的重要象征。人们确立了罗马人的崇拜；建造了与罗马统治方式关系密切的公共建筑，作为殖民地行政当局的所在地；还用反映罗马人关于城市生活理念的方式来规则公共空间。他们还采用了罗马的统治方式，拉丁语成了公共事务的标准语言。说殖民地是罗马的克隆，并非因为它们在字面意义上是对罗马城本身的精确布局的复制，而是因为它们在传播罗马的语言和文化，以及罗马人的生活方式方面扮演了重要的角色。不过，科萨的缓慢发展表明，殖民地的发展存在很大的差异，不可能对他们是如何成长以及如何与当地人口互动构建出单一的普遍模型。

我们由此遇到了近年来在关于古代罗马以及它与被征服民族之间关系的学术研究中最困难的问题之一，即罗马文化的扩散及其与被统治民族文化的互动。这个话题——该过程传统上被称为罗马化——在近年来引起了巨大的争议，以至于在许多历史学家的眼中，罗马化不再是一个可以用来描绘它的术语。这在很大程度上不无道理：这个术语太多被用来描绘自上而下的单向过程，在该过程中，一系列界定清晰的文化习惯——包括城市生活与罗马风格的房屋和建筑、罗马的铭文、拉丁语的使用、采用罗马风格的名字、穿着托袈等个人风格——是由更加先进的罗马人传播的，逐渐被不那么发达的（有时是完全野蛮的）意大利人和外省人接受。[12]

罗马化概念的一个关键问题在于它主要是描述性的，而非分析性的。另一个问题是它假设非罗马人口大体上是被动的，不加甄别地使用罗马文化和习俗。更加细致入微的新方法——比如华莱士-哈德里尔（Wallace-Hadrill）、马丁雷（Mattingley）、罗思（Roth）和威彻（Witcher）等人的——则让与罗马人互动的民族有了更多的能动性，强调他们在接受罗马文化中的特定方面以及决定如何使用它们时的选择性。他们探索人们如何和为何在仍然共存的当地和罗马文化行为之间进行切换，并考察了罗马/当地混合文化的发展。很难构建出一种全面的模型来解释在古代意大利，罗马与非罗马文化如何在各种情况下互动。但一个关键点在于，我们应该把这些互动以及由此产生的改变视作罗马人与其他人之间的一种文化对话。在这种对话中，罗马人的习俗被有选择地接受，经常变成一些混合形式，罗马和非罗马人的文化在其中共存。它同样不是线性或单向的过程，身为（或成为）罗马人涵盖了一系列不同的变化——文化身份、法律地位，或者接受罗马的物质文化和生活方式——而不是静态的。在本书涵盖的时期，罗马文化本身也因为社会和经济的发展，以及因为与其他文化的接触而改变，比如与希腊人、伊特鲁里亚人和坎帕尼人的，就像其他意大利民族的文化一样。

公元前3世纪,罗马和其他意大利各邦的文化在某些方面开始趋同,但地方语言和文化仍然繁荣。根据地理位置和社会地位的不同,与罗马人和罗马政府的接触有很大的差异。意大利各邦的统治精英成员与罗马人的接触远远超过普通的意大利农民或工匠,他们拥有共同的利益和顾虑,比如需要保护和增加家族财产和经济利益,以及维持自己的社会地位,特别是与自己身份相同的人相比。贵族家族经常会相互通婚,在不同国家的贵族间缔造了家族关系和社会责任的网络。卡普阿的主要贵族帕库维乌斯·卡拉维乌斯(Pacuvius Calavius)与克劳狄乌斯家族联姻,在卡普阿和罗马都有很广的人脉,尽管这没有阻止他在公元前215年率领卡普阿人反叛罗马。这种不同类型的社会关系组成的网络——无论是家族关系、宾主关系还是其他关系——都帮助维持罗马人与意大利人之间的,以及来自各邦和各地区的意大利人之间的接触,打破了他们之间的文化界限。在精英层之下,意大利人和罗马人的接触在可以从罗马方便到达的区域之外可能相当有限。但在一定范围内,罗马同拉丁姆、伊特鲁利亚南部和萨宾人领地的邻邦之间有频繁的人员和商品流动。

从公元前3世纪开始,兵役在罗马文化的传播中扮演了重要的角色。罗马军队越来越多地不仅由罗马人本身,也由被罗马征召来协助作战的盟友部队组成。比如,公元前285年,发生哗变和占领了雷吉翁的行为不端的罗马驻军实际上不是罗马人,而是一支来自坎帕尼亚的盟友军队。盟友士兵在自己的部队中作战,由他们自己的军官指挥,但罗马和意大利军队在战斗过程中不可避免地会有相当多的接触。特别是在罗马和意大利的军官之间,公元前 2 世纪，当军事行动常常一连持续多年时，这特别有力地推动了来自意大利各地的不同部队之间的接触和融合。即使到了公元前 3 世纪，当军事行动时间大大缩短的时候，这种影响仍然显著。公元前 218 年，当汉尼拔入侵意大利时，像波利比乌斯和李维这样的历史学家可以将迦太基军队与罗马军队进行比较，他们表示前者是由迦太基人和来自不同背景的盟友组成的杂牌军，缺乏共同的语言和身份，而罗马人与意大利人有共同的血缘意识，这让他们克服了语言和民族差异。[13] 在面对外来威胁时，包括罗马人在内，所有意大利人之间显然有一种共同的血缘意识，但直到进入公元前 2 世纪和前 1 世纪很久之后，意大利的各个地区和共同体仍然保留了许多它们自己的文化元素。

尽管本章中描绘的控制体系可能显得笨拙，而且是罗马在试图应对快速扩张带来的行政问题时以临时的方式发展起来的，但它特别稳定和成功。它让意大利在罗马世界有了独一无二的地位。从公元前 3 世纪的西西里开始，罗马在意大利之外征服的土地无一例外地被变成由元老院直接管辖的行省。那里会有罗马的总督和行政机构，常常还驻扎着罗马的军队。相反，意大利仍然由一系列结构松散的盟友和殖民地组成，直到公元前 91—前 89 年的意大利叛乱迫使罗马将公民权扩大到整个半岛。

同盟的灵活性是使其如此有效的关键因素之一。与其他意大利人签订的条约几乎只是要求罗马为他们提供军事保护，而罗马反过来也能够得到类似的援助，不过，这本身推动了罗马的扩张，它通过共同防御协议缔造的同盟网络扩大了自己的影响，形成了一种自我推动的战争循环。盟友的数量越大，罗马或某个盟友的利益和安全在任何时候受到外来者威胁的可能性就越大，罗马也越有可能发动军队开战。于是，罗马被卷入离罗马城越来越远的战争中，它获得了越来越多的盟友，也因此卷入越来越多的纠葛并承担越来越多的责任。与此同时，同盟的军事性质使得罗马可以利用意大利庞大的人员储备，让罗马军队得以迎接越来越大的挑战。这个过程在公元前264年罗马在意大利之外的首次行动中达到顶峰，与西西里岛上的梅萨纳（Messana，今墨西拿）的同盟导致了第一次布匿战争，使得该岛成为罗马在海外的第一个藩属。主要在意大利打响的第二次布匿战争对罗马的控制构成了史无前例的挑战，汉尼拔多次重创罗马人，试图破坏罗马与意大利人的同盟。与此同时，值得指出的是，尽管罗马在意大利的同盟和殖民地网络具有复杂和奇特的性质，但它被证明为帝国的建立提供了特别稳定和坚实的基础。

第四部分

从城邦到意大利的统治者

第 14 章

征服的影响

罗马，公元前 340—前 264 年

公元前 5 世纪的罗马统治是一场实验中的练习，但到了公元前 4 和前 3 世纪，我们可以看到它开始进一步向共和国中期和晚期的形式发展。《李基尼乌斯-塞克斯提乌斯法》明确把执政官确立为最高行政长官，而公元前 342 年的《格努基乌斯法》则限制了一个人可以担任这个最高官职的次数和频率，但这些做法似乎需要一点时间才能对公共生活产生明显的影响。公元前 366 年和前 291 年之间，142 任执政官中的 54 任（38%），仅由 14 人担任，其中大部分人多次任职。尽管受到《格努基乌斯法》的限制，但这种情况直到公元前 3 世纪 90 年代才开始改变。不过，此后担任超过一次执政官的情况变得非常少见。高级官职以及与其联系在一起的权利、威望和地位被范围大得多的罗马贵族分享。到了公元前 3 世纪中期，罗马生活不再由一小群世袭的贵族主导。虽然仍被寡头集团所控制，但其成员来自范围大得多的家族，他们的权力越来越多地与元老院日益提高的影响联系在一起。

元老院影响力的发展并非一个注定的结局。公元前 312 年到前 291 年是一个动荡和政治实验的时期。在此期间，元老院的统治受到了一群有影响力之人的挑战，他们试图通过与人民大会合作进行统治，但到了公元前 291 年之后，元老院日益把自己确立为罗马的统治力量。在这些元老院权力的挑战者中，最著名的是阿皮乌斯·克劳狄乌斯·卡伊库斯，奥古斯都时代被修复的一段荣誉铭文中记录了他不同寻常的生涯。

> 阿皮乌斯·克劳狄乌斯·卡伊库斯，盖乌斯之子，监察官、两次担任执政官、独裁官、三次担任过渡期摄政王、两次担任法政官、两次担任贵族营造官、财务官、三次担任军政官。他从萨莫奈人那里夺取了一些城市，还打败了萨宾人和伊特鲁里亚人的军队。他阻止与皮洛士议和。在担任监察官期间，他修筑阿皮亚大道，为罗马兴建引水渠，还修建了战争女神庙。
>
> （《拉丁碑铭集》，6.40943）

如果铭文中提到的这些官职的顺序是正确的（没有给出他任职时间），那么尽管他担任过在成为执政官之前必须担任的一系列行政官职，但阿皮乌斯似乎没有在之后当选执政官。相反，他在公元前 312 年担任了监察官，这个高级官职后来仅限那些已经做过执政官的人担任。监察官的关键职责之一是调查和任免元老院的成员，另一个职责是监督公地的租赁和开出重要公共工程建设的合同。尽管曾经掌握过重要的军事指挥权，但他从未得到凯旋式的奖励，而且他的名声主要来自监察官的任期、一系列广泛的改革以及高调而昂贵的公共工程，包括建设阿皮亚大道和阿皮亚水渠，两者分别是罗马最早的大道和引水渠。它们在许多方面是急需的，因为罗马在南部的军事行动需要道路来调动军队，而罗马城也在迅速发展，需要更好的基础设施，但它们成本高昂，据说耗尽了国库。

关于阿皮乌斯的改革活动的现存证据存在矛盾，它们的政治意义并不总是清楚。它们还受到一种文学传统的影响，这种传统将克劳狄乌斯这个贵族家族的成员刻画得傲慢，反动，极力维护贵族的地位和特权。就像李维描述的（他承认对此人的活动有着多种不同的描述），此人是反动者和激进的民粹主义者的矛盾组合，他的政治改革充满争议。在任免元老院成员时，他被指控因似是而非的和带党派之见的理由而没有考虑一些品行良好、完全有资格的人选。相比那些遭到排除的，被允许进入元老院的一些人反而被认为没有资格。他的监察官同僚盖乌斯·普劳提乌斯（Gaius Plautius）因为厌恶他而辞职，这让阿皮乌斯·克劳狄乌斯独自任职直到公元前308年。公元前311年的执政官拒绝接受他任免的元老院成员，继续按照公元前312年之前的成员名单召集元老院开会，阿皮乌斯彻底重组元老院成员的尝试最终失败。

随后，阿皮乌斯又充满争议地试图重组部落大会和百人队大会的投票部落。当时，罗马公民被分成31个部落，个人的部落归属由他们来自罗马城的哪个区域或罗马的哪片领地决定。新的殖民地或新获得选举权的公民也按照地区进行划分，作为罗马合法领地的意大利各个地区被分成不同的投票部落。不过，并非所有的部落都是平等的。其中4个被指定为城市部落，其余的称为乡村部落，后者的总数在公元前241年最终达到31个。最初的划分是为了区别来自罗马城本身和生活在属于罗马的不同领地上的公民，但这很快就变成对社会地位的区分。根据所拥有的庄园的所在地，大部分地主被划归乡村部落，而一些地位低下的社会群体则被限定进城市部落，包括释奴或者没有土地的人。选举或立法投票的结果取决于集体投票——即支持或反对的部落的数量，而不是个人的数量——因此 27 个（后来为 31 个）乡村部落拥有比 4 个城市部落大得多的立法和选举权，总是在投票上能压过后者。阿皮乌斯·克劳狄乌斯的改革似乎是想把无地的城市定居者——他们中的许多人曾经是释奴或者是释奴的后代——重新分配到所有的部落，而不是将其限定在影响力较小的城市部落。李维认为此事造成了分裂，他评价说，"从那时开始，公民群体分成两部分：支持和拥护正义的理智者持一种观点，而'广场派'持另一种观点"（9.46.13），尽管这种划分是不合年代的，反映了公元前 1 世纪的政治思想。

不过，与对元老院的改革不同，这些改变似乎被实行了，而且直到公元前 304 年才受到挑战并被推翻。推动这一反转的事件是格奈乌斯·弗拉维乌斯（Gnaeus Flavius）当选公元前 304 年的贵族营造官。弗拉维乌斯是释奴之子，最早是书记官，也是第一位当选贵族行政长官的奴隶后代。他推行了一系列重要的法律改革，让人们可以更方便地参与公共事务：他发布了标明哪些日子可以进行公共事务的日历（dies fasti），以及一份列明法律程序的文件。传统的罗马贵族对这些举动都不太愿意接受，但弗拉维乌斯真正的问题是他的家庭背景，这使得一些人拒绝给予他行政长官通常会获得的荣耀和尊敬。他的当选促使人们对部落改革提出挑战。监察官推翻了这些改革，重新确立了将无土地者、奴隶后代和其他不受社会欢迎的人限定在 4 个城市部落的做法。李维知道此事的几个版本，其中的一个将弗拉维乌斯与阿皮乌斯·克劳狄乌斯联系起来。按照这种说法，弗拉维乌斯在担任公职之前是阿皮乌斯·克劳狄乌斯的秘书；他在克劳狄乌斯担任监察官期间被选入元老院，而其卑微的出身引发了愤慨。

公元前 307 年，阿皮乌斯过晚地当选执政官。公元前 297 年，他再次参选，因为质疑选举结果而引发了又一场政治风暴。如果严格按照法律规定，选举一名贵族和一名平民担任执政官的话，结果将会是阿皮乌斯和平民卢基乌斯·沃鲁姆尼乌斯·弗拉马（Lucius Volumnius Flamma）当选。不过，民众对再次选举昆图斯·法比乌斯·鲁里亚努斯当选第二执政官的呼声很高，但有两个原因让这不可能实现。他无法成为候选人，因为他是现任执政官之一，因此要主持选举。此外，他是贵族，因此与阿皮乌斯同时任执政官是不合法的。按照李维的说法，阿皮乌斯提出废除禁止两名贵族同时担任执政官的法律，从而让法比乌斯·鲁里亚努斯作为他的同僚参选，但他没有成功。

阿皮乌斯·克劳狄乌斯的监察官任期似乎显示出更多的激进而非反动元素。他提出的对元老院和平民大会的改革重申了大会的重要性，似乎鼓励了范围更大的罗马人参与政治。而他的公共工程也主要惠及罗马人民：提供了就业，改善了公共设施。上述行为可能还提高了他的声望，增加了他的门客人数。他后来的生涯引发的疑问要多得多，包括试图推翻两名贵族不能在同一年担任执政官的禁令，以及向平民成员开放祭司团体职位的《奥古尔尼乌斯法》。这些举动大多是反动的，旨在保护贵族的特权，与他之前生涯的许多行为相矛盾。一些学者（特别是怀斯曼）因此完全否定关于阿皮乌斯·克劳狄乌斯的史料的真实性，而福塞斯则认为，许多被归于他名下的改变与公元前 1 世纪 80 年代苏拉的改革可疑地相似。这些观点过于极端,他早前的生涯不仅合情合理,而且(鉴于担任的公职和开展的公共工程)得到了其他材料的佐证;但想要接受对他后期生涯的描述就困难得多了。康奈尔提出了一种有说服力的观点,认为阿皮乌斯·克劳狄乌斯是一个充满魅力的政客,试图迎合更广大的罗马人民和挑战元老院日益强大的影响,但必须否认对于他后期生涯的描述。这些事件中最引人注意的地方是,公元前4世纪末是一个过渡时期,关于罗马国家的形态以及元老院和人民的角色,有许多未解决的争论。

公元前3世纪80年代初(很可能是公元前287年)爆发了又一场社会和政治动乱,这在某种程度上导致了《霍腾修斯法》的出台,这部法律经常被认为是平贵之争的最终解决方案。尽管如此,我们关于它的知识相对寥寥。[1] 据说它的起因是导致平民撤退的经济压力和大范围的债务。一位名叫昆图斯·霍腾修斯(Quintus Hortensius)的平民领袖被任命为独裁官。他通过了终于让平民大会的决议拥有完全法律效力的法律,从而解决了这场危机。据说他也处理过债务问题(狄奥,残篇37),但我们对此很不清楚,就像我们不确定狄奥的这部分残篇指的是不是霍腾修斯。

与平贵之争中的许多事件一样,公元前287年左右的这场危机混合了经济问题和政治问题。债务、动荡和撤退的背景似乎与公元前5世纪和前4世纪的事件看上去令人生疑的相似,而提出的一些解决方法也很像之前的法律。[2] 不过,罗马史料和罗马法律汇编中都提到了《霍腾修斯法》,使得我们很难把它视作一个史实错误,尽管很难从字面上接受一些细节。引起公民动乱的可能是一系列作物歉收，而非在共和国早期发生的那类债务危机。公元前 3 世纪的记录中可以看到几次饥荒、作物歉收和瘟疫，可能支持了这种解释。不过，这部法律的内容仍然是一个问题。鉴于公元前 3 世纪初的政治动荡，平民可能会觉得有必要重申平民大会拥有立法权的原则，尽管这种权力严格说来已经存在，但这不能完全解释清楚这些难题。差不多 7 个世纪之后，古物学家马克罗比乌斯（Macrobius）认为，《霍腾修斯法》可能包含了额外的条款，包括规定法庭必须在市场日开放，也许是为了方便居住地离罗马有一定距离的人们寻求法律的帮助，而他们只有在出售自己的农产品时才会来到罗马城。³ 如果是这样的话，《霍腾修斯法》可能旨在重新确立平民大会的权威，让人们更加方便地行使自己的政治权利。

无论它的内容究竟是什么，《霍腾修斯法》似乎都有效地终止了共和国早期的动荡。从那时开始，我们看到了一种或多或少对应了公元前 2 和前 1 世纪情况的共和国统治形式。现在，执政官已经被确立为最高行政长官；他们拥有国家最高的行政权力，而且这个职位在精英中被更广泛地分享，很少有人一生任职超过一次。独裁官一职大部分情况下空缺，公元前 3 世纪时有人担任过独裁官的少数几个例子都是紧急军事情况的结果。规定了政治生涯中必须担任的公职的官职阶序（cursus honorum）直到公元前 180 年《维里乌斯年资法》（Lex Villia Annalis）出台时才被确定下来，但早在公元前 3 世纪中叶，担任公职的顺序就已经变得更加固定。公元前 367 年引入的法政官一职地位低于执政官，主要扮演司法角色。⁴ 法政官的许多时间被用来听取诉讼和监督法庭。不过，执政官和法政官都拥有治权，因此有资格统率军队。公元前246年增加了第二名法政官，这个职位的人数在公元前227年再次增加，以满足统治第一次布匿战争中被征服的西西里和撒丁岛的领土的需求。它发展成了一个高级行政长官团体，在权力上仅次于执政官，除了监督罗马的法庭，他们的职责还包括统率军队，担任派往外国的使者，以及（从公元前264年后）统治行省。当这个职位最早设立时，法政官享受着很高的威望，可能是因为每年只有一人当选。它一直被贵族家族垄断，直到公元前337或前336年，昆图斯·普布利里乌斯·菲洛成为第一个平民身份的法政官。营造官从2名增加到4名，因为新设了向贵族开放的贵族营造官一职（此前，营造官是一个平民官职），但随着对平民的限制被取消，贵族和平民营造官的区别也很快消失了，形成一个由4名每年选举的营造官组成的团体，负责罗马的日常运行——维护建筑和街道，监督市场和商店，举办赛会和节日，维持法律和秩序。他们之下是财务官，这是地位最低的行政长官，主要是财政官员。到了公元前4世纪末，罗马已经发展出了由追求政治生涯的人占据的行政长官结构或阶序（财务官、营造官或保民官、法政官、行政官）。

罗马的人民大会仍然是人民对法律进行投票（部落大会）或选举行政长官（百人队大会）的机构，但在公元前3和前2世纪，它们的重要性下降了。尽管表面上拥有最高的地位，而且《霍腾修斯法》重申了大会是首要立法机构的原则，但它们在政治过程中的角色基本上是被动的。它们无法自主召开集会，只能等待执政官、法政官或保民官等高级行政长官召集。它们只能听取召唤自己的行政长官的讲话，接受或否决交给它们的提议（或者公职候选人），没有权力讨论提议，做出修改或给出自己的提议，或者任命自己的公职候选人。尽管提案必须得到人民大会的批准才能成为法律,让人民对立法或选举拥有最终的话语权,但他们无权提出法案,或者参与政治讨论。

在征服意大利的过程中,罗马领土的增长和罗马国家的改变对大会产生了根本性的影响。大部分拥有土地或重要社会地位的人都在乡村部落登记,使得无地者和地位较低的人(特别是罗马的城市人口)集中在 4 个城市部落中。这削弱了它们在选举和投票中的影响力,因为数量大得多的乡村部落可以很容易地压过它们。罗马现在变得幅员辽阔,许多罗马人生活在远离罗马的地方,限制了他们参与政治。投票和选举必须在一天内完成,因此任何想要对提案进行投票或参与选举的人都必须在大会召开的那天身处罗马。在一个没有任何方便的通信或交通工具的世界里,这实际上把参与者限制为那些能够负担得起经常前往罗马,或者在那里停留较长时间的人——换句话说,就是有钱和有人脉的人。尽管《霍腾修斯法》和其他类似的法律确立了人民大会的优先地位的原则,但它的影响在实践中是有限的。

公元前 3 世纪的一个重要发展是,元老院开始成为罗马国家中一股有影响力的新力量。我们的大部分材料都来自于元老院拥有高度影响的时代,因此会把它描绘成在罗马的早期历史上也拥有类似的显要位置,但情况可能并非如此。就像本书第 7 章和第 9 章中讨论的,元老院最初可能是向国王提供参谋的议事会,后来变成了执政官的参谋机构。元老们拥有很高的个人地位——就像公元前 390 年高卢人入侵时的一个故事证明的,他们对自己遇到的元老的高贵留下了深刻的印象——但我们几乎不能确定地知道他们是如何被选出的,或者元老院的角色是什么。

到了公元前 4 世纪后期，这一切开始改变。平民被允许担任高级行政长官，平民的国中之国与贵族的机构融合成一个体系，这些改革不可避免地产生了重要影响。关键的变化是《奥维尼乌斯法》(Lex Ovinia)，该法在公元前 4 世纪末的某个时候通过，在公元前 318 年时无疑已经存在。他把确定元老院成员资格的责任交给了监察官，意味着元老身份的存续不再取决于行政长官的青睐。尽管监察官可以任命任何品行端正的人（也能够以品行不端为理由拒绝或开除他们），但事实上元老院主要由前行政长官组成。向平民开放高级行政长官职位的一个重要结果是，越来越多的平民进入了元老院。

元老院的责任是讨论国家事务和向执政官和其他高级行政长官提供建议，但没有行政权力，它的决议被称为元老院决议，没有法律效力——通过法律是部落大会的专职。尽管缺乏正式的权力，但元老院拥有巨大的道德权威和政治影响力。一旦成为成员，通常是终身的，不再依赖行政长官的庇护或批准。因此，作为机构的元老院拥有了更大的独立性。大部分元老得到任命是因为他们曾经担任过行政长官，所以整个元老院受惠于这些前行政长官积淀的专业知识和积累的道德权威。它的决议很有影响，行政长官或平民大会难以无视它们。对于公元前 3 世纪时元老院是如何运作的，以及它与人民大会和行政长官的关系是什么，我们的了解仍不完全，但它的权力在该时期似乎变得越来越大。它控制了军事和外交政策，接见外国使节和特使，决定任何一年将要征召的军队规模和组成，以及向执政官分配责任和军队。它还会做出关于土地分配和建立殖民地的决定，控制国家财政，维护公共秩序，以及对宗教事务进行管制。到了公元前 2 世纪，根据同时代的希腊史学家波利比乌斯（6.11）对罗马制度的描绘，元老院是罗马国家最强大和最有影响的元素。

元老院发展成为罗马公共生活的主导元素的一个原因是日益复杂的国家的实际需求。罗马日益增长的规模以及日益扩大的领土和军事利益催生了对军事和行政经验的大量需求。由两名执政官和他们的下属行政官员展开多种军事行动，并履行管理一个不断扩大的国家所需的各种复杂的行政任务，变得不再可能。为了让特定的任务具有军事或行政上的延续性，引入了在行政长官的任期结束后，将他们的权力延长一个固定期限的做法。前执政官和前法政官的指挥权以这种方式得到了延续，被要求担任行省总督或类似的工作，这成了惯例。通过将指挥权与执政官或法政官的职位分离，使得同执政官或同法政官（拥有指挥权的前行政长官）在结束任期后能够履行自己的一部分权力，罗马创造了拥有权力、权威和经验来展开军事行动或统治日益扩大的罗马帝国的更大的人才库。对于这种将权力延长到卸任公职之后的做法（prorogatio），最早的例子来自公元前326年，昆图斯·普布利里乌斯·菲洛在与那不勒斯的战争中把他的军事指挥权延长到卸任公职之后，成为第一位同执政官。当时，这种权力是由人民大会投票授予的，尽管授予它们、决定任务分配和结束授权后来成为元老院的专属权力。到了公元前3世纪后期，元老院不仅是专业知识和道德权威的来源，还对个人的生涯行使着集体权力，尽管由于李维对公元前3世纪初的叙述缺失，我们很难确定这一发展的年代。这些改变的结果是，到了公元前3世纪中叶，元老院已经被确立为罗马统治中的重要机构。

祭司团体与国家宗教的发展

祭司团体早已存在，但对于公元前 4 和前 3 世纪，我们拥有更多关于它们的成员如何被选出，以及它们如何运作的证据。三个主要的团体——祭司团、鸟卜师团和圣礼团（最初成员为两人，在公元前 367 年增加到 10 人）——扮演着不同的角色，拥有不同的成员选择方法。它们的成员来自元老阶层，采取终身制。此外还有别的宗教团体和兄弟会，比如萨利祭司（马尔斯的祭司）和阿瓦尔兄弟会（Fratres Arvales），以及扮演着更加专门化角色的团体，比如菲提阿里斯祭司（fetiales）和肠卜师，前者负责宣布和平与战争，后者负责占卜。祭司是威望和影响很高的职位，祭司团体的成员身份成了大受追捧的特权。团体的结构保留了集体负责的原则，这在许多方面是罗马国家的基础。由于成员是终身制的，祭司团体积累了宗教方面的专业知识，可以向元老院和行政长官提供建议。比如，鸟卜师团由 9 人组成，提供关于进行鸟卜的建议，而圣礼十人委员会负责保管《西比尔圣书》和其他圣物。[5]

作为这三个团体中最重要的一个，祭司团的结构最为复杂。它的成员最初很可能仅限于贵族，但公元前 300 年后，贵族和平民成员人数相等。它由大祭司领导，包括圣礼王（接管了国王承担的部分宗教职责）、维斯塔贞女和弗拉门祭司（负责具体崇拜的祭司，其中最重要的是朱庇特弗拉门祭司）。[6] 它扮演着影响力巨大的角色，为有关神圣法的广泛内容提供建议，包括家族法的许多方面。当有某个成员去世，留下空缺后，剩下的团体成员会负责任命他或她（对维斯塔贞女而言）的继承者，使得他们能够控制成员的选择。公元前300年后,祭司团体和宗教兄弟会对平民开放,是平民背景的人获得权力、威望和影响力的重要新来源。

罗马没有与社会其他部分分开的专职祭司阶层的概念。[7] 国家宗教与国家的生活紧密地交织在一起,是一种对仪式的遵守,而非信仰。祭司团体的成员不仅有宗教维度,也有政治维度。担任祭司职位并不需要宗教召唤或入教仪式(尽管像鸟卜师等团体必须拥有专业知识才能履行他们的职责),而是公职生涯的一个重要部分,与当选行政长官或庆祝凯旋式相当。荣誉铭文和墓志铭中会把担任祭司职位同担任行政长官以及其他荣誉和成就列在一起。像奠酒和献祭这样的仪式经常是高级行政长官(对战场上的军队来说则是将领),而非祭司的责任。

占卜权(auspicium)是通过占卜来请示神明意志的权力,展示了祭司团体的本质,以及仪式和政治权力的密切联系。只有高级行政长官——执政官和法政官——可以进行占卜,在重要的政治或军事行动前,他们必须这样做,并对结果做出解读。这赋予他们可观的权力,因为可以——在某些例子中确实是这样做的——按照有利于现任行政长官的方式解读神明的意志。贵族们为继续控制占卜权展开激烈的斗争,而平民被允许加入祭司团的时间远远晚于他们获得担任执政官的权利,这一点意味深长。作为公元前367—前342年的特点,众多的过渡期摄政和独裁官可能是为了打断正常的行政长官的职务,阻止平民行政长官行使其权利,进行占卜。

到了公元前3世纪,宗教节日和赛会已经被确立为罗马生活的一个重要组成部分。尽管我们很少明确知道它们在罗马历史的更早阶段是否已经存在，如果是的话，又由哪些内容组成。举行赛会（ludi）的习俗最早可能是与庆祝凯旋式相关的一次性事件，由凯旋将军立誓作为礼物献给神明，但我们对这一点完全不确定。罗马赛会（ludi romani）的建立被归功于老塔克文，或者归因于庆祝雷吉鲁斯湖战役的胜利（李维，1.35.9，7.71；西塞罗，《论预言》，1.2.6），尽管无法证明。关于赛会的最早证据是哈利卡纳苏斯的狄俄尼修斯的一段描绘（7.72），他宣称自己依据的是法比乌斯·皮克托尔的说法。平民赛会（ludi plebeii）有时被与第一次撤离联系起来，但没有确定的证据表明它的起源如此之早。不过，公元前3世纪时，赛会已经被确立为每年一次的活动，而不是一次性事件。献给朱庇特的罗马赛会在9月中旬举行，持续几天。内容包括带着神明的画像游行、赛马或赛跑，以及戏剧表演。到了公元前3世纪末，还有其他几项赛会展开，包括平民赛会、刻勒斯赛会（ludi cereales，献给刻勒斯）、阿波罗赛会（ludi apollinares，献给阿波罗）和大地母赛会（ludi megalenses，献给大地母），尽管它们大多创立于布匿战争时期，只有平民赛会可能是个例外。

罗马的军队

公元前4和前3世纪，战火仍然频繁，对罗马的军事组织提出的要求让一些变革成为必要。大多数年份里都有军事行动展开，涵盖了越来越广的地理区域。到了公元前4世纪中叶，罗马经常不得不在意大利的不同地区维持多支军队，常常由一名执政官统率，尽管法政官也拥有必要的权威。虽然意大利盟友不得不在被要求时提供军事援助，让罗马可以把一部分军事负担转嫁给其他国家，但军队的核心仍然是罗马人。到了公元前4世纪末，两个军团显然也无法再满足大范围军事行动的需要。面对采用不同战术和战斗风格的敌人的经历暴露了罗马依赖以单个方阵形式作战的重甲步兵的局限性。这种战术对大部分其他意大利人都有效，后者也拥有类似的武器和战术，但在面对以更小和更灵活的单元作战的高卢军队时，罗马人就会陷入困境。

为了应对这些问题，罗马人进行了结构性改革，采用了新的盔甲和武器。沉重的青铜体甲被更轻便的锁子甲或青铜胸甲取代；古老的圆形盾牌被抛弃，转而采用能够提供更好保护的长方形或椭圆形盾牌；用于短兵相接的长矛被投枪或投矛代替。公元前311年，军队也被重组。每年征集的军团数量从2个增加到4个，人民大会还选举了2名军政官，协助执政官统率这些军队。罗马步兵的数量从4000人左右增加到6000人左右，此前规模很小的骑兵部队被扩大到1800人。罗马还引入了每日的军饷，用以补偿每位士兵在服役期间的收入损失，并以公费为每名骑兵配备了马匹——这项改革认识到越来越长的军事行动对到了服役年龄的罗马人造成的经济压力。每个军团进一步被分成120人的单位（maniples），使得军队可以被更快和更灵活地部署，让指挥官有了更多的战术选择。从意大利盟友那里召集的军队并不加入军团。他们与罗马军队一起服役，接受罗马将军的最终调派，但在自己的部队中作战，由他们自己的军官指挥。

与此同时，罗马还设立了双海军长官来指挥自己的小队海军。罗马的力量建立在军团的重甲步兵之上，辅以规模较小的骑兵和轻装支援部队。它对海军的兴趣较为有限，尽管并非不存在。公元前4世纪的哲学家忒奥弗拉斯托斯（Theophrastus，《植物志》，5.8.1—5.8.2）相信，罗马曾派出25艘船组成的船队在科西嘉岛上建立了一个殖民地，尽管他没有给出此事的时间或背景。公元前4世纪末，罗马无疑已经拥有了一支海军。沃尔斯基人的安提乌姆城拥有一支强大的舰队，像许多伊特鲁里亚的沿海城市一样，享有令人敬畏的海军强国之名。公元前338年，当罗马征服安提乌姆并在那里建立殖民地后，它的舰队被夺取，成为罗马海军的基础。[8] 这仍然是一支小舰队，仅有两个分遣队，由新设的双海军长官管理和指挥。它似乎主要被用来威慑海盗和保护拉丁姆沿岸免受来自海上的攻击，尽管有时会行驶到更远的地方。皮洛士战争的起因之一是一个罗马的分遣船队外出考察，不明智地驶入了塔兰托海湾，违反了条约。它马上被更强大的塔兰托舰队击退，遭受了巨大的损失。收编安提乌姆的船只和设立管理海军的专员表明，罗马曾意识到发展舰队的需要，但它的海军规模仍然相对较小。此外，尽管忒奥弗拉斯托斯提到了罗马对科西嘉的战略兴趣，但它尚不足以挑战塔兰托、叙拉古或迦太基等强大得多的海军强国。公元前264年，随着第一次布匿战争的爆发，情况迅速有了改变。这场战争主要在西西里打响，罗马被迫尴尬地向它在南意大利的希腊盟友求助，借其船只，把军队运到西西里岛。罗马没有公元前3世纪最新的战船——五桨座战舰，直到公元前264年后，不得不面对强大的迦太基舰队的可能性迫使它开启了快速的造船计划。在此之前，罗马的注意力一直专注于扩大和改革陆军。

社会变革：新贵族的诞生

随着贵族与平民的界限逐渐消失，一个新的罗马精英阶层开始诞生，它基于担任高官，而非出身或属于特定的社会阶层。最高的社会和政治等级不再取决于属于某个贵族家族，甚至是某个重要的平民家族。相反，它取决于获得贵族身份。取得贵族身份（nobilis）需要担任最高的公职——执政官——或者是某个担任过此职的人的后代。这意味着贵族事关成就而非血统，在理论上，任何罗马人都有资格竞选公职——也就是说，任何生来自由的男性公民——都可能获得贵族身份。但在实践中，贵族是一个寡头集团，只有相对很少的外来者能够进入，世袭原则并没有从罗马的社会和政治中消失。威望（auctoritas，即道德和政治权威，而非源于特定官职的权力）和地位会随着一代代人而积累起来，对于任何想要追求政治生涯的人来说，身为一个很早开始就有人加入元老院的老牌贵族家族的成员是巨大的优势。没有祖先担任过元老的人被称为"新人"，他们有可能担任执政官，而且的确做到过。提图斯·科伦卡尼乌斯（Titus Coruncanius）、曼尼乌斯·库里乌斯（Manius Curius）和盖乌斯·法布里基乌斯（Gaius Fabricius）都是"新人"，他们在该时期共计六次担任执政官（西塞罗，《论友谊》，18，39；《论老年》，43；《论神性》，2.165），但随着元老院变得更加重要，老牌元老家族的权力和影响也随之提升。在罗马，追求公职既需要财富（特别是拥有土地）也需要人脉网络。当时，对元老阶层的成员资格还没有正式的财富要求，尽管后来引入了这样的要求，但政治生涯需要大量的私人财富。担任公职没有收入，重要人士还被期待对人民展现慷慨。这些人会自掏腰包建造新的公共设施，不仅是为了显示他们的慷慨，也能提高他们的名誉。管理任何常规宗教节日的行政长官处于非常有利的位置，因为这些节日通常包括公共庆典或赛会。自掏腰包，在公共娱乐上不吝花费是一种确保受到欢迎的方式。

　　罗马贵族非常强调巩固和展示他们的地位。位于显眼地点的一座令人印象深刻的房子是威望和社会身份的重要象征，可以在那里招待朋友和盟友，接见门客和依附者。让成就得到认可至关重要，最好是以一种将其永久纪念的方式。庆祝凯旋式的将军是当日令人难忘的活动的中心，他率领着自己的部队，押送着战俘和战利品，沿着从战神校场到卡皮托山的一条特别通道前进，为神明举行庆祝献祭，但纪念这个日子也同样重要。许多成功的将军会把自己的战利品投入到建造神庙或其他纪念碑，作为对他们成就的铭记，出现了神庙由国家建造到神庙由个人（大多数是凯旋的将军，有时也有行政长官或祭司）奉献和出资的明显转变。这可能充当了某种社会安全阀。拥有指挥权的将军可以全权处置在他的军事行动中获得的战利品，公元前 3 世纪初，从战争中获得的这类战利品的价值迅速增加。奉献和出资修建新的神庙是这类资金可以接受的使用方式。它为捐赠者提供了一种方便的自我纪念。但这也是一种公共设施，是一种不太可能引发人民嫉妒或骚动的活动。公元前 3 与前 2 世纪的情况有一个显著的差异，在前一个时代，许多将军会把自己的战利品作为修建神庙和其他纪念碑的资金，而在后一个时代，战利品被留给个人使用，用于公共工程的要少得多。

　　社会威望是累积的，展示祖先的成就与展示这代人的一样重要。贵族家族会在自己的房子里展示他们祖先的蜡质面具，在葬礼这样的场合，家族成员会佩戴这些面具参加送葬游行。所有人都能看到这个家族的显赫过去，而先辈们也象征性地到场见证后人的成就。波利比乌斯（6.53）生动地描绘了一场贵族的葬礼，这个场合不仅是为了哀悼死者，也是为了展示许多代人以来的家族盛名。它包括戴着祖先面具的游行，描绘了死者成就的悼词，火化和把骨灰埋入引人瞩目、处于显眼位置的墓中。尽管这里讲的是公元前2世纪的做法，但没有理由相信这在当时是一种新的习俗。增加刻有担任过的公职和赢得过的荣耀的墓志铭成为日益普遍的做法。这些墓志铭以及家谱与传统的记录是确立家族地位的重要手段，但被认为可能经过修饰，增加了虚构的元素，李维指出，它们并不是可靠的信息来源。

与古风时代的罗马一样，政治同盟和社会关系常常是家族事务。贵族家族之间的收养——甚至是成年的孩子——和通婚非常普遍。尽管不得担任除了女祭司之外的任何公共角色，但女性对于罗马贵族的家族精神来说非常重要，女主人是一个重要的人物。她被期待遵守罗马的女性美德，管理自己的家庭，向孩子灌输罗马的价值，以及尽可能地支持家族的利益。作为强大家族的一员，她占据着很有影响力的地位。从罗马历史的早期开始，就有许多故事描绘了女性果敢而有主见的行为——这些是否为史实是另一件事——它们都展现了对罗马贵族女性的期待，即忠于罗马，用自己的影响力支持她的家族。

平贵之争中诞生的新贵族更加开放，因为它是建立在财富和成就之上，而非属于特定的家族群体。新人能够——而且的确——取得了贵族身份，但这种情况变得日益少见。地位具有世代积累的性质，再加上罗马人对祖先和传统的尊重，这意味着拥有元老祖先的家族常常形成了一个统治性的寡头集团，外人很难进入其中。所谓的平贵之争的结果就是发展出了一个包括贵族和平民家族在内的精英阶层，它的影响建立在财富和元老身份之上。

经济与社会改变

公元前340—前264年，罗马开始收获它对意大利征服的经济回报。萨莫奈和皮洛士战争消耗了大量的财力，但也带来了巨大的经济收益。得益于从战争中获得的战利品、土地和奴隶，国家和个人的财富急剧增长。在下一节中将要讨论的大规模公共营建计划的资金主要来自战利品，证明了该时期的战争所带来的经济利益，而精英个人财富的增长则体现在他们对引人瞩目的宅邸和墓葬，以及公共工程的投入上。

通过夺取被打败敌人的土地，罗马拥有的土地急剧增加。现代人的估计显示，公元前338—前264年，这些土地从5525平方千米增加到26 805平方千米。它们中有一部分仍然作为国家所有的公地，但许多被重新分配给了罗马公民和盟友，作为广泛的殖民计划的一部分，为大约7万到8万名成年男性和他们的依附者提供了基本的土地。对于精英来说，土地也是可以进行投资的最能带来声望和最受尊重的财富形式。公元前298年，因为违反李基尼乌斯-塞克斯提乌斯的土地法而开出的罚单暗示，富有的罗马人已经热衷于囤积他们拥有的土地。考古学证据显示，在意大利的大部分地区，直到公元前1世纪，生产供家庭消费的农作物的农场和庄园才开始转向以别墅为基地，生产供市场销售的经济作物的农业模式。尽管如此，有证据表明，拥有土地的模式正在改变，早在公元前 4 世纪后期就开始发展出了更大的农场和庄园。相比后来的别墅，这些更大的农场和庄园规模并不大，但它们是一种很有价值的投资。

尽管新的土地提供了农业机会，但显然罗马的需求已经超过了其自给自足的能力。公元前 338—前 264 年，在罗马拥有的土地上，人口从略少于 35 万增加到将近 90 万。对罗马城人口的估计是 9 万到 19 万之间，无论绝对数字是什么，人们普遍相信，人口在公元前 4 世纪中叶开始的百年中大致变成了原来的三倍。如此规模的人口需要大量食物来维持，据估计，每年可能要进口多达 1.1 万吨粮食。

贸易和手工业生产也在增加。罗马生产了一系列的商品，比如一种黑釉质地的高质量陶器，有的还可以追溯到具体的作坊和生产者。其中一个特别多产的被称为"小印花作坊"（Atelier des Petites Estampilles），因为它的产品大多装饰有小小的印花图案。除了餐具，罗马陶匠还生产一种被称为"神明酒杯"（pocolum deorum）的杯子，因为经常发现其上面刻着某位神明的名字，并被作为许愿物埋藏。关于金属器物生产的证据较为有限，但仍然有说服力。主要的证据是在普莱内斯特的一处墓葬中发现的一种名叫基斯塔的圆柱形铜罐（彩图 22），年代为公元前 315 年左右。普莱内斯特尤其以基斯塔的生产中心而闻名（有时被称为普莱内斯特基斯塔），但所谓的菲克罗尼（Ficoroni）基斯塔显得不同寻常，因为上面的铭文表示，它并非在普莱内斯特铸造，而是在罗马出自一个叫诺维乌斯·普劳提乌斯（Novius Plautius）的工匠之手。当时，装饰有雕刻纹饰和精美的铸造手柄的青铜镜和基斯塔在意大利中部被广泛制造。[9] 它们的风格和技巧是伊特鲁里亚式的，但装饰的场景经常混合了当地和希腊的神话。它们表明艺术风格、技巧和工匠在多大程度上跨越了国家和地区边界，以及一种意大利中部的视觉文化的发展，这种文化为拉丁人、伊特鲁里亚人、罗马人和法里斯库斯人共有，不过也吸收了大量的希腊文化。不同于普莱内斯特和伊特鲁里亚许多地区的墓葬，罗马的墓葬中很少有镜子和基斯塔这样的奢侈青铜器，我们无从得知诺维乌斯·普劳提乌斯只是一名个体工匠，还是繁荣的罗马青铜制造业留下的唯一证据。古人提到过当时铸造的大型青铜像，比如集会广场上的毕达哥拉斯像和阿尔喀比亚德像，以及卡皮托山神庙顶上的一座朱庇特青铜像，后者取代了原先的赤陶像（李维，10.23.10—10.23.11），暗示罗马的青铜加工业的确有了发展。

这些商品的分布暗示，罗马是意大利中部城市的一个经济网络的一部分。一些瓷器仅在罗马和邻近地区发现，比如赤陶人偶和许愿小祭坛，暗示坎帕尼亚、拉丁姆和伊特鲁里亚等城市是重要的贸易伙伴。其他一些物品则被出口到整个地中海西部，来到了西西里、法国南部、西班牙东部和非洲北部，比如黑釉陶器，为一个面积大得多的经济和商业接触的网络提供了证据。罗马是大量进口商品的净消费者——包括农产品和制造品——犹如吸引商品和服务的磁石，但也向广大地区出口商品。

罗马已经是一个货币经济体，使用标准重量的青铜锭作为通货（彩图20），但在公元前3世纪出现了最早的罗马铸币。最早的罗马钱币是银币，印有希腊文 Romaion（罗马人的）字样，于公元前326年左右的某个时候在那不勒斯铸造。它们的重量与那不勒斯的钱币相同，主要在坎帕尼亚流通。第二早的一批钱币铸造于公元前310年左右，印有 ROMANO（有时简写成 ROMA）

字样,同样在坎帕尼亚和大希腊铸造和流通。直到公元前3世纪中期,各种重量的圆形青铜铸片〔被称为"重铜"(aes grave)〕一直与这些钱币同时流通。此后,它们被改造成了一种特殊的罗马货币体系,拥有基于罗马磅的重量和面值。人们采用了新的货币符号,ROMA的字样成了标准的辨识标记。公元前3世纪中期,罗马设立了自己的铸币厂,开始发行在罗马本地铸造的钱币。其中之一可能发行于公元前269年,在当年铸造的一批银币上,正面是带赫丘利的新图案,这位神明与罗马关系密切,背面是母狼和双胞胎(彩图21)。

铸币的采用并非主要是由经济需要推动的,因为罗马已经具备了用金属锭作为通货的货币体系。当国家需要进行大规模交易时才会发行货币,比如支付大型的公共工程或者军饷。铸币的发展反映了用于制造它们的金属锭供应的增加,对重要计划的投资水平的提高,以及定期支付军饷的需要。钱币还是一种自我宣传的形式,通过发行自己的钱币,罗马宣示了它在世界上的地位。罗马在公元前326年发行了最早的铸币,可能是为了纪念与很有影响力的希腊人盟友那不勒斯签订条约,而在罗马铸造的最早的钱币上有母狼的形象,这将成为罗马势力和身份的标志象征——这些并非偶然。

除了因为公元前340—前270年的战争而增加的土地和可移动的财富,公元前3世纪社会和经济的一个重大改变是罗马奴隶人数的大幅增加。古代罗马从很早开始就是一个蓄奴社会,《十二铜表法》中包含了有关奴隶制的法条。[10] 就像我们在其他地方谈到的,早期罗马有两种在法律上不同的奴役。债务奴役发生在债务人还不起钱时被迫作为强制劳动力工作,在公元前326年被废止。动产奴隶生来为奴，或者通过其他方式成了奴隶，他们完全归主人所有，没有法律权利或自由。导致这种奴隶在公元前4和前3世纪增加的原因是罗马对意大利的征服，以及将战俘变成奴隶的做法。萨莫奈战争和伊特鲁里亚战争期间沦为奴隶的战俘数以万计。据估计，罗马仅在第三次萨莫奈战争中的公元前297—前293年就获得了超过6.6万名奴隶，到了公元前3世纪中叶，奴隶可能占到罗马总人口的15%左右。即便考虑到古代作家给出的数字的约略性质，在公元前350—前264年左右，奴隶人口也存在巨大的增长。

表10 第三次萨莫奈战争中被奴役的战俘情况 [根据哈里斯（Harris），1979]

时间	民族和地点	被奴役的人数
前297年	基美特拉（Cimetra）	2900
前296年	穆耳甘提亚（Murgantia）	2100
前296年	罗姆莱亚（Romulea）	6000
前296年	萨莫奈人	1500
前296年	伊特鲁里亚人	2120
前296年	萨莫奈人	2500
前295年	萨莫奈人和高卢人	8000
前295年	萨莫奈人	2700
前294年	米利奥尼亚（Milionia）	4700
前294年	鲁塞莱	约2000
前293年	阿米特尔努姆（Amiternum）	4270
前293年	杜罗尼亚（Duronia）	不到4270
前293年	阿奎洛尼亚	3870
前293年	科米尼乌姆	11 400
前293年	维利亚、赫库兰尼姆和帕拉姆比努姆（Palambinum）	约5000
前291年	萨埃皮努姆（Saepinum）	不到3000
总计		约66 330

这创造了大量廉价的劳动力，改变了罗马的经济与社会。农业奴隶劳动力推动了经济增长，使得对土地更密集的耕作，以及更大的农场和庄园的发展成为可能。廉价劳动力还促进了大规模的公共工程，比如修筑公元前4世纪罗马的城墙，即所谓的塞尔维乌斯城墙——这项巨大的工程需要开采、运输和垒起数百万块大型的凝灰岩——以及本章后面部分将会描述的公共营建计划。

不过，奴隶不仅仅是重劳动力，许多还成了家仆。据估计，除了最贫穷的那些，大部分罗马家庭都可以拥有小批奴隶，而贵族家族的奴隶数量要大得多，包括有技术的奴隶，扮演了书记员、老师、管家和其他许多角色。他们在管理个人家庭和罗马国家的许多方面都必不可少。奴隶的涌入不仅增加了罗马的人口和改变了它的经济潜力，他们还对文化和民族多样性产生了影响，因为这些奴隶大部分来自说希腊语或奥斯坎语的意大利地区。

矛盾的是，虽然这些奴隶没有法律权利，但他们对公民群体产生了巨大的影响。并非所有的奴隶都终身为奴，许多人会被释放，他们由此不仅获得自由，也得到了有限的罗马公民权。奴隶可以通过几种方式获释：作为对出色效劳的回报；通过主人给的小笔津贴，积攒起足够的钱为自己赎身；还有的在他们主人去世时获得自由。在遗嘱中释放自己一部分奴隶的做法并不罕见。从事重体力劳动的奴隶们可能活不到享受释放的好处的时候，但公元前357年引入的对释放奴隶征收5%的税额暗示，释奴的数量足够多，能够产生可观的收入。

获释不仅意味着自由，还带来了罗马公民权，尽管释奴在法律上仍然受到一些限制，比如不得担任公职。他们也没有完全被从之前的主人身边解放，而是作为门客依附于主人，改用主人的姓氏，标志着他们与那个家族仍然保持联系。[11] 对于大家族来说，这会产生有用的结果，创造出在私人事务和公共生涯中有望帮助和支持自己恩主的大批门客。希腊人觉得，罗马人对待奴隶的方式既值得注意又有点奇怪。腓力五世写给拉里萨城邦的信中提到，通过释放奴隶来增加人口是罗马力量的重要来源。相反，让哈利卡纳苏斯的狄俄尼修斯感到震惊的是，罗马向前奴隶开放罗马公民权，却不自动将其扩大到像他本人这样杰出和有学识的希腊人。罗马人对释奴的焦虑则集中在其对前者的社会和政治影响的考虑上——比如当释奴之子格奈乌斯·弗拉维乌斯在公元前304年当选营造官时——而不是绝对反对授予其自由。

城市的发展：公元前3世纪的罗马城

从罗马城基础设施的变化中可以看到罗马疆域扩大和经济繁荣的影响。人口的增长产生了深远的影响，提供了大量的劳动力（包括自由民和奴隶），对罗马的经济繁荣做出了贡献，但也提出了大量后勤问题。为一个10万到20万人口的城市提供食物是个难题，需要定期进口食物，也对水供应造成了压力。罗马拥有大量天然泉水，比如尤图尔娜潭，但这些远远不够。对基础设施进行投入的迫切需求体现在公元前312年由阿皮乌斯·克劳狄乌斯发动的道路和引水渠的修建工程中，以及不到四十年后就需要修建的另一条引水渠，即公元前272年由曼尼乌斯·库里乌斯·丹塔图斯修建的老阿尼乌斯引水渠（Aqua Anio Vetus）。这些引水渠似乎都主要从地下经过，但阿皮乌斯引水渠的一部分建在高架拱廊上，就像后来的许多引水渠那样。它们是引人瞩目的公共工程，资金来自萨莫奈战争和皮洛士战争中获得的战利品,除了实用功能,它们还醒目地展示了罗马的威望和力量,以及罗马城地位的提高。[12]

为了处理更大规模的进口商品和食物,需要更多的港口和仓库。(图28)陆地运输缓慢而昂贵,于是台伯河成了将商品运到城内的关键动脉。奥斯提亚发展成罗马的主要港口是较晚才发生的事,任何从海路运到那里的商品必须逆流而上抵达罗马。古代史料描绘了老港区——位于牛市附近的台伯港——的扩大。该区

图28 罗马:罗马广场、帕拉丁山和牛市的平面图,约公元前264年

域留存下来的遗迹寥寥无几，但该时期修建了港口的守护神波尔图努斯的神庙，证明了台伯港的重要性，为文字材料提供了佐证。现存神庙的大部分结构建于公元前 1 世纪，但它的地基可以追溯到公元前 4 世纪末和 3 世纪初。公元前 3 世纪末开始了新港区的建设，被称为恩波利乌姆（Emporium），坐落在阿文丁山脚下的那段台伯河畔。它提供了比台伯港更大的扩展空间，在布匿战争期间和公元前 2 世纪初，它发展成为一个拥有大片码头和仓库的区域。

征服战争还为其他建设项目的激增提供了资金，特别是神庙。在某种程度上，至少可以确定有 14 座神庙建于公元前 3 世纪，但数字很可能比这更大——也许多达 32 座。[13] 对它们的了解有的来自考古学证据，但我们关于神庙建造的许多信息来自李维，由于他的史书中有关公元前 3 世纪的部分有许多空缺，我们所知的新建或翻修的神庙名单可能并不完整。可以补充某些只在考古学证据中发现的神庙，比如位于牛市和港口附近的波尔图努斯神庙和未被战胜的赫丘利神庙的早期阶段，位于菜市（Forum Holitorium）的希望女神（Spes）神庙和朱诺神庙，在银塔广场（Largo Argentina，位于曾经的战神校场所在地）发现的一系列小神庙。

来自考古学的证据表明许多神庙规模都很小，特别是胜利女神庙，它们用当地的凝灰岩建造，带有赤陶装饰。直到下一个世纪，大理石才在罗马被广泛用作建筑材料。它们的形制在意大利中部是一致的，都包括一个基座，有台阶通往带柱门廊和一个内殿的小神庙。银塔广场上的神庙 A 和 C 都非常典型（彩图 23）。不过，另一些神庙可能更大，比如"稳固者"朱庇特的神庙

表 11　公元前 3 世纪罗马的神庙建筑

时间	神庙	地点
前 4 世纪末 / 前 3 世纪初	波尔图努斯神庙	台伯港
前 4 世纪末 / 前 3 世纪初	未被战胜的赫丘利神庙	台伯港（？）
前 302 年	健康女神神庙	奎里纳尔山
前 3 世纪初	银塔广场的神庙 C	战神校场
前 296 年	胜利者战争女神（Bellona Victrix）神庙	战神校场
前 295 年	胜利者朱庇特神庙 仁慈的维纳斯（Venus Obsequens）神庙	奎里纳尔山 战神校场
前 294 年	胜利女神神庙 稳固者朱庇特神庙	帕拉丁山 帕拉丁山
前 293 年	奎里努斯神庙 幸运运气女神（Fors Fortuna）神庙	奎里纳尔山 台伯河右岸
前 291 年	阿斯克勒庇俄斯神庙	台伯岛
前 278 年	宿曼努斯（Summanus）神庙	战神校场
前 272 年	康苏斯神庙	阿文丁山
前 268 年	忒勒斯神庙	埃斯奎利诺山
前 267 年	帕勒斯神庙	未知
前 264 年	维尔图姆努斯（Vertumnus）神庙	阿文丁山
前 3 世纪	希望女神神庙	菜市
前 3 世纪	雅努斯神庙	菜市
前 3 世纪	银塔广场的神庙 A	战神校场

(Jupiter Stator，公元前294年），它足够大，可以举行元老院会议。有的神庙的装饰令人印象深刻。健康女神（Salus）神庙以其壁画闻名（瓦莱利乌斯·马克西姆斯，8.14.6），而奥古尔尼乌斯兄弟为卡皮托山的朱庇特神庙奉献了几只银碗，以及一座新的青铜朱庇特像，替代了神庙屋顶上原来的陶土像（李维，10.23）。

与神庙的建造密切相关的是征服活动，以及奉献它们的个人的威望。大部分神庙是为了成功的军事行动而向神明表达的感谢，由战利品提供资金。难怪许多神庙都被献给了与战争和征服相关的神明（胜利女神、未被战胜的赫丘利、胜利者朱庇特和胜利者战争女神），或者与罗马的身份和传奇过去关系密切的神明[康苏斯、帕勒斯和奎里努斯（Quirinus）]，还有许多位于举行凯旋式的将军和军队经过的游行路线附近。在当时，军事行动中获得的战利品是凯旋将军的财产，他可以按照自己的意愿处置。通过使用其中的一部分或者全部来修建神庙，作为对胜利的感恩献祭，他既向神明致敬，又提高了自己的威望和公共形象。这种类型的神庙是对军事成就和凯旋庆祝的永恒纪念。一座胜利神庙如何成为家族纪念碑的最引人注目的例子是战争女神庙，由阿皮乌斯·克劳狄乌斯·卡伊库斯奉献，他用盾牌和祖先的肖像装点了那里（奥维德，《岁时记》，6.201—6.208；普林尼，《自然史》，35.19）。

让城市面貌发生改变的还有把战利品和青铜像放到公共空间的做法。它们中包括从被打败的敌人那里夺取的物品，比如曙光之母神庙中展示的来自沃尔西尼的塑像，以及公元前310或前309年和前293年在罗马广场上展示的来自萨莫奈人的战利品，但也有许多是新造的。有的被用来向神明致敬，比如卡皮托山上竖立的赫丘利和朱庇特巨像，另一些则向个人致敬，比如献给公元前306年的执政官昆图斯·马尔基乌斯·特雷穆鲁斯（Quintus Marcius Tremulus）的骑马像（普林尼，《自然史》，34.23）。它们不仅反映了神庙和公共空间的纪念碑化，而且显示有大批青铜被缴获，这是用来制造它们的原材料。

罗马精英的社会和政治野心，以及通过展示它们来彰显家族地位的需要，对罗马的城市发展产生了深刻的影响。该时期的私人宅邸很少留存下来，但就像在第11章中讨论的，古人的描述暗示，在显眼的位置拥有一座令人印象深刻的大型宅邸，对于贵族家族的自我形象以及政治和社会地位非常重要。更有力的证据表明，贵族家族会为新的和引人注目的家族墓葬进行大量投入。墓中有为几代人建造的地下或半地下墓室，但可见的地上结构让墓葬成了吸引过路人眼球的纪念碑，从而高调地提醒人们墓主人的重要性。两个最好的例子属于法比乌斯家族和西庇阿家族，两者都属于公元前3—前2世纪，因此有一部分不属于本书的时间范围，但它们为了解共和时代中期罗马贵族的世界观提供了宝贵的信息。

法比乌斯家族的墓保存不佳。它和另一座年代差不多的墓葬现在位于埃斯奎利诺山上的圣优西比奥（S. Eusebio）教堂之下，外部结构几乎荡然无存。两座墓的内部都只有一间墓室，装饰着壁画（罗马现存最早的墓室画），被认为可以追溯到公元前3世纪。[14] 尽管壁画已经支离破碎，但它们描绘了可能来自萨莫奈战争中的历史片段，包括围城和投降的场景，尽管学者对它们究竟表示什么意见不一。某个人物旁边的文字标明他是法比乌斯家族的一员，可能是昆图斯·法比乌斯·鲁里亚努斯，第二次萨莫奈战争中的一名罗马名将。这座墓可能是公费墓地，作为对其成就的认可。[15]

更为知名和保存更好的西庇阿家族墓地显示了该时期的贵族在相互竞争的自我宣传方面投入了多少努力。这处墓地位于阿皮亚大道边，是更大范围的罗马墓地迁移的一部分。现在，埃斯奎利诺山的墓地很少被使用，大部分人被埋在城门之外，特别是沿着离开罗马的道路边。任何沿着向南通往坎帕尼亚的新大道进入或离开罗马的人都会经过像西庇阿家族墓地那样的贵族家族墓，它们是引人注目的纪念碑。可见的部分包括一个支撑着上层结构的高台，尽管带有柱子和凹槽的装饰是公元前2世纪中期的。墓的下部是一个大型的矩形洞室墓，有安放骨灰坛和石棺的壁槽，以及大约30个墓室的空间，高台下有通道可以进入那里。这座墓最早的部分建于公元前3世纪初，最早被埋葬的是"长胡子"西庇阿，他是公元前298年的执政官，在公元前280年左右去世。它一直被用到公元前2世纪末，在公元前150年左右经过扩建和翻新，正面被改造，增加了希腊风格的柱子和雕像。大部分死者为土葬，置于大石棺内，上面有记录了死者生涯和成就细节的墓志铭。它们生动地展现了共和时代中期罗马贵族的价值观和世界观，集中展示了家族的成就和威望。作为最早的墓志铭，"长胡子"西庇阿的墓志铭中写道：

"长胡子"卢基乌斯·科尔内利乌斯·西庇阿，格奈乌斯之子，一个强健而睿智的人，外貌完全与德性相匹配，他曾是你们中的执政官、监察官和营造官——他夺取了陶拉西亚、基萨乌纳和萨莫奈——还征服了整个卢卡尼亚，带走了大批战俘。

(《拉丁碑铭集》，6.1284)

这清楚地表明了对公元前 3 世纪新崛起罗马贵族的身份认同最为核心的特点，而他们从其中获得了威望和地位：家族传承、道德品质、令人印象深刻的历任公职，以及出色和成功的军旅记录。像西庇阿和法比乌斯家族这样的墓地是家族地位的公共纪念碑，展示了许多代人以来取得的功名和军事成就记录，贵族们从中获得了他们的社会和政治地位。罗马新崛起的贵族创造了对颂扬此类长期成就的纪念碑的需求，担任公职和一代代累积的成就是他们地位的基础。

公元前 3 世纪的罗马文化

公元前 4 世纪末和前 3 世纪初，罗马的扩张和社会政治变迁无疑推动了城市内部的快速增长和营建热潮，并更普遍地对罗马的文化产生了广泛的影响。米歇尔·胡姆（Michel Humm）表明，公元前 4 和前 3 世纪时胜利献祭的流行——无论是用战利品筹资修建的神庙、胜利纪念碑或雕像，还是在罗马展示的缴获的武器、战利品和艺术品——都受到了日益希腊化的趋势和想要模仿希腊人纪念胜利的方式的驱动。不过，这种观点存在争议。希腊的文化习俗无疑对当时的罗马产生了深刻影响，但这些做法的根源似乎在于罗马精英的竞争，特别是在军事方面，以及该时期罗马人越来越多的征服，而非因为接受了希腊人的习俗。

不过，在其他许多方面可以看到希腊对罗马文化的影响。古代的史料将赛车和竖立纪念雕像来向著名人物致敬描绘成希腊人的习俗。希腊人向抽象美德进献神庙和进行崇拜的做法被罗马人接受，比如健康女神神庙和胜利女神神庙，而希腊人对医神阿斯克勒庇俄斯的崇拜也于公元前291年在罗马确立,台伯岛上建起了他的神庙。罗马的使者还多次被派去希腊请示神谕,显示了罗马正与希腊世界开展外交和宗教活动。甚至可以看到希腊人对个人习惯的影响。一些著名的罗马人给自己起了希腊式的别名,比如公元前281年的执政官昆图斯·马尔基乌斯·腓力(Quintus Marcius Philippus)。瓦罗和普林尼声称(瓦罗,《论农业》,2.11;普林尼,《自然史》,7.59),公元前3世纪,在罗马人中出现把胡子刮得干干净净的风潮是源于从西西里涌入了大批希腊的理发师。普鲁塔克(《卡米卢斯传》,22)提到的一点显示了希腊文化的影响程度,他表示,公元前4世纪的哲学家赫拉克勒德斯·庞提库斯(Herakleides Ponticus)把罗马形容为一座希腊城市。这可能指的是与该城相关的希腊人建城传说,而非对当时文化的内行评论,但希腊人对罗马思想文化的影响是可观的。一些倾向于让罗马的公民大会扮演更重要角色的政客背后可能有希腊的政治思想,特别是阿皮乌斯·克劳狄乌斯和昆图斯·普布利里乌斯·菲洛,据说阿皮乌斯·克劳狄乌斯写了多卷逸闻故事和道德寓言,就像同时代的希腊人那样。人们对希腊哲学非常感兴趣,特别是毕达哥拉斯主义,胡姆把这种现象追溯到对塔兰托的征服,公元前4世纪时,毕达哥拉斯的哲学在那里有过复兴。

考古学证据证明了希腊文明对物质文化的影响。希腊人的艺术风格和技法体现在法比乌斯家族的墓地和在西庇阿家族墓中发现的石棺上,而像菲克罗尼基斯塔这样的器物上的装饰(彩图22)表明希腊神话在罗马为人所知并受人欣赏,并且装饰着希腊主题的器物拥有市场。一些公元前3世纪的神庙建筑,比如在银塔广场上的神庙A和C同样显示出希腊人的影响,尽管它们在形制上是传统意大利式的。

这些文化变革反映了两股更大的潮流。首先，希腊的艺术风格和思想文化在当时的整个意大利中部很有影响。来自伊特鲁里亚和拉丁姆其他地区的雕塑、绘画和青铜都接受了希腊化风格和希腊的主题，将其吸收进了当地的传统。伊特鲁里亚和普莱内斯特的铜镜和基斯塔上的装饰主题源于希腊神话与当地神话和传统的混合，有时两者会融合成一种独特的当地形式的希腊神话和传统。公元前4世纪的一件基斯塔上装饰的场景中汇聚了荷马传说中的若干人物——海伦、阿喀琉斯、克吕塞伊斯、俄瑞斯忒斯和廷达柔斯，此外还有一个被标记为塞基·鲁库斯（Seci Lucus）的人，这显然是个拉丁或意大利人的名字，身份不明。在另一个例子中，一幅有埃阿斯和阿伽门农出现的画面中有个被标记为索雷希俄斯（Soresios）的人，可能表明他是位于拉丁姆和萨莫奈人领地交界处的索拉当地人。这些场景的意义不明，但它们表明希腊文化和神话在意大利中部已经广为人知，与当地的传统和神话融合起来，形成了一种希腊和当地元素的独特混合体。由于罗马植根于意大利中部的文化环境中，它无疑通过意大利的伊特鲁里亚和奥斯坎文化受到了希腊文化的影响。第二股潮流是从公元前4世纪末开始，罗马越来越多地与希腊世界产生直接的接触。到皮洛士战争结束时，大希腊已经处于罗马的控制之下，而与坎帕尼亚的关系（特别是与那不勒斯和库迈这两座希腊人的城市）甚至历史更加悠久。罗马开始积极地参与到更广大的希腊世界中，向希腊城邦派出外交使团，并与许多重要的希腊圣所建立了宗教联系。

罗马人对这些影响的回应方式以及对它们做了什么为我们提

供了一些重要的信息。最早的铸币很好地展现了问题的复杂性。第一批银币无疑要得益于罗马与希腊人统治的坎帕尼亚的联系，特别是那不勒斯。它们使用希腊人的重量标准和图案，在最早发行的那一批中还有希腊语铭文。在许多方面，它们可以被视作使用了希腊人的技术和惯例，但却是为了展现独特的罗马身份，不过，它们被铸造出来主要是为了在罗马城以外流通，似乎没有在城内被使用过。等到在罗马城内流通的钱币被铸造出来时，它们的罗马特征变得清晰得多，它们开始使用罗马的重量标准和币值，带有母狼这个典型的罗马符号。希腊人对于罗马文化的影响不仅是一种接受，也包括被改造以适应罗马本身的政治和文化诉求，并对独特的罗马人身份做出了贡献。

就像麦克马伦（Macmullen）最近指出的，罗马文化中有强烈的保守主义元素，以及对罗马制度和价值的深深依恋，但与之相伴的是进行创新、改造和接受新的影响的意愿。几乎没有人会怀疑，罗马人接受了希腊文化中那些让他们觉得有用或合适的方面，或者希腊文化对罗马的影响在公元前4和前3世纪增强了，但他们对于自己接受的东西是有甄别的。上文所讨论的铸币的发展证明，他们不是希腊文化和思想的被动消费者，而是愿意去接受其一些方面，拒绝另一些，并按照罗马的准则和习俗改造剩下的一些。公元前3世纪的罗马仍然拥有许多与意大利中部相同的社会和文化准则，对于接受希腊的习俗、商品和文化是有选择的，但这并不意味着孤立主义或缺少接触——而只是一种对传统罗马文化的强烈意识或者依恋。希腊文化是罗马文化中一个变得日益明显的方面，但它只是公元前3世纪罗马文化中的一个元素。

第 15 章

后 记

罗马、意大利与公元前 264 年帝国的开端

在本书开头，意大利是一个拥有众多民族群体和文化的地区，它们中的许多正处在城市化的进程中。罗马是台伯河南岸一众零星分布的定居点中的一个，只是许多发展中的共同体之一，在更强大和资源更丰富的台伯河以北的邻邦面前相形见绌。在整个公元前 8—前 6 世纪，伊特鲁里亚人都是意大利中部最活跃的经济和文化力量，而希腊人的殖民地则在南部欣欣向荣。另一些地区的天然资源更丰富，与更广大的地中海世界的联系也更多，但到了公元前 264 年，罗马已经是一座令人印象深刻的城市，拥有广泛的国家利益，对意大利确立了无可挑战的统治，并即将成为一个世界强国。

在意大利各地，我们都可以看到前城市共同体在公元前 9 和前 8 世纪发展的痕迹，看到它们在公元前 7 世纪和前 6 世纪发展成日益复杂的城邦，在与之相伴的文化变革中，铁器时代的武士精英变为东方化时期富有的小君主阶层，再变为更加开放的贵族，他们行使的权力来自出身、财富和当选公职的结合。与此同时，经济与文化接触的模式也发生着改变，反映在公元前 7 世纪的东

方化精英的身上，公元前6和前5世纪伊特鲁里亚文化对意大利的影响上，以及从公元前4世纪开始意大利精英越来越多地接受了希腊文化上。

罗马的发展紧跟着这些更为广泛的意大利潮流。公元前8和前7世纪，它先后发展成了前城市定居点和城邦，可能由名门望族的族长统治。在与塔克文诸王联系在一起的那个时期，它把自己确立为拉丁姆内部的地区强权。罢黜国王引发的动荡本可能导致该过程戛然而止，但塔克文被流放后引入的处于萌芽状态和带有相当多的实验性质的选举制政府发展成了一个更加复杂的制度。共和政府被固定下来，产生了更稳定的选举系统，罗马的统治精英也从基于世袭贵族特权的群体变成了不仅基于血统，也基于财富和成就的寡头贵族。公元前5和前4世纪的动荡首先催生了一个实验时期，以民众更大程度的参与为特点，但随后出现了由元老阶级，即名门望族组成的寡头群体主导的统治体系。与之相伴的是，罗马看上去无情而不可阻挡地崛起为超越拉丁姆范围的势力。即便考虑到罗马史料中的胜利主义色彩，以及其掩饰任何停歇和挫折的倾向，这仍然是了不起的成就。

该时期的罗马历史中一个挥之不去的问题是，由于我们的大部分详细证据和全部的历史叙述要么与罗马有关，要么来自罗马的史料，我们很难认定罗马的发展是不是大部分意大利邦国的典型情况。它只是在应对公元前5和前4世纪的经济危机的挑战以及社会和政治变迁时比邻邦和对手做得更好吗？还是说罗马的发展与——比如——坎帕尼亚和伊特鲁里亚的类似邦国的发展存在重要区别？近来的研究强调了在多大程度上，这些曾经被认为是罗马征服和"罗马化"的结果的发展（比如，公元前4或前3世纪土地使用方式的改变和更大型庄园的出现）是在整个意大利中部和南部都能看到的独立趋势。不过，罗马在某些方面似乎是独一无二的。

对外来者的开放性植根于罗马的建城神话中，罗马是通过罗慕路斯创造庇护所和劫夺萨宾妇女而建立的。愿意承认外来者是公民在意大利完全不罕见，有例子表明伊特鲁里亚邦国也会这样做，但这些例子大多是贵族及其追随者，已经存在的社会关系方便他们变成新国家的公民。罗马的不同之处在于——特别是公元前340—前338年的拉丁战争之后——它以更大的规模扩大了罗马公民权。此后，成群的人口——经常是整个共同体——被罗马国家吸收的情况并不罕见。早在古代世界，人们就指出，这种随意扩大自身公民共同体的能力以及由此创造的额外人力是罗马成功的要素。

罗马处理其不断扩大的疆域和被征服地区的战略造就了它与意大利其他邦国的独特关系。别的意大利邦国在本地化同盟的基础上发展国与国之间的合作，这种同盟的政治和军事影响力有限。与之相比，罗马复杂的联盟、殖民地和直接统治网络使其拥有了无与伦比的影响和控制力。到了公元前4世纪末，它已经无情地打破了其他类型的权力结构，确保所有的意大利邦国现在首要地与罗马相连接。这一萌芽状态的帝国的好处很快显现。现在，通过让意大利人在罗马的战争中有义务提供支援的条约，让罗马掌握着无可匹敌的兵源。夺取被征服敌人土地的做法扩大了罗马的疆域，直到它占据了意大利中部的大片土地，拥有了重要的经济资源。殖民地的建立或罗马公民权的授予在许多领域创造了与罗马的永久联系，而殖民定居点为许多较为贫穷的公民提供了土地。

对于富人来说，它提供了向土地投资和建造大量庄园的机会。奴隶的涌入改变了罗马的人口结构，提供了一批廉价劳动力，而在征服战争中获得的可运走的财富使得雄心勃勃的公共工程成为可能，同时也使精英阶层变得富裕。

这样迅速的崛起让人们不禁疑惑：为何罗马如此咄咄逼人地扩张，并从很早就开始扩张。罗马文化和社会的许多元素注定它将活跃地扩张。罗马贵族间的竞争十分激烈，军事成功是获得和维系威望的重要因素。贵族成员一直受到压力，要求他们赶上或超过祖先与同时代人的成就。成功的将军有望获得公众的赞誉和荣誉，比如凯旋式。这会提高他们的声望，如果他们计划未来竞选公职，这还会提高他们当选的可能性。战争带来了战利品，战利品转化为个人财富，让他们有机会建造庄园和精美的宅邸并过上奢侈的生活，有能力出资兴建引人注目的公共建筑，以及进一步巩固个人和家族的重要地位。罗马共和国时期的许多神庙都是由将军奉献的，资金来自战利品，用以感谢神明和宣传个人成就。显然，罗马精英从征服战争中获得了巨大的好处，无论是土地和财富，还是声望。总体而言，公元前4世纪的征服战争带来的土地和战利品让罗马国家的富有程度达到了之前无法想象的程度，惠及整个公民群体。罗马得以向士兵支付军饷，在公元前264年，当情况变得必须如此时，它还建立和部署了一支海军。国家对公共营建的投资改变了城市面貌，无地公民也从大规模的殖民计划中受益。

罗马在意大利的联盟的本质为持续扩张提供了基础，因为这确保罗马掌握了庞大的兵源，但罗马参与的领土事务的规模意味着，到了公元前270年，罗马有大量利益需要保护。由于战争需要神明的首肯，且只有自卫战争能够得到神明的批准，因此罗马的战争——在罗马人自己看来——本质上是防御性的，旨在保护自己和盟友的利益。随着罗马的领土利益和同盟网络的扩大，罗马被卷入更多冲突的可能，以及它对失去对盟友的控制的担心也都增加了，这形成了一种自我推动的战争循环。驱使罗马人建立一个意大利乃至最终的地中海帝国的动机是一种侵略性、机会主义和防御性的复杂组合。

作为一座城市，罗马经历了漫长的发展。假设有人在公元前8世纪来访，他会看到由一片片夹条墙小茅屋组成的共同体，它们之间是进行集体宗教活动的区域，用原始的界墙分隔。到了公元前6世纪，来访者会看到一座修筑了防御工事的城市，还拥有排水系统、铺设好的广场和雄伟的神庙。简陋的居所同贵族建造的豪华的大宅共同存在，沿着著名的圣道和罗马广场的边缘延伸。城市发展迅速，建筑总体上规模更大，装饰着色彩鲜艳的陶土檐口。它已经发展成一个繁荣的国际性共同体，来自伊特鲁里亚和希腊世界的工匠和商品纷纷涌入那里，还吸引了来自其他地区强国的注意力，比如迦太基。

到了公元前5世纪，罗马的政治地貌开始成形。罗马广场得到了进一步的发展，建起了新的神庙，包括一些——如阿文丁山上的狄安娜神庙以及刻勒斯、利伯尔和利伯拉神庙——有具体社会和政治联系的神庙。尽管如此，这一时期的经济不景气和文化调整意味着罗马的发展不如在公元前6世纪那么迅猛。精英文化现在变得更加朴素，人们也不再那么明显地炫耀财富。这仍然是一座令人印象深刻的城市，但周期性地遭遇食物短缺和社会争端。

公元前342—前264年，随着征服的好处显现，罗马的发展进入了一个财富和力量不断上升的过程。与此同时，公元前 4 世纪中期的改革以及平贵分裂重要性的减弱开启了一个重要的社会和政治变革时期。此前角色相当模糊的元老院的影响大大增强，还出现了一个新的统一贵族群体，该群体以担任要职为基础，而非封闭精英群体的世袭成员，并发展出了主张自身权力和地位的新方式。无论是像赛会和军事凯旋这样的公共活动，还是葬礼这样的家族仪式，它们都成了展现重要个人及其家族之显赫的机会。

征服意大利的影响体现在多个方面。现在，罗马掌握了庞大的人力，使其在军事实力上远远超越其他意大利邦国。罗马领土的迅速扩张，以及多年来成功作战积累的战利品给经济带来了显而易见的好处，但也引发了人口状况的变化，对罗马和意大利其他地区产生了重要的影响。获得的土地和战利品让罗马及其精英暴富，与希腊世界和迦太基的更多接触让罗马受到了来自意大利之外更广泛的文化影响，而涌入罗马的新人口改变了这座城市的人口状况。

到了公元前 3 世纪，罗马已经发生了极大的变化。它已经发展为意大利最大的城邦共同体之一，拥有最新的城墙，大量宏伟的神庙和公共建筑，以及令人印象深刻的私人宅邸，还有下水道、道路和引水渠这样的民用设施。人口的组成变得更加多样，包括来自意大利其他地区和意大利以外的人口。它根本上仍然是一座意大利中部的城市，其最紧密的经济和文化联系是与其近邻间的。但希腊文化的影响——包括视觉的和思想的——变得日益明显。它在恢宏程度上还不能与同时代的希腊世界的城市相比，比如雅典、以弗所或亚历山大里亚，甚至不能与其他少数意大利城市相比，比如塔兰托和卡普阿。甚至到了公元前 2 世纪，著名的希腊文化爱好者，政治家西庇阿·埃米利阿努斯（Scipio Aemilianus）据说还对罗马相较之下显得多么土气感到羞愧难当。不过，罗马已经吸收了来自整个意大利和地中海的文化影响，它的领袖正忙着把新获得土地的所得投入城市发展和增进自己家族的利益当中。

此外，罗马的势力和野心的增长使其与西地中海的一个根基更加深厚的强国迦太基有了越来越多的接触和潜在的冲突。与梅萨纳（今墨西拿）的同盟让罗马在西西里有了立足点，但也在很大程度上把罗马拖入了希腊人和迦太基人之间为该岛的统治权而展开的复杂且长期的斗争。它给罗马带来一系列新的挑战——如何应对西地中海最强的海军力量，如何在意大利之外作战，以及最终如何统治它的第一个海外行省。这些问题超出了本书的范围，是本系列中下一本的主题，但公元前264年第一次布匿战争的爆发——这是罗马为了西地中海的统治权而与迦太基展开的史诗般的斗争的第一阶段——让罗马走上了建立世界帝国的征程。

附　录

罗马的年份与纪年

早期罗马史中一个非常复杂和困难的方面是它的纪年，或者更准确地说，是它多种且不同的纪年法。与关于罗马史的大部分现代作品一样，本书中所用的年份是所谓的瓦罗纪年。它们中的许多是现代读者所熟悉的：在这种纪年中，建城是在公元前753年，共和国元年是公元前509年，高卢人之劫是公元前390年，而传统上的第一位平民执政官出现在公元前366年。不过，还有其他许多纪年，它们都有各自的问题。读者应该注意，这些都只是一种将历法年份与每位执政官的任职年份联系起来的可能的体系。

罗马人用当年行政长官的名字来表示事件的年份，通常是执政官。因此，事件可能被描述为发生在"盖乌斯·恺撒和卢基乌斯·埃米利乌斯·保卢斯任执政官时"——这对应了公元前1年。为了确定事件在现代纪年中的日期，我们需要一份可靠的执政官年表，让我们可以从公元1年开始回溯公元前的年份。古物学家阿提库斯和瓦罗在公元前1世纪中期建立的纪年体系被元老院接受，成为官方的定年方法，根据瓦罗认定的罗马建城的时间进行计算。它还被《卡皮托名录》采用，这份奥古斯都编写的罗马执政官年表为罗马的年份提供了基础。不过，瓦罗认定的一些具体的执政官任期的年份存在问题，《卡皮托名录》也存在许多疑问。

从公元前300年左右开始，《执政官名录》中包含了完整和准确的执政官名单（或者在选举有执政官权力的军政官的年份里用他们代替），让我们可以相当准确地把罗马的执政官任期同现代的公元前年份对应起来。不过，公元前390年到前300年的年表中有被扭曲的迹象，加入了所谓的"独裁官年"（公元前333年、前324年、前309年和前301年），在那些年里，用来表示年份的行政长官是独裁官而非执政官；以及被称为"无执政期"的那五年（公元前375—前371年），据说那些年里政治争端导致选举无法进行。学者广泛认为两者都是后来编造的，人们插入了虚构的"独裁官年"，将单次的选举危机延长为五年的"无执政期"。

上述情况的原因是希腊和罗马的纪年对高卢人劫掠罗马这一公元前4世纪的关键事件存在分歧。波利比乌斯（1.6.2）很可能根据公元前4和前3世纪的史学家的说法得出了此事的年份，认为它与希腊历史上的一个著名事件同年发生，即公元前386年商定的《安塔尔基达斯和约》（Peace of Antalcidas）。问题在于，根据《名录》，任职期间发生高卢人之劫的有执政官权力的军政官是公元前381年的，而非前386年的。多出来的那些年可能是为了让《名录》能对得上《安塔尔基达斯和约》的时间而插入的。不幸的是，由于既插入了"独裁官年"，又把可能为期一年的"无执政期"延长为五年，这种修正过了头，使得《名录》与瓦罗纪年——后者现在把高卢人的劫掠放到了公元前390年——与其他材料对公元前4世纪的记载在很多时候相差4年。

其他许多古代作家使用了不同于瓦罗的纪年。比如，李维的纪年去掉了"独裁官年"，但延长了"无执政期"。希腊史学家们有自己的纪年体系，基于四年一届的奥林匹亚竞技，自公元前776年为起点，从该时间点开始计算年份。像哈利卡纳苏斯的狄俄尼修斯这样的一些史学家则发展出了一种精细而复杂的定年体系，试图把《名录》同奥运会的时间以及根据雅典每年的执政官（archons）得出的年份联系起来。不过，它们都记录了每年的执政官，让我们可以把它们各自的日期，以及瓦罗和《名录》的日期统一起来。

年 表

时间	罗马的关键事件	意大利的关键事件
公元前9世纪	帕拉丁山和罗马周围的其他小山上出现定居点。后来的罗马广场区域出现墓葬。	意大利的铁器时代：伊特鲁里亚、拉丁姆、坎帕尼亚和南意大利发展出复杂的定居点。
公元前8世纪	帕拉丁山和卡皮托山上的定居点变得更加复杂。罗马广场的墓地被埃斯奎利诺山上的墓地区域所取代。	伊特鲁里亚和意大利的其他地方发展出了前城市定居点。坎帕尼亚和南意大利出现希腊人的定居点。
公元前7世纪	帕拉丁山和其他小山上的定居点发展成具有唯一核心的城市定居点。传统上认定的早期国王的年代（努马到安库斯·马尔基乌斯）。	伊特鲁里亚的城市发展。意大利文化受到越来越多的东方化影响。更多的希腊定居点和在南意大利的扩张。
约公元前615—前530年	塔克文王朝统治罗马；城市的扩张和纪念碑化；塞尔维乌斯·图利乌斯的改革。	伊特鲁里亚人的势力在意大利北部和坎帕尼亚的扩张。凯尔特人开始向意大利北部移民。

（续表）

时间	罗马的关键事件	意大利的关键事件
公元前 525 年		伊特鲁里亚人被库迈打败。
公元前 510—前 509 年	罗马王政的消亡：塔克文家族流亡和共和国的建立。 罗马与克鲁西乌姆的战争。 罗马与迦太基的第一份条约。	毕达哥拉斯派被流放和意大利希腊世界的公民动乱。
约公元前 505 年	阿里基亚战役：克鲁西乌姆军队被库迈和拉丁人击败。	
公元前 496 年	雷吉鲁斯湖战役：罗马打败了拉丁人。	
约公元前 493 年	罗马与拉丁人议和：签订《卡西乌斯条约》。 平民的第一次撤离，平贵之争开始：设立保民官。	
公元前 486 年	斯普利乌斯·卡西乌斯任执政官：土地和债务问题引发公民动乱。	
公元前 483—前 474 年		罗马与维伊的战争。
公元前 474—前 473 年		伊特鲁里亚舰队被库迈和叙拉古击败：伊特鲁里亚的势力在坎帕尼亚终结。 萨莫奈人开始移民到坎帕尼亚。 希腊人和意大利人在南意大利的战争。
公元前 452 年	罗马向雅典派出使团，咨询法典事宜。	

(续表)

时间	罗马的关键事件	意大利的关键事件
公元前 451—前 449 年	十人委员会与《十二铜表法》的颁布；《瓦莱利乌斯-贺拉提乌斯法》的签订。	
公元前 445 年	《卡努莱伊乌斯法》：贵族和平民通婚合法化。	
公元前 440—前 432 年	反复的饥荒和食物短缺。斯普利乌斯·麦利乌斯遇刺。	萨莫奈人接管了卡普阿和坎帕尼亚的其他地区。罗马与维伊再次开战。
公元前 408—前 393 年		罗马征服维伊，确立了对拉丁姆的控制。萨莫奈人扩张到卢卡尼亚和布鲁提乌姆。
公元前 390—前 386 年	高卢人入侵和洗劫了罗马。	
公元前 386—前 346 年	债务和土地分配引发了罗马的公民动乱；《李基尼乌斯-塞克斯提乌斯法》（前 367 年）和规范债务的法律。	罗马与伊特鲁里亚人和拉丁人开战：征服塔尔奎尼、法勒里、卡伊雷、提布尔和普莱内斯特。
公元前 350—前 348 年		高卢人再次入侵。罗马与迦太基的第二份条约。
公元前 343—前 338 年		罗马与萨莫奈人的第一次战争；与拉丁人的战争。公元前 338 年的和约为罗马控制意大利奠定了基础。
公元前 327—前 304 年		与那不勒斯的战争和第二次萨莫奈战争：罗马在考迪乌姆岔口被打败（前 321 年）；罗马打败萨莫奈人（前 304 年），征服伊特鲁里亚。

（续表）

时间	罗马的关键事件	意大利的关键事件
公元前298—前290年		第三次萨莫奈战争。高卢人入侵，在森提努姆战役中被打败。
公元前287年	《霍腾修斯法》：平贵之争结束。	
公元前281—前270年		皮洛士战争：罗马征服南意大利。
公元前264年		第一次布匿战争开始。

材料说明

1. 考古学

我们对意大利的非罗马文化，以及罗马本身最早的历史的大部分了解来自考古学证据。数量越来越多的数据为我们提供了丰富的信息，但它们也存在局限。其中主要的局限是，我们对早期意大利的了解依赖于特定遗址的留存和发现，而这些是难以预测的。所以，在从19世纪就开始了系统性调查的伊特鲁里亚等地区，便导致了重大的曲解。人们把绝大部分注意力放在寻找包含了高质量艺术品的墓葬上，因此对墓地的发掘优先于对定居点的发掘。物质文化被作为艺术史研究，没有考虑其更广泛的社会和文化意义。不过，在过去的30—40年间，随着我们从墓地发掘转向田野调查和专注于定居点的发掘，我们对伊特鲁里亚城市——它们是如何形成的，以及那里的伊特鲁里亚人如何生活——的了解也发生了转变。于是，一些此前未知，但规模相当大的伊特鲁里亚定居点开始浮出水面，比如多加内拉（Doganella），而我们对那些此前已知的定居点的了解也有了改变。这种情况也适用于意大利其他地区，尽管一些南部的遗址——特别是一些在古代晚期被抛弃的希腊人定居点——更有进行广泛发掘和调查的潜力。[1]

像罗马这样的考古地点带来的挑战尤其之大，那里从古代开始就连续有人生活。罗马城考古学记录的深度和丰富程度给任何对其历史的最初几个世纪感兴趣的人带来了难题。罗马的遗迹被埋在数米厚的后世建筑之下,在许多情况下只有在修缮和城市发展的项目期间才会被发现。比如,罗马地铁系统的扩建大大增加了我们对古罗马城的了解,但只是作为一种快照——沿着新的地铁线路。一个罗马的考古学上的全面视角几乎是不可能的。不过,在后来的罗马遗址和建筑之间进行发掘让我们能够看到相比之前有条理得多的早期罗马形象。安德里亚·卡兰迪尼对帕拉丁山的发掘就是一个好例子,揭示了许多此前没有想到的关于公元前8和前7世纪罗马的信息。不过,我们必须承认,考古学证据有其局限性,我们不能指望它回答那些书面记录能够回答的问题(反之亦然)。比如,它能告诉我们农场的位置和种植的作物,从而提供了很多关于地区经济的信息,但无法告诉我们谁拥有土地,建立在什么基础上,是否由佃户、奴隶或自由农民耕作。它还可能引发截然不同的解读,并可能被新的发现彻底改变。为铁器时代的拉丁姆和罗马进行定年的困难,我们对于伊特鲁里亚城市发展的理解的变化,以及帕拉丁山发掘所揭示的关于罗马的新信息都是例证。考古学能告诉我们许多关于普遍的社会或文化趋势的信息,但无法证明或否定具体事件,或者让我们理解个别行为和动机。在这方面,我们要依赖古代史料,而它们也带来了自己的挑战。

2. 史料及其年代

我们现存的关于早期罗马历史的描述都写于事件发生之后很

久。早期的希腊史学家中有许多人对其他文化非常感兴趣,他们对意大利的事件和包括罗马人在内的意大利民族的方方面面做了评价,并从公元前 5 世纪开始提供了一些来自同时代人的信息,只不过是零星和有限的。然而,这些描述是从外部观察者的角度书写的,并非来自它们所描绘的文化内部。比如,我们没有记载能够证明,伊特鲁里亚人写过伊特鲁里亚史,即便这样的东西真的存在[2]——只有对伊特鲁里亚的文化和历史的了解并不完整的希腊人和罗马人的观察,以及在希望如何展现它时的他们自身的记录。铭文是从意大利早期唯一留存下来的直接形式的书面记录,提供了关于古风时期的意大利的信息,但在公元前 3 世纪之前,它们的数量相对很少。[3] 从下面的事实中可以看到,有多少其他传统著述失传了:我们知道有超过 100 位罗马史学家的作品已经失传,或者只以残篇和简短的引文存世。甚至更引人注目的是,克劳狄乌斯皇帝的一篇演说(以铭文形式留存)中提到一种其他地方不见经传的伊特鲁里亚人关于早期罗马的传统(见本书第 7 章),与罗马人的截然不同。

  口头传统可能在罗马人对自己最早历史的神话和传统的塑造中扮演了重要的角色。加图和瓦罗都相信,存在一个在宴会上歌唱名人及其事迹的古老传统,尽管言下之意是,这在加图的时代已经不再流行(西塞罗,《图斯库路姆论辩集》,4.3)。剧作和戏剧表演也可能被用来传播关于早期罗马的故事。作为文学形式的戏剧是在第一次布匿战争后(可能是公元前 240 年左右)发展起来的,但李维(7.2)暗示,早在公元前 364 年就有戏剧上演,公元前 2 和前 1 世纪有所谓的"故事表演"(fabulae praetextae),即主题来自早期罗马历史和神话的剧作。它们展现了神话和大众传统，而不是历史，但提供了一些关于罗马传统可能是如何形成和传播的信息。

作为我们现存最早的对罗马的描述，波利比乌斯的《历史》写于公元前2世纪中期，这是一部希腊语作品，旨在为希腊读者解读罗马。虽然它对公元前3世纪末和前2世纪的布匿战争和马其顿战争做了宝贵的描述，但对更早的罗马历史涉及有限。关于早期罗马现存最早的叙述（尽管有一些空白）来自李维和哈利卡纳苏斯的狄俄尼修斯，两者都在公元前1世纪末写作。波利比乌斯、西塞罗、瓦罗和其他许多人，以及公元1世纪和2世纪的史学家、古物学家和传记作家作品中的许多具体材料对其做了补充，但这些人的写作时间都远远晚于他们描述的事件，对他们作品内容的任何评估都必须考虑到他们的原始材料可能是什么（如果真有的话），以及他们是如何使用它们的。这些作品提出的问题是：它们的信息来源是什么，可靠程度如何；史料的时间多么接近罗马的王政时期或共和早期；它们如何决定了史学家所写的东西。

3. 记录及其性质

一个特别有争议的领域是，早期的罗马国家（或个人）是否保存档案或记录，如果是的话，它们是从何时开始的，可靠程度如何，有多少留存下来。对这些问题，古代证据说法不一，现代史学家间也存在严重分歧。

看上去的确存在一些记录，尽管按照现代标准来说它们是原始的，但很难确定其开始的时间。系统性的记录有限，很难确定那些所做记录的内容和发布情况。名为《大编年史》(*Annales*

Maximi）的宗教记录由大祭司保管，内容上非常具体。[4] 它们罗列了当年的重要事件，比如饥荒，以及像日月食这样的自然事件（特别强调任何可能有宗教意义的事件），可能还有当年的行政长官的名字。加图和西塞罗（老加图，《罗马史学家残篇》，5 F80；西塞罗，《论演说家》，2.52）谈到了它们有限的内容。这些记录被写在罗马广场的白板上展示，位于王宫或公屋之外。当白板写满后，信息会被存进档案馆，尽管我们几乎无法肯定地知道它们的存储形式。罗马的史料暗示，最早的《大编年史》可以追溯到共和国伊始，尽管一些现代史学家认为，系统性的记录不可能始于公元前4世纪以前。确定这些记录的结束时间则较为容易。它们一直延续到公元前1世纪20年代，被祭司穆基乌斯·斯凯沃拉（Mucius Scaevola）终止。记录的内容由穆基乌斯·斯凯沃拉，或者后来在奥古斯都时代发布。据说，《大编年史》发布时共计80卷，这个篇幅意味着存在规模比其他史料暗示的大得多的记录，或者它在发布时加入了额外的材料，而这些材料可能并不完全可靠。

罗马还有其他官方记录，尽管对于它们的系统程度，我们知道的细节寥寥无几。公元前5世纪的法典《十二铜表法》是公开记录，而西塞罗、波利比乌斯和哈利卡纳苏斯的狄俄尼修斯都指出，有一些公元前6和前5世纪的条约和法律保存了下来。哈利卡纳苏斯的狄俄尼修斯（6.95）表示，他的时代仍然有一份公元前493年的《卡西乌斯条约》留存，波利比乌斯（3.22）则声称读到过一份罗马和迦太基之间的早期条约，他认定条约签署于公元前509年，形容它使用难懂而古老的语言写成。此外，还有记录了宗教节日和公民大会与法庭的公共事务的官方日历，以及记录了每年的执政官名单和举行的凯旋式的《名录》，尽管我们对它们最初是如何被记录的知之甚少。《名录》被保存在公元前 12 年由奥古斯都皇帝竖立的一处碑铭中，[5] 它们的呈现形式很可能代表了对原始材料的重组和系统化，使其符合后人对共和早期的行政长官职位的假设。关于它们作为对公元前 5 世纪的行政长官的记录有多么可靠，存在不同的观点。《安提乌姆名录》(*Fasti Antiates*)——在安提乌姆发现的一处公元前 1 世纪中期的铭文——等留存下来的支离破碎的《名录》表明，罗马的《名录》不太可能是奥古斯都的发明。奥克利（Oakley）和史密斯有力地指出，应该认为它们包含了一些关于共和早期的真实历史信息，尽管它们将一些行政长官以每年两位执政官的形式列出，而这可能是为了把罗马后来的制度框架强加给之前更杂乱的现实。它们可能包含了不准确的记录，是后来的行政长官为了提高自己家族的声望而插入的。不过，就像奥克利指出的，记录家族成员担任的官职对家族地位和身份至关重要，罗马贵族不太可能容忍对此进行严重的篡改。《名录》似乎的确可能包含了历史信息，尽管很可能经过重组，以适应奥古斯都时代的先入之见。

除了国家文件，意大利各地的贵族家族也会设法保留他们自己的记录和家族历史。家族地位依赖从之前世代的地位和成就中积累和继承的声望，因此人们有强烈的动机记录先人的成就，尽管并不清楚以何种形式。它们可能包括了家谱和悼词，以书面形式或作为口头传统保存。一批塔尔奎尼的铭文——被称为塔尔奎尼墓志铭——可能基于斯普尔里纳家族的历史，这是塔尔奎尼的名门望族之一，而法比乌斯家族据说也记录家族历史。口头传播本身就容易被歪曲，而真正的记忆和传统——在不严重损失准确性的情况下——能够传播的时间也是有限的。甚至这种类型的书面记录也有问题。鉴于它们的目的是保存对家族荣誉和成就的记忆，人们显然有动机夸大其词，编造出虚构的传统来提升家族的地位和重要性。李维显然知道和使用了此类历史，但他对它们持怀疑的态度，表示家族历史包含了许多编造的材料（李维，8.40.4，22.31.11）。

一个存在争议的方面是，记录可以多么完好地留存下来，以及除了像祭司团成员这样受到限制的群体外，人们是否可以查阅它们。一些古代作家（参见李维，6.1.2；普鲁塔克，《努马传》，1.1）相信，很少有公共或私人文件在公元前4世纪初的高卢人之劫中幸免于难，如果真是如此，那将意味着即使最早的史学家也无法接触到真正的早期信息，在有关罗马的传统中，所有早于这个时间的部分都应该被认为是编造的，从而加以否定。这种观点在两个方面存在问题。首先，很少有考古学证据表明在高卢人入侵的那个时期，罗马遭遇过大规模的焚烧或毁灭，使得罗马城是否遭受过大规模的破坏存在疑问。怀斯曼认为，那场毁灭是古代作家的凭空猜想，以便解释为何不存在比公元前4世纪更早的记录，但上面所列的作家们提供的证据暗示，的确存在一些文件证据。早期的记录可能数量极其有限，记录的范围也很小，但我们没有理由假设什么都不存在。本书的观点是，存在一些公元前5世纪所做的记录，但内容有限。

很难判断我们现有的材料或更早的作家是否以及能接触到多少记录。不清楚《大编年史》的发布是为了让更多的人接触到记录，还是仅仅把记录系统化，使其作为大祭司档案库中的一份单一文件，供祭司团使用。记录的发布可能带来争议，因为它们与政治权力联系在一起。公元前5世纪围绕着成文法典的长期动荡生动地表明了这点,公元前304年格奈乌斯·弗拉维乌斯发布日历和法律文件引发的争议是另一个例证(李维,9.46)。弗拉维乌斯的举动和穆基乌斯·斯凯沃拉《大编年史》的发布表明,有人试图让接触法律和宗教记录变得更加方便,但弗拉维乌斯的举动引发的骚动同样表明,这是个存在争议的领域。

不过,有令人信服的证据表明,不仅从共和时期伊始就存在文件证据,而且我们现存的一些史料还使用了它们。哈利卡纳苏斯的狄俄尼修斯和波利比乌斯都引用了他们所谓的条约原文,李维经常把可能源于官方记录的事实信息作为对每年的历史所做描绘的开场白。[6] 尽管源于这些史料的材料可能根据后人的假设经过了加工和重释,但没有充分的理由怀疑,至少有一些比公元前4世纪更早的记录存在,或者后来的作者能够使用它们。

4. 最早的罗马史学家

尽管现存关于早期罗马的最早叙述来自公元前1世纪后期或更晚,但更早的史籍有残篇保存下来。不过,它们中最早的写于公元前3世纪后期,远远晚于王政时期或共和早期。最早的罗马史用希腊语写成,受到同时代希腊人的历史写作方式影响,但罗马人很快发展出他们自己的惯例。希罗多德和修昔底德等更早的希腊史学家专注于当代史,有时在叙述需要的时候,他们会插入关于过去或者非希腊民族的题外话。相反,罗马史学家严格专注于罗马史,在探讨更加接近当下的历史前,他们大多会用很大的篇幅概述早期罗马的历史。

最早的罗马史学家昆图斯·法比乌斯·皮克托尔在公元前3世纪末完成了他的作品，为大部分该类型的早期罗马作家提供了范例。他是一位元老，参加了公元前225年的高卢战争，还是公元前216年前往德尔斐的罗马代表团的成员。他的史书可能用编年体写成，叙述了每年的事件。该书只留存在其他作家的引用和引证中，但其中最早部分的内容被列在了西西里陶洛梅尼翁（Tauromenion）公共图书馆的一处铭文中。它包括罗马的建城，并概述了其早期的历史，以及公元前264年到前217年的历史，即第一次布匿战争及以后（哈利卡纳苏斯的狄俄尼修斯，1.6.2；波利比乌斯，1.14.1；阿皮安，《汉尼拔战争》，116）。这种将罗马的建城和早期历史同当代史结合起来的结构既借鉴了希腊化时期的希腊史学惯例，也遵循了罗马的编年记录传统。皮克托尔史书后面各卷涵盖的事件是他亲历亲闻的，或者来自在世者的记忆，但我们不知道他在之前的各卷中用了什么史料（如果真有的话）。他的结构（可能还有他的风格）可能借鉴了祭司的《大编年史》，但没有证据表明他真的参考了这些。

法比乌斯·皮克托尔的史书的形式和风格为公元前3和前2世纪他的后继者们确立了榜样，比如卢基乌斯·金基乌斯·阿利门图斯和奥卢斯·波斯图米乌斯·阿尔比努斯（Aulus Postumius Albinus）。和他一样，他们也是从政的元老成员。据我们所知，他们写的是自己时代的历史，采用编年体结构，但包含了对罗马建城和早期历史的叙述。与皮克托尔一样，他们似乎用希腊语写作，那是当时普遍使用的书面语言，也是确保获得希腊读者的方式（就像陶洛梅尼翁公共图书馆藏有法比乌斯的作品所证明的）。决定撰写一部罗马历史的可能动机是想要让希腊读者了解罗马史。

法比乌斯·皮克托尔的作品很可能被译成了拉丁语，但第一个用拉丁语作为自己首选语言写作的是老加图，公元前 2 世纪初到中叶的一位著名公众人物。他是著名的将军和政治家，也是一个多产的作家，有着广泛的文化和思想兴趣。除了历史作品，他还撰写了关于农业、法律和军事战略的专业论文，多卷主题广泛的箴言集，以及 150 多篇演说词。只有他的农业手册《论农业》（*De Agri Cultura*）留存下来。他的历史作品《起源》（*Origines*）内容新颖，有一些残篇存世。除了决定用拉丁语而非希腊语写作，他还是第一个不仅写罗马，也大量描绘意大利的罗马人。我们对这部作品的内容和结构有很多不确定的地方，但前三卷似乎不仅涉及罗马，也涉及了其他意大利民族和共同体的起源和建立，而后面的各卷是从布匿战争到他自己时代的历史。与大多数其他罗马史学家不同，他似乎是按照主题而非编年原则来组织作品的。

公元前 2 和前 1 世纪的其他史学家在他们的职业生涯和史学方法上与法比乌斯·皮克托尔非常相似，比如卡西乌斯·赫米纳（Cassius Hemina）、卡尔普尼乌斯·皮索（Calpurnius Piso）、李基尼乌斯·马克尔（Licinius Macer）、瓦莱利乌斯·安提亚斯（Valerius Antias）等人。他们是从政的元老阶层成员，而且从我们现有的残篇来看，他们的作品采用编年体结构，以描绘罗马的建城和早期历史作为序章，然后才是关于当代事件的详细历史。这些作品越来越多地用拉丁语写作，尽管有人继续用希腊语，比如老加图同时代的盖乌斯·阿基里乌斯（Gaius Acilius）。

还有一个人物不得不提，尽管严格说来，他并非罗马史学家，那就是波利比乌斯。波利比乌斯是希腊人，父亲吕科塔斯（Lycortas）是亚该亚同盟的领导者之一。在罗马征服希腊的过程中,他作为人质来到罗马,但留下来度过了其一生中的大部分时间,作为著名政治家西庇阿·埃米利阿努斯的朋友。他的史书专注于汉尼拔战争和东地中海后续的战争,旨在向希腊读者解释罗马文化和罗马的崛起。虽然他的作品关注较晚的时期,但其中包含了许多对更早期的意大利历史的评论。波利比乌斯以其勤勉的研究和对历史的质询闻名,他还熟悉公元前2世纪罗马的关键人物,这意味着他书中的信息——比如关于同迦太基的早期条约——是宝贵的资料。

5. 史料的来源

尽管我们可以认定可能的来源——从文件性证据到更早的史学家——但并不总是完全清楚李维、哈利卡纳苏斯的狄俄尼修斯和其他人是如何使用它们的。狄俄尼修斯是一个来自哈利卡纳苏斯的希腊人,他在罗马生活了很长时间,是奥古斯都时代的古典复兴的热情支持者,他大量引用了更早的材料。他现存的主要作品《罗马古事记》是一部从建城到公元前264年的罗马史。他撰写此书的目的之一是证明罗马事实上源于希腊,强调罗马文化中那些他认为与希腊文化相似的元素。在有关罗马建城和王政时期的前几卷中,他使用了大量史料,罗列了他参考的更早的罗马史学家,引用了他们和大批希腊作家的著述,仅第一卷中就达到50人。这些引用大多与早期罗马的仪式、节日和制度有关,他对古物学材料的强调暗示,除了他引用的史料,他可能还大量使用了瓦罗的作品。他有几次给出了来自不同史料的关于著名事件的不同版本,用它们来表达道德观点。他提到的早期记录暗示,他相信罗马史是从地方记录开始的，最终扩大为最早的罗马史籍的基础。有时，他会自称引用了原始文件，比如公元前493年的《卡西乌斯条约》。他似乎广泛而老练地使用了更早的史料，但主要是为了解释罗马的建城及其最古老历史的不同方面。后几卷是关于公元前5世纪的，很少引用早前的史学家。

与哈利卡纳苏斯的狄俄尼修斯差不多同时代的李维写了一部罗马史，发表时共有142卷，涵盖了罗马从建城到公元前9年的历史。1—10卷和21—45卷有全文存世，其他部分则是作为简短的摘要保存下来。作品结构采用法比乌斯·皮克托尔及其继承者的编年体原则，交替描述每年的内部和对外事务。在开始每年的叙述前，李维会给出一系列事实信息，包括当选的执政官，元老院分派的指挥权，以及观察到的征兆和异兆等宗教事宜。其中许多可能来自像《大编年史》或《名录》这样的档案史料。描述此类主题时——包括其他类似的项目，如建立殖民地的记录，征兵以及元老院事务等——他通常采用明显平实的风格，可能反映了作为信息来源的档案的语言。在最初的各卷中，他援引了一些更早的罗马史学家，包括法比乌斯·皮克托尔。在公元前218年之后的部分，他更喜欢大量使用波利比乌斯，而不是罗马人的叙述，比较两者的文本就能发现这点。他在引用波利比乌斯时会表示赞许，但对其他的一些史料持批判态度。提及瓦莱利乌斯·安提亚斯常常只是为了加以否定，表示他更认同另一种说法。他还怀疑安提亚斯和李基尼乌斯·马克尔倾向于偏爱能为他们先人增光的传统。显然，他和哈利卡纳苏斯的狄俄尼修斯都批判性地使用了一系列更早的史学家的作品和国家记录。

作品中包含布匿战争之前的罗马历史的其他史学家采用了大

范围的"世界史"写法,把自己的作品建立在更早的史学家的作品基础上。来自西西里阿古里乌姆(Agyrium)的希腊人,西西里的狄奥多罗斯(公元前1世纪中期)撰写了一部40卷的世界史,其中一部分完整留存了下来,包括公元前482—前302年的,它有时会提及罗马的事件。他对神话学和民族志学非常感兴趣,保留了许多关于神话、传说和不寻常习俗的信息。他的罗马史有两个身份不明的主要来源,其中之一似乎是一个叙事史作家,另一个是编年史作家,狄奥多罗斯的日期和行政官员的列表似乎来自此人,而他的年表与其他许多作者的截然不同。

从帝国初期的罗马史学家那里可以找到对早期罗马的评论,比如塔西佗和维勒尤斯·帕特库鲁斯(Velleius Paterculus),另两位希腊史学家阿皮安和狄奥·卡西乌斯的作品中也有大量材料。阿皮安(公元2世纪初)写了一部从建城到他自己时代的罗马史,采用地理而非编年顺序编排。他依赖一些更早的作家,但很少引用他们,与同时代的许多希腊作者一样,他还对希腊史料所知有限。他对萨莫奈战争和皮洛士战争的叙述只有残篇存世,但非常宝贵,因为李维对皮洛士战争的叙述只留下了简短的摘要。狄奥·卡西乌斯(公元3世纪)写了一部80卷的罗马世界的历史,按照编年顺序编排,尽管早期罗马史部分只有残篇存世,或者保留在拜占庭史学家佐纳拉斯的摘要中。虽然他没有提到自己的史料来源,但有几处地方(特别是关于早期执政官职位的篇章)他与李维和哈利卡纳苏斯的狄俄尼修斯有出入,也许采用了不同的史料(可能更早)。

历史曾是一种文学体裁,所有撰写早期罗马历史的史学家都有自己的目的和撰史方式,这影响了他们对事件的描述。最早的罗马史学家的风格可能借鉴了《大编年史》简明平实的事实风格，而像波利比乌斯、狄俄尼修斯、狄奥多罗斯和李维等作者则按照希腊化传统写作，这种传统要求他们进行引人入胜的叙事，使得我们在考虑必须如何看待他们的作品时要面对另一层复杂性。他们具有不同的方法和目标：波利比乌斯非常强调个人探究，旨在为希腊读者解释罗马政权；狄奥尼修斯的作品旨在推广阿提卡化的风格，以及罗马人和希腊人有共同起源的观点；李维则想要描绘罗马的崛起并为其辩护。对李维来说，性格（包括个人和集体的）是一切的关键，罗马的成功离不开恪守其古老的道德美德。他对早期罗马的叙述特别强调了个人和罗马民族的性格，描绘了背离祖先美德的危险，他加入的许多事件和对它们的解读旨在说明这点。他和其他大多数史学家根据自己时代的政治、社会和文化来描绘罗马的早期历史，在许多层面上出现了年代不合和以今言古。对早期罗马的描述假设它拥有一个结构有序的政府，以及地位突出和有影响力的元老院，就像在共和时代晚期那样，而关于公元前5和前4世纪的社会动荡的叙述也受到了共和晚期的政治和社会斗争影响，并采用后者的政治语言进行描绘。这并不意味着这些事件没有发生，但我们不能接受叙述的细节，以及被归于那些事件的行为和动机。

6. 古物学家和其他人

关于早期罗马的信息不仅限于叙事史作家。文法学家、传记作家、古物学家乃至诗人都保存了关于早期罗马的有用信息。公元前1和公元1世纪时，当时的社会对早期罗马特别感兴趣。西塞罗在他的作品中对早期罗马的许多方面做了评价，特别是他关于法律和统治的论著（《论法律》和《论共和国》）。与他同时代的瓦罗是个高产且非常有影响力的人物，他对早期罗马的历史很感兴趣，在罗马的建城神话和年代学的发展中影响很大，尽管只有他关于拉丁语言和农业的作品完整留存了下来。希腊地理学家斯特拉波（公元前1世纪后期）保存了关于古代意大利的地形、建城神话、崇拜和制度的信息，它们来自他本人的旅行和经历，或者是早前的希腊地理学家的作品。奥古斯都时代的学者和古物学家维里乌斯·弗拉库斯（Verrius Flaccus）写了大量关于早期罗马的仪式和文化的内容，包括与鸟卜和伊特鲁里亚仪式有关的事务。他的作品主要以文法学家费斯图斯（公元2世纪）汇编的摘要的形式留存，是关于早期罗马的各方面信息，以及罗马人对这些信息看法的宝库。它们都包含了关于早期罗马的宝贵知识，特别是仪式和年代学这些未知或被史学家忽略的方面。

两位文法家——罗马人奥卢斯·格里乌斯（公元2世纪）和希腊人阿忒纳俄斯（公元前2世纪）——汇编了轶事、引文、笔记和题材广泛的短文，保留了已经失传的作品的引文和残篇，包括一些关于罗马和意大利的历史与文化的论述。罗马的博学者老普林尼（公元1世纪）撰写了一部37卷的百科全书，涵盖了从艺术、地理和民族志到自然科学的许多领域。《自然史》是关于意大利城市和人民的信息的宝贵来源。希腊传记作家和散文家普鲁塔克（公元2世纪）在他的《对比列传》（*Parallel Lives*）中收录了从早期罗马史开始的一系列人物的传记，包括罗慕路斯、努马、瓦莱利乌斯·普布里科拉（Velerius Publicola）、科里奥拉努斯、卡米卢斯和皮洛士。对于这一段时期——李维、狄奥和阿皮安等人对这段时期的叙述已经失传或只有残篇存世——《皮洛士传》是有用的资源，它可能借鉴了大批更早的希腊和罗马史学家的作品。

最后，尽管诗歌看起来可能不是早期罗马史料的明显来源，但罗马诗人对历史神话和传统非常感兴趣，提供了它们是如何发展的信息。最明显的例子是维吉尔，他的《埃涅阿斯纪》是埃涅阿斯神话的最知名版本，而奥维德的《岁时记》围绕着罗马的仪式日历展开，提供了更多关于奥古斯都时代的罗马神话和传统发展的信息。来自某些最早的罗马诗人的残篇——他们大多来自罗马以外——包含了一些有趣的信息。昆图斯·恩尼乌斯是意大利东南部的鲁迪埃（Rudiae）人，后来迁居罗马，自称拥有tria corda（字面意思是"三颗心"，但这里的语境下可能指三种语言——拉丁语、希腊语和他的母语奥斯坎语）。他写了一部从罗马建城开始的史诗，名为《编年记》(*Annales*)。尽管这是史诗而非历史，但他对皮洛士战争的描绘是从几乎同时代人的角度和对当地受影响地区的了解出发，似乎塑造了罗马人关于这个时代和更早时代的传统。他和与他差不多同时代的坎帕尼人奈维乌斯处于罗马文学发展的最前沿，当时罗马过去的传统正被新的文学和文化影响重新塑造。

罗马历史的非叙述性来源——比如语法学家、古物学家和诗人——的重要性特别清楚地体现在有关罗马建城的神话传统的发展中，尤其是它们保存了没能进入主流历史的其他版本。这类作家保存了超过60个不同版本的罗马建城故事，其中一些与成为罗马建城神话核心的、人们耳熟能详的埃涅阿斯和罗慕路斯的故事完全不同。

7. 处理古代史料的方法

对于罗马最初几个世纪历史的古代叙述能否被用作历史证据，学者间存在一系列不同的观点。有的历史学家——最近的是康奈尔、奥克利和福塞斯——认为古代作家能够接触到关于古风时期（公元前6—前4世纪）的真实信息，并可以从层累的神话中分离出它们。而怀斯曼等人则相信，即便是像法比乌斯·皮克托尔这样最早的历史学家对于任何比公元前4世纪更早的历史可能也没有真正的了解，它们把古代史料视作神话和传统的集合，对于罗马人对他们自己的看法，以及对他们的身份和历史有实质意义，但作为历史证据价值不大。

在另一个极端，卡兰迪尼提出，可以把关于建城和早期国王的神话当作历史，并可以与考古学证据结合起来，重构罗慕路斯及其继承者的罗马。这样做提出了一系列方法论问题，其中最严重的可能是这造成了循环论证，用考古和神话证据来证明彼此。在重建早期意大利历史的过程中，同时处理考古和书面证据是必不可少的——我们不能指望以其他方式了解古风时代的意大利或罗马，本书中的一些章节主要依赖考古学材料——但以不同的方式对待各种证据非常重要。只有这样，我们才能评估能否和如何（如果可以的话）把它们整合起来。卡兰迪尼的方法还假设神话传统既非常古老，又相对固定。就像上面指出的，罗马人关于这座城市遥远过去的传统并不固定，而是有许多变体，并不都涉及罗慕路斯。神话传统中可能——甚至很可能——包含了古老的材料，因为希腊史学家们提到了最早为公元前5世纪的版本，但来自意大利的最早可能证据不早于公元前6世纪，最早的可靠证据可以追溯到公元前4世纪。神话还会发生很大的演化和改变，特别是在公元前4世纪，当时神话的一些方面——比如雷穆斯的角色等——首次出现，或者获得了新的重要性，以及公元前1世纪，当时像瓦罗这样的古物学家确立了现在最为人所知的故事和被最广泛接受的神话版本。在这样的背景下，很难接受这样一种考古重建——它基于罗马是由罗慕路斯建立的。

主要的潜在问题是，我们无法确知最早的历史是否基于神话、记忆和口头传统之外的证据，因为它们都很不可靠。怀斯曼认为没有来自共和早期的记录存在，罗马城被高卢人摧毁的故事是罗马人为了解释这一空白而发明的，我们很难接受这种假定。从公元前5世纪开始，同时代的希腊历史作品对早期罗马历史有足够的提及——尽管必须承认其数量少、间隔大——表明罗马的编年传统并不是完全编造的，并向我们提供了一些与希腊人有接触的意大利民族的信息（特别是伊特鲁里亚人）。公元前6和前5世纪的罗马史的某些方面背后可能还有已经失传的史料。许多历史学家相信，库迈人的史料是我们关于库迈的阿里斯托德摩斯的大部分信息的基础，也是塔克文家族后来经历的基础（得益于他们与阿里斯托德摩斯的关系）。

不过，问题的关键在于，是否能够相信存在像《大编年史》和《名录》这样的公共记录，它们是否足够可靠，是否被李维等人用作基本信息的来源。就像上文指出的，本书认同奥克利、史密斯和康奈尔的观点，即早期共和国的确存在一些记录（尽管很可能不会有更早的），但不一定对应着后来奥古斯都时代发布的那种形式，后者经过了大量改造，以符合后人关于共和国发展的假设。如果认为这些记录是成熟的，会是不明智的，但它们可能为一些基本信息提供了基础：行政长官的名字和日期、法律和条约的名字和日期、殖民地的日期和定居者的人数、被授予的凯旋式、举行的仪式，以及其他此类信息。

面对如此之长的时期，很难找到令人满意的单一方式来应对这些问题。关于罗马建城和早期诸王的古代传统显然最好被视作代表了罗马集体身份的神话，而非历史。不过，对于公元前6到前4世纪，有一些来自希腊史料的确凿证据，而对罗马发展的描述也足够符合考古学证据，暗示它们包含了一些历史材料。本书最后几章涵盖的时期与罗马最早的历史阶段相差不到两代人——很可能有记忆和口头证据从后者流传下来。必须把关于人物和动机的描绘视作文学或神话，而不是历史，现存叙述的许多方面也要打折扣，但它们所呈现的罗马发展轨迹在许多方面与物质证据所展现的图景是一致的。对古代史料进行总结和讨论贯穿本书，突显了它们在多大程度上可以被用来理解罗马史。但从公元前5世纪开始，我们一般采用奥克利的态度，[7]即承认李维等人描述的概况可能大体上是正确的，但其关于具体的事件、人物和动机的大部分详细叙述是文学创作。

注　释[①]

第 1 章　介绍早期罗马

1. 关于对罗马年代和纪年的讨论见附录。
2. 希腊史学家们提供了一些年代和事件的证据，比如塔克文被逐（波利比乌斯，3.22.1），并对一些同时代的意大利文化和事件做了评价。最早的罗马史学家法比乌斯·皮克托尔在公元前 3 世纪末写作。
3. 修昔底德（7.77）完全按照民族来定义城市，而柏拉图（《法律篇》，788—789）和亚里士多德（《政治学》，1330b）同时提到了人口和形式。相反，公元 2 世纪的作家保萨尼亚斯（10.4.1）表示希腊小城帕诺派俄斯（Panopaeus）很难配得上城市之名，因为它缺乏设施，而像塔西佗这样的罗马人也认为，城市需要具备特定的一系列建筑和法律地位（《阿格里古拉传》，21;《日耳曼尼亚》，16）。
4. 尽管他的主要关注点是希波战争的历史，但希罗多德的作品中包含了很多关于地中海其他地区的信息，包括西地中海。他对民族起源特别感兴趣，加入了许多建城神话。
5. 一些更早的希腊作家用 Italike 特指南意大利的一小部分。直到公元前 4 世纪，Italia（拉丁语）和 Italike（希腊语）才被持续用来表示整个半岛。
6. 考古学家和历史学家对凯尔特人的命名传统存在分歧。虽然考古学家偏爱"凯尔特人"，许多（尽管并非全部）古代史学家则称他们为"高卢人"，但事实上他们是同一个民族。这种分歧源于希腊人（Keltoi）和罗马人（Galli）对他们的不同称呼。在一些地方，甚至作为身份概念的凯尔特人也存在争议，被认为是现代人构建的，尽管这种观点相当极端。方便起见，本书中将用"凯尔特人"来称呼这一人群。

[①] 在"注释"和"扩展阅读"中，因为涉及的现代文献还未被翻译，所以保留了文献和作者的原文名，方便读者参考。——编者注

第2章 布设场景：铁器时代的意大利

1. 迄今发现的最早的铭文是来自奥斯特里亚德洛萨的一件陶器上的涂鸦（图3），年代是公元前770年左右。一些希腊语和伊特鲁里亚语铭文可以追溯到公元前8世纪末，但数量很少。
2. 扣针是意大利考古中的一种重要物件。它基本上呈安全别针的形状，有一个拱形的背部和固定针头的扣板，但有许多不同的变种。扣针的拱形部分有带装饰也有不带的，有宽有窄，有直的也有弯成装饰性形状的，扣板有长有短。它们大多用青铜制成，但在精英墓葬中也发现了银质的甚至金质的。扣针（比如彩图2）被用作胸针，用来固定外衣、短袍和披风，是墓葬中最常见的物品之一，用作陪葬品，或者用来固定裹尸布。它们的无处不在使其对考古学家非常有用。通常可以确定不同类型的扣针的时间，至少是相对时间，因此可以用它们来确定年代顺序。不同类型的扣针常常和不同的社会群体联系起来——比如，男性和女性可能佩戴不同的扣针，成年人和儿童同样如此——因此有时可以用它们来确定与之联系在一起的某个人的性别或年龄。
3. 这些是一种被称为杂质陶的当地陶器，用粗糙的黏土制成，通常为手工制作，烧制到中等硬度。双锥形陶器的名字源于它的形状，像一个较小的圆锥倒置在另一个较大的圆锥之上。
4. 有时，带武器（在之后更富有的时代的墓中则是马车）的墓葬后来被证明属于女性，表明这些物品是一般性的身份象征，而非特定的性别标志。
5. 精英地位与拥有马匹之间的联系在早期意大利非常普遍（在铁器时代欧洲的其他地方同样如此，就像康奈尔的讨论，《罗马的开端》，p. 250）。马笼头仅限于富人的墓葬，公元前7世纪和前6世纪的华贵墓葬中发现了装饰奢华的马车，甚至是马骨。在公元前7世纪到前5世纪的意大利艺术中，马匹和马车被描绘成权力和地位的象征。
6. 汉森的标准是作为哥本哈根城邦项目的一部分发展起来的，要求城市之间至少相距30千米，才算完全独立。
7. 在塔尔奎尼、奥维耶托、卡伊雷、沃尔特拉和波普洛尼亚，以及在内皮和维伊都发现了这种定居点模式的例子。
8. 这些活动超越了社会分层。其范围、程度在博洛尼亚附近发现的一个青铜铃鼓（图13）上可见一斑。它展现了一个身居高位的妇女与她的奴隶一起编织。
9. 希腊人在饮酒时习惯调入比例不等的水，酒器通常包括调酒缸（一种又大又深，用于调制酒水的容器）、饮酒杯，以及酒罐和双耳瓶等上酒容器。希腊会饮是希腊社会特有的高度仪式化和仅限男性参加的社交形式，但意大利社会也发展出了自己的宴会文化（许多宴会同时有男女参加，而不是仅限男性），使用希腊酒具。

10. 在某个版本的罗马神话中，阿尔巴隆加是埃涅阿斯之子建造的，由他的后代统治，直到一场政变推翻了合法的国王，国王女儿的幼子罗慕路斯和雷穆斯被抛弃。下一章中将会讨论这些传统的错综复杂，以及它们同早期罗马历史的可能关系。罗马人相信，阿尔巴隆加位于阿尔巴丘陵，距离阿尔巴山不远，但很少有这方面的证据，也没有证据支持它和一座后来的罗马小城，今天的阿尔巴诺拉齐亚莱有关。来自阿尔巴丘陵的考古学证据表明，在青铜时代末期和铁器时代早期，该地区有过一些小村子，但它们没能发展成更大的定居点，显然不可能奠定罗马的基础。

11. 关键问题是树轮年代学和基于器物的定年之间不匹配。在过去的 20 年间，来自意大利北部和欧洲中部的青铜时代晚期的树木年代暗示，该时期比之前认为的要早了多达 50 年，应该对意大利青铜时代末期文化的年代进行修正，使其与西欧和中欧的其他地区相符合。这给确定意大利铁器时代早期的年代带来了一个大问题，因为与基于陶器的定年有冲突。这里所涉及的陶器——希腊原始几何图案杯，出口到意大利的许多地区——的年代也经过了修正，此类器物在公元前 900 年左右到前 750 年这样一个很长的时期里被制造。目前没有简单的方法解决这一冲突。

12. 对湖畔的调查显示，岸边有许多村子，还至少有另一处墓葬区。

13. 具体的年代不确定，但似乎是在公元前 770—前 750 年之间。

14. 对来自非洲和中美洲社会的对比数据的研究表明，4.5—10 平方米的区域可以容纳 1 个人，17 平方米左右的可以容纳一对夫妻，而 30 平方米左右——最大的萨特里库姆小屋的规模——足以容纳一个小型的核心家庭。具有特别功能的小屋和供公共活动的空地这一模式是基于与博茨瓦纳（Botswana）的贝曼瓦多（Bamangwato）人的空间利用的比较。

15. 人们对各个地区通常会一直采用它们的古称（拉丁姆、萨莫奈等），但在对于意大利东南部，我们在涉及前罗马时期时会采用现代的名字普利亚，在讨论罗马的征服和统治的时期时，会采用罗马人的名字阿普利亚。原因是罗马作者会用"阿普利亚"来表示整个地区，而希腊作家会区分萨兰托（Salento，即 Iapygia 或 Messapia）、普利亚中部（Peucetia）和普利亚北部（Daunia 或 Apulia）。

16. 希刻尔人狭义上专指西西里中部和东部的土著人群，但一些古代作家更宽泛地用它表示所有的西西里本地人。修昔底德非常具体地区分了腓尼基人和希腊人的行为，前者在离岸的岛屿上定居，主要是为了从事贸易，后者在意大利本土和西西里定居。
17. 指的是《荷马史诗》中对涅斯托尔酒杯的描绘:"旁边再放一只老人从家里带来的,装饰着许多黄金铆钉的精美酒盅。酒盅有四个把手,每个把手上面有一对金鸽啄食,下面是双重杯形底座。盅里装满酒时其他人很难挪动它,老英雄涅斯托尔把它举起来却不费力气。"(《伊利亚特》,11.616,罗念生译文)
18. 这种将儿童的尸体放在大型双耳瓶中的墓葬被称为陶罐葬(entrychismos),在古代世界是一种并不罕见的幼儿墓葬。
19. 将特定类型的物品与它们主人的民族等同起来的做法很有问题。它假设某个群体不可能接受其他群体的风尚,或者出于迫不得已,因为找不到他们偏爱的物品,或者出于选择。它还假定物品总是随着主人流动,但它们可以同样容易地通过贸易或作为礼物在不同的民族和共同体之间转移。不过,鉴于有关皮忒库塞多元文化性质的更多证据,存在意大利风格的陪葬品意味着有意大利民族生活在那里,这种观点并非不合情理。
20. 在后来的希腊历史中,亚该亚是伯罗奔尼撒西北部的一个欠发达地区。不过,"亚该亚人"被荷马用作希腊人的民族总称,而当殖民史料中提到"亚该亚人"时,它们指的可能是希腊人,而非来自伯罗奔尼撒的人。

第3章 特洛伊人、拉丁人、萨宾人与流氓:罗慕路斯、埃涅阿斯与罗马的"建城"

1. 后世的历史学家无法就准确时间达成一致。比如,哈利卡纳苏斯的狄俄尼修斯给出了公元前8世纪中期的一系列不同的时间(1.73—1.74)。大多数现代学家所采用的"传统"时间是公元前753年,这个时间是公元前1世纪后期由古物学家们最早确定的(主要是阿提库斯和瓦罗)。关于对瓦罗纪年的讨论和这种纪年不准确的理由,见"附录:罗马的年代和纪年"。
2. 卡兰迪尼论点的简短翻译版本见《罗马:第一天》[Rome: Day One (Princeton, 2011)],更详细的表述见《罗马的诞生》(La Nascita di Roma)。
3. 沼泽的范围存在争议。直到相对最近,人们仍然认为,后来的战神校场所在地区(就位于共和时代的罗马城北部边界之外)的很大一部分以及罗马广场所在地都布满了沼泽,直到公元前6世纪广场区域被排干,这项工程被归功于某位塔克文家族的国王。但新的地质学研究对后来的罗马广场下方的沼泽区域的范围提出了疑问,认为沼泽面积比之前认为的要小得多,问题可能是一条小河的季节性泛滥,而非大面积的沼泽。
4. 帕拉丁山上的小屋在类型上都与在其他某些拉丁遗址发现的非常相似,特别是在费德奈发现的小屋。关于铁器时代的拉丁姆人对私人空间的可能使用，见第 2 章。

5. 一些考古学家认为较小的那些小屋是同时建造的，另一些则认为它们是被多次重建的同一座小屋的连续阶段。

6. 主要的史料是李维（1.1—1.7），哈利卡纳苏斯的狄俄尼修斯（1.76—1.88）和普鲁塔克的《罗慕路斯传》（1—11）。对其他叙述的讨论见 J. Bremmer in Bremmer and Horsfall (eds), *Roman Myth and Mythography* (1987) 和 Wiseman, *Remus: A Roman Myth* (1995)。这两个名字都与罗马城本身的名字密切相关。"罗慕路斯"的字面意思是"罗马人"，而在这个故事的希腊版本中，雷穆斯的名字是"罗莫斯"（Romos）。显然还存在另一个版本，将双胞胎说成是被一个妓女［拉丁语的母狼（lupa）一词也是罗马人对妓女的常用称呼］所救。

7. 像费斯图斯和维里乌斯·弗拉库斯等罗马古物学家认为，"方形罗马"既指神圣城界，也指坐落在帕拉丁山上，位于后来的阿波罗神庙附近的一座真实建筑。很难弄清这个词的准确含义，因为就连后来的罗马人也无法理解。

8. 在第 1 卷和第 4 卷中，埃涅阿斯与迦太基女王狄多（Dido）的联姻的戏剧性次要情节几乎颠覆了这一命运，直到神明介入，迫使他离开迦太基，前往意大利。狄多和埃涅阿斯的故事显然受到公元前 3 世纪罗马与迦太基战争的影响。维吉尔将迦太基描绘成罗马潜在的敌人，暗示埃涅阿斯被狄多所吸引，可能造成他建立错的帝国之城的危险。

9. 关于平民和贵族之间所谓的平贵之争，见下文。

10. 根据哈利卡纳苏斯的狄俄尼修斯的说法（1.45.5—1.48.1），对于罗马的建城传说事实上是由什么组成的，存在许多不确定的地方。某些版本中有雷穆斯，某些没有；作为罗慕路斯和阿尔巴隆加诸王的祖先，埃涅阿斯之子的身份存在争议；还有其他许多矛盾的地方。

11. 古人对七丘节的描绘存在巨大的矛盾，每种说法都提到了一组不同的山名，以及据说参与其中的罗马地区。帕拉丁山和科尔马鲁斯山作为两个不同的共同体被包括在内，暗示这个节日可能确实可以追溯到前城市（proto-urban）时代，最初可能是罗马的不同定居点的人们共同庆祝的节日。游行队伍在阿尔戈斯节期间经过的 27 个神圣地点的意义同样不明。

12. 考古学家认为，后来的胜利女神庙（位于帕拉丁山西南面，靠近一些公元前 8 世纪的小屋遗址）区域内的一个长方形围场就是罗慕路斯小屋的所在地。

第 4 章 国际贵族的崛起：意大利与东方化革命

1. 一小批金属和陶质容器上刻着 mi larthia［"I belong to（我属于）Larthi"或

者"I belong to Larth"］的字样。这究竟是死者的名字还是这些特定物品的奉献者的名字存在争议。我们也不清楚提到的奉献者/接受者是男性（Larth）还是女性（Larthi）。在早期的伊特鲁里亚语中，Larthia 既可能是女性名字 Larthi，也可能是男性名字 Larth 的属格。

2. 在穆尔洛以外都没有发现这种类型的器物，说明那里生产的商品仅供当地使用，而非出口到其他地方。

3. 关于这种崇拜的大部分证据来自罗马史料，以及罗马的曙光之母神庙，曙光女神被与幸运女神联系在一起。在意大利的其他地方，也有与曙光女神和司分娩的女神相联系的类似崇拜。

4. 有时用拉丁语 gens 来表示，虽然我对它的使用仅限于讨论罗马的大家庭，因为它在罗马法中可能有特定的意思。

5. 意大利其他地区没有足够多的公元前 8 世纪和前 7 世纪初的铭文证据，无法得出任何结论。

6. 这种风格被称为水桶艺术（situla art），得名于带此类装饰的容器的主要形状。这是一种大水桶状的青铜容器，可能被用来调酒和上酒，是使用该风格装饰的最常见器物，但在其他一系列青铜器上也发现了这种普遍的装饰风格。用这种风格装饰的器物出产于公元前 650 年到前 550 年左右，大多来自费尔西纳（今博洛尼亚）的作坊。

7. 罗马社会在这方面似乎很保守。在意大利北部和中部的许多地区，比如伊特鲁里亚和威尼托，女性除了拥有家族姓氏，也有个人的名字，至少到公元前 6 世纪时还是这样，但罗马女性仍然只有族名的女性形式。即便在晚得多的时代，为了区分家中的女儿们而加上的名字［比如"长女"（Prima）、"次女"（Seconda）、"三女"（Tertia）等"数字名"或指小词］只是作为非正式的附加，而非真正的名字。

8. 狄奥多罗斯，5.40；哈利卡纳苏斯的狄俄尼修斯，2.44.7。古人在把伊特鲁里亚社会描绘成上层阶级与奴隶或农奴的两极分化时使用了希腊或罗马人的术语，很难判断它们究竟是反映了伊特鲁里亚的制度，还是后世的希腊人和罗马人的假设。一些伊特鲁里亚语铭文中提到了某种被称为 lautni 的人，似乎表示释奴或者某些只拥有有限法律权利的人，但这些铭文远远晚于公元前 7 世纪。罗马文献对因为专横的贵族主宰了土地所有权和政治权力而引发的社会矛盾做了生动的描绘，但这同样是关于公元前 5 世纪和前 4 世纪的，我们还是缺乏关于东方化时期的证据。

9. 伊特鲁里亚-科林斯陶器在伊特鲁里亚当地生产，但形状和装饰形式基于来自科林斯的希腊陶器。

10. 这些都可以在卡伊雷的墓中找到，作为陪葬礼品奉献，或者是死者钟爱的个人物品。
11. 这座名为"象牙圈"（Circolo degli Avori）67号的墓是一座建在土丘之下的洞室墓，有埋着一男一女的两个墓葬。写字板似乎与女性的物品有关。
12. 关于这一点存在分歧，福斯托·泽维（Fausto Zevi）认为他是一个历史人物，大卫·里奇威（David Ridgway）则认为那是一个展现了社会和经济趋势的典型，而非真人。留存下来的叙事受到后来的希腊观念的影响。伊特鲁里亚出现巴某斯家族的一支完全是合理的，但他没有公民权，尽管与当地精英联了姻，这种说法显然是基于希腊人而非伊特鲁里亚人或罗马人对公民权的观点。
13. 有大约100条来自公元前650—前400年左右的坎帕尼亚铭文，大部分属于公元前550—前400年左右，绝大部分用伊特鲁里亚字母写成。很难有把握地确定是哪种语言，因为它们大多是很短的文本，指出写有它们的物品的主人。那些能够确定的文本通常为伊特鲁里亚语。只有很少的非伊特鲁里亚人名或语言（根据克劳福德的意大利铭文库，共计18条）。

第5章 东方化中的罗马与早期国王

1. 关于早期诸王统治的主要叙述，见李维，1；哈利卡纳苏斯的狄俄尼修斯，1—3；以及普鲁塔克的罗慕路斯和努马传记。
2. 所有的国王都被描绘为成年人，在掌权时年龄足够大，是经验丰富的军事和政治领袖，这让他们平均在位三十年显得不太可能。此外，在七位国王中，只有两人（努马·庞皮利乌斯和安库斯·马尔基乌斯）的统治以国王的自然死亡告终。二十岁登基的人可能统治很长时间，但连续七位国王都在位那么久的可能性很低。
3. 这座建筑被称为音乐厅别墅，因为是在新的音乐厅的建设过程中发现的，它规模很大，在形制上与帕拉丁山上发现的一系列古风时期的房屋相似。
4. 随着重要家族细分成不同的分支，有的拥有了额外的族名，以表示他们属于哪个分支。个人名经常被缩略，最常见的有卢基乌斯（L.）、马库斯（M.）、塞克斯图斯（S.）、盖乌斯（G.）、普布利乌斯（P.）、昆图斯（Q.）和曼尼乌斯（M.）。
5. 我们不清楚这些部落的重要性和历史真实性，这三个部落是不同的民族群体的观点也没有古代史料支持。这种解释在19世纪和20世纪的流行可能更多是因为当时的民族和民族主义政治，而非对早期罗马的合理重建。
6. "库里亚"一词被认为源于co-viria，意为相会的人，因而具有地理元素。它还可能是罗马公民的古称"奎里特斯（Quirites，源于 co-virites）"的词源。
7. 牧神节（Lupercalia）和阿尔戈斯节可能与共同体的仪式性净化和划定边界有关。
8. 制定标准化书面日历的目的可能不仅是宗教的，同样也是政治的。口头传播的节日和仪式列表让祭司和其他精英成员有可能操纵宗教仪式，法典化消除了这种可能。
9. 就笔者所知，诸如加比和拉维尼乌姆。
10. 古代史料（特别是哈利卡纳苏斯的狄俄尼修斯）将伏尔甘神庙描绘成一个神圣的围场，里面有一棵柏树和一棵洛拓树。
11. 维斯塔贞女是罗马最重要的宗教团体之一。在后来的罗马历史上，来自贵族家庭的女孩很早就被选定加入该祭司团（通常是 6—10 岁）。她们任职 30 年，然后可以自由离开和婚嫁。在任职期间，她们必须住在贞女住所，严格守贞。维斯塔崇拜对罗马国家的福祉至关重要，因为维斯塔圣火象征着罗马家庭的幸福。公屋坐落在维斯塔住所旁，是大祭司的官方居所（关于大祭司的角色，第 14 章有更多讨论）。
12. 奥维德，《岁时记》，6.263；塔西佗，《编年史》，15.41；普鲁塔克，《努马传》，14；费斯图斯，346—348。大多数国王被认为在罗马其他地方拥有宅邸；王宫是办公地点，而非起居之所。关于认为这座建筑可能是老塔克文居所的说法，见下文，第 7 章。
13. 提出这种设想的卡兰迪尼把从原来的王宫搬到公屋与老塔克文联系在一起。
14. 弗朗切斯卡·弗尔米南特近来对罗马城市化的研究将罗马周围地区的这一神圣地理同考古学证据做了比较，认为公元前 7 世纪和前 6 世纪初的罗马领土边界可能更大，有可能达到城外半径为 9 千米左右的范围，但基于这种估计（约 320 平方千米），罗马的领土对公元前 7 世纪而言似乎太大了。
15. 弗尔米南特的工作包括一整套关于各种人口估算的表格，并讨论了对该数据的不同加权方法。
16. 这大致与关于老塔克文统治时期的传统定年（约公元前 616—前 579 年）吻合，李维等作家称他热衷营建。就像在上一章中所提到的，我们不能把这些变化归功于塔克文（甚至不能推断出他是明确存在的），但这是考古学证据和罗马人关于自己过去的传统说法大致吻合的又一个例子。问题在于，就像第 7 章中将要讨论的，对于塔克文王朝统治的传统定年被确定存在错误。

第 6 章　城市革命：公元前 6 世纪意大利的城市与国家

1. 对人口的估计是基于城区面积、土地面积（以及土地产出可以养活多少人）

和居住密度做出的。来自中世纪和现代早期的意大利的相关数据有时可以被用于比较。
2. 克莱尔·荣舍莱（Claire Joncheray）令人信服地指出，波河河谷的伊特鲁里亚城市并不仅仅照搬了希波达墨斯的模板，而基于希腊人和伊特鲁里亚的习惯发展出了他们自己的城市组织形式。
3. 不过，这方面的许多证据来自罗马帝国或更晚。存在公元 2 世纪和 3 世纪牧民同他们经过的共同体发生冲突的记录——特别是一封来自皇室成员的信，要求萨埃皮努姆城的行政长官不要阻挡属于皇帝的畜群前进。最详细的信息并非来自古代，而是来自中世纪的税关（Dogana），这些税收和行政记录涉及畜群在亚平宁山区周围的季节性长途迁徙。问题在于，要决定这些记录中的长期习惯是可以上溯到古代，还是中世纪的创新。
4. 比如，在赫拉圣所举行的献祭和其他仪式可能在这两座巨大神庙前的祭坛举行，而不是在神庙内。神庙是这位神明的居所，里面有崇拜塑像、崇拜者的奉献和圣所财库。
5. 伊古维乌姆铜表包括七块刻着翁布里亚语的铜板，对代表翁布里亚的伊古维乌姆城举行的仪式做了详细规定。它们是我们关于意大利共同体的仪式生活的最完整文件，但也提出了许多语言学问题，在年代上也问题重重。现存的文本是在公元前 3 世纪和前 1 世纪之间的很长一段时间里刻下的，很可能保存了更早的材料，或者是更早文件的副本。
6. 用墨水将文字写在亚麻布上，这是伊特鲁里亚的常见做法，该布能够留下来是因为它被撕成布条，用来包裹木乃伊，使得上面的文本很难重建。
7. 对于丧葬习俗的改变还有其他解释。比如，我们知道罗马在公元前 5 世纪和前 4 世纪多次通过了禁奢令，对墓的规模和葬礼成本加以限制。
8. 在公元前 4 世纪写作的忒奥庞波斯似乎有着强烈的道德偏见。他的作品（只有残篇存世）很有影响力，可能被其他人当作史料，特别是狄奥多罗斯。
9. 位于埃斯特城外不远处的巴拉特拉的雷提娅圣所是该地区最重要的崇拜场所之一，提供了对女性角色引人入胜的洞察。很高比例的许愿物上描绘了女性，或者是由女性奉献的，而一批青铜板上刻着身着上层威尼托人服饰和佩戴仪式头饰的女性形象，描绘了女祭司和/或女性崇拜者。
10. 位于科尔托纳的一处公元前 3 世纪的伊特鲁里亚语铭文记载了佩特鲁·斯凯瓦（Petru Sceva）和库苏（Cusu）兄弟间的土地买卖或租赁合同，其中提到斯凯瓦的妻子是合同中的一方，但意思非常含糊，无法清楚地证明女性拥有财产。
11. 特别是，它们指出，扣除估计的家庭消费量后，每年生产的葡萄酒可能有大约 1250 升的盈余。

12. 骸骨证据可以表明各种维生素和矿物质缺乏。牙齿检查显示，许多成人的牙齿有大面积磨损，暗示古风时期意大利的基本食物是面包、水果和蔬菜，都需要大量咀嚼。
13. 希腊城市有自己的重量标准和币值，但最常见的是斯塔特尔（stater，约合 8 克或 1/4 盎司）、德拉克马（drachm，5—6 克）或多个德拉克马，如 16—17 克（半盎司）的四德拉克马。也有币值较小的钱币被铸造。另一些意大利共同体有自己的度量衡以及自己的货币体系（在它们开始铸造钱币或作为货币的金属条后）。
14. 例外是一小批由伍尔奇和波普洛尼亚铸造的公元前 5 世纪的钱币，但这似乎是短期和有限的发展。
15. 这处圣所通常以其拉丁名字沃尔图姆纳圣所为人所知，但它是伊特鲁里亚神明维尔塔（Veltha）的圣所，这个冥界神明被与地府和（据瓦罗）伊特鲁里亚的主神联系在一起。
16. 这个祭司职位只能通过杀死在任者获得，因此祭司不得不一直做好击退挑战者的准备，直到他们中的一个最终成功地杀死他，取而代之。
17. 数据来自克劳福德的意大利铭文库和笔者编纂但尚未公布的伊特鲁里亚铭文数据库。大部分"非伊特鲁里亚语"铭文用伊特鲁里亚字母书写，但包含源于奥斯坎人、拉丁人和希腊人的名字。奥斯坎语的使用和发展出独特的地方字母表是直到公元前 5 世纪后期才有的现象。
18. 不过，需要牢记的是，许多关于伊特鲁里亚人的希腊传统说法是为了确立他们的"异族性"和野蛮形象。比如，希腊作家卡利马科斯的一部作品的残篇暗示，他们会用战俘举行人祭，但很少有支持这点的证据。应该谨慎对待关于他们残暴和喜欢进行海盗活动的断言，尽管有关于他们在西地中海活动的足够证据，暗示一些伊特鲁里亚城市是令人生畏的海军强邦。
19. 迦太基和忒法里埃·维里亚纳斯之间的条约被记录于在普尔吉的圣所发现的一组金牌上。波利比乌斯描绘的罗马与迦太基签订的古老条约，很可能与其年代相近。

第 7 章 暴君与恶妇：罗马、塔克文王朝与王政的覆灭

1. 他的儿子据说被禁止在塔尔奎尼担任高官，因为其父亲是异邦人。
2. 塔克文家族的谱系树（图 20）重构了古代史料中对这一家族的描绘。
3. 克劳狄乌斯以对伊特鲁里亚历史和宗教的了解著称。他可能掌握了来自伊特鲁里亚史料中的信息，尽管它们的可靠性无从判断。
4. 画面横跨了墓中相邻的两面墙，格奈乌斯·塔克文和马克·卡米特尔纳斯出

现在第二面墙上，但似乎与其他人物处于同一画面中。布鲁恩（Bruun）提出了一种激进的新解读，暗示塔克文/卡米特尔纳斯与马斯塔尔纳不属于同一画面，并将马克·卡米特尔纳斯同公元前4世纪的罗马人马库斯·福利乌斯·卡米卢斯联系在一起。我认为这种观点是有问题的，因为这两人与壁画的其他部分有着相同的形式——赤身裸体的战俘同披甲武士的战斗。认为格奈乌斯·塔克文是塔克文家族的成员也存在争议，因为已知的该家族成员都使用塞克斯提乌斯或卢基乌斯的个人名，没有人使用格奈乌斯，但并非不可能。

5. 除了克劳狄乌斯本人，塔西佗（《编年史》，4.65）和瓦罗（《论拉丁语》，5.46）也都声称，卡伊利山的名字源于卡伊利乌斯·维贝纳。在罗马文献中，古物学家瓦罗和维里乌斯·弗拉库斯（他对伊特鲁里亚人有相当的了解和兴趣）都谈到了维贝纳，尽管他们的评述只有残篇存世。

6. 看上去较晚的两个是克鲁斯图米努斯部（Clustumina）和克劳狄乌斯部。前者的名字来自克鲁斯图梅里乌姆，直到公元前5世纪90年代才被罗马征服，后者得名于克劳狄乌斯家族，他们据说在共和时期伊始（传统上认为是公元前504年）移民到罗马。

7. 这种投票体系在共和时代中期就存在了，一直延续到公元前3世纪后期，为了减小不平衡而被修改。

8. 认定早期的罗马殖民地特别棘手。后来的殖民地包含对被殖民地区进行明确的法律和行政方面的改变，可以从铭文和考古学证据中看到对城市中心和周边郊区所做重组的典型模式。相反，早期殖民地很少留下这种痕迹。对罗马殖民活动性质的描绘见第13章。

9. 波利比乌斯一共提到了三份条约，没有说明第二份条约的年代，表示第三份条约签署于皮洛士战争时期。李维和狄奥多罗斯提供了更多的证据（李维，7.27.2；狄奥多罗斯，16.19.1），他们记录了一份公元前4世纪的条约，将其年代定为公元前348年，没有提到更早的，但两人的叙述都存在混乱。鉴于波利比乌斯称他事实上看到过三份条约，其中之一用古老的语言写成，似乎可能存在更早的条约，尽管无法证实其准确的时间。

10. 这是一个难题。现代学者经常假设土地是由氏族共同拥有的，但很少有古代证据支持这一点。

11. 波尔图努斯是个非常古老的神明，出现在已知最早的罗马日历（罗马人认为那是由努马·庞皮利乌斯制定的）中。就像他的名字所显示的，他似乎与港口有着特别的联系。

12. 在共和时代，幸运女神庙和曙光之母庙被建在同一地点（李维，24.47.15），它们很可能始建于公元前4世纪。李维和狄俄尼修斯对于更早的神庙是被献给幸运女神的（哈利卡纳苏斯的狄俄尼修斯）还是曙光之母的（李维）存在分歧。

13. 史料中关于某些具体的纪念碑或营建项目应该被归于老塔克文还是"高傲者"塔克文名下存在混乱，有的错误地被同时归于两者。普林尼和另外一些人（哈利卡纳苏斯的狄俄尼修斯，4.61；李维，1.55—1.56.1）暗示，卡皮托山上的神庙是由老塔克文始建的，由"高傲者"塔克文完成，但这意味着非常之长的建筑工期。

14. 在共和时代，"国王"一词在罗马公共生活中成了严重的侮辱。指控某个政客觊觎王权可能造成特别大的伤害。尤里乌斯·恺撒安排别人向他进献王冠，只是为了让人看到他当众拒绝，从而打破他试图称王的传言。他的甥孙奥古斯都特意采用在共和时代有先例的头衔——元首（princeps）、统帅（imperator），最后是带有宗教意味的奥古斯都。即使在皇帝统治的时代，"国王"仍然不被接受。

15. 李维，2.6—2.15；哈利卡纳苏斯的狄俄尼修斯，5.21—5.35；普林尼，《自然史》，34.139；塔西佗，《历史》，3.72。塔西佗把公元69年卡皮托山朱庇特的神庙被烧毁形容为比罗马向波塞纳和高卢人投降更糟糕的事，普林尼提到了波塞纳强加的和约的条件。两者似乎都暗示，罗马向伊特鲁里亚人投降是广为人知的历史传说。

第8章 "公元前5世纪危机"与变化中的意大利面貌

1. 公元2世纪的希腊旅行作家和希腊导游手册的作者保萨尼亚斯描绘说，这是两组青铜塑像。其中一组包括马匹和被俘妇女的青铜像，用于纪念对梅萨皮亚人的胜利（保萨尼亚斯，《希腊游记》，10.10.6）。另一组复杂的塑像描绘了打败普伊克提亚人（Peucetians）的国王奥庇斯（Opis），以纪念对普伊克提亚人和梅萨皮亚人的胜利（保萨尼亚斯，《希腊游记》，13.10）。

2. 关于阿里斯托德摩斯的生涯、罗马与克鲁西乌姆的战争，以及塔克文同库迈的联系，见哈利卡纳苏斯的狄俄尼修（7.3—7.11）和李维（2.1—2.21）的描述。

3. 在坎帕尼亚发现的80%—85%的伊特鲁里亚语铭文来自公元前550—前450年左右，只有一小部分可以被确定地追溯到公元前5世纪末和前4世纪。

4. 蒂迈欧斯和吕科弗隆记录的这次造访的时间和目的存在许多争议。最显而易见的背景——公元前415年雅典对叙拉古的远征——时间太晚，不符合使用希腊钱币模板的钱币学证据。另外两个可能的时间是公元前470年左右和前450年左右，后者似乎更有可能，尽管也得不到钱币学的数据支持。不过，公元前5世纪50年代某个时候非常接近图利的建城时间，因此属于已知雅典对西方感兴趣的时期。

5. 萨摩斯的毕达哥拉斯在公元前530年左右来到克罗顿，在那里度过余生。他的学说在南意大利很有影响，但并不完全清楚波利比乌斯（2.39）所描绘的"毕达哥拉斯派"的政治信仰是什么，以及在多大程度上与这位哲学家的学说有关。

6. 奥斯坎语同拉丁语的关系大致类似于威尔士语同布列塔尼语或爱尔兰语。奥斯坎语拥有一组稍有不同的元音，在拉丁语用 q 和 p 的地方，它分别使用 p 和 f。比如，拉丁语的人称代词 qui 变成了 pus，奥斯坎语中把女神珀耳塞福涅称为弗特莱伊（Futrei），而庞贝和诺拉等地名在奥斯坎语中称为 Pumpaii 和 Nuvla。语法形式上也有差别。

7. 一些更靠南面的说奥斯坎语的共同体——主要是在卢卡尼亚和布鲁提乌姆——使用一种改编自希腊语的字母表作为代替。

8. 在意大利不同地区的铭文中都发现了 touto 一词（翁布里亚语和威尼托语中称为 teuter）。许多都晚于罗马征服，但公元前5、前4和前3世纪的铭文中有足够的证据表明，touto 是前罗马的制度。

9. 哈尔施塔特和拉泰纳是考古学家对欧洲北部和西部的铁器时代早期和晚期文化的称呼。哈尔施塔特 C 期和哈尔施塔特 D 期（约公元前700—前600年和前600—前475年）对应了这些地区的铁器时代早期，而拉泰纳文化则对应了铁器时代晚期（在意大利西北部约为公元前475—前415年）。

第9章 艰难的转变：早期罗马共和国

1. 关于支持和反对《名录》是公元前5世纪的证据的论点，详见 C. Smith, 'The magistrates of the early Roman republic', in Beck, Jehne and Pina Polo (eds), Consuls and the res publica, 19–40。否定《名录》中早期记录的观点之一是，一些罗马人相信，很少有公元前4世纪初高卢人洗劫罗马之前的文件留存下来，但本章稍后将要讨论的考古学证据并不支持罗马城被严重破坏的观点。

2. 许多此类官职的象征源于伊特鲁里亚人，诸如紫边托袈、象牙座椅和束棒。

3. 根据李维的说法，瓦莱利乌斯·波普利科拉早在公元前509年就迫于民众的骚动而引入了这种申诉权，尽管许多现代学者相信这种说法是虚构的，他们表示李维犯了年代错误，为有更翔实记载的公元前300年的申诉权创造了一个前身。

4. 李维表示，伊特鲁里亚人通过在诺尔提娅（Nortia）女神庙的墙上打入钉子来纪年，公元前4世纪的一面伊特鲁里亚镜子上描绘了打钉子的仪式。不过，需要注意的是，李维对这种做法在罗马的描绘指的是公元前364—前363年该仪式的复兴，而非指共和国早期。
5. 独裁官大多在军事危机对罗马构成严重威胁时才被任命，他们的角色是担任军事统帅。比如，昆图斯·法比乌斯·马克西姆斯被任命为公元前216年的独裁官，当时罗马刚刚惨败于汉尼拔，面临即将毁灭的危险。这个职位是应对危机的临时举措，而非罗马统治的常规部分。
6. 这可能是恢复了在王政时期已经存在的官职（塔西佗，《编年史》，11.22），塔西佗暗示，他们原本是由执政官指定的助手，直到公元前5世纪后期才变成选举的行政长官。
7. 对于贵族的定义和权利，以及他们同元老院的关系，有许多不同的可能解读。一些学者相信，他们的起源很古老，但直到公元前4世纪才取得了对权力的垄断；另一些则相信，他们的重要性体现在法律和宗教上，而非政治上。在拉夫劳布关于该主题的著作中可以看到对不同观点所做的精选。
8. 最早的罗马法典（下文将会讨论）包括一个相当令人吃惊的条款，恩主被证明冤枉了门客就要受到诅咒，但不会进行法律制裁。但福塞斯认为，这不仅意味着犯了错的恩主得不到神明的保护，还意味着他失去了法律保护，可以被不受惩罚地杀死。
9. 罗马的祭司权威被各个团体分享，它们有各自的责任。最重要的团体是祭司团（包括弗拉门祭司、圣礼王和维斯塔贞女），鸟卜师团和圣礼两人委员会，以及一些次要的团体（特别是萨利祭司、菲提阿里斯祭司和阿尔瓦兄弟会）。因为关于它们的构成和活动的许多证据都是后来的，我们将在第11章和第14章中更详细地讨论。
10. 瓦莱利乌斯·马克西姆斯给出的例子（1.1.5）包括一名祭司因为在仪式中祭司帽落地而导致献祭无效，以及一场仪式因为被吱吱叫的老鼠打断而无效，尽管这些是极端的例子。
11. 共和国初年营建活动的爆发可能也反映了罗马在王政末年所取得的军事胜利。卡皮托山上的神庙于公元前509年被奉献，作为新的共和国的首任执政官的象征性举动，但这座建筑是由塔克文家族委托建造的。
12. 李维4.12—4.14讨论了麦利乌斯和米努基乌斯。李维和哈利卡纳苏斯的狄俄尼修斯都提到了粮食短缺。根据老加图的说法（《罗马史学家残篇》，5 F80），粮食短缺属于官方记录，被写进由大祭司张贴在罗马广场上的每日信息里，尽管我们不知道这种做法是从多早开始的。李维多次提到一些投机的保民官利用食物分配来赚取民众支持，想要以此掌握权力。这种说法与公元前 2 世纪和前 1 世纪的保民官们引发动荡的行为可疑地相似，但即便我们否定这些具体细节，反复发生的食物短缺——以及它们造成的政治和社会紧张——完全是可能的。

13. 罗马人对铸币无疑并不陌生，因为坎帕尼亚的希腊人地区早在公元前 5 世纪初就开始铸造自己的钱币，而南意大利的希腊人从公元前 530 年左右开始也已经这样做了。我们还发现了一小批公元前 5 世纪的伊特鲁里亚钱币，可能是在波普洛尼亚铸造的，但大部分伊特鲁里亚邦国——和罗马一样——直到公元前 4 世纪末和前 3 世纪初才开始铸造自己的钱币。相反，库迈和那不勒斯这两座希腊城市分别从公元前 470 年左右和前 450 年左右开始铸造自己的钱币。

14. 从公元前 6 世纪开始，形状更规则的长方形金属锭也作为货币流通。它们和粗铸小铜锭（以及古老的铸币）的价值取决于重量和青铜含量。

15. "神圣不可侵犯"（sacrosanctitas）是一个强有力的概念，因为它在保民官任期内给予了他们神明的保护，允许任何人杀死伤害保民官的人。

16. 这三位神明都与农业和丰产联系在一起。刻勒斯与谷物相关，利伯尔和利伯拉与葡萄和葡萄酒酿造相关。

17. 阿文丁山的狄安娜崇拜似乎与著名的以弗所的阿尔忒弥斯崇拜有关。后来的图像中（大多是在钱币上）将阿文丁山的崇拜雕像描绘成与以弗所的神像类似的样子。罗马的刻勒斯、利伯尔和利伯拉崇拜相当于希腊的德墨忒尔、科瑞和狄俄尼索斯崇拜，后者在意大利南部的希腊人地区特别流行。罗马的一些该崇拜的女祭司是从意大利的埃利亚和西西里的埃吕克斯等希腊城市招募的。德墨忒尔经常作为"带来法律的德墨忒尔"（Demeter Thesmophoros）被崇拜，这让她特别适合作为一个寻求更大法律认可的群体的保护神明。"自由"（libertas）这个词本身可能源于对利伯尔和利伯拉的崇拜。

18. 洛克里的扎洛伊科斯（Zaleukos）法典和卡塔内的卡隆达斯（Charondas）法典是意大利和西西里的早期希腊法典中的两个例子，但最著名的例子很可能是被归于雅典立法者德拉孔（Drakon，公元前 7 世纪）和梭伦（公元前 6 世纪）的法典。

19. 克劳福德，《罗马法规》(M. H. Crawford, *Roman Statutes*, 555–72) 发表了这部法律现存的残篇，并附有译文和注疏。

20. 康奈尔（《罗马的开端》，292）指出，十人委员会包括贵族和平民，因此这种禁令无疑是同时为了这两个群体的利益，既保护了贵族的特权，又维持了平民运动领袖的独立身份。

21. 这眼泉水被认为有治疗功能，后来被砌在石头池子里，卡斯托尔和波吕克斯像是公元前 168 年添加的。

第 10 章　进击的罗马：拉丁姆及其以外地区的战争，公元前 500—前 350 年

1. 古代作家对该时期给出了其他几种定年，有的认为雷吉鲁斯湖战役发生在公元前 499 年（李维，2.21.3—2.21.4）。
2. 关于这个神话同建立卡斯托尔和波吕克斯神庙的关系，以及这一崇拜的政治意义，见本书第 9 章。
3. 关于他是否亲眼见到了这份条约，或者他是否能够看懂古拉丁语（条约无疑是用这种语言写的），肯定存在一些疑问，但通常会将其视作条约内容的证据。条约当时仍然存世，内容广为人知，这个事实使得狄俄尼修斯完全编造或歪曲它变得不太可能。
4. 福塞斯和康奈尔有用地总结了这场争论的历史，以及支持和反对这些故事有历史价值的论点。
5. 《卡皮托名录》中该时期的部分不完整，尽管现存的部分记录了为战胜埃奎人和沃尔斯基人而举行的几场凯旋式。
6. 在关于如何勾引的诗作《爱的艺术》中，奥维德不相干地提到，节俭的追求者应该把约会安排在阿利亚战役纪念日这样不祥的日子，因为商店都会关门，他可以不用给女友买礼物。
7. 李维没有详细提到这支希腊舰队来自哪里，但公元前 4 世纪初，叙拉古试图把自己的势力扩大到南意大利，它袭击了伊特鲁里亚的一些地区，特别是公元前 384 年，一支叙拉古舰队洗劫了普尔吉。叙拉古使用了大批高卢雇佣兵，高卢人对意大利中部的许多突袭可能是叙拉古煽动的，旨在削弱作为其在西地中海商业对手的卡伊雷，但这些高卢人也可能是南下前往叙拉古寻找工作。

第 11 章　通往权力之路：意大利与罗马，公元前 390—前 342 年

1. 福塞斯和奥克利详细讨论了它们同其他关于煽动民众者和渴望成为僭主者的故事，包括更近地与喀提林（Catilina）这个人物的比较。公元前 63 年，他试图推翻政府，被西塞罗所阻止。
2. 正如人们普遍注意到的，曼利乌斯遭遇的羞耻体现在姓曼利乌斯的人决定不再用他的名字，因为从这以后再没有看到有人叫马库斯·曼利乌斯。
3. 公元前 376—前 367 年的事件因为李维的描述和《名录》造成的纪年困难而更加混乱，就像"附录：罗马的年代和纪年"中所讨论的。

4. 对各种论点的盘点见 Cornell, *The Beginnings of Rome*, pp. 328–9，更新的著作见 J. W. Rich, 'Lex Licinia, Lex Sempronia: B. G. Niebuhr and the Limitation of Landholding in the Roman Republic', in L. de Ligt and S. Northwood(eds), *People, Land and Politics: Demographic Developments and the Transformation of Roman Italy 300 BC–AD 14* (Leiden, 2008), 519–72。
5. 李维（7.38.5—7.41.8，7.42.3—7.42.6）给出了对公元前343—前342年事件的两种不同的描述。其中一种描述了罗马的公民动员，通过与执政官的谈判而告终；另一种描绘了当时在坎帕尼亚作战的军队的骚乱，后来传到罗马。就像福塞斯所指出的，两个版本都体现了后来的罗马历史的影响，在细节上都不可信。
6. 沿着"塞尔维乌斯城墙"的部分区段找到了似乎是属于更早的护墙的石块，暗示有过比它更早的防御工事。不过，高卢人洗劫的叙事表明，罗马人不得不撤到卡皮托山来抵抗高卢人，表明这仍然是城中唯一有坚固防御的部分。
7. 相反，百人队大会严格说来是军事大会，因为组成大会的各个等级是征募军队的基础，在城中开会违反了罗马城内不得有军队集结的法律。因此，大会在战神校场召开，位于今天的万神殿和纳沃那广场（Piazza Navona）周围地区的地下。该地区原本是罗马军队集结和训练的校场，因此是百人队大会召开的合适场所。

第12章 "萨莫奈人和罗马人谁将统治意大利"：萨莫奈战争与征服意大利

1. 这些事的如出一辙让部分学者们对李维的叙述产生了怀疑。
2. 公元前334年建成的卡莱斯也是一个规模庞大和战略上非常重要的殖民地。安提乌姆（前338年）、特拉基纳（前329年）和普里维努姆（前318年）的殖民地规模较小，但安提乌姆和特拉基纳在保卫拉丁姆沿岸上扮演着关键的角色。
3. 哈利卡纳苏斯的狄俄尼修斯（15.5.2—15.6.5）持更加均衡的观点，一些学者认为他看到过坎帕尼人或那不勒斯人对于同罗马的冲突的描述。和李维一样，他认为萨莫奈人支持那不勒斯人，但不那么倾向于把挑起最初的冲突归咎于那不勒斯人。
4. 山谷的位置并不确定。李维认为它位于考迪乌姆和卡拉提亚之间，但该区域不符合他的描述。一些现代学者认为山谷位于阿尔派亚（Arpaia）和阿里恩佐（Arienzo）之间，但这种说法并无定论。
5. 该时期罗马在伊特鲁里亚活动的一个特点是，和平是由固定期限的停火协议，而非无限期的条约实现的，后者是罗马与意大利其他大部分地区的关系的基础。第 13 章中将讨论这一点的重要性。

6. 据说,他被送到卡伊雷,在法比乌斯家族的一位宾友家中接受教育,因此能够用伊特鲁里亚语读写(李维,9.36.3)。李维还表示,公元前 4 世纪时,年轻的罗马贵族被送往伊特鲁里亚接受教育并不罕见。

7. 有人表示,双方军队的总人数达到 65 万,这个数字大得不合情理。希腊史学家萨摩斯的杜里斯声称有 10 万人阵亡,这种说法同样不可信。李维给出的阵亡人数是 3.37 万(其中罗马方面阵亡 8700 人)。

8. 在古人的叙述中,塔兰托人拒绝罗马使者被描绘成一场酒后闹剧,希腊暴徒荒谬地攻击了使者,而他们请求皮洛士相助则被归因于软弱和胆怯。这显然是为了抹黑塔兰托人(他们当时的军事力量非常可观),并对塔兰托人让雇佣兵将领及其军队援助自己的政策做了全无好感的解读。

9. 与皮洛士有关的图像出现在当时塔兰托的钱币上,包括伊庇鲁斯王室的矛头标志,以及宙斯的鹰和雷电棒。皮洛士还使用了别的文化象征,声称由于伊庇鲁斯王室是阿喀琉斯的后代,他是荷马史诗中的希腊人的天然继承者,注定要征服作为特洛伊人后代的罗马人。

10. 在伊特鲁里亚的阿雷提乌姆发现的一段向阿皮乌斯·克劳狄乌斯致敬的铭文中提到他反对与皮洛士和谈,称赞他"阻止了与皮洛士国王议和"。不过,这段铭文是奥古斯都时代的,与一段同罗马奥古斯都广场上的阿皮乌斯像相关的铭文的措辞非常相似,因此对于它究竟是公元前 3 世纪的原件副本,还是后来奥古斯都时代的文本,存在很大的疑问。

11. 该时期的塔兰托钱币的重量减轻了,这个特点暗示了财政压力。记录了洛克里的奥林匹斯宙斯圣所的账目的铭文显示,神庙财富支付了大笔金钱,很可能是付给皮洛士的。这些钱总计约 295 吨白银,其中最大的一笔支付达到 2658 塔兰特(约合 69.5 吨白银)。

12. 各种估计的数字有所不同,但一些学者(特别是康奈尔)认为,公元前 290 年到前 264 年,有多达 70 万罗马人可能被重新安置到被殖民的地区,尽管有人认为这个数字太高了。不过,无论绝对数字是什么,罗马强制推动的人口流动是大规模和破坏性的。

第 13 章　合作还是征服?:联盟、公民权和征服

1. 这些时间较长的停火可能是为了让罗马腾出军队对付萨莫奈人对罗马领土的入侵。长达百年的休战可能意味着罗马有意实现更加永久性的和平,尽管并没有签订更加正式的和约,实际上也没有延续那么久。

2. 李维表示,芬迪、福尔米奈和库迈在公元前 188 年获得了完整的公民权。

3. 对公元前338年获得公民权的人的登记于公元前332年的人口普查中进行。登记过程可能在当地进行，通过由当地官员编写的普查名册，然后送往罗马。
4. 在李维对公元前4世纪的描述中，这类信息的列表相对寥寥，但到了公元前3世纪和前2世纪，他越来越频繁地加入它们，统一的格式表明，它们原本一定来自某种官方记录。李维似乎很可能借鉴了更早的史学家（可能是瓦莱利乌斯·安提亚斯），后者则是从官方记录中转录了它们。
5. 拉丁语在意大利的传播无疑得到了罗马人的重组行动的推动。拥有完全的罗马公民权和拉丁身份的城邦被认为会在公共事务中使用拉丁语，尽管奇怪的是，这似乎不适用于那些拥有无投票权的罗马公民权的城邦。来自库迈和卡普阿的用奥斯坎语写成的官方铭文表明，这在公元前3世纪仍是政府用语。李维表示，随着库迈在公元前188年被升级为拥有完全公民权的城邦，它也被要求接受拉丁语为该城的官方语言。
6. 李维的《罗马史摘要》是对其各卷作品的简短小结。对于第11—19卷和第46卷起的部分，它们是唯一留存下来的版本。
7. 铭文中保存了罗马与卡拉提斯（Callatis）、阿斯图帕莱亚（Astypalaia）和米提利尼（Mytilene）等城邦的条约文本，它们的内容与我们所知的罗马同各个意大利城邦签订的条约内容相一致，但我们对后者没有直接的铭文证据。
8. 关于罗马共和时代该问题的最全面讨论，包括这里所引用的波利比乌斯的数字，见彼得·布朗特（Peter Brunt）。
9. 希腊人对罗马公民权概念的看法（特别是给予释奴公民权）含糊不清（参见哈利卡纳苏斯的狄俄尼修斯，4.24）。不过，腓力的信似乎强调，公民人数的增加（主要通过释放奴隶）为罗马提供了建立殖民地所必需的人力，从而提升了罗马的力量。释奴是否能够成为行政长官就远没有那么清楚了。他们在共和时代后期被禁止这样做，但不清楚公元前3世纪是否同样如此。
10. 一系列对于这场争论的最新贡献，见 T. D. Stek and J. Pelgrom (eds), *Roman Republican Colonization: New Perspectives from Archaeology and Ancient History* (Rome, 2014)。
11. 相比之下，公元前5世纪末被卢卡尼所接管的伤害似乎要小得多，尽管希腊作家倾向于将其描绘成暴力事件。除了奥斯坎语，继续有人说希腊语，希腊宗教依然有人崇拜，而希腊和卢卡尼风格的富人墓葬表明，该城的统治精英在民族和文化上变成了混合体。
12. 罗马化的概念由弗朗西斯·哈维菲尔德（Francis Haverfield）在20世纪初提出，作为解释罗马文化在行省而非意大利的影响的理论模型，明显带有将文明带给蛮族文化的弦外之音。
13. 李维（28.12.2—28.12.4）和波利比乌斯（2.19.1—2.19.4）都赞美了汉尼拔将这样一支鱼龙混杂的军队团结起来的成就，但他们含蓄地将其与罗马和意大利军队做了对比，表示前者相形见绌。

第14章　征服的影响：罗马，公元前340—前264年

1. 有关这部法律的史料特别棘手，因为只有李维的摘要和狄奥·卡西乌斯的残篇存世。
2. 公元前449年的《瓦莱利乌斯-贺拉提乌斯法》中的一部分和公元前339年的《普布利里乌斯法》非常相似。
3. 马克罗比乌斯现存的主要作品《农神节》写于公元5世纪，收录了关于罗马节日和宗教的信息。
4. 第11章也做了讨论。
5. 名称的改变反映了这点，从两人委员会变成十人委员会（decemviri），再后来变成十五人委员会（quindecemviri）。
6. 与负责圣物的团体一样，祭司团的成员也在公元前1世纪从9人增加到15人，反映了对它更大的需求。
7. 与此最接近的是维斯塔贞女，她们宣誓守贞，为维斯塔女神服务30年，生活在维斯塔神庙旁的专门居所里。任期结束后，她们可以自由离开，回归家庭或结婚。
8. 一些用青铜包着船头的安提乌姆舰船也有象征功能。它们作为战利品被带到罗马，用来装饰罗马广场上的演说者讲坛。讲坛被称为rostra，即拉丁语中船头的意思。
9. 许多此类奢侈物品是在女性墓葬中找到的，可能是成年或结婚时的礼物。
10. 汉尼拔战争结束后，奴隶人数激增，但有说服力的证据表明，奴隶在公元前4世纪和前3世纪已经开始增长。
11. 释奴通常会使用主人的个人名和氏族名，保留他或她自己的名字作为家族名。比如，公元前3世纪的诗人李维乌斯·安德罗尼库斯是沦为奴隶的塔兰托战俘（可能是在公元前272年该城被攻占时俘虏的），后来获释。他使用了前主人的名字李维乌斯，加上他自己的希腊本名安德罗尼库斯。根据使用缩写l（liberti＝"某人的男/女释奴"）而非通常的f（fili＝"某人的子/女"）可以辨认出男/女释奴的墓志铭。
12. 罗马的引水渠成了罗马的力量和公民荣耀的象征，在整个古代世界享有盛名。公元97年负责供水的帝国行政官员尤里乌斯·弗隆提努斯（Julius

Frontinus）写了关于引水渠的论著，声称它们甚至是比金字塔更伟大的成就（弗隆提努斯，《论引水渠》，16.87—16.88）。

13. 齐奥尔科夫斯基的《共和中期罗马的神庙》（*The Temples of Mid-Republican Rome*）对解读这个难以确定的数据做了讨论。除了表 11 所列的那些，有的估计还包括了很可能建于公元前 293 年到前 218 年的另外 18 座神庙。

14. 法比乌斯墓和其中的壁画也许可以追溯到萨莫奈战争时期，但一些学者现在相信它们的年代要更晚，不可能早于公元前 2 世纪。不过，对这些画像的年代并没有决定性的证据。

15. 西塞罗认为（《反腓力辞》，9.13），埃斯奎利诺山上可能建造过公共墓地。

材料说明

1. 大规模的田野考察项目——诸如罗马英国学院先后开展的对伊特鲁里亚南部的考察和台伯河谷计划——改变了我们对意大利中部大片地区的理解。此类项目还有荷兰对庞蒂内（Pontine）地区和意大利东南部的部分地区的重要考察，以及美国和意大利在大希腊的长期考察计划。

2. 在'Etruscan historiography'（*Annali di Scuola Normale di Pisa* 6, 1976）一文中，康奈尔表示，伊特鲁里亚人很可能有自己的书面历史，以及家族记录和编年史。

3. 大部分铭文都很短——常常用我们无法完全理解的语言写在墓碑、许愿物或个人物品上——但它们可以向我们提供大量关于所说的语言，所崇拜的神明，以及家族结构和关系的信息。少数较长的铭文记录了法律和条约之类的文件，表明保留书面记录的习惯不仅限于罗马。Crawford, *Imagines Italicae* 收集了现存的来自意大利许多地区的非罗马铭文。

4. 《大编年史》现存的部分和对其的讨论也许可以在康奈尔主编的罗马史学家残篇中由约翰·里奇所写的条目中找到。在里奇和奥克利对李维所做的注疏中，导言部分都有对《大编年史》的大段讨论。

5. 《凯旋式名录》和《卡皮托名录》留存下来的部分都在罗马的卡皮托博物馆展出。奥克利［《李维注疏，6—10 卷》（*A Commentary on Livy, Books VI–X*, vol. 1）］和史密斯［在贝克等编《执政官与共和国》（in Beck et al. [eds], *Consuls and the Res Publica*）］都为把这些《名录》视为历史证据提出了有说服力的理由。

6. 奥克利《李维注疏，6—10 卷》中对李维在哪些地方可能使用了文件证据做了大段讨论。波利比乌斯对蒂迈欧斯及其工作方式的广泛批判占据了其作品第 11 卷的现存残篇的很大篇幅。

7. 讨论见奥克利《李维注疏，6—10 卷》。

扩展阅读

关于早期罗马以及前罗马和罗马时代意大利的书目数量庞大，而且还在不断增加。下面所选的绝非全部，只是作为任何有兴趣进一步探索该主题的人的起点。

第 1 章　介绍早期罗马

古代史料：关于意大利的地理和民族群体的古代史料形形色色，包括许多希腊和罗马作家的简短评述，但很少有长篇描述。斯特拉波《地理学》卷 5 和卷 6 概述了意大利的地理和民族志，尽管是从奥古斯都时代的视角写的。普林尼《自然史》卷 3 同样盘点了民族和地点。康奈尔的《罗马史学家残篇》(Oxford, 2013) 收录了加图的《起源》的现存残篇，这是最早的由罗马人写的意大利民族志。

现代著作：G. J. Bradley, E. Isayev and C. Riva (eds), *Ancient Italy: Regions without Boundaries* (Exeter, 2009) 是对古代意大利的民族和文化地理很好的介绍，书中的一些章节涵盖了古代意大利大部分关键的文化和民族群体。该主题的新作品 G. J. Bradley and G. Farney (eds), *A Handbook on the Ancient Italic Groups* 正在编撰。

简要的概述见 K. Lomas, *Roman Italy, 338 BC–AD 200: A Sourcebook* (London, 1996), 1–16 以及 K. Lomas,'Italy beyond Rome', in A. Erskine (ed.), *A Companion to Ancient History* (Chichester, 2009)。更翔实的资料见 E. T. Salmon, *The Making of Roman Italy* (London, 1982), J.-M. David, *The Roman Conquest of Italy* (Oxford, 1996) 和 M. Pallottino, *A History of Earliest Italy* (London, 1991)。J. M. Turfa (ed.), *The Etruscan World* (London, 2013) 对关于伊特鲁里亚人起源的学术作品情况作了出色的讨论，包括 G. Bagnasco Gianni（现代观点），D. Briquel（古代材料）和 G. Kron（DNA 证据）。

第 2 章 布设场景：铁器时代的意大利

古代史料：该时期意大利历史的大部分材料来自考古学。不过，也能够找到对最早的希腊人殖民地的描绘：希罗多德，1.163—1.165，8.62；修昔底德，6.2—6.5；斯特拉波，《地理学》，5 和 6；李维，8.22.5—8.22.7；狄奥多罗斯，8.21—8.23。关于伊特鲁里亚人的起源：希罗多德，1.93—1.96；哈利卡纳苏斯的狄俄尼修斯，1.30；斯特拉波，《地理学》，5.2.2—5.2.4；西部最早的铭文刊印于 R. Arena (ed.), *Iscrizioni greche arcaiche di Sicilia e Magna Grecia*, 5 vols (Pisa, 1988–96) 以及 G. Bagnasco Gianni, *Oggetti iscritti di epoca orientalizzante in Etruria* (Florence, 1996)。

现代著作：关于伊特鲁里亚文化以及比它们更早的维拉诺瓦文化的英语介绍包括 G. Barker and T. Rasmussen, *The Etruscans* (Oxford,1998) 和 S. Haynes, *Etruscan Civilization: A Cultural*

History (London, 2000)。G. Bartoloni 在 M. Torelli (ed.), *The Etruscans* (London, 2000) 中的论文和 J. Turfa (ed.), *The Etruscan World* (London, 2014) 对维拉诺瓦文化做了很好的总结。Torelli 和 Turfa 主编的主题论文集是伊特鲁里亚人生活和文化的所有方面的信息宝库，S. Bell and A. Carcopino (eds), *A Companion to the Etruscans* (Chichester, 2016) 同样如此。Ridgway, Salmon 和 Asheri 在 *Cambridge Ancient History*, vol. 4: *Persia, Greece and the Western Mediterranean, c. 525 to 479* (Cambridge, 1988) 中所写的各章同样对本章所涉及的主题做了很好的综述。对拉丁姆铁器时代的介绍见 R. R. Holloway, *The Archaeology of Early Rome and Latium* (London and New York, 1994) 以及 C. J. Smith,'Latium and the Latins', in G. J. Bradley, E. Isayev and C. Riva (eds), *Ancient Italy: Regionswithout Boundaries* (Exeter, 2009), 161–78。关于希腊人的殖民活动，D. R. Ridgway, *The First Western Greeks* (Cambridge, 1992) 考察了皮忒库塞的定居点，而 R. Osborne, *Greece in the Making, 1200–479BC* (London, 1998) 中关于殖民的一章介绍了近年来对殖民活动性质的讨论。关于殖民活动性质的更详细讨论，见 G. Bradley and J.-P. Wilson (eds), *Greek and Roman Colonization: Origins, Ideologies, Interactions* (Swansea, 2006)，以及 L. Donnellan, V. Nizzo, G. J. Burgers (eds), *Conceptualising Early Colonisation* (Brussels, 2016)。J. Boardman, *The Greeks Overseas: Their Early Colonies and Trade*, 4th edn (London, 1990) 仍然是对希腊与古风时期地中海世界关系的出色综述。A. M. Bietti Sestieri, *The Iron Age Community of Osteria dell'Osa* (Cambridge, 1992) 对一个关键的铁器时代遗址做了开创性的研究。

第 3 章 特洛伊人、拉丁人、萨宾人与流氓：罗慕路斯、埃涅阿斯与罗马的"建城"

古代史料：恩尼乌斯，《编年记》，77—96；西塞罗，《论共和国》，3.40—3.41；李维，1.1—1.17；哈利卡纳苏斯的狄俄尼修斯，2.1—2.56；普鲁塔克，《罗慕路斯传》；奥维德，《岁时记》，4.807—4.858；普洛佩提乌斯，4.4.73—4.4.74；维吉尔，《埃涅阿斯纪》，特别见第 8 卷；奥古斯丁，《上帝之城》，3.6 和 15.5。

现代著作：英语世界关于早期罗马的文学传统和考古证据的最佳讨论可能是 T. J. Cornell, *The Beginnings of Rome* (London, 1995), 以及 G. Forsythe, *A Critical History of Early Rome* (Berkeley, 2005)。P. Wiseman, *The Myths of Rome* (Exeter, 2004) 和 *Unwritten Rome* (Exeter, 2008) 提供了关于罗马建城传统的不同观点。有用的考古学综述和对近年来的考古发现的总结见 C. J. Smith, 'Early and archaic Rome', in J. Coulston and H. Dodge (eds), *Ancient Rome: The Archaeology of the Eternal City* (Oxford, 2000), 'The beginnings of urbanisation in Rome', in B. Cunliffe and R. Osborne (eds), *Mediterranean Urbanization, 800–600* (London, 2005), 91–112 以及 I. Edlund Berry, 'Early Rome and the making of "Roman" identity through architecture and town planning', in J. D. Evans (ed.), *A Companion to the Archaeology of the Roman Republic* (Malden, MA, 2013)。C. J. Smith, *Early Rome and Latium* (Oxford 1996), F. Fulminante, *The Urbanisation of Rome and Latium Vetus: From the Bronze Age to the Archaic Era* (Cambridge 2014) 和 R. R.

Holloway, *The Archaeology of Early Rome and Latium* (London and New York, 1994) 对罗马和拉丁姆做了更详细的讨论。Fulminante 出色地总结了关于早期罗马的研究现状。Carandini 对其观点所做的最全面表述见 *La Nascita di Roma* (Florence, 1997)，只有意大利语版本，但更新的总结有英译本，见 A. Carandini, *Rome: Day One* (Princeton, NJ, 2011)。上面所列的许多书目中都可以找到对卡兰迪尼观点的批评，但对于他的研究中的疑难之处，最完整和最全面的讨论是 Carmine Ampolo, 'Il problema delle origini di Roma rivisitato: concordismo, ipertradizionalismo acritico, contesti', in *Annali della Scuola Normale Superiore di Pisa, Classe di Lettere e Filosofia* 5.1 (2013)。E. Fentress 和 A. Guidi 做了较短但同样犀利的批判。Peter Wiseman 对早期罗马的神话做了大篇幅的讨论。特别见 *Remus: A Roman Myth* (Cambridge, 1995) 和 *The Myths of Rome* (Exeter, 2004)。E. Dench, *Romulus' Asylum: Roman Identities from the Age of Alexander to the Age of Hadrian* (Oxford, 2005) 对罗马文化身份的发展和建城神话在此过程中的角色做了详细的研究。对早期罗马史料的介绍见 R. M. Ogilvie and A. Drummond, 'The sources for earlyRoman history', in *Cambridge Ancient History*, 2nd edn (Cambridge, 1988), VII: 1–29；T. J. Cornell, *The Beginnings of Rome: Italy and Rome from the Bronze Age to the Punic Wars* (London, 1995)；以及 G. Forsythe, *A Critical History of Early Rome* (Berkeley, CA, 2005)。James Richardson 和 Federico Santangelo 主编的论文集，*The Roman Historical Tradition: Regal and Republican Rome* (Oxford, 2014) 收录了许多顶尖学者的论文，是了解对早期罗马史料讨论的好途径。Lupa Capitolina Electronica

网站 (http://lupacap.fltr.ucl.ac.be) 是关于罗马建城史料的信息宝库。

第 4 章 国际贵族的崛起：意大利与东方化革命

古代史料：哈利卡纳苏斯的狄俄尼修斯，2.44；波利比乌斯，6.2.10；李维，1.33—1.34；赫西俄德，《工作与时日》，38—39，22—221。

现代著作：对东方化时期罗马和意大利中部的简要综述见 T. J. Cornell, *The Beginnings of Rome*, Chapter 2，对意大利更广大地区的盘点见 M. Pallotino, *A History of Earliest Italy* (London, 1991)。C. Riva, *The Urbanization of Etruria* (Cambridge, 2010) 对伊特鲁里亚的这一时期和证据提出的解读问题做了讨论，进行了大量争论。关于伊特鲁里亚人的其他有用作品包括 Haynes, *Etruscan Civilization*, Barker and Rasmussen, *The Etruscans*, Torelli, *The Etruscans* 以及 Turfa, *The Etruscan World*。对坎帕尼亚的介绍见 M. Cuozzo, 'Ancient Campania', in G. J. Bradley, E. Isayev and C. Riva (eds), *Ancient Italy: Regions without Boundaries* (Exeter, 2009), 224–267，C. J. Smith 在该书中自己的那章则盘点了来自拉丁姆的证据。关于对穆尔洛的重要发掘所做的定期更新，以及出版物列表，见 http://poggiocivitate.classics.umass.edu/index.asp。

第 5 章　东方化中的罗马与早期国王

古代史料：李维，1.16—134；哈利卡纳苏斯的狄俄尼修斯，2.57—3.43；普鲁塔克，《努马传》；瓦罗，《论拉丁语》，5.55，5.142—5.159，7.9—7.10；西塞罗，《论预言》，1.3。

现代著作：对东方化时期罗马的讨论见 Cornell, *The Beginnings of Rome*, Chapter 4; Forsythe, *A Critical History of Early Rome*, Chapter 4; C. J. Smith, *Early Rome and Latium* (Oxford, 1996), 以及他在 J. Coulston and H. Dodge (eds), *Ancient Rome: The Archaeology of the Eternal City* (Oxford, 2000), 16–41 的论文；另见 F. Fulminante, *The Urbanisation of Rome and Latium Vetus: From the Bronze Age to the Archaic Era*。Carafa 有关议事广场、伏尔甘神庙和维斯塔贞女住所的著作介绍了近年来的考古研究，但深受卡兰迪尼充满争议的解读影响。N. Terrenato 对罗马城市化的研究方法做了批判，收录于 Barchiesi and Scheidel, *The Oxford Handbook of Roman Studies*。圣奥莫博诺的学术研究现状见 D. Diffendale, P. Brocato, N. Terrenato and A. Brock, 'Sant'Omobono: an interim *status quaestionis*', *Journal of Roman Archaeology* 29 (2016), 7–14。圣奥莫博诺计划的网站上（http:// sites.lsa.umich.edu/omobono/）有关于新近的发掘和出版物的信息。

第 6 章　城市革命：公元前 6 世纪意大利的城市与国家

古代史料：阿忒纳俄斯，《智者之宴》，12.517d—12.517f；哈利卡纳苏斯的狄俄尼修斯，3.61，4.49，7.5—7.8；斯特拉波，

《地理学》，5.4.3，6.1.1—6.1.5，6.1.12—6.1.14；希罗多德，7.170；波利比乌斯，12.5—12.7；狄奥多罗斯，12.9—12.12。

现代著作：C. J. Smith, *The Roman Clan* (Oxford, 2006) 对公元前 6 世纪的发展，特别是家族/氏族的组织做了详细的研究。N. Terrenato 提出了不同的观点，见 Terrenato and D. Haggis (eds), *State Formation in Italy and Greece* (Oxford, 2011)。关于伊特鲁里亚人，见 Barker and Rasmussen, *The Etruscans* (Oxford, 1998)，以及 Haynes, *Etruscan Civilization: ACultural History* (London, 2000)。对伊特鲁里亚人势力扩张的明晰易懂的分地区讨论，见 G. Camporeale (ed.), *The Etruscans outside Etruria* (Los Angeles, CA, 2004)。M. Torelli (ed.), *The Etruscans* (London, 2000)，J. Turfa, *The Etruscan World* (London, 2013) 和 S. Bell and A. Carpino, *A Companion to the Etruscans* (Chichester, 2016) 收录了关于伊特鲁里亚文化和社会的许多方面的文章。T. J. Dunbabin, *The Western Greeks* (Oxford, 1948) 是对该时期希腊殖民地的经典叙述，现在已经相当陈旧。较短但更新的讨论可见 R. Osborne, *The Making of Greece* 和 K. Lomas, *Rome and the Western Greeks*。G. Pugliese Carratelli (ed.), *The Western Greeks* (London, 1996)，L. Cerchiai, L. Jannelli, and F. Longo (eds), *The Greek Cities of Italy and Sicily* (Los Angeles, 2002) 是很好的考古信息文献。

第 7 章 暴君与恶妇：罗马、塔克文王朝与王政的覆灭

古代史料：李维，1.35—1.60；哈利卡纳苏斯的狄俄尼修斯，

3.56—4.86；波利比乌斯，3.22.11—3.22.12。

现代著作：公元前6世纪的书目数量繁多，许多考古学材料只有意大利语的出版物。在英语材料中，T. J. Cornell, *The Beginnings of Rome: Italy and Rome from the Bronze Age to the Punic Wars (c. 1000–264 bc)* (London, 1995), C. J. Smith, *Early Rome and Latium* (Oxford, 1996) 和 G. Forsythe, *A Critical History of Early Rome* (2005) 对历史和考古学证据，以及对它们进行解读的问题做了出色的讨论，而 J. H. Richardson and F. Santangelo (eds), *The Roman Historical Tradition: Regal and Republican Rome* (Oxford, 2014) 收录了对该主题的一系列经典论文。更新的讨论见 G. Bradley, Early Italy and Rome (Edinburgh, forthcoming)。T. P. Wiseman, *The Myths of Rome* (Exeter, 2004) 和 *Unwritten Rome* (Exeter, 2008) 对解读和重构早期罗马做了非常有可读性的批评。对考古学证据的介绍见 C. J. Smith, 'Early and Archaic Rome', in J. Coulston and H. Dodge (eds), *Ancient Rome: The Archaeology of the Eternal City* (Oxford, 2000), 16–41，而 Fulminante, *The Urbanisation of Rome* 和 Gabriele Cifani（见参考书目）对该时期的物质证据做了更深入的分析。

第8章 "公元前5世纪危机"与变化中的意大利面貌

古代史料：希罗多德，6.23；修昔底德，6.44，6.103；李维，4.24—4.37，5.33—5.36，9.13.7；波利比乌斯，2.14—2.20，2.39；狄奥多罗斯，11.51—11.53，12.8—12.12，12.76；阿忒纳俄斯，《智者

之宴》12.522d，14.632a；保萨尼亚斯，10.10，13.10。

现代著作：M. Pallottino, *A History of Earliest Italy* (London, 1991) 对公元前 5 世纪的变化做了很好的综述。E. T. Salmon, *Samnium and the Samnites* (Cambridge, 1967) 是对萨莫奈人的全面研究，但在考古学方面相当陈旧。英语世界最新的全面研究是 E. Dench, *From New Men to Barbarians: Greek, Roman, and Modern Perceptions of Peoples from the Central Apennines* (Oxford, 1995)。对萨莫奈人较短的介绍见 E. Bispham, 'The Samnites', in G. J. Bradley, E. Isayev and C. Riva (eds), *Ancient Italy: Regions without Boundaries* (Exeter, 2009)。该书中还包括了关于坎帕尼亚 （M.Cuozzo），卢卡尼亚（E. Isayev）和意大利凯尔特人地区（R. Häussler）的有用章节。对卢卡尼人的更详细描绘见 E. Isayev, *Inside Ancient Lucania: Dialogues in History and Archaeology* (London, 2007)。关于奥斯坎语、翁布里亚语和早期拉丁语的全面新版铭文集，并附有注疏和讨论，见 M. H. Crawford (ed.), *Imagines Italicae: A Corpus of Italic Inscriptions* (London, 2011)。

第 9 章　艰难的转变：早期罗马共和国

古代史料：李维，2—5；哈利卡纳苏斯的狄俄尼修斯，5—8；西塞罗，《论共和国》，2.61；塔西佗，《历史》，3.72；普林尼，《自然史》，34.139；奥卢斯·格里乌斯，《阿提卡之夜》，15.27；Crawford, *Roman Statutes*, no. 40（《十二铜表法》）。

现代著作：Cornell, *The Beginnings of Rome*, Chapter 10 和 Forsythe, *A Critical History of Early Rome*, Chapters 6 都对共和初期和平贵之争做了出色的综述。*The Cambridge Ancient History*, vol 7.2 对许多相同的内容做了较为深入的分析。C. J. Smith, *The Roman Clan*，第 8 章对共和初期的罗马社会发展做了具有挑战意味的详细批评，特别是围绕着贵族和平民的问题。关于平贵之争，见 K. Raaflaub, *Social Struggles in Archaic Rome: New Perspectives on the Conflict of the Orders*，书中收录了关于这场斗争不同方面的出色论文。Mitchell，Eder 和 Raaflaub 的论文特别有用。Beck、Dupla、Jehne 和 Pina Polo 主编的论文集对早期共和国及其制度的发展提供了新的洞见。

第 10 章 进击的罗马：拉丁姆及其以外地区的战争，公元前 500—前 350 年

古代史料：李维，2—5；哈利卡纳苏斯的狄俄尼修斯，6.95 和 15—20；狄奥多罗斯，11.51—11.53。

现代著作：对罗马早期扩张的明晰易懂的叙述见 T. J. Cornell, 'Rome and Latium', in *Cambridge Ancient History* (Cambridge, 1989), vol. 7.2, 309–350，以及 *The Beginnings of Rome*。关于对早期殖民活动的考古学证据及其影响的评价，见 P. Attema (ed.), *Centralization, Early Urbanization and Colonization in First Millennium Italy and Greece* (Leuven, 2004)，以及 Termeer, 'Early coloniesin Latium (ca 534–338 BC): a reconsideration of current images and the archaeologicalevidence', *BABESCH* 85 (2010), 43–45。

第11章 通往权力之路：意大利与罗马，公元前390—前342年

古代史料：李维，5—7。

现代著作：Cornell, *The Beginnings of Rome*, Chapter 13，Forsythe, *A Critical History of Early Rome*, Chapters 8–9，以及 R. Develin, 'The integration of plebeians into the political order after 366', in K. Raaflaub (ed.), *Social Struggles in Archaic Rome* (Berkeley, CA, 1986), 327–352 讨论了平贵之争的后期阶段。关于罗马城的发展，见 T. J. Cornell in J. C. Coulson and H. Dodge (eds), *Ancient Rome: The Archaeology of the Eternal City* (Oxford, 2000)，以及 I. Edlund Berry, 'Early Rome and the making of "Roman" identity through architecture and town planning',in J. D. Evans (ed.), *A Companion to the Archaeology of the Roman Republic* (Malden, MA, 2013), 406–425。关于罗马的个别建筑和区域的信息，见 M. Steinby (ed.,) *Lexicon Topographicum Urbis Romae* (Rome, 1993–2000)。

第12章 "萨莫奈人和罗马人谁将统治意大利"：萨莫奈战争与征服意大利

古代史料：李维，9—10；狄奥多罗斯，10.104；哈利卡纳

苏斯的狄俄尼修斯，15—20；普鲁塔克，《皮洛士传》；阿皮安，《萨莫奈战争》，7—12；狄奥，9.39—9.41；波利比乌斯，3.2.4。

现代著作：对萨莫奈战争和皮洛士战争的出色讨论见 *Cambridge Ancient History* (vol. 7.2) 和 T. J. Cornell, *The Beginnings of Rome*, Chapter 14。E. T. Salmon, *Samnium and the Samnites* 中也对萨莫奈战争做了长篇的讨论，尽管现在有点过时了，特别是涉及考古学证据的部分。关于罗马对伊特鲁里亚和翁布里亚的征服，见 W. V. Harris, *Rome in Etruria and Umbria*，更新的著作见 G. J. Bradley, *Ancient Umbria*；关于皮洛士战争和与南意大利的关系，见 K. Lomas, *Rome and the Western Greeks, 350 BC–AD 200: Conquest and Acculturation in Southern Italy*。S. Oakley, 'The Roman conquest of Italy', in J. Rich and G. Shipley (eds), *War and Society in the Roman World* (London, 1993) 对征服意大利及其对罗马和意大利人的影响做了很好的综述。M. P. Fronda, *Between Rome and Carthage* (Cambridge, 2010) 的第 1 章认为，公元前 3 世纪时，对意大利的征服不像大部分现代叙述那样板上钉钉。H. Jones (ed.), *Samnium: Settlement and Cultural Change* 收录了一系列关于萨莫奈各个方面的文章。对于任何对李维的战争描绘的细节感兴趣的人，奥克利对李维的大规模注疏（S. Oakley, *A Commentary on Livy Books VI–X*, Oxford, 1998–2005）是信息的宝库。

第 13 章　合作还是征服？：联盟、公民权和征服

古代史料：李维，8.11—8.15，9.41—9.45；维勒尤斯·帕特库

鲁斯，1.14—1.15；哈利卡纳苏斯的狄俄尼修斯，6.95；波利比乌斯，2.23，6.12—6.26；西塞罗，《为巴尔布斯辩护》；西塞罗，《论土地法》，6.23。

现代著作：关于意大利行政组织的标准作品仍然是 A. N. Sherwin-White, *The Roman Citizenship*, 2nd edn (Oxford, 1980)。更新的作品见 E. Bispham, *From Asculum to Actium: The Municipalisation of Italy from the Social War to Augustus* (Oxford, 2007)，尽管它的重点是从公元前 2 世纪开始。对于将该主题放在征服意大利的背景下所做的更一般的综述，见 E. T. Salmon, *The Making of Roman Italy* (London, 1982), T. J. Cornell, *The Beginnings of Rome* (London, 1995) 和 J.-M. David, *The Roman Conquest of Italy* (Oxford, 1996)。最后，K. Lomas, *Roman Italy, 338 BC–AD 200: A Sourcebook* (London, 1996) 提供了一系列史料译文（附讨论）。E. T. Salmon, *Roman Co-lonisation under the Republic* (London, 1969) 是关于罗马殖民活动的很好的入门作品（尽管有点过时），关于殖民活动性质的更新讨论见 G. J. Bradley, 'Colonisation and identity in Roman Italy' 和 E. Bispham, 'Coloniam deducere: How Roman was Roman colonisation in the Middle Republic'，均收录于 G. J. Bradley and J. P. Wilson (eds), *Greek and Roman Colonisation: Origins, Ideologies and Interactions* (Swansea, 1996)。对殖民活动的最新讨论见 J. Pelgrom and T. Stek (eds), *Roman Republican Colonization: New Perspectives from Archaeology and Ancient History* (Rome, 2014)。对帕埃斯图姆的发掘结果刊发在由罗马法国学院发行的一系列重要的发掘报告中，而对于该城的历史，更方便的英语描述见 J. G. Pedley, *Paestum: Greeks* and Romans in Southern Italy (London, 1990)。F. E. Brown, Cosa: The Making of a Roman Town (Ann Arbor, MI, 1980) 对科萨做了很好的介绍，更加全面和更新的描述见 F. E. Brown, E. H. Richardson and L. Richardson, Cosa III, The Buildings of the Forum: Colony, Municipium, and Village (University Park, PA, 1993)。更新的研究可以见 E. Fentress and J. P. Bodel, Cosa V: An Intermittent Town, Excavations 1991–1997 (Ann Arbor, MI, 2003)。

第 14 章 征服的影响：罗马，公元前 340—前 264 年

古代史料：李维，10，11—15；哈利卡纳苏斯的狄俄尼修斯，15—20。

现代著作：对公元前 4 世纪末和 3 世纪的转变的讨论，见 Cornell（第 15 章），Forsythe（第 9—10 章）和 Staveley（'Italy and Rome in the early third century', in Cambridge Ancient History, vol. 7.2）。对军事发展的总结见 J. Rich 和 L. Rawlings 在 P. Erdkamp, A Companion to the Roman Army (Oxford, 2007) 中的论文。关于罗马的希腊化，见展览目录 Roma medio-Repubblicana: Aspetti culturali di Roma e del Lazio nei secoli IV e III a.C. (Rome, 1973)，以及 R. W. Wallace, 'Hellenization and Roman society in the late fourth century: a methodological critique', in W. Eder (ed.), Staat und Staatlichkeit in der frühen römischen Republik (Stuttgart, 1990)。关于罗马城的性质发生改变的讨论，见 T. J. Cornell 在 J. C. Coulson and H. Dodge (eds), Ancient Rome: The

Archaeology of the Eternal City (Oxford, 2000) 中的论文，以及 I. Edlund Berry, 'Early Rome and the making of "Roman" identity through architecture and town planning', in J. D. Evans (ed.), *A Companion to the Archaeology of the Roman Republic* (Malden, MA, 2013), 406–25。关于个别建筑，见 M. Steinby (ed.), *Lexicon Topographicum Urbis Romae* (Rome, 1993–2000)。

第 15 章 后记：罗马、意大利与公元前 264 年帝国的开端

现代著作：W. V. Harris, *War and Imperialism in Republican Rome, 327–70 B.C.* (Oxford, 1979) 和 A. Erskine, *Roman Imperialism* (Edinburgh, 2010) 对罗马帝国主义的性质和对其的可能解释做了很好的讨论。J. Rich 在 Rich and Shipley (eds), *War and Society in the Roman World*, Chapter 2 中对哈里斯提出了质疑。

遗址、博物馆和在线资源指南

早期意大利（特别是早期罗马）遗迹的保存状况远不如共和晚期或罗马帝国时期的那么好。不过，有许多有趣的遗址和博物馆收藏中包含了早期的物质材料。本指南不求面面俱到，只是对重要的遗址和收藏做一介绍。许多较小的博物馆以及较偏远的遗址和历史建筑开放时间有限，特别是在冬天，因此最好在网上查实最新的信息。

许多意大利博物馆和考古遗址的网站并非由单个博物馆，而是由各地区的国家考古服务机构运营的。网址经常改变，但有一些网站提供了关于博物馆的信息，以及它们的网址链接，包括www.beniculturali.it［见"文化场所"（*Luoghi della Cultura*）V；http://www.musei.it/和http://www.museionline.it.］。

其他有用的网址包括Fasti Online（http://fastionline.org/），关于意大利最新发掘的数据库；Gnomon书目数据库（http://www.gno-mon-online.de/）和罗马城的在线资源库VRoma（http://www.vroma.org/）。Perseus数字图书馆（http://www.perseus.tufts.edu/hopper/）、Lacus Curtius（http://penelope.uchicago.edu/ ayer/E/Roman/home.html）和Livius（http://www.livius.org/）是关于古代罗马的图像、文章和译文的出色资源。

伦巴第／皮埃蒙特／利古里亚

该地区早期历史的可见遗存留在原址的例子相对寥寥，尽管在蒙索里诺迪格拉塞卡考古园区（Area Archeologica Monsorino di Golasecca）可以看到一些。一些博物馆中收藏了大批来自格拉塞卡、凯尔特和罗马早期的材料。科莫市立博物馆（Museo Civico）有大批前罗马时代的器物，维巴尼亚（Verbania）的风景博物馆（Museo del Paesaggio）、热那亚的利古里亚考古博物馆（Museo di Archeologia Ligure）以及米兰的两家博物馆［考古博物馆收藏了来自罗马时期的文物，而史前文物被收藏在斯福尔扎城堡（Castello Sforzesco）］。较小的当地博物馆包括那些在塞斯托卡兰德、格拉塞卡和梅尔戈佐（Mergozzo）的。

威尼托／上阿迪杰

最重要的两大博物馆收藏是埃斯特的阿泰斯蒂诺国立博物馆（Museo Nazionale Atestino）和帕多瓦的隐修士市立博物馆（Musei Civici agli Eremitani）。两馆都收藏了大量来自威尼斯发现的文物。更远些的地方，阿德里亚的考古博物馆，罗维戈（Rovigo）的市立博物馆和夸尔托达尔蒂诺（Quarto d'Altino）的阿尔蒂诺博物馆收藏了规模较小但非常重要的希腊、伊特鲁里亚和威尼托文物，在蒙特贝鲁纳（Montebelluna）的考古博物馆和维琴察的市立博物馆也有收藏。最后，在位于皮埃维迪卡多莱（Pieve di Cadore）市政厅的卡多里诺考古博物馆（Museo Archeologico Cadorino）收藏有一批极有吸引力的来自威尼托北部的威尼托文物。考古遗址很少向游客开放，但夸尔托达尔蒂诺的两处发掘遗址可供游览，位于埃斯特的卡萨迪里科维洛（Casa di Ricovero）的威尼托墓地也有开放的计划。

艾米利亚-罗马涅 / 马尔凯

位于博洛尼亚附近的马尔扎博托伊特鲁里亚遗址是保存最完好的伊特鲁里亚城市之一，也是少数几个中心地带被全面发掘的城市之一。博洛尼亚的考古博物馆收藏了来自马尔扎博托和更早的伊特鲁里亚定居点费尔西纳的重要文物。安科纳的马尔凯国家考古博物馆（Museo Archeologico Nazionale delle Marche）拥有来自该地区的令人难忘的藏品，包括史前和罗马时代的物品，维鲁基奥的市立考古博物馆收藏有伊特鲁里亚和其他前罗马时代的丰富文物。

托斯卡纳

可以在罗塞莱（Roselle）和菲埃索莱（Fiesole）等地的大规模考古公园探索伊特鲁里亚北部城市的一些遗迹。奥尔贝泰罗（Orbetello）附近的科萨是意大利保存最完好和发掘最全面的罗马殖民地之一。在丘西（Chiusi）、阿雷佐（Arezzo）、佛罗伦萨（Florence）和菲埃索莱都有出色的博物馆收藏。来自伊特鲁里亚南部的一批重要发现被收藏在罗马的博物馆中，特别是尤里乌斯别墅（Villa Giulia）和格里高利伊特鲁里亚博物馆（Museo Gregoriano Etrusco）。不过，大多数主要的伊特鲁里亚中心也有自己的博物馆，尽管有的位于毗邻的城镇，而非隶属于考古遗址。

翁布里亚

该地区最大的博物馆是佩鲁贾、奥维耶托和斯波莱托的考古博物馆，它们都收藏了大量翁布里亚和罗马的文物。著名的伊古维乌姆铜表藏于古比奥的市立博物馆。可以探索卡尔苏莱（Carsulae）、奥特里科利（Otricoli）、奥维耶托、卡尔齐亚诺（Corciano）和佩鲁贾的遗址，尽管在某些地方，大部分可见的遗迹属于共和晚期和帝国时期。

拉齐奥和罗马

拉齐奥北部——古代的一个伊特鲁里亚人定居地区——拥有丰富的伊特鲁里亚遗迹。最引人注目的伊特鲁里亚遗迹是卡伊雷（今切尔韦泰里）、沃尔西尼（今奥维耶托——见翁布里亚）和塔尔奎尼（今塔尔奎尼亚）的墓地，以及伍尔奇和维伊的考古公园（包括古代城市的所在区域）。许多墓是开放的，可供游客探索，尽管其中一些的状况不太稳定，需要游客预约。一些较小的遗址也可以游览，包括达索堡（Castel d'Asso）、诺尔基亚（Norchia）、圣乔维纳莱和费伦托（Ferento）。重要的博物馆收藏包括维泰尔博的考古博物馆、伊特鲁里亚博物馆［位于巴尔巴拉诺罗马诺（Barbarano Romano）］，法里斯库斯人领地和桑加洛要塞考古博物馆［Museo Archeologico dell'Agro Falisco e Forte Sangallo，位于奇维塔卡斯特拉纳（Civita Castellana）］，波尔塞纳湖地区博物馆（Museo territoriale del Lago di Bolsena，位于波尔塞纳），以及切尔韦泰里、塔尔奎尼亚和伍尔奇的博物馆。探索罗马东北部的萨宾文化可以前往特雷布拉穆图埃斯卡考古博物馆〔Museo Archeologico di Trebula Mutuesca，位于蒙特莱奥内萨比诺（Monteleone Sabino）〕和萨宾纳（Sabina）的法拉（Fara）考古博物馆。赫丘利（蒂沃利）和原始幸运女神（帕莱斯特里纳）的圣所遗址以及帕莱斯特里纳国家考古博物馆都可以参观。

现在能够看到的罗马本地的早期遗迹相对寥寥。罗马广场和帕拉丁山都很容易前往，但现存建筑大多是后来的。不过，卡皮托山博物馆地下室有一个出色的展示区，包括卡皮托山朱庇特神庙的地基，它的一部分建于公元前6世纪。展厅里陈列着古风时期罗马的发现和对一些古风时期的神庙雕塑的复原。作为梵蒂冈博物馆一部分的格里高利伊特鲁里亚博物馆，以及尤里乌斯别墅的国家伊特鲁里亚博物馆都收藏了大批伊特鲁里亚文物。伊特鲁里亚和意大利古物博物馆（Museo delle Antichità Etrusche ed Italiche）中能够找到规模较小的伊特鲁里亚和意大利文物收藏。史前时代罗马物品的主要收藏位于戴克里先浴场的罗马国家博物馆（Museo Nazionale Romano）和"路易吉·皮格里尼"国家史前民族志博物馆（Museo Nazionale Preistorico Etnografico 'Luigi Pigorini'）。

在费德奈和加比可以看到仅存的几座与早期罗马有关的建筑中的两座，两者都位于罗马郊区。近年来在加比的发掘中出土了一座公元前6世纪的建筑，而费德奈的一座公元前8世纪的房屋独一无二的保存状况让考古学家们得以对其进行重建。可以参观的还有菲洛尼亚圣林（位于卡佩纳），以及位于拉维尼乌姆（波梅齐亚）的密涅瓦圣所和所谓的埃涅阿斯墓，那里还有一座考古博物馆。海滨的普拉提卡（Pratica di Mare，位于萨特里库姆）、安齐奥（Anzio）、阿尔泰纳（Artena）和拉努维奥（Lanuvio）等地的博物馆也收藏了来自拉丁姆早期的文物。

在拉丁姆南部，切普拉诺（Ceprano）的弗雷格莱考古博物馆（Museo archeologico di Fregellae）收藏了来自一座早期罗马殖民地的物品，明图尔奈和普利维诺的考古园区保存着大量古代定居点的物质遗存。阿拉特里、科利、卡西诺（Cassino）、阿尔皮诺（Arpino）、弗尔米埃和芬迪都收藏了该地区的前罗马和罗马时代的发现。

阿布鲁齐 / 莫利塞

这些地区的罗马和前罗马时代的考古遗址特别丰富。阿米特尔努姆、佩尔图伊努姆（Peltuinum）和阿尔巴弗肯斯的古代定居点遗址［都离拉奎拉（L'Aquila）不远］，位于基耶蒂（Chieti）以南的蒙特内罗多莫（Monterodomo）附近的尤瓦努姆（Iuvanum）定居点，以及斯基亚维阿布鲁佐（Schiavi d'Abruzzo）和苏尔莫纳（Sulmona）的圣所都可以参观。还可以参观位于伊泽尼亚（Isernia）附近的皮埃特拉邦丹特（Pietrabbondante）的萨莫奈圣所遗址，蒙特瓦伊拉诺［位于坎波巴索（Campobasso）附近的布索（Busso）］山间要塞，以及萨埃皮努姆［今塞皮诺（Sepino）］的萨莫奈人和罗马人定居点。阿布鲁佐国家考古博物馆（Museo Archeologico Nazionale d'Abruzzo）和拉奇维泰拉考古博物馆（Museo Archeologico La Ciritella）都坐落于基耶蒂，收藏有前罗马时代的重要发现。其他重要的博物馆包括奥菲德纳市立博物馆（Museo Civico Aufidenate，位于阿尔菲德纳），专门收藏该地区碑铭的马尔希卡诺碑铭博物馆［Museo Lapidario Marsicano，位于阿维扎诺（Avezzano）]，拉奎拉的阿布鲁佐国家博物馆（Museo Nazionale d'Abruzzo），以及苏尔莫纳的考古博物馆。莫利塞的重要博物馆位于坎波巴索［萨莫奈博物馆（Museo Sannitico）]、塞皮诺［萨埃皮努姆–阿尔提里亚考古博物馆（Museo Archeologico di Saepinum-Altilia）]和维纳弗洛（Venafro，考古博物馆）。

坎帕尼亚

那不勒斯的古代遗迹相对较少，但在多莫（Duomo）附近可以看到古代剧场的一部分，在大圣洛伦佐（San Lorenzo Maggiore）教堂下面有奇妙的罗马城市遗迹。坎帕尼亚的其他三个希腊殖民地库玛（库迈）、帕埃斯图姆（波塞冬尼亚）和维利亚（埃利亚）的遗迹要多得多。在更加内陆的地方，可以参观埃库姆图提库姆［Aequum Tuticum，位于阿里亚诺伊尔皮诺（Ariano Irpino）]、孔普萨［Compsa，位于坎帕尼亚的孔扎（Conza）]和埃克拉努姆［Aeclanum，位于米拉贝拉埃克拉诺（Mirabella Eclano）]的萨莫奈和坎帕尼亚遗址，以及卡莱斯［位于卡尔维里索尔塔（Calvi Risorta）]的罗马殖民地。庞特卡尼亚诺的古皮肯提亚城市考古公园（Parco archeologico urbano dell'antica Picentia）保存有该地区的前罗马和前萨莫奈文化的遗迹，西努埃萨［今蒙德拉戈内（Mondragone）]的罗马殖民地遗迹同样对公众开放。那不勒斯国家博物馆拥有意大利最顶尖的古物收藏之一。其他重要的藏品系列包括帕埃斯图姆、库迈和维利亚的博物馆，阿韦利诺的伊尔皮诺博物馆，贝内文托的萨莫奈博物馆，蒙内萨尔基奥（Monesarchio）的萨莫奈考迪乌姆国家考古博物馆，圣玛利亚老卡普阿（Santa Maria Capua Vetere）的古卡普阿考古博物馆，以及诺拉、蒙德拉戈内、诺切拉和阿里费（Allife）的博物馆。伊斯基亚岛上的拉科阿梅诺的皮忒库塞考古博物馆拥有来自这个意大利最早的希腊殖民地的奇妙藏品，尽管没有可见的遗迹保存下来。

巴西利卡塔

该地区的主要希腊人遗址位于梅塔庞图姆和赫拉克利亚（今梅塔庞托和波里科洛），已经过大规模发掘，可供游览。梅塔庞托和波里科洛的博物馆展出遗址发现的物品。在更加内陆的地方，还可以参观塞拉迪瓦里奥和洛萨诺迪瓦里奥的卢卡尼亚遗址（均位于瓦里奥迪巴西利卡塔附近），它们是公元前3世纪的罗马殖民地维努西亚（今维诺萨）的一部分。巴西利卡塔国家考古博物馆［位于波坦察（Potenza）］展出了当地发现的大批文物。在格鲁门托（Grumento），考古遗址上的大部分可见遗迹属于后来的罗马城市，但阿尔塔瓦尔达格里国家考古博物馆（Museo Archeologico Nazionale dell'Alta Val d'Agri）藏有来自该定居点更早期的物品。

普利亚

能够看到的塔兰托古城的遗迹相对寥寥。不过，塔兰托国家博物馆拥有意大利最重要的文物收藏之一。古纳提亚［Gnathia，今埃格纳齐亚（Egnazia）］的梅萨皮亚定居点很值得一看，蒙特桑纳切的考古公园也值得游览，这是最大的普伊克提亚

（Peucetian）定居点之一。马里纳迪莱乌卡（Marina di Leuca）附近的猪屠洞（Grotta Porcinara），和奥特兰托（Otranto）城外 20 千米的诗歌洞都是古代的崇拜遗址，也都向公众开放。有一大批博物馆收藏了前罗马和早期罗马时代的发现，很值得一看。萨兰托大学历史考古博物馆［Museo Storico Archeologico of the Universita del Salento，位于莱切（Lecce）］和弗朗切斯科·里贝佐地方考古博物馆［Museo Archeologico Provinciale Francesco Ribezzo，位于布林迪西（Brindisi）］的藏品规模更大，但另一些博物馆也拥有该地区有趣的文物藏品，包括阿莱齐奥（Alezio）、梅萨涅（Mesagne）、奥里亚（Oria）、乌真托（Ugento）、奥斯图尼（Ostuni）、格拉维纳迪普利亚（Gravina di Puglia）和基奥亚德尔科莱（Gioia del Colle）的市立博物馆。

卡拉布里亚

卡拉布里亚的雷焦国家博物馆（The Museo Nazionale in Reggio di Calabria）拥有一系列来自希腊和罗马时代雷焦的重要文物，包括著名的里亚切青铜像（Riace bronzes），另一些博物馆则专注于维波瓦伦提亚（Vibo Valentia）、克罗托内（Crotone）和西巴里（Sibari）等该地区的定居点。卡坦扎罗（Catanzaro）的布雷蒂和埃诺特里博物馆（Museo dei Brettii e degli Enotri）收藏了大批来自卡拉布里亚的非希腊语遗址的物品。洛克里、克罗顿和叙巴里斯等古代殖民地遗址以及较小的斯科拉基乌姆（Scolacium）希腊人定居点（和后来的罗马殖民地）都经过了大规模的发掘，并可供参观。

参考书目

Adam, R. and Briquel, D., 'Le miroir prénestin de l'Antiquario Comunale de Rome et la légende des jumeaux divins en milieu latin à la fin du IVe siècle avant J.-C.', *Mélanges de l'École française de Rome–Antiquité* (MEFRA) 94 (1982), 33–65

Alföldi, A., *Early Rome and the Latins* (Ann Arbor, MI, 1965)

Ammerman, A. J., 'On the origins of the Forum Romanum', *AJA* 94 (1990), 427–45

Ammerman, A. J., 'The Comitium in Rome from the Beginning', *AJA* 100 (1996), 121–36

Ampolo, C., 'Analogie e rapporti fra Atene e Roma arcaica. Osservazioni sulla Regia, sul rex sacrorum e sul culto di Vesta', *La Parola del Passato* 26 (1971), 443–60

Ampolo, C., 'Servius rex primus signavit aes', *La Parola del Passato* 29 (1974), 382–8

Ampolo, C., 'Demarato. Osservazioni sulla mobilità sociale arcaica', *Dialoghi d'Archeologia* 9–10 (1976), 333–45

Ampolo, C. (ed.), *Italia omnium terrarum parens: la civiltà degli Enotri, Choni, Ausoni, Sanniti, Lucani, Brettii, Sicani, Siculi, Elimi* (Milan, 1989)

Ampolo, C., 'Il problema delle origini di Roma rivisitato: concordismo, ipertradizionalismo acritico, contesti', *Annali della Scuola Normale Superiore di Pisa, Classe di Lettere e Filosofia 5.1* (2013), 218–84

Asheri, D., 'Carthaginians and Greeks', *Cambridge Ancient History*, vol. 4: *Persia, Greece and the Western Mediterranean, c.525BC to 479BC* (Cambridge, 1988), 739–90

Attema, P. (ed.), *Centralization, Early Urbanization and Colonization in First Millennium Italy and Greece* (Leuven, 2004)

Aubet, M. E., *The Phoenicians in the West: Politics, Colonies and Trade*, 2nd edn (Cambridge, 2002)

Badian, E., 'The Early Historians', in T. A. Dorey (ed.), *Latin Historians* (London, 1966)

Bagnasco Gianni, G., *Oggetti iscritti di epoca orientalizzante in Etruria* (Florence, 1996)

Barker, G. (ed.), *A Mediterranean Valley: Landscape, Archaeology and 'Annales' History in the Biferno Valley* (Leicester, 1995)

Barker, G., and Rasmussen, T., *The Etruscans* (Oxford, 1998)

Bartoloni, G., 'The origins and diffusion of Villanovan culture', in M. Torelli (ed.), *The Etruscans* (London, 2000)

Beard, M., North, J. A., and Price, S. R. F., *Religions of Rome*, 2 vols (Cambridge, 1998)

Beck, H., 'The early Roman tradition', in J. Marincola (ed.), *A Companion to Greek and Roman Historiography* (Malden, MA, 2007)

Beck, H., 'From Poplicola to Augustus: senatorial houses in Roman political culture', *Phoenix 63* (2009), 361–86

Beck, H., Duplà, A., Jehne, M., and Pina Polo, F. (eds), *Consuls and the 'Res Publica': Holding High Office in the Roman Republic* (Cambridge, 2011)

Bell, S., and Carcopino, A. (eds), *A Companion to the Etruscans* (Chichester, 2016)

Beloch, K. J., *Der italische Bund unter Roms Hegemonie: staatsrechtliche und statistische Forschungen* (Leipzig, 1880)

Berger, S., *Revolution and Society in Greek Sicily and Southern Italy* (Stuttgart, 1992)

Bernard, S. G., 'Continuing the debate on Rome's earliest circuit walls', *Papers of the British School at Rome 80* (2012), 1–44

Bickermann, E., 'Origines gentium', *Classical Philology* 47 (1952), 65–81

Bietti Sestieri, A. M., *The Iron Age Community of Osteria dell'Osa* (Cambridge, 1992)

Bietti Sestieri, A. M., *L'Italia nell'età del bronzo e del ferro: dalle palafitte a Romolo (2200–700 a.C.)* (Rome, 2010)

Bispham, E., 'The Samnites', in G. J. Bradley, E. Isayev and C. Riva (eds), *Ancient Italy: Regions without boundaries* (Exeter, 2009)

Boardman, J., *The Greeks Overseas: Their Early Colonies and Trade*, 4th edn (London, 1990)

Bordenache Battaglia, G., and Emiliozzi, A., *Le ciste prenestine* (Rome, 1990)

Bourdin, S., *Les peuples de l'Italie préromaine: identités, territoires et relations interethniques en Italie centrale et septentrionale* (VIIIe–1er s. av. J.-C.) (Rome, 2012)

Bradley, G., 'Colonization and identity in Republican Italy', in G. Bradley and J.-P. Wilson (eds), *Greek and Roman Colonization: Origins, Ideologies, Interactions* (Swansea, 2006), 161–188

Bradley, G. J., *Ancient Umbria* (Oxford, 2000)

Bradley, G. J., Isayev, E., and Riva, C. (eds), Ancient Italy: Regions without Boundaries (Exeter, 2009)

Bradley, G. J., and Farney, G. A. (eds), *A Handbook on the Ancient Italic Groups* (Amsterdam, forthcoming)

Bremmer, J., 'The Suodales of Poplios Valesios', *ZPE 47* (1982), 133–47

Bremmer, J., 'Romulus, Remus and the foundation of Rome', in J. Bremmer and N. Horsfall (eds), *Roman Myth and Mythography* (London, 1987), 25–48

Briquel, D., 'Le système onomastique féminin dans les épigraphies de l'Italie préromaine, II', in S. Gély (ed.), *Sens et pouvoirs de la nomination dans les cultures hellénique et romaine, II: Le nom et la métamorphose* (Montpellier, 1992), 25–35

Briquel, D., *Mythe et révolution: la fabrication d'un récit: la naissance de la république à Rome* (Brussels, 2007)

Brown, F. E., *Cosa: The Making of a Roman Town* (Ann Arbor, MI, 1980)

Brown, F. E., Richardson, E. H., and Richardson, L., Cosa III, *The Buildings of the Forum: Colony, Municipium, and Village* (University Park, PA, 1993)

Brunt, P. A., *Italian Manpower 225 BC–AD 14* (Oxford, 1971)

Bruun, C., '" What every man in the street used to know": M. Furius Camillus, Italic legends and Roman historiography', in C. Bruun (ed.), *The Roman Middle Republic: Politics, Religion and Historiography. c. 400BC–133BC* (Rome, 2000), 41–68

Buchner, G., *Pithekoussai*. 3 vols (Rome, 1993) 382

Burnett, A. M., 'The beginnings of Roman coinage', *Annali dell'Istituto Italiano di Numismatica 36* (1989), 33–64

Camporeale, G. (ed.), *The Etruscans outside Etruria* (Los Angeles, CA, 2004)

Capuis, L., *I Veneti* (Milan, 1993)

Carafa, P., *Il Comizio di Roma dalle origini all'età di Augusto* (Rome, 1998)

Carandini, A., *La nascita di Roma*, 2 vols (Turin, 2003)

Carandini, A., *Rome: Day One* (Princeton, NJ, 2011)
Carter, J. C., *The Chora of Metaponto: The Necropoleis* (Austin, TX, 1998)
Cascino, R., Di Giuseppe, H., and Patterson, H. L. (eds), *Veii, The Historical Topography of the Ancient City: A Restudy of John Ward-Perkins's Survey* (London, 2012)
Cazenove, O.,'Pre-Roman Italy, before and under the Romans', in J. Rüpke (ed.), *A Companion to Roman Religion* (Oxford, 2007), 43–57
Cerchiai, L., *I Campani* (Milan, 1995)
Cerchiai, L., *Gli antichi popoli della Campania: archeologia e storia* (Rome, 2007)
Cerchiai, L., Jannelli, L., and Longo, F., *The Greek Cities of Italy and Sicily* (Los Angeles, CA, 2002)
Cifani, G., 'La documentazione archeologica delle mure archaiche a Roma', *Mitteilung des Deutschen Archäologischen Instituts: Römishe Abteilung 105* (1998), 359–89
Cifani, G., *Architettura romana arcaica: edilizia e società tra monarchia e repubblica* (Rome, 2008)
Cifani, G., 'Aspects of urbanism and political ideology in archaic Rome', in E. Robinson (ed.), *Papers on Italian Urbanism in the 1st Millennium BC* (Portsmouth, RI, 2014), 15–28
Cifani, G., 'L'economia di Roma nella prima età repubblicana (V–IV secolo a. C.): Alcune osservazioni', in M. Aberson, M. C. Biella, M. Di Fazio, P. Sánchez and M. Wullschleger (eds), *L'Italia centrale e la creazione di una koiné culturale? I percorsi della 'romanizzazione'. E pluribus unum? L'italie, de la diversité préromaine à l'unité Augustéenne*, vol. II (Bern, 2016), 151–81
Claridge, A., *Rome*, 2nd edn (Oxford, 2010)
Coarelli, F., *Il foro romano*, vol. 1: *Periodo arcaico* (Rome, 1986)
Coarelli, F., *Rome and Environs: An Archaeological Guide* (Berkeley, CA, and London, 2007)
Colantoni, E., 'Straw to stone, huts to houses: transitions in building practices and society in protohistoric Latium', in M. Thomas and G. Meyers, *Monumentality in Etruscan and Early Roman Architecture: Ideology and Innovation* (Austin TX, 2012), 21–40
Colonna, G., 'Nome gentilizio e società', *Studi Etruschi 45* (1977), 175–92
Cornell, T. J., 'Aeneas and the twins: the development of the Roman foundation legend', *Proceedings of the Cambridge Philological Society*,

21 (1975), 1–32

Cornell, T. J., 'Etruscan historiography', *Annali della Scuola Normale Superiore di Pisa, 6.2* (1976), 411–39

Cornell, T. J., 'The value of the literary tradition concerning archaic Rome', in K. Raaflaub (ed.), *Social Struggles in Archaic Rome* (Berkeley, CA, 1986), 52–76

Cornell, T. J., 'Rome and Latium', in *Cambridge Ancient History*, vol. 7.2 (Cambridge, 1989), 309–50

Cornell, T. J., *The Beginnings of Rome: Italy and Rome from the Bronze Age to the Punic Wars (c. 1000BC–264BC)* (London, 1995)

Cornell, T. J., 'Ethnicity as a factor in early Roman history', in T. J. Cornell and K. Lomas (eds), *Gender and Ethnicity in Ancient Italy* (London, 1997), 9–12

Cornell, T. J. 'The city of Rome in the Middle Republic (c. 400BC–100BC)', in J. C. Coulston and H. Dodge (eds), *Ancient Rome: The Archaeology of the Eternal City* (Oxford, 2000), 42–60

Cornell, T. J. 'Coriolanus: myth, history and performance', in D. Braund and C. Gill (eds), *Myth, History and Culture in Republican Rome: Studies in Honour of T. P. Wiseman* (Exeter, 2003), 73–97

Cornell, T. J., 'Political conflict in archaic Rome and the republican historians', in G. Zecchini (ed.), *'Partiti' e fazioni nell'esperienza politica romana* (Milan, 2009), 3–10

Cornell, T. J. (ed.), *The Fragments of the Roman Historians* (Oxford, 2013)

Coulston, J. C., and Dodge, H. (eds), *Ancient Rome: The Archaeology of the Eternal City* (Oxford, 2000)

Crawford, M. H., *Roman Republican Coinage* (Cambridge, 1974)

Crawford, M. H., 'The early Roman economy, 753BC–280BC', *L'Italie préromaine et la Rome républicaine: mélanges offerts à Jacques Heurgon* (Paris, 1976), 197–207

Crawford, M. H., *Coinage and Money under the Roman Republic: Italy and the Mediterranean Economy* (London, 1985)

Crawford, M. H., *Roman Statutes*, 2 vols (London, 1996)

Crawford, M. H., I*magines Italicae: A Corpus of Italic Inscriptions* (London, 2011)

Crawley Quinn, J., and Wilson, A., 'Capitolia', *Journal of Roman Studies 103* (2013), 117–73

Cuozzo, M., 'Ancient Campania', in G. J. Bradley, E. Isayev and C. Riva (eds), *Ancient Italy: Regions without Boundaries* (Exeter, 2009), 224–67

D'Agostino, B., 'Military organisation and social structure in archaic Etruria', in O. Murray and S. Price (eds), *The Greek City: From Homer to Alexander* (Oxford, 1990), 59–82

David, J.-M., *The Roman Conquest of Italy* (Oxford, 1996)

Davies, J., *Rome's Religious History: Livy, Tacitus and Ammianus on Their Gods* (Cambridge, 2004)

De Franciscis, A., *Stato e società in Locri Epizefiri: l'archivio dell'Olympieion locrese* (Naples, 1972)

De Grummond, N., and Edlund-Berry, I. (eds), *The Archaeology of Sanctuaries and Ritual in Etruria* (Portsmouth, RI, 2011)

Dench, E., *From Barbarians to New Men: Greek, Roman, and Modern Perceptions of Peoples of the Central Apennines* (Oxford, 1995)

Dench, E., 'From sacred springs to the social war: myths of origins and questions of identity in the central Apennines', in T. J. Cornell and K. Lomas (eds), *Gender and Ethnicity in Ancient Italy* (London, 1997), 43–51

Dench, E., *Romulus' Asylum: Roman Identities from the Age of Alexander to the Age of Hadrian* (Oxford, 2005)

De Polignac, F., *Cults, Territory and the Origins of the Greek City-State* (Chicago, IL, and London, 1995)

Develin, R., 'The integration of plebeians into the political order after 366BC', in K. Raaflaub (ed.), *Social Struggles in Archaic Rome* (Berkeley, CA, 1986), 327–52.

Di Fazio, M., 'Callimachus and the Etruscans: human sacrifice between myth, history, and historiography', *Histos 7* (2013), 48–69

Diffendale, D. P., Brocato, P., Terrenato, N., and Brock, A. L., 'Sant'Omobono: an interim status quaestionis', *Journal of Roman Archaeology 29* (2016), 7–42

Di Maria, F. (ed.), *Ardea, la terra dei Rutuli, tra mito e archeologia: alle radici della romanità: nuovi dati dai recenti scavi archeologici* (Rome, 2007)

Di Siena, A., *Metaponto* (Taranto, 2001)

Donnellan, L., Nizzo V., and Burgers, G.-J. (eds), *Conceptualising early Colonisation* (Brussels, 2016)

Drews, R., 'The coming of the city to central Italy', *American Journal of Ancient History (AJAH) 6* (1981), 133–65

Drews, R., 'Pontiffs, prodigies, and the disappearance of the annales

maximi', *Classical Philology 83* (1988), 289–99
Dunbabin, T., *The Western Greeks: The History of Sicily and South Italy from the Foundation of the Greek Colonies to 480 B.C.* (Oxford, 1984)
Eder, W., 'The political significance of the codification of law in archaic societies: an unconventional hypothesis', in K. Raaflaub (ed.), *Social Struggles in Archaic Rome* (Berkeley, 1986), 262–300
Edlund Berry, I., 'Early Rome and the making of "Roman" identity through architecture and town planning', in J. D. Evans (ed.), *A Companion to the Archaeology of the Roman Republic* (Malden, MA, 2013), 406–25
Erskine, A., *Roman Imperialism* (Edinburgh, 2010)
Fentress, E., and Bodel, J. P., *Cosa V: An Intermittent Town, Excavations 1991–1997* (Ann Arbor, MI, 2003)
Fentress, E., and Guidi, A., 'Myth, memory and archaeology as historical sources', *Antiquity 73/280* (1999), 463–7
Flower, H. I., *Roman Republics* (Princeton, NJ, 2010)
Finley, M. I., 'The ancient city: from Fustel de Coulanges to Max Weber and beyond', *Comparative Studies in History and Society 19* (1977), 305–27
Finley, M. I., *The Ancient Economy* (Berkeley, CA, and London, 1999)
Forsythe, G., *A Critical History of Early Rome: From Prehistory to the First Punic War* (Berkeley, CA, 2006)
Fox, M., *Roman Historical Myths: The Regal Period in Augustan Literature* (Oxford, 1996)
Frank, T., *An Economic Survey of Ancient Rome: Rome and Italy of the Republic*, vol. 1 (New York, 1933)
Franke, P., 'Pyrrhus', in *Cambridge Ancient History*, vol. 7.2 (Cambridge, 1989), 456–85
Fraschetti, A., *The Foundation of Rome* (Edinburgh, 2005)
Frayn, J., *Subsistence Farming in Roman Italy* (London, 1979)
Frederiksen, M., *Campania*, ed. N. Purcell (London, 1984)
Frier, B. W., *Libri annales pontificum maximorum: The Origins of the Annalistic Tradition* (Ann Arbor, MI, 1979)
Fronda, M. P., *Between Rome and Carthage: Southern Italy during the Second Punic War* (Cambridge, 2010).
Fulminante, F., *The Urbanisation of Rome and Latium Vetus: From the Bronze Age to the Archaic Era* (Cambridge, 2014)
Gabba, E., *Dionysius and the History of Archaic Rome* (Berkeley, CA, and Oxford, 1991)

Garnsey, P., *Famine and Food Supply in the Graeco-Roman World: Responses to Risk and Crisis* (Cambridge, 1988)

Garnsey, P., Hopkins, K., and Whittaker, C. R. (eds), *Trade in the Ancient Economy* (London, 1983)

Gierow, P., *The Iron Age Culture of Latium* (Rome, 1964–6)

Gill, D. W. G., 'Silver anchors and cargoes of oil: some observations on Phoenician trade in the western Mediterranean', *Papers of the British School at Rome (PBSR) 56* (1988), 1–12

Ginge, B., *Excavations at Satricum (Borgo Le Ferriere) 1907–1910: Northwest Necropolis, Southwest Sanctuary and Acropolis* (Amsterdam, 1996)

Gjerstadt, E., *Early Rome*, 4 vols (Lund, 1953–7)

Gleba, M., *Textile Production in Pre-Roman Italy* (Oxford, 2008)

Glinister, F., 'Women and power in archaic Rome', in T. J. Cornell and K. Lomas (eds), *Gender and Ethnicity in Ancient Italy* (London, 1997), 115–27

Glinister, F., 'What is a sanctuary?' Cahiers du Centre Gustave-Glotz 8 (1997), 61–80

Gnade, M., and Rubini, M., *Satricum in the Post-Archaic Period: A Case Study of the Interpretation of Archaeological Remains as Indicators of Ethno-Cultural Identity* (Leuven, 2002)

Grandazzi, A., *The Foundation of Rome: Myth And History* (Ithaca, NY, and London, 1997)

Hanell, K., *Das altrömische eponyme Amt* (Lund, 1946)

Hansen, M. H. (ed.), *An Inventory of Archaic and Classical Poleis* (Oxford, 2004)

Harris, W. V., *Rome in Etruria and Umbria* (Oxford, 1971)

Harris, W. V., *War and Imperialism in Republican Rome, 327–70* (Oxford, 1979)

Häussler, R., 'At the margins of Italy: Celts and Ligurians in north-west Italy', in G. Bradley, E. Isayev and C. Riva (eds), *Ancient Italy: Regions without Boundaries* (Exeter, 2009), 45–78

Haverfield, F., *The Romanization of Roman Britain* (Oxford, 1923)

Haynes, S., *Etruscan Civilization: A Cultural History* (London, 2000)

Herring, E., 'Ethnicity and culture', in A. Erskine (ed.), *A Companion to Ancient History* (Chichester, 2009), 123–33

Herring, E., and Lomas, K., *The Emergence of State Identities in Italy in the*

First Millennium (London, 2001)

Hodos, T., 'Intermarriage in the western Greek colonies', *Oxford Journal of Archaeology 18* (1999), 61–78

Holloway, R. R., *The Archaeology of Early Rome and Latium* (London and New York, 1994)

Humm, M., *Appius Claudius Caecus: la république accomplie* (Rome, 2005)

Humm, M., 'Forma virtutei parisuma fuit: les valeurs helléniques de l'aristocratie romaine à l'époque médio-républicaine (IVe–IIIe siècles)', in H.-L. Fernoux and C. Stein (eds), *Aristocratie antique: modèles et exemplarité sociale* (Dijon, 2007), 101–26

Humm, M., 'Exhibition et "monumentalisation" du butin dans la Rome médiorépublicaine', in M. Coudry and M. Humm (eds), *Praeda: butin de guerre et société dans la Rome républicaine* (Stuttgart, 2009), 117–52

Humm, M., 'Il comizio del foro e le istituzioni della repubblica romana', in E. Corti (ed.), *La città: com'era, com'é, e come la vorremmo* (Pavia, 2014), 69–83

Isayev, E., *Inside Ancient Lucania: Dialogues in History and Archaeology* (London, 2007)

Izzett, V., *The Archaeology of Etruscan Society* (Cambridge, 2007)

Jehne, M., 'Who attended Roman assemblies? Some remarks on political participation in the Roman Republic', in F. M. Simón, F. Pina Polo and J. Remesal Rodríguez (eds), *Repúblicas y ciudadanos: modelos de participación cívica en el mundo antiguo* (Barcelona, 2006), 221–34

Joncheray, C., 'Les plans des cités étrusques à la période classique de la réalité fantasmée aux nouveaux critères d'interprétation', in S. Guizani (ed.), *Urbanisme et architecture en Méditerranée antique et médiévale à travers les sources archéologiques et littéraires* (Tunis, 2013), 121–32

Jones, H. (ed.), *Samnium: Settlement and Cultural Change* (Providence, RI, 2004)

La Genière, J. de, 'The Iron Age in southern Italy', in D. Ridgway and F. R. Serra Ridgway (eds), *Italy before the Romans* (London, 1979), 59–94

La Grande Rome dei Tarquini (Rome, 1990)

La Rocca, E., 'Fabio o Fannio: l'affresco medio-repubblicano dell'Esquilino come riflesso dell'arte rappresentativa e come espressione di mobilità sociale', *Dialoghi d'Archeologia 2* (1984), 31–53

Leighton, R., *Tarquinia: An Etruscan City* (London, 2004)

Lomas, K., *Rome and the Western Greeks: Conquest and Acculturation in*

Southern Italy, 350BC–AD 200 (London, 1993)

Lomas, K., *Roman Italy, 338BC–AD200: A Sourcebook* (London, 1996)

Lomas, K., 'Ethnicity and statehood in northern Italy: the ancient Veneti', in G. Bradley, E. Isayev and C. Riva (eds), *Ancient Italy: Regions without Boundaries* (Exeter, 2007), 21–44

Lomas, K., 'Italy beyond Rome', in A. Erskine (ed.), *A Companion to Ancient History* (Chichester, 2009), 248–59

Macmullen, R., *The Earliest Romans: A Character Sketch* (Ann Arbor, MI, 2011)

Malkin, I., *The Returns of Odysseus: Colonization and Ethnicity* (Berkeley, CA, 1998)

Mattingly, D. J., *Imperialism, Power and Identity: Experiencing the Roman Empire*(Princeton, NJ, 2011)

Mehl, A. (trans. H.-F. Mueller), *Roman Historiography* (Malden, MA, 2011)

Meyers, G., and Thomas, M. L., *Monumentality in Etruscan and Early Roman Architecture* (Austin, TX, 2012)

Miles, G. B., *Livy: Reconstructing Early Rome* (Ithaca, NY, and London, 1995)

Mitchell, R. E., 'The definition of patres and plebs: an end to the struggle of the orders', in K. Raaflaub (ed.), *Social Struggles in Archaic Rome* (Berkeley, CA, 1986), 130–74

Momigliano, A., 'The rise of the plebs in the archaic age of Rome', in K. Raaflaub (ed.), *Social Struggles in Archaic Rome* (Berkeley, CA, 1986), 175–97

Morel, J.-P., 'Études de céramique campanienne, I: l'atelier des petites estampilles', *MEFRA 81* (1969), 59–117

Murray, C., 'Constructions of authority through ritual: considering transformations of ritual space as reflecting society in Iron Age Etruria', in D. Haggis and N. Terrenato (eds), *State Formation in Italy and Greece: Questioning the Neoevolutionist Paradigm* (Oxford, 2011), 199–216

Northwood, S. J., 'Grain scarcity and pestilence in the early Roman republic: some significant patterns', *Bulletin of the Institute of Classical Studies 49* (2006), 81–92

Oakley, S., 'The Roman conquest of Italy', in J. Rich and G. Shipley (eds), *War and Society in the Roman World* (London, 1993)

Oakley, S,. *The Hill-Forts of the Samnites* (London, 1995)

Oakley, S., *A Commentary on Livy*, Books VI–X, 4 vols (Oxford, 1997–

2005)

Ogilvie, R. M., *A Commentary on Livy*, Books 1–5 (Oxford, 1965)

Ogilvie, R. M., and Drummond, A., 'The sources for early Roman history', in *Cambridge Ancient History*, 2nd edn, vol. VII (Cambridge, 1988), 1–29

Osborne, R., 'Early Greek colonisation? The nature of Greek settlement in the west', in N. Fisher and H. Van Wees (eds), *Archaic Greece: New Approaches and New Evidence* (Cardiff, 1998), 251–69

Osborne, R., *Greece in the Making, 1200BC–479BC* (London, 1998)

Pacciarelli, M., *Dal villaggio alla città: la svolta protourbana del 1000 a.C. nell'Italia tirrenica* (Florence, 2000)

Pagliara, A., 'Gli "Aurunci" in Livio', *Oebalus 1* (2006), 11–19

Pallottino, M., *A History of Earliest Italy* (London, 1991)

Palmer, R. E. A., 'The censors of 312 and the state religion', *Historia 14* (1965), 293–324

Palmer, R. E. A., *The Archaic Community of the Romans* (Cambridge, 1970)

Patterson, H., et al., *Bridging the Tiber: Approaches to Regional Archaeology in the Middle Tiber Valley* (London and Rome, 2004)

Pébarthe, C., and Delrieux, F., 'La transaction du plomb de Pech-Maho', *Zeitschrift für Papyrologie und Epigraphik, 126* (1999), 155–61

Pedley, J. G., *Paestum* (London, 1990)

Pelgrom, J., and Stek, T. (eds), *Roman Republican Colonization: New Perspectives from Archaeology and Ancient History* (Rome, 2014)

Perkins, P., and Attolini, I., 'An Etruscan farm at Podere Tartuchino', *Papers of the British School at Rome, 60* (1992), 71–134

Pina Polo, F., *The Consul at Rome: The Civil Functions of the Consuls in the Roman Republic* (Cambridge, 2011)

Potter, T., *The Changing Landscape of South Etruria* (London, 1979)

Poucet, J., *Les origines de Rome: tradition et histoire* (Brussels, 1985)

Pugliese Carratelli, G. (ed.), *The Western Greeks* (London, 1996)

Purcell, N., 'Forum Romanum (the Republican period)', in M. Steinby (ed.), *Lexicon Topographicum Urbis Romae II* (Rome, 1995)

Quilici, L., and Quilici Gigli, S., *I Volsci: testimonianze e leggende* (Rome, 1997)

Raaflaub, K., *Social Struggles in Archaic Rome: New Perspectives on the Conflict of the Orders*, 2nd edn (Oxford, 2007)

Rallo, A. (ed.), *Le donne in Etruria* (Rome, 1989)

Rathje, A., 'Oriental imports in Etruria in the eighth and seventh centuries:

their origins and implications', in D. Ridgway and F. R. Ridgway, *Italy before the Romans: Iron Age, Orientalizing, and Etruscan Periods* (Edinburgh, 1979), 145–83

Rawlings, L., 'Army and battle during the conquest of Italy (350–264)', in P. Erdkamp (ed.), *A Companion to the Roman Army* (Oxford, 2007), 45–62

Rich, J. W., 'Fear, greed and glory: the causes of Roman war-making in the middle Republic', in J. W. Rich and G. Shipley (eds), *War and Society in the Roman World* (London, 1993), 38–68

Rich, J. W., and Shipley, G. (eds), *War and Society in the Roman World* (London, 1993)

Rich, J. W., 'Warfare and the army in early Rome', in P. Erdkamp (ed.), *A Companion to the Roman Army* (Oxford, 2007), 7–23

Rich, J. W., 'Lex Licinia, Lex Sempronia: B. G. Niebuhr and the limitation of landholding in the Roman Republic', in L. de Ligt and S. Northwood (eds), *People, Land and Politics: Demographic Developments and the Transformation of Roman Italy, 300BC–AD14* (Leiden, 2008), 519–72

Richard, J.-C. 'Patricians and plebeians: the origin of a social dichotomy', in K. Raaflaub (ed.), *Social Struggles in Archaic Rome* (Berkeley, 1986), 105–29

Richardson, J. H., 'Rome's treaties with Carthage: jigsaw or variant traditions?', in C. Deroux (ed.), *Studies in Latin Literature and Roman History XIV* (Brussels, 2008), 84–94

Richardson, J. H., 'App. Claudius Caecus and the corruption of Roman voting assemblies: A new interpretation of Livy 9.46.11', *Hermes 139.4* (2011), 455–63

Richardson, J. H., *The Fabii and the Gauls: Studies in Historical Thought and Historiography in Republican Rome* (Stuttgart, 2012)

Richardson, J. H., and Santangelo, F. (eds), *The Roman Historical Tradition: Regal and Republican Rome* (Oxford, 2014)

Ridgway, D. W., 'Italy from the Bronze Age to the Iron Age', *Cambridge Ancient History*, vol. 4: *Persia, Greece and the Western Mediterranean, c. 525BC to 479BC* (Cambridge, 1988), 623–33

Ridgway, D. W., *The First Western Greeks* (Cambridge, 1992)

Ridley, R. T., 'The historian's silences: what Livy did not know – or did not choose to tell', *Journal of Ancient History 1* (2013), 27–52

Riva, C., *The Urbanization of Etruria* (Cambridge, 2010)

Roma medio-Repubblicana: aspetti culturali di Roma e del Lazio nei secoli

IV e III a.C. (Rome, 1973)

Roselaar, S., *Public Land in the Roman Republic: A Social and Economic History of 'Ager Publicus' in Italy, 396B.C. –89B.C.* (Oxford, 2010)

Roth, R., *Styling Romanisation: Pottery and Society in Central Italy* (Cambridge, 2007)

Rüpke, J., *The Roman Calendar from Numa to Constantine: Time, History, and the fasti* (Hoboken, NJ, 2011)

Rutter, N. K., *Campanian Coinages, 475BC–380BC* (Edinburgh, 1979)

Rutter, N. K., *Historia Nummorum: Italy* (London, 2001)

Salmon, E. T., *Samnium and the Samnites* (Cambridge, 1965)

Salmon, E. T., *Roman Colonisation under the Republic* (London, 1969)

Salmon, E. T., *The Making of Roman Italy* (London, 1982)

Salmon, E. T., 'The Iron Age: the peoples of Italy', *Cambridge Ancient History*, vol. 4: *Persia, Greece and the Western Mediterranean, c.525BC to 479BC* (Cambridge, 1988), 676–719

Santangelo, S., 'Fetials and their ius', Bulletin of the Institute of Classical Studies 51 (2008), 63–93

Scheidel, W., 'Human mobility in Roman Italy, I: the free population', *Journal of Roman Studies 94* (2004), 1–26

Scott, R. T., 'The contribution of archaeology to early Roman history', in K. Raaflaub (ed.), *Social Struggles in Archaic Rome*, 2nd edn (Oxford, 2005), 98–106

Seager, R., '"Populares" in Livy and the Livian Tradition', *Classical Quarterly 27.2* (1977), 377–90

Sewell, J., *The Formation of Roman Urbanism, 338–200 B.C.: Between Contemporary Foreign Influence and Roman Tradition* (Portsmouth, RI, 2010)

Shepherd, G., 'Fibulae and females: intermarriage in the western Greek colonies', in G. Tsetskhladze (ed.), *Ancient Greeks: East and West* (Leiden, 1999), 267–300

Sherwin-White, A. N., *The Roman Citizenship*, 2nd edn (Oxford, 1973)

Small, A. (ed.), *An Iron Age and Roman Republican Settlement on Botromagno, Gravina di Puglia: Excavations of 1965–1974* (London, 1992)

Smith, C. J., *Early Rome and Latium* (Oxford, 1996)

Smith, C. J., 'Early and archaic Rome', in J. Coulston and H. Dodge (eds), *Ancient Rome: The Archaeology of the Eternal City* (Oxford, 2000), 16–41

Smith, C. J., 'The beginnings of urbanisation in Rome', in B. Cunliffe and R. Osborne (eds), *Mediterranean Urbanization, 800BC–600BC* (London, 2005), 91–112

Smith, C. J., *The Roman Clan: The 'gens' from Ancient Ideology to Modern Anthropology* (Cambridge, 2006)

Smith, C. J., 'The religion of archaic Rome', in J. Rüpke (ed.), *A Companion to Roman Religion* (Oxford, 2007), 31–42

Smith, C. J., 'Latium and the Latins', in G. J. Bradley, E. Isayev and C. Riva (eds), *Ancient Italy: Regions without Boundaries* (Exeter, 2009), 161–78

Smith, C. J., 'Thinking about kings', *Bulletin of the Institute of Classical Studies 54.2* (2011), 21–42

Staveley, E. S., 'The political aims of Appius Claudius Caecus', *Historia 8* (1959), 410–33

Staveley, E. S., 'Italy and Rome in the early third century', in *Cambridge Ancient History*, vol. 7.2 (Cambridge, 1989), 420–55

Steinby, M. (ed.), *Lexicon Topographicum Urbis Romae* (Rome, 1993–2000)

Steinby, M. (ed.), *Lacus Iuturnae* (Rome, 2012)

Stek, T. D., *Cult Places and Cultural Change in Republican Italy: A Contextual Approach to Religious Aspects of Rural Society after the Roman Conquest* (Amsterdam, 2009)

Stek, T. D., 'The importance of rural sanctuaries in structuring non-urban society in ancient Samnium: approaches from architecture and landscape', *Oxford Journal of Archaeology 34.4* (2015), 397–40

Stevenson, T., 'Women and early Rome as exempla in Livy, Ab Urbe Condita book 1', *Classical World 104.2* (2010), 175–89

Spivey, N., and Stoddart, S. *Etruscan Italy: An Archaeological History* (London, 1990)

Tagliamonte, G., *I sanniti: caudini, irpini, pentri, carricini, frentani* (Milan, 1996)

Termeer, M. K., 'Early colonies in Latium (ca 534–338 BC): a reconsideration of current images and the archaeological evidence', *BABESCH 85* (2010), 43–58

Terrenato, N., 'The auditorium site in Rome and the origins of the villa', *Journal of Roman Archaeology, 14* (2001), 5–32

Terrenato, N., 'Early Rome', in A. Barchiesi and W. Scheidel (eds), *The Oxford Handbook of Roman Studies* (Oxford, 2010), 507–18

Terrenato, N., 'The versatile clans: Archaic Rome and the nature of early city-states in central Italy', in N. Terranato and D. Haggis (eds), *State Formation in Italy and Greece: Questioning the Neoevolutionist Paradigm* (Oxford, 2011), 231–40

Thiermann, E., 'Die Nekropole Fornaci in Capua im 6. und 5. Jh. v. Chr. Neue Forschungen zu alten Grabungen', *Neue Forschungen zu den Etruskern*, BAR Int. Ser. (Oxford, 2010), 101–5

Toms, J., 'The relative chronology of the Villanovan cemetery of Quattro Fontanili at Veii', *AION (arch) 7* (1986), 41–97

Torelli, M., *Elogia tarquiniensia* (Florence, 1975)

Torelli, M. (ed.), *The Etruscans* (London, 2000)

Tuck, A. J., 'The performance of death: monumentality, burial practice, and community identity in central Italy's urbanizing period', in M. Thomas and G. Meyers, *Monumentality in Etruscan and Early Roman Architecture: Ideology and Innovation* (Austin TX, 2012), 41–60

Tuck, A. J., 'Manufacturing at Poggio Civitate: elite consumption and social organization in the Etruscan seventh century', *Etruscan Studies 17* (2014), 121–39

Tuck, A. J., Glennie, A., Kreindler, K., O'Donoghue, E. and Polisini, C. 'Excavations at Poggio Civitate and Vescovado di Murlo (Provincia di Siena)', *Etruscan Studies 9.1* (2016), 87–148

Turfa, J. M. (ed.), *The Etruscan World* (London, 2013)

Walbank, F. W., Astin, A., Frederiksen, M. W., and Ogilvie, R. (eds), *The Cambridge Ancient History, vol. 7.2: The Rise of Rome to 220 B.C.* (Cambridge, 1989)

Wallace, R. W., 'Hellenization and Roman society in the late fourth century: a methodological critique', in W. Eder (ed.), *Staat und Staatlichkeit in der frühen römischen Republik* (Stuttgart, 1990), 278–92

Wallace-Hadrill, A., *Houses and Society in Pompeii and Herculaneum* (Princeton, NJ, 1994)

Wallace-Hadrill, A., 'Rethinking the Roman atrium house', in R. Laurence and A. Wallace-Hadrill (eds), *Domestic Space in the Roman World: Pompeii and Beyond* (Portsmouth RI, 1997), 219–40

Wallace-Hadrill, A., *Rome's Cultural Revolution* (Cambridge, 2009)

Walsh, P. G., *Livy: His Historical Aims and Methods* (Cambridge, 1961)

Ward, L. H., 'Roman population, territory, tribe, city, and army size from the Republic's founding to the Veientane war, 509BC–400BC', *American

Journal of Philology 111.1 (1990), 5–39

Ward-Perkins, J. B., 'Veii: the historical topography of the ancient city', *Papers of the British School at Rome 29* (1961), 1–123

West, M. L., *Iambi et elegi Graeci* (Oxford, 1971)

Willemsen, S. L., 'A changing funerary ritual at Crustumerium (ca. 625 BC)', in A. J.

Nijboer, S. Willemsen, P. A. J. Attema and J. Seubers (eds), *Research into pre-Roman Burial Grounds in Italy, 35–50* (Leuven, 2013)

Williams, J. H. C., *Beyond the Rubicon: Romans and Gauls in Republican Italy* (Oxford, 2001)

Wilson, J. P., 'The nature of Greek overseas settlement in the archaic period: emporion or apoikia?', in L. Mitchell and P. Rhodes (eds), *The Development of the Polis in Archaic Greece* (London, 1997), 199–216

Wiseman, T. P., 'The she-wolf mirror: an interpretation', *PBSR 61* (1993), 1–6

Wiseman, T. P., *Remus: A Roman Myth* (Cambridge, 1995)

Wiseman, T. P., 'Reading Carandini', *Journal of Roman Studies 91* (2001), 182–93

Wiseman, T. P., *The Myths of Rome* (Exeter, 2004)

Wiseman, T. P., *Unwritten Rome* (Exeter, 2008)

Witcher, R. E., 'Globalisation and Roman imperialism: perspectives on identities in Roman Italy', in E. Herring and K. Lomas (eds), *The Emergence of State Identities in Italy in the First Millennium BC* (London, 2001), 213–25

Zanker, P., *The Power of Images in the Age of Augustus* (Ann Arbor, MI, 1988)

Zevi, F., 'Considerazioni sull'elogio di Scipione Barbato', *Studi Miscellanei 15* (1970), 65–73

Ziolkowski, A., 'Les temples A et C du Largo Argentina: quelques considérations', *Mélanges de l'École française de Rome–Antiquité 98* (1986), 623–41

Ziolkowski, A., 'Ritual cleaning-up of the city: from the Lupercalia to the Argei', *Ancient Society 29* (1998–9), 191–218

Ziolkowski, A., *The Temples of Mid-Republican Rome and Their Historical and Topographical Context* (Rome, 1992)

出版后记

公元前 1000 年，罗马还只是一个小村落，是拉丁姆地区若干定居点中的一个，没有特别的不同。一个千年后，它的名字会挂在每个地中海居民的嘴边。本书探索罗马最早期的历史，罗马是怎样一步步击败强敌，解决内乱，确立自己意大利的霸主地位，并准备开始对迦太基人进行远征，从而为其即将到来的帝国打下根基的。不同于聚焦本时期的传统的历史作品，在古代文献以外，本书作者洛马斯还使用了大量最近的考古学研究成果；同时，她还将目光投向罗马之外的意大利民族和地区，在罗马崛起的过程中，这些民族也曾经是时代的主角，而他们又有着怎样的生活，与罗马产生了怎样的互动也是本书的主题之一。

可以看到，洛马斯使用材料时比较严谨，并在正文后分享了她对不同材料的看法，考虑到本书涉及的时间段较早，这是有必要的。她也慷慨地给出了对这个时期做进一步探索的指南。

如果读者想继续了解罗马在本书之后的故事，欢迎阅读本系列的下一卷《帝国的开端》。

服务热线：133-6631-2326 188-1142-1266
读者信箱：reader@hinabook.com

后浪出版公司
2022.3

图书在版编目（CIP）数据

罗马的崛起：从铁器时代到布匿战争 /（英）凯瑟琳·洛马斯著；王晨译. -- 北京：中国友谊出版公司，2024.7
ISBN 978-7-5057-5772-1

Ⅰ.①罗… Ⅱ.①凯…②王… Ⅲ.①古罗马—历史 Ⅳ.①K126

中国国家版本馆 CIP 数据核字 (2023) 第 225658 号

著作权合同登记号　图字 01-2024-1320

Copyright © Kathryn Lomas, 2017
First published in Great Britain in 2017 by PROFILE BOOKS LTD
Simplified Chinese translation copyright © 2024 by Ginkgo (Shanghai) Book Co., Ltd.
All rights reserved.

本书简体中文版权归属于银杏树下（上海）图书有限责任公司。
地图审图号：GS(2023)4090 号

书名	罗马的崛起：从铁器时代到布匿战争
作者	［英］凯瑟琳·洛马斯
译者	王　晨
出版	中国友谊出版公司
发行	中国友谊出版公司
经销	新华书店
印刷	北京盛通印刷股份有限公司
规格	880毫米×1194毫米　32开
	15.5印张　347千字
版次	2024年7月第1版
印次	2024年7月第1次印刷
书号	ISBN 978-7-5057-5772-1
定价	99.80元
地址	北京市朝阳区西坝河南里17号楼
邮编	100028
电话	（010）64678009